中國社會政治史

三

薩孟武◎著

Politics

三民書局

國家圖書館出版品預行編目資料

中國社會政治史(三) / 薩孟武著.－－七版一刷.－－臺北市：三民，2017
冊； 公分

ISBN 978-957-14-4876-3 (第一冊:平裝)
ISBN 978-957-14-4653-0 (第二冊:平裝)
ISBN 978-957-14-4908-1 (第三冊:平裝)
ISBN 978-957-14-5544-0 (第四冊:平裝)
1. 中國政治制度 2. 中國史

573.1 96019415

著作人	薩孟武
發行人	劉振強
著作財產權人	三民書局股份有限公司
發行所	三民書局股份有限公司
	地址 臺北市復興北路386號
	電話 (02)25006600
	郵撥帳號 0009998-5
門市部	(復北店) 臺北市復興北路386號
	(重南店) 臺北市重慶南路一段61號
出版日期	初版一刷 1963年12月
	七版一刷 2017年11月
編號	S 570140

行政院新聞局登記證局版臺業字第〇二〇〇號

ISBN 978-957-14-4908-1 (第三冊:平裝)

http://www.sanmin.com.tw 三民網路書店

弁言

薩孟武先生所著《中國社會政治史》全書共四冊，縱論中國歷代之興亡得失，除考據政治制度外，更引用社會、經濟、思想等各層面的相關資料，以評析這些層面的變動如何與政治制度相互影響，最終甚至成為朝代更迭的因素。為成此書，薩先生遍覽群書，正史以外，通鑑、奏議、書信等各種史料，多有參考。亦不惜斥資購入數套二十五史以備查核、編輯之用，其準備工作不可不謂詳盡，故自書成以來，已成為研習中國歷朝政治的重要參考書籍，各冊亦承蒙讀者之愛戴，皆告售罄。本局為使讀者閱讀更為舒適，乃將各書重新排版，除了統一加大字體外，也將書中各章的註釋細予查對、重新標號，排成當前通用的當頁註格式，方便讀者檢閱；而針對內容漏誤之處，亦予以考察補正，使本書更加完善，敬請讀者繼續給予支持與指教。

三民書局編輯部　謹識

中國社會政治史（三）

目次

弁言 003
第八章 隋
第一節 統一國家的再生 019
第二節 南方世族的沒落及北方世族之政治地位 036
第三節 社會經濟的破壞及隋之滅亡 061
第四節 隋的政治制度 061
◆第一項 中央官制 077
◆第二項 地方官制 087
附錄 隋建元表
第九章 唐
第一節 國家的統一 091
第二節 世族勢力的逐漸消滅 114
第三節 民族的發展 129
第四節 制度廢弛與藩鎮之亂 153
第五節 宮廷棼亂與宦官之禍 176
第六節 文官制度的敗壞與朋黨之爭 200
第七節 軍備廢弛與外敵之患 219

第八節　民窮財匱與唐之滅亡　238
第九節　唐的政治制度　281
◆第一項　中央官制　281
◆第二項　地方官制　311
◆第三項　文官制度　333
附錄　唐建元表　373

第十章　五　代

第一節　政局的紛亂與軍閥的割據　377
第二節　民族意識的銷沉與契丹之禍　397
第三節　周世宗的革新與中國統一的曙光　412
第四節　五代的政治制度　441
◆第一項　中央官制　441
◆第二項　地方官制　450
附錄　五代建元表　459

第八章 隋

第一節　統一國家的再生

南朝疆域，宋初最大，齊梁稍蹙，陳則極小。南朝領土常給北朝蠶食，這是可以證明北朝有統一南朝之勢。從來成就統一之業者大率起自北方，其或奮身南地，亦必以北方為根據。漢高起兵於沛縣，而以關中為基礎，光武倡義於舂陵，而以河北為根基，北方吞併南方，可以說是歷史上的常例。推原其故，實有兩種原因，一是地勢的原因，北方平原，容易統一，南方多山，便於割據，合北方數省之力，以高屋建瓴之勢，當然容易控制江南。而江南之地，西自巫峽，東至滄海，都可以乘便橫渡，南軍若分防各地，則勢懸而力弱，若聚防一地，又守此而失彼。薛道衡說：

江東甲士不過十萬，西至巫峽，東至滄海，分之則勢懸而力弱，聚之則守此而失彼（隋書卷五十七薛道衡傳）。

兼以江南所恃者為長江，益州據長江上游，其地雖屬江南，而高山險阻，又與荊揚隔離。益州失守，則以長江上游之勢，下臨吳楚，實足以奪長江之險。崔仲方說：

今唯速造舟楫，多張形勢，為水戰之具。……若賊以上流有軍，令精兵赴援者，下流諸將即須擇便橫渡。如擁眾自衛，上江水軍鼓行以前，雖恃九江五湖之險，非德無以為固，徒有三吳百越之兵，無恩不能自立（隋書卷六十崔仲方傳）。

這就是孫子所說：「善攻者，敵不知其所守」（孫子第六篇虛實）。「吾所與戰之地不可知，不可知，則賊所備者多，敵所備者多，則吾所與戰者寡矣。故備前則後寡，備後則前寡，備左則右寡，備右則左寡，無所不備，則無所不寡」（孫子仝上）。其後賀若弼伐陳，即應用這個政策而稍加修正❶。

> 先是弼請緣江防人，每交代之際，必集歷陽。於是大列旗幟，營幕被野。陳人以為大兵至，悉發國中士馬，既知防人交代，其眾復散。後以為常，不復設備。及此，弼以大軍濟江，陳人弗之覺也（隋書卷五十二賀若弼傳）。

南朝的陳以為水戰非北人所長，大江可以阻止隋兵南下，結果竟如李安所料，輕敵而無備，遂為隋之舟師所敗，而至滅亡。

> 平陳之役，以（李安）為楊素（隋大舉伐陳，素為行軍元帥，引舟師趣三硤）司馬，率蜀兵順流東下。安謂諸將曰，水戰非北人所長。今陳人依險泊船，必輕我而無備，以夜襲之，賊可破也。諸將以為然，安率眾先鋒大破陳軍（隋書卷五十李安傳）。

二是經濟的原因，秦漢以前，北方田地甚見肥沃，而以雍州（關中）為最。據禹貢所載，雍州田上上，而荊州田下中，揚州田下下。這種經濟環境，到了西漢時代，稍稍變動。雍州雖是「膏壤沃野千里」（史記卷一百二十九貨殖傳），而江南之地漸次開墾，火耕水耨，其田並非劣等。

> 楚越之地，地廣人稀，飯稻羹魚，或火耕而水耨，果隋蠃蛤，不待賈而足，地勢饒食，無饑饉之患，以故呰窳偷生，無積聚而多貧，是故江淮以南無凍餓之人，亦無千金之家（史記卷一百二十九貨殖傳）。

---

❶ 賀若弼也善收羅陳人之心。「軍令嚴肅，秋毫不犯。有軍士於民間沽酒者，弼立斬之」（賀若弼傳）。此即馬謖所說：「用兵之道，攻心為上，攻城為下，心戰為上，兵戰為下」（蜀志卷九馬謖傳注引襄陽記）。

其經濟狀況所以不如北方者，實因「地廣人稀」，勞動力感覺缺乏。而勞動力所以缺乏，又因為「江南卑濕，丈夫早夭」（史記卷一百二十九貨殖傳）。東漢以後，雍州久經喪亂，而三輔尤覺荒涼，經濟中心漸次東移，即由關中移於河南汝南陳留，漸及於江淮一帶之地。惟比較南北雙方戶口，仍然是北多南寡。這種情況一直到南北朝，還是一樣❷。

南北戶口比較表

	全國戶	全國口	南方戶	南方口	北方戶	北方口
西漢	一二、二三三、〇六二	五九、五九四、九七八	二、六一九、〇二五	一二、九五九、九七五	九、六一四、〇三七	四六、六三五、〇〇三
東漢	九、六九八、六三〇	四九、一五〇、二二〇	四、二一六、五一六	一八、九五九、九三五	五、四〇二、一一四	三〇、一九〇、二八五
三國			八〇〇、〇〇〇	三、二四〇、〇〇〇	六六三、四二三	四、四三二、八八一
晉代	二、四五九、八四〇	一六、一六三、八六三	一、〇四五、六八八		一、四一四、一五二	
南北朝			九〇六、八七〇	四、六八五、五〇一	三、三七五、三六八	

戶口是古代富國強兵的基礎，北方戶口多於南方，經濟上北方的墾田多，軍事上北方的兵力強，南風不競，職此之故。而隋又依高熲的政策，破壞陳之經濟。

❷ 前漢戶口為平帝元始二年之數，據漢書地理志。後漢戶口為順帝永和五年之數，據後漢書郡國志。兩漢南方均包括揚荊益交四州。三國戶口據通典食貨，其南方包括吳蜀二國。晉之戶口為武帝太康元年之數，據晉書地理志，其南方包括梁益寧荊揚交廣七州。南北朝戶口據通典食貨，南方為宋孝武帝大明八年之數，北方為爾朱搆亂以後之數。正光以前，戶口比晉太康，倍而餘矣，即其盛時，有戶五百餘萬。

上嘗問熲取陳之策。熲曰江北地寒，田收差晚。江南土熱，水田早熟。量彼收穫之際，微徵士馬，聲言掩襲。彼必屯兵禦守，足得廢其農時。彼既聚兵，我便解甲，再三若此，賊以為常，後更集兵，彼必不信。猶豫之頃，我乃濟師，登陸而戰，兵氣益倍。又江南土薄，舍多竹茅，所有儲積，皆非地窖，密遣行人因風縱火，待彼修立，復更燒之，不出數年，自可財力俱盡。上行其策，由是陳人益敝（隋書卷四十一高熲傳）。

但是南北朝時代，北方社會尚有種種矛盾。一是種族摩擦，孝文採用漢化政策，用夏蠻夷，北方人種成為虜漢相雜，而自六鎮叛變，分為周齊之後，種族偏見又復發生，因為爾朱榮所領率的部眾乃是六鎮鮮卑及胡化漢人。固然當時漢胡之別已經離開種族觀念，而以文化為標準。但是文化上既有區別，則種族鬥爭自所難免。所以宇文泰入據關中之時，不能不把一切漢姓改為蕃姓，而附會為三十六國九十九姓之後，藉以消滅漢胡偏見。二是將門與華族的衝突，江左之人文，高門華胄大率風流相尚，罕以物務關懷，所以政權實際上乃屬於軍人。關中之人雄，代北之人武，他們與江左之人不同，本來喜以武事為職。惟自孝文遷都洛邑之後，宗文鄙武，也造成了將門與華族的傾軋。張彝求銓削選格，排抑武人，不使預在清品，羽林武賁將幾千人相率至尚書省詬罵，焚毀張彝屋宇，屠殺張彝父子，即其明證。

在這種情況之下，必須有人焉，漢族而是胡人，華門而為武將，而後才能拉攏各界，收拾殘局。當時有這個資格者則為楊堅，他是漢人，只因世仕北朝，漸次胡化。父忠從周太祖起義關西，賜姓普六茹氏（隋書卷一高祖紀），而堅又娶獨孤信之女為婦，長子勇字睍地伐（隋書卷四十五房陵王勇傳），完全是胡人的名，所以就人種說，乃是胡化的漢人。楊氏為楊震之後，四世三公，德業相繼，東漢以來，稱為關西世族。其渡江一支如楊佺期者，常自謂承籍華胄，江表莫比（晉書卷九十九桓玄傳）。「周代公卿，類多武將」（隋書卷四十六張旻傳），楊忠便是十二大將軍之一，所以就家世言，乃是華門的武將。有這數重資格，在政局動盪之際，已經可以君臨北方。而周宣帝，「性殘忍暴戾……上下愁怨，而內外離心，各求苟免，隋高祖為相，又行寬大之典」（隋書卷二十五刑法志）。其對百姓，本著「不奪其時，不窮其力，輕其征，薄其賦」（隋書卷二十四食貨志）的政策，以為「寧積於民，無藏府庫」（隋書卷二十四食貨志），所以不久即登大位。此時全國將近統一，只唯東南之陳未滅，而陳後主復「性猜忍疾忌，威令不行，左右有忤意者，動至夷戮，百姓怨叛」（隋書卷二十五刑法志）。所以隋文能夠利用北方之力，南平江表，天下大同。於是五胡亂華以後二百餘年的混亂社會，又由隋統一起來。

隋既統一中國，就乘人心厭戰之際，同秦代一樣，收天下兵器，示不復用。

> 開皇十五年二月景辰，收天下兵器，敢有私造者坐之。關中緣邊不在其例（隋書卷二文帝紀）。

並實行下列各種政策，以鞏固國家統一的基礎。

㈠**運河的開鑿**：秦開馳道，造成了兩漢統一的基礎。但是秦代經濟乃以關中為中心，關中之地物產豐富，其依靠外郡供給者甚少，而馳道運輸，須用人畜之力，用人畜運輸糧食，人畜本身也要消費糧食。因之路途過遠，沿途所費的糧食比之實際運到的糧食，數量更多。關於馬之食糧，漢時趙充國曾有估計，他說：

> 以一馬自佗負三十日食，為米二斛四斗，麥八斛（漢書卷六十九趙充國傳）。

關於牛之食糧，王莽之將嚴尤說❸：

---

❸　一馬三十日食米二斛四斗麥八斛，一牛三百日食糧二十斛，三十日食二斛，牛馬食量相差過遠。

計一人三百日食，用糧十八斛，非牛力不能勝，牛又當自齎食，加二十斛，重矣（漢書卷九十四匈奴傳下）。

由此可知凡定都關中者，倘關中的生產不能供給關中的需要，只用陸路運輸糧食，是得不償失的。隋時，經濟中心已由關中漸次移至江淮之地，而政治的中心則因國防關係，仍須留在關中，以防禦突厥與吐蕃的侵略。一方政治的中心仍在關中，同時經濟的中心已經東移，凡遇饑饉之年，不能不移蹕洛陽就食。例如：

開皇四年九月甲戌，駕幸洛陽，關內饑也（隋書卷一文帝紀）。

開皇十四年八月辛未，關中大旱，人饑，上率戶口就食於洛陽（隋書卷二文帝紀）。

於是如何連繫政治中心與經濟中心，就成為問題了。陸路運輸既有缺點，水路運輸又因河流缺乏，有所不能。這樣，開鑿運河便成為隋代的中心工作。

由關中至江淮，再至江南，可以分為五節：一是由長安至潼關，二是由潼關至洛陽，三是由洛陽至淮安，四是由淮安至京口，五是由京口渡江至餘杭。由長安至潼關，可以利用渭水，當時渭水多沙，深淺不常，漕者苦之。所以隋文帝最先就開廣通渠三百餘里，使長安與潼關之間有水路可以運輸。

文帝以渭水多沙，流有深淺，漕者苦之，開皇四年命宇文愷率水工鑿渠引渭水，自大興城東至潼關三百餘里，名曰廣通渠，轉運通利，關中賴之（隋書卷二十四食貨志）。

由潼關至洛陽，有黃河可以通航。由洛陽至淮安，雖有洛水汴水泗水淮河，而皆不相連接，所以煬帝即位，就著手開鑿通濟渠。

大業元年命尚書右丞皇甫議，發河南淮北諸郡民，前後百餘萬，開通濟渠。自西苑，引穀洛水達於河。復自板渚引河，歷滎澤入汴。又自大梁之東，引汴水入泗，達於淮（資治通鑑卷一百八十隋紀煬帝大業元年）。

由淮安至長江，地勢由北而南，吾國河流均自西而東，沒有航運，南方商品不能以最低的運費，輸於北方，所以隋文又開山陽瀆，以通漕運，煬帝繼之，大功以成。

開皇七年於揚州開山陽瀆，以通運漕（隋書卷一文帝紀）。

大業元年發淮南民十餘萬，開邗溝，自山陽至揚子入江（資治通鑑卷一百八十一隋紀煬帝大業元年）。

由京口至餘杭，地勢也是由北向南，自五胡亂華，元帝渡江以後，吳越之地漸次開墾。沈約說：

江南之為國盛矣……地廣野豐，民勤本業，一歲或稔，則數郡忘饑。會土帶海傍湖，良疇亦數十萬頃，膏腴上地，畝直一金，鄠杜之間不能比也。荊城跨南楚之富，揚部有全吳之沃，魚鹽杞梓之利充仞八方，絲綿布帛之饒，覆衣天下（宋書卷五十四孔季恭傳臣曰）。

江南之地甚為重要，不但經濟上須設法溝通，而政治上亦宜設法控制。怎樣溝通大江南北，交通的便利當然不失為一個條件。因此，煬帝又開江南河，使江北運河通過長江，再與江南運河連接。

大業六年，敕穿江南河，自京口至餘杭八百餘里，廣十餘丈，使可通龍舟（資治通鑑卷一百八十一隋紀煬帝大業六年）。

但是古來為河南之患者，不是來自關中，便是來自河北，所以煬帝於并州則築馳道，於冀州也開運河，使路程能夠縮短，以便控制。

大業三年發河北十餘郡丁男，鑿太行山，達於并州，通馳道（隋書卷三煬帝紀）。

大業四年詔發河北諸郡男女百餘萬，開永濟渠，引沁水南達於河，北通涿郡（隋書卷三煬帝紀）。

關中以高屋建瓴之勢，控制河南，而河南之地又有兩條運河，一通至餘杭，一通至涿郡，交通的便利縮小了天子統治的領域，不但運輸糧食容易，即徵發軍士也容易，這當然可以鞏固中央的政權。秦築馳道，造成了兩漢統一的基礎，隋開運河，又造成了大唐統一的根基。世上常有一種行為，有害於一時，而利於千百載之下，隋開運河，隋民不勝其害，唐宋之民不勝其利，隋雖二世而亡，其有助於中國文化的發展者卻甚大。

㈡**錢幣的統一**：統一的政權須以經濟的統一為基礎，首都若能站在經濟上優越的地位，自可利用經濟之力，以控制全國郡縣。按歐洲各國能由封建國家變成統一國家，乃有恃於商業的發達。商業每集中於最適當的地方，即集中於交易的通路，外國商品先運到這個地方，而後再散布於全國，國內商品也集合於這個地方，而後再輸出於外國。由於這種關係，全國遂以該地為中心，成為一個經濟的有機體。商品生產愈發達，商品交換愈頻繁，各地對於這個地方的隸屬性也愈益強烈。國內各地人民由於經濟上的必要，常常來到這個地方，有的久居其地，有的暫時逗留。這個中心點愈發達，就成為全國的大都會，不但可以支配全國的經濟生活，且又可以集中全國的精神活動。於是該地的言語遂成為商人及學者的用語，最初驅逐了拉丁語，次又驅逐了地方的方言，而使國語因之成立。國家的行政亦適應於經濟的組織，漸次集中起來。中央政權由於時勢的需要，復以該地為政府所在地，這樣一來，這個中心點便成為全國的首都，不但經濟上可以支配全國，就是政治上也可以支配全國。近代國家有統一的國語，集中的權力，唯一的首都，是這樣成立起來的。這種過程在領土遼廣的國家，已經不容易發生，何況隋唐以後，經濟中心又由關中移至江淮，經濟中心與政治中心分別為兩，雖然可用馳道運河連繫雙方，但是萬一亂起一方，經濟中心與政治中心斷絕關係，則中央政權必將因為失去經濟基礎，而致無力控制各地。怎樣補救這個缺點，錢幣政策不失為一個方法。秦鑄半兩，漢用五銖，王莽篡位，四海分崩，而人心思漢，尚有「黃牛白腹，五銖當復」之謠（後漢書卷四十三公孫述傳）。察之吾國歷史，凡國家將亂之際，幣制必先混亂。王莽代漢，變更幣制，「每一易錢，民用破業，而大陷刑」（漢書卷二十四食貨志下）。董卓秉權，更鑄小錢，「錢無輪郭文章，不便人用」（後漢書卷一百二董卓傳）。三國鼎立，魏用五銖，吳蜀各鑄大錢❹。晉初，亦用五銖，「元年渡江，用孫氏舊錢，輕重雜行，大者謂之比輪，中者謂之四文，吳興沈充又鑄小錢，謂之沈郎錢」（晉書卷二十六食貨志）。降至南北朝，幣制愈亂，錢幣時時改鑄，而每次改鑄之時，又貶其質，形式日益薄小，奸民乘機，便大事私鑄，乃至「風飄水浮」（魏書卷五十八楊侃傳），「隨手破碎」（宋書卷七十五顏竣傳）。「交易者以車載錢，不復計數，而唯論貫」（隋書卷二十四食貨志）。幣制如斯棼亂，商貨當然不能流通，經濟上的割據可以造成政治上的割據，所以隋文受禪，就著手於錢幣的改鑄。開皇元年鑄新錢，背面肉好，皆有周郭，文曰五銖，自是錢幣始一，百姓便之。

高祖既受周禪，以天下錢貨輕重不等，乃更鑄新錢，背面肉好，皆有周郭，文曰五銖，而重如其文。每錢一千，重四斤二兩。是時錢既新出，百姓或私有鎔鑄。三年四月詔四面諸關各付百錢為樣，從關外來勘樣，相似然後得過，樣不同者，即壞以為銅，入官。詔行新錢已後，前代舊錢有五行大布永通萬國及齊常平，所在用以貿易不止。四年詔仍依舊不禁者，縣令奪半年祿，然百姓習用既久，尚猶不絕。五年正月詔又嚴其制，自是錢貨始一，所在流布，百姓便之（隋書卷二十四食貨志）。

❹ 蜀鑄當百大錢，徑七分，重四銖，文曰直百。吳嘉平五年鑄大錢，一當五百，徑一寸三分，重十二銖，文曰大泉五百。赤烏元年鑄一當千大錢，徑一寸四分，重十二銖。

但是人民盜鑄錢幣，乃是因為錢幣本身的價值低於錢幣所代表的價格。漢代五銖用銅鑄之，五銖之銅適值五銖錢所代表的價格。隋呢？錢雖用銅，而又和以錫鑞，錫鑞既賤，求利者多，盜鑄之事尚有所聞。隋文乃用嚴刑，禁人使用惡錢，於是盜鑄頗息。

是時見用之錢，皆須和以錫鑞，錫鑞既賤，求利者多，私鑄之錢不可禁約……乃令有司括天下邸肆見錢，非官鑄者皆毀之，其銅入官。而京師以惡錢貿易，為吏所執，有死者，數年之間，私鑄頗息（隋書卷二十四食貨志）。

大業以後，王綱弛紊，巨姦大猾乘機私鑄，錢漸薄惡，貨賤物貴，而隋竟至於亡。

大業已後，王綱弛廢，巨姦大猾遂多私鑄，錢轉薄惡，初每千猶重二斤，後漸輕至一斤，或翦鐵鍱裁皮糊紙以為錢，相雜用之，貨賤物貴，以至於亡（隋書卷二十四食貨志）。

㈢軍政的統一：漢用農兵之制，將軍均為中朝近衛，有事領兵征伐，事訖皆罷，將歸於朝，兵歸於野，所以雖然戎車屢駕，而驕兵悍將卻不之有。魏晉以降，豪族大族均有部曲，桓氏部曲遍布荊楚，所以桓溫雖死，桓玄尚能堀起荊州，入秉朝政。桓玄既滅，而桓謙猶能割據荊州，並懷異志。這種家兵制度，到了南北朝，雖然式微，而軍閥盤據州郡，干涉中央政治，還是常見不鮮。隋文踐祚，採用府兵之制，以革其弊。隋代兵制，其詳已不可考，惟隋依周制，唐依隋制，我們若以隋書（百官志）、通典（武官）、通考（兵制）三書為資料，並參考周唐二代制度，則隋代兵制亦得略知一二。

就兵役說，民年二十一為兵，六十乃免，每歲從役二十日，餘皆安居田畝，有事才被徵發。

高祖受禪，仍依周制，役丁為十二番……十八已上為丁，丁從課役，六十為老乃免……開皇三年正月，初令軍人以二十一成丁，減十二番，每歲為二十日役（隋書卷二十四食貨志）。

煬帝即位，又改為二十二成丁。

仁壽四年十月詔男子二十二成丁（資治通鑑卷一百八十隋紀文帝仁壽四年）。

其後兵役繁重，盜賊群起，國家為徵調民夫，這個詔書遂成具文。

就編制說，中央設十二衛，各置大將軍一人，將軍二人。衛之下為鷹揚府，每府置鷹揚郎將一人，副鷹揚郎將（後改為鷹擊郎將）一人。鷹揚府之下為軍坊，每坊置坊主一人，佐二人。軍坊之下為鄉團，每鄉團置團主一人，佐二人❺。

隋十二衛，曰翊衛，曰驍衛，曰武衛，曰屯衛，曰禦衛，曰候衛，各有左右，皆置將軍，以分統諸將之事，有郎將副將坊主團主，以相統治（文獻通考卷一百五十一兵考三兵制）。

十二衛各置大將軍（正三品）一人，將軍（從三品）二人，總府事，並統諸鷹揚府……鷹揚府每府置鷹揚郎將一人，正五品，副鷹揚郎將一人，從五品……鷹揚每府置越騎校尉二人，掌騎士，步兵校尉二人，領步兵，並正六品……五年又改副郎將並為鷹擊郎將（隋書卷二十八百官志下）。

諸府皆領軍坊，每坊置坊主一人，佐二人，各鄉團置團主一人，佐二人（隋書卷二十八百官志下）。

就軍隊的訓練說，後周之制，刺史以農隙教民騎射，唐制，每歲冬季，折衝都尉教民戰陣。即周以練

❺ 唐制，天下置府數百，每府有折衝郎將一人，左右果毅都尉各一人，各府皆遙隸於諸衛。隋亦有折衝郎將果毅郎將之官，但非屬於各地鷹揚府，而是屬於中央的左右備身府。隋各地軍府以鷹揚郎將主之，故稱鷹揚府。唐各地軍府以折衝郎將主之，故稱折衝府。

兵之權屬於刺史，領兵之權屬於各府郎將，唐則練兵與領兵之權均屬於各地折衝府。隋代如何？

> 開皇十年五月詔曰，魏末喪亂，兵士軍人權置坊府，南征北伐，居處無定，朕甚愍之。凡是軍人，可悉屬州縣，墾田籍帳一與民同。軍府統領，宜依舊式，罷山東河南及北方緣邊之地新置軍府（隋書卷二高祖紀）。

詔書所謂「軍府統領，宜依舊式」，不知是何舊式。豈隋文受禪之時，全國軍府分為兩種，一是舊式軍府，即北周所置的軍府，二是新式軍府，即隋文新置的軍府，開皇十年平陳之後，罷去新式軍府，而令舊式軍府統領軍隊麼？北周之制，各州刺史有練兵之權，所以大業三年罷州置郡之時，歷史又追述舊事云：

> 舊有兵處，則刺史帶諸軍事以統之（隋書卷二十八百官志下）。

煬帝時代，各地軍府定名為鷹揚府，例如李軌為武威鷹揚府司兵（新唐書卷八十六李軌傳），劉武周為馬邑鷹揚府校尉（新唐書卷八十六劉武周傳），梁師都為朔方鷹揚府郎將（新唐書卷八十七梁師都傳），這可以證明凡要害之地均置鷹揚府。其在各郡，則一變北周之制，不使太守負軍事責任，別置都尉副都尉各一人，使其領兵。

> 大業三年罷州置郡，郡置太守……舊有兵處，則刺史帶諸軍事以統之，至是別置都尉副都尉，都尉正四品，領兵，與郡不相知，副都尉正五品（隋書卷二十八百官志下）。

鷹揚府除郎將外，既置越騎校尉，掌騎士，又置步兵校尉，掌步兵，何以各郡都尉又有領兵的權呢？我們以為這是分地練兵之制。鷹揚府不是各郡都有，只設置於要害之處。各郡壯丁勢不能送至鷹揚府所在地，加以訓練。文帝時代，各州刺史負訓練壯丁之責，大業三年以後，訓練壯丁之權屬於各郡都尉，太守不得與知。而既已訓練之後，則由鷹揚府「統領」之，平日安居田畝，有事纔被徵發。這種農兵制度當然可以摧毀三國以來的部曲，而使中央政權更見鞏固。

㈣**忠君道德的提倡**：上述各種改革固然可使國家臻於統一之域，但是要維持國家的統一，除了物質的條件之外，尚需要一種精神的條件，即全國人民對於皇帝有盡忠的觀念，忠與義不同，忠是君臣之間的道德，義是朋友之間的道德。兩者區別，據通俗的解釋，忠是絕對的義務；義是相對的義務。「知伯國士待我，我故國士報之」（史記卷八十六豫讓傳），這是義。「君雖不君，臣不可以不臣」（舊唐書卷二太宗紀上），這是忠。其實，這種忠的觀念，在秦漢以前是沒有的。孟子說：「君之視臣如土芥，則臣視君如寇讎」，比干諫而死，孔孟稱之，武王革命，孔孟又稱之，就是孔孟不以忠為絕對的義務，而以忠為相對的義務。君守君道，而後臣致其忠。所以孔孟一方贊成忠君，同時又贊成放伐暴君，即主張二重道德。這個二重道德對於中國有很大的效用。民主政治必以人民有相當的能力為前提，以中國古代人民的程度，很難實行民主政治。既然不能實行民主政治，則欲統治龐大複雜的國家，必須建立絕對王政，而後才能統制各地，而使國家達到長治久安之域。但是君權過大，又可以釀成君主的虐政。一方要求鞏固的君權，同時又怕君主濫用其權，於是二重道德就發生作用了。即君主的行為不越出一定限度，則主張忠君的道德，君主的行為若越出一定限度，則主張放君的道德，於庶民中再擇一位真命天子，重新建設一個新政權。這是忠和放同時並存的理由。到了秦漢以後，才提高君權，「以君臣之義無所逃於天地之間，至桀紂之暴，猶謂湯武不當誅之，而妄傳伯夷叔齊之事」（明夷待訪錄原君）。這樣一來，忠已不是相對的義務，而是絕對的義務，為人君者縱令行同桀紂，而為人臣者亦須殺其身以事其君。何以秦漢以後，這樣提高君權？天下者天下之天下，惟有德者居之，但是由誰判斷有德與無德呢？天視自我民視，天聽自我民聽，當然由人民判斷。當時沒有議會以代表民意，桀說桀有德，湯說湯有德，結果只有訴諸武力，而如丹第 (Dante Alighieri) 所說：「用武力以判定功罪，乃是上帝判定功罪的最後方法，所以由戰爭得到勝利者，可以視為受了上帝的承認」❻。湯武戰勝桀紂，就是天命在茲的證據。但是這樣下去，百姓遭殃了。後儒懼篡奪相繼，引起戰爭，延而害及社會的安甯，所以不惜提高君權，把相對義務的忠改為絕對義務的忠。但是古人之所謂「忠」，實在令人莫名其妙。為人臣的如果須忠其君，則曹魏篡漢，固可斥為不忠；對於不忠之人，照道理說，應該不必報之以忠。然而司馬奪取魏之天下，劉裕奪取晉之天下，蕭道成奪取宋之天下，都是以「篡」報「篡」，何以不受後人諒解。說到這裡，我記得王敬則與宋順帝的對話了。蕭道成使王敬則勒兵入宮，迫宋順帝禪位。「帝收淚謂敬則曰欲見殺乎。敬則曰遷居別宮耳。官先取司馬家，亦如此。帝泣而彈指曰，願後身世世勿復生帝王家」（資治通鑑卷一百三十五齊高帝建元元年，參閱南史卷四十五王敬則傳）。即由敬則觀之，劉裕可以廢晉恭帝，以為零陵王，尋又殺之，則蕭道成何以不可廢宋順帝，以為汝陰王，尋又弒之。若謂蕭道成不忠，則蕭道成不過以「篡」報「篡」，為司馬家報讎耳。南北朝時代，人人都沒有忠的觀念，朝代更易，一般臣下無不「宴安寵祿，曾無釋位之心，報使獻誠，但務隨時之義」（周書卷三十于翼傳贊）。他們送故迎新，其視帝位禪代，無異於「將一家物與一家」（南史卷二十八褚炤傳）。而所謂忠臣也者亦盡「如失主犬，後主飼之，便復為用」（梁書卷十七馬仙琕傳）。何以南北朝人士這樣缺乏忠的觀念呢？南北雙方之君臨天下者皆為國日淺，威德未洽，強君武王力而為之，僅以自守，不過一再傳而復亂政。這樣，人民對於皇室當然沒有尊敬的觀念。我們以為忠的

❻ 丹第之言，見 W. A. Dunning, *A History of Political Theories, Ancient and Mediaeval*, 1923, p. 232. 參閱拙著政治學第四版，二六八頁。

觀念乃發生於所有權之中，「所有」應先占有，占有須有兩種要素，一是心的要素（Animus），即占有的意思，二是物的要素（Corpus），即占有的實力，有占有的意思和實力，而占有之後，又經過一定期間，則該物便成為占有者的所有物。魏李安世上疏求均田，且說：「又所爭之田，宜限年斷，事久難明，悉屬今主」（魏書卷五十三李安世傳）。這就是說，凡用強力奪取的田，經過一定年間，悉視為奪取者的所有物，區區數畝田地，占有尚須經過一定年間，才視為奪取者的所有物，則以天下之大，當然更非確實占有不可。唐奪隋的天下，宋奪周的天下，讀史者不以為怪。而王莽奪取西漢，曹操奪取東漢，竟被後人批評。就是因為唐宋二代傳祚數百年，王莽不及身而亡，曹魏雖然傳祚五世，亦僅四十六年而亡，又祇能占有北方數州，其實力不能占有天下，所以只可視為篡奪。所謂正統與篡奪祇是法律上的名辭，不是道德上的名辭，惟有依照民法上所有權觀念，加以解釋，而後才能說明其真相。由此可知朝代更迭愈頻繁，天下是誰的天下，即誰對天下有所有權，必將不能明瞭。南北朝不過一百五十餘年，南朝易代四次，北朝也有禪代之事。傳祚既然短促，而任何國家又祇能偏安一地，不能統一涵夏，這樣，它們當然不能因暫時占有而取得所有權。既然沒有所有權，則人們何必尊重其所有物，而發生忠的觀念。王通說：「無定主，而責之以忠……雖曰能之，末由也已」（文中子，中說卷三事君篇），這種風氣由統治者看來，是很危險的。隋文帝是周的大臣，他可以奪取周的天下，他的大臣當然也可以奪取隋的天下。他奪取周的天下之時，周的大臣漠不關心，則別人再來奪取隋的天下，隋的大臣亦必不以為意。這是何等危險的事。他知道忠的道德若不提倡，他的帝位不能穩固，所以一方獎勵忠臣。

許善心在陳為通直散騎常侍，聘於隋，遇高祖伐陳，禮成而不獲反命，留縶賓館。及陳亡，高祖遣使告之。善心哀服號哭於西階之下，藉草東向，經三日，勅書唁焉。明日有詔就館拜通直散騎常侍，賜衣一襲，善心哭盡哀，入房改服，復出北面立，垂涕再拜受詔，明日乃朝伏泣於殿下，悲不復興。上顧左右曰，我平陳國，唯獲此人，既能懷其舊君，即是我誠臣也，勅以本官直門下省，賜物千段，皁馬二十匹（隋書卷五十八許善心傳）。

他方又懲戒貳臣，斥之為反覆子，或黜或死，防其以戴己者戴人。

上曰我微劉昉鄭譯及盧賁柳裘皇甫績等，則我不至此，然此等皆反覆子也。當周宣帝時，以無賴得幸，及帝大漸，顏之儀等請以宗王輔政，此輩行詐，顧命於我，我將為治，又欲亂之。故昉謀大逆於前，譯為巫蠱於後，如賁之徒皆不滿志，任之則不遜，致之則怨，自難信也，非我弃之，眾人見此，或有竊議，謂我薄於功臣，斯不然矣（隋書卷三十八盧賁傳）。

當隋文未曾受禪之時，當然希望周的大臣盡是劉昉鄭譯之流，而既已平陳之後，又希望自己大臣盡是許善心之輩。因為周的大臣若盡是許善心，則隋文將無法取得周的天下。反之，隋文的大臣若盡是劉昉鄭譯，則隋文天下必將得而復失。在這種矛盾的環境之下，遂生出矛盾的賞罰來。有恩於我者，因其為臣不忠，黜之以警戒貳臣，有仇於我者，因其為臣盡忠，賞之以鼓勵忠臣。漢高祖用季布而殺丁公，就是因為「丁公為項王臣不忠，使項王失天下者乃丁公也」（史記卷一百季布傳）。隋亡，唐太宗謫裴虔通於驩州，亦因其不忠於隋煬帝。唐太宗之言如次：

上（唐太宗）謂侍臣曰：君雖不君，臣不可以不臣。裴虔通煬帝舊左右也，而親為亂首，朕方崇獎敬義，豈可猶使宰民訓俗。詔曰：天地定位，君臣之義以彰，卑高既陳，人倫之道須著，是用篤厚風俗，化成天下，雖復時經治亂，主或昏明，疾風勁草，芬芳無絕，剖心焚體，赴蹈如歸。夫豈不愛七尺之軀，重百年之命，諒由君臣義重，名教所先，故能明大節於當時，立清風於身後。至於趙高之殞二世，董卓之鴆弘農，人神共疾，異代同憤。況凡庸小豎，有懷凶悖，遐觀典策，莫不誅夷。辰州刺史長蛇縣男裴虔通昔在隋代，委質晉藩，煬帝以舊邸之情，特相愛幸，遂乃志蔑君親，潛圖弒逆，密伺間隙，招結群醜，長戟流矢，一朝竊發，天下之惡，孰云可忍。宜其夷宗焚首，以彰大戮，但年代異時，累逢赦令，可特免極刑，除名削爵，遷配驩州（舊唐書卷二太宗本紀上）。

物質上造成統一的基礎，精神上培養忠君的觀念，隋雖二世而亡，而繼隋的唐卻因此收穫不少，所以就整個歷史說，隋的地位和秦一樣，有秦的統一，而後才有漢的繁盛，有隋的統一，而後才有唐的繁盛，這是讀史者所共知的。

第二節　南方世族的沒落及北方世族之政治地位

世族政治萌芽於魏世，發展於晉代，而完成於南北朝。在其完成之時，即開始沒落之勢。南朝世族以王謝為大，琅邪王氏為晉太保王祥弟覽（宗正卿，封即丘子）之後。晉室南渡，王導王敦共佐中興之業。陳郡謝氏在漢魏尚無赫赫之人，晉代謝鯤又係「任達不拘」之徒（晉書卷四十九謝鯤傳）。淝水之役，謝安謝玄謝石大敗北師，使胡馬不能南下，於是謝家遂同王家成為南朝世族的領袖。唯在宋代，謝晦因參與廢立，而為文帝所忌，終招殺身之禍（宋書卷四十四謝晦傳）。謝靈運又因罪叛逸，流於廣州，復為文帝所殺（宋書卷六十七謝靈運傳）。自是而後，謝家勢力遂遠遜於王家。舉一例說：宋代傳祚六十年，宋書之中，王家獨立有傳者十三人，謝家七人。齊代傳祚二十四年，南齊書之中，王家獨立有傳者十人，謝家三人。梁代傳祚五十六年，梁書之中，王家獨立有傳者十一人，謝家二人。陳代傳祚三十三年，陳書之中，王家獨立有傳者五人，謝家二人❼。由此可知王謝二家不待北軍之至，已經漸次式微。其所以式微，乃有兩種原因。一、他們與魏晉之世族不同，魏晉世族有部曲及賓客，南渡之後，他們又握兵權，而多都督荊州軍事。荊州居建康上流，其勢可以威脅揚州，而自宋代以後，高祖「遺詔諸子次第居之」（宋書卷六十八南郡王義宣傳）。東晉之時桓氏「部曲偏於荊楚」（晉書卷一百十八姚興載記下），桓玄失敗之後，「荊湘江豫猶多桓氏餘燼，往往屯結」（宋書卷五十一臨江王道規傳）。齊武帝永明五年，荒人桓天生率眾作亂，「猶自稱桓玄宗族」（南齊書卷二十六陳顯達傳）。反之，南朝「膏腴貴遊咸以文學相尚」（梁書卷四十一王承傳），不樂武職（南齊書卷五十二丘靈鞠傳）。而朝代更易，豪族雖無汗馬之勞或運籌之功，亦得平流進取，坐至公卿。二、他們既為公卿之後，

❼ 宋書中，王家獨立有傳者為王弘、王誕、王惠、王球、王准之、王韶之、王微、王華、王曇首、王敬弘、王僧綽、王僧達、王景文等十三人。謝家為謝晦、謝景仁（弟述附傳）、謝方明、謝瞻、謝弘微、謝靈運、謝莊等七人。南齊書中，王家獨立有傳者為王儉、王琨、王延之、王僧虔、王晏、王思遠、王秀之、王慈、王融、王奐（從弟績附傳）等十人。謝家為謝超宗、謝瀹、謝朓等三人。梁書中，王家獨立有傳者為王亮、王瑩、王瞻、王志、王峻、王暕（子訓附傳）、王泰、王份（孫錫、僉附傳）、王筠、王規、王承等十一人。謝家為謝朏（弟子覽附傳）、謝舉二人。陳書中，王家獨立有傳者為王沖、王通（弟勱附傳）、王質、王固、王瑒五人。謝家為謝哲、謝嘏二人。其見於循史傳、儒林傳、文學傳、孝義傳者不錄。

又復風流相尚，不以物務關懷。致令人主不願寄以大任，故自宋孝武帝以後，皆信任寒素的中書舍人。齊武帝嘗云：「公卿中憂國如呂文度者，復何憂天下不寧」（南史卷七十七茹法亮傳）。齊明帝亦謂「學士不堪治國，唯大讀書耳」（南齊卷五十六劉係宗傳），而茹法亮之權更大，「太尉王儉常謂人曰，我雖有大位，權寄豈如茹公」（南史卷七十七茹法亮傳）。這樣，豪族在軍事上沒有權力，在政治上也不過是素餐。加以侯景亂時，一般士大夫因「膚脆骨柔，不堪行步，體羸氣弱，不耐寒暑，坐死倉卒者往往而然」（顏氏家訓第十一篇涉務）。到了梁末陳初，于謹南伐江陵，衣冠之士多沒為僕隸。

于謹南伐江陵，江陵既平，衣冠仕伍多沒為僕隸（周書卷三十二唐瑾傳）。

隋師平陳，江南世族遂跟著南朝政權的顛覆，勢力幾乎消滅。

江表自東晉已來，刑法疏緩，世族陵駕寒門，平陳之後，牧民者盡更變之（資治通鑑卷一百七十七隋文帝開皇十年）。

北朝世族分為山東及關中二系，山東以崔盧為大。清河崔氏為魏司空崔林（魏志卷十四崔林傳）之後，後魏太祖道武帝入主中原，崔玄伯掌機要，草創制度。國號曰魏，即從玄伯之議（魏書卷二十四崔玄伯傳）。子浩事太宗（明元帝）世祖（太武帝）二帝，二帝東征西討均從浩計。世祖曾「敕諸尚書，凡軍國大計，卿等所不能決，皆先諮浩，然後施行」（魏書卷三十五崔浩傳）。清河崔氏見重於北朝，殆此之故。其後，浩以修史不愼，而蒙滅族之禍。而清河崔氏別一支，即魏中尉崔琰（魏志卷三十二崔琰傳，琰乃林之從兄）之後，如崔逞、崔亮、崔休（魏書卷三十二崔逞傳，卷六十六崔亮傳，卷六十九崔休傳，參閱卷二十四崔道固傳）均見重於後魏。到了周齊分據，齊之崔㥄（崔休子）「每以籍地自矜，謂盧元明曰天下盛門唯我與爾，博崔趙李何事者哉」（北齊書卷二十三崔㥄傳）。博陵崔氏為漢崔駰（後漢書卷八十二崔駰傳）之後，魏有尚書僕射崔贊，晉有大司農崔洪（魏書卷五十七崔挺傳，參閱晉書卷四十四崔洪傳）。然在南北朝，博陵崔氏的功名事業遠不如清河崔氏，吾人觀魏書崔覽（卷四十九）崔辯（卷五十六）崔挺（卷五十七）以及北齊書崔暹（卷三十）崔昂（卷三十），周書崔謙（卷三十五）崔猷（卷三十五）各傳，即可知之。范陽盧氏為魏司空盧毓（魏志卷二十二盧毓傳）之後，毓子欽晉尚書僕射（晉書卷四十四盧欽傳）。後魏有盧玄（魏書卷四十七盧玄傳）盧同（魏書卷七十六盧同傳），「子孫繼迹，為世盛門」，然其「文武功烈殆無足紀」（魏書卷四十七盧玄傳史臣曰）。唯周之盧辯曾繼蘇綽之後，依周禮，建六官，革漢魏之制，稍有功業可言（周書卷二十四盧辯傳）。

關西以韋裴為首，京兆韋氏為漢丞相韋賢（賢子玄成亦為丞相，漢書卷七十三韋賢傳）之後，唯由東漢而至南北朝，雖「世為三輔冠族」（魏書卷四十五韋閬傳），而無傑出人才。只唯後周韋孝寬以定策平齊之功，出為延州總管，進位上柱國（周書卷三十一韋孝寬傳）。河東裴氏為漢尚書令裴茂之後，茂長子潛魏尚書令，次子徽魏冀州刺史，潛子秀晉尚書令，徽子楷晉中書令。南北朝之裴氏即裴茂之後（魏書卷六十九裴延儁傳，參閱魏志卷二十三裴潛傳，晉書卷三十五裴秀裴楷傳）。故齊文襄謂裴氏為「三河冠蓋」（周書卷三十四裴寬傳）。唯在南北朝，裴氏並無傑出人才。後魏裴延儁雖為侍中吏部尚書，而「在臺閣守職而已，不能有所裁斷直繩也」（魏書卷六十九裴延儁傳）。只唯後周裴寬曾以軍功，為驃騎大將軍，開府儀同三司（周書卷三十四裴寬傳）。北朝為鮮卑種族所建立，其對中原遺黎未必信任，秉政之人多係宗室或有軍功的人。崔玄伯崔浩雖有大功於後魏，竟遭滅族之禍。世家子弟因畏禍晦跡，不敢有所建樹，抑或因為養尊處優，失去進取之心，吾人不敢遽下論斷。

隋文肇興，要建立鞏固的國家，對於豪宗大族，不能不設法打擊。他自己既是關西世家之一，故除南朝世族之外，北方世族於政治上尚有相當的地位。但吾人須知隋代以後，所謂世族只是經濟上的階級，而非法律上的身分。階級與身分不同，階級是經濟上的差別，身分是法律上的制度。身分是固定的，階級可以轉變。此種轉變固有許多原因，其最重要的乃是財產的變更，而在隋代，則為舉官方法的變更。案士族的勢力乃與中央集權牴觸，而世族所以有其勢力則由於三種原因，一是土地集中，二是戶口蔭附，三是九品官人之法。隋文對此三者採用如何政策，今試分別說明之。

㈠**對於土地集中的政策**　隋承喪亂之後，文帝受禪之初，有戶三百六十萬，平陳所得，又五十萬（通典卷七歷代盛衰戶口），每戶以五口計算，全國人口約二千零五十萬。地廣人稀，隋就沿北朝之制，實行均田，一以限制世族的土地，二以增加國家的稅收。

高祖受禪，仍依周制，役丁為十二番……及頒新令……男女三歲已下為黃，十歲已下為小，十七已下為中，十八已上為丁，丁從課役，六十為老乃免。自諸王以下至於都督，皆給永業田各有差，多者至一百頃，少者至四十畝。其丁男中男永業露田皆遵後齊之制，並課樹以桑榆及棗。其園宅率三口給一畝，奴婢則五口給一畝。丁男一牀，租粟三石，桑田調以絹絁，麻土以布絹，絁以疋加綿三兩，布以端加麻三斤。單丁及僕隸各半之。未受地者皆不課。有品爵及孝子順孫義夫節婦並免課役……開皇三年正月，初令軍人以二十一成丁，減十二番，每歲為二十日役，減調絹一疋為二丈（隋書卷二十四食貨志）。

關於此制，值得吾人研究者有三。⑴「自諸王以下至於都督，皆給永業田各有差」，這裡所謂都督，非指魏晉以來的都督諸州軍事，而是指一種加官，以酬勤勞，如秦漢之關內侯。即不是職官之名，而為勳官之名。

高祖又採後周之制，置上柱國，柱國；上大將軍，大將軍；上開府儀同三司，開府儀同三司；上儀同三司，儀同三司；大都督，帥都督，都督，總十一等，以酬勤勞（隋書卷二十八百官志下）。

所以通典云：

後周又有大都督，帥都督，都督，至隋並以為加官（通典卷三十二都督）。

食貨志所謂「下至都督」，是指此而言，即有勤勞而賜以都督以上之號者，皆可領受永業田。(2)「其丁男中男永業露田皆遵後齊之制」。後齊有丁中之別，「男子十八以上，六十五以下為丁。十六已上，十七已下為中」，「率以十八受田，輸租調」（隋書卷二十四食貨志），即唯丁男才得受田而輸租調，隋既遵後齊之制，而食貨志敘述隋代租調，亦只提及丁男，則「中男」二字似是衍文。(3)奴婢可否受田，食貨志未曾說到。奴婢若不受田，奴婢似無負擔租調之義務。何以食貨志於敘述丁男所輸租調之後，又繼有「單丁及僕隸各半之」之言。反之，奴隸若可受田，則隋代均田制度乃同後魏北齊一樣，有利於世族，即均田制度，財政之意義多，社會政策之意義少。年代愈久，平民的永業田愈益增加，勤勞愈多，公卿的永業田也日見擴大，兼以「身死王事者，子不退田」（隋書卷六十六郎茂傳），所以積時既久，公田必漸次減少，而至於沒有餘田分配人民。開皇中，蘇威曾經提議，減功臣之地以給人民，卒因朝臣反對，而不果行。

太常卿蘇威立議，以為戶口滋多，民田不贍，欲減功臣之地以給民，王誼奏曰百官者歷世勳賢，方蒙爵土，一旦削之，未見其可，如臣所慮，正恐朝臣功德不建，何患人田有不足，上然之，竟寢威議（隋書卷四十王誼傳）。

於是京輔及三河之地就有人滿之患，文帝發使四出，均天下之田，狹鄉每丁所得，不過二十畝，老小又少焉。

開皇十二年，時天下戶口歲增，京輔及三河地少而人眾，衣食不給，議者咸欲徙就寬鄉，帝命諸州遣使議之，又令尚書以其事策問四方貢士，竟無長算。帝乃發使四出，均天下之田，其狹鄉每丁才至二十畝，老小又少焉（隋書卷二十四食貨志）。

隋之均田乃沿北朝之制。隋文受禪之時已經施行（參閱隋書卷二十四食貨志）。開皇十二年，帝發使四出，均天下之田，乃是因為戶口增加，各鄉有寬狹之別，而致土地之分配不能平均。所謂寬鄉是地廣人寡，狹鄉是地狹人眾。「議者咸欲徙就寬鄉」，而「竟無長策」（隋書仝上）。縱有長策，經過二三世，寬鄉亦必變為狹鄉。文帝只顧目前，不計未來，不但不肯移民以就寬鄉，又不令田多之民捐出其田，以與無田之人。丘濬曾說：

臣按井田既廢之後，田不在官而在民，是以貧富不均。一時識治體者咸慨古法之田，而卒無可復之理。於是有限田之議，均田之制，口分世業之法，然皆議之而不果行，行之而不能久。何也？其為法雖各有可取，然不免拂人情而不宜於土俗，可以暫而不可以常也，終莫若聽民自使之為得也。必不得已創為之制，必也因其已然之俗，而立為未然之限，不追咎其既往，而惟限制其將來，庶幾可乎（大學衍義補卷十四制民之產）。

所謂「不追咎其既往，而惟限制其將來」，乃對多田者言之。至於無田可耕之人又將如何解決？何以即作獨斷的結論，而謂「不惟民有常產，而無甚貧甚富之不均」。「富者不復買田……而富室不無羨產，田直日賤，而民產日均，雖井田之制不可猝復，而兼并之患日以漸銷矣」（大學衍義補仝上）。所以還是依王船山之言，土地問題不如聽民自謀之為便。他說：

五代南北之戰爭，民之存者僅矣。周滅齊而河北定，隋滅陳而天下一。於是而戶口歲增，京輔三河地少人眾，且無以自給。隋乃遣使均田，以謂各得有其田以贍生也。惟然，而民困愈亟矣。人則未有不自謀其生者也，上之謀之，不如其自謀；上為謀之，且弛其自謀之心，而後生計愈蹙，故勿憂人之無以自給也。籍其終不可給，抑必將改圖，而求所以生，其依戀先疇而不舍，則固無自斃之理矣。上惟無以奪其治生之力，寬之於公，而天地之大，山澤之富，有餘力以營之，而無不可以養人。今隋……乃欲奪人之田以與人，使相傾相怨以成乎大亂哉。故不十年而盜賊競起以亡隋，民之不輯也久矣……故曰惟然而民困愈亟也（讀通鑑論卷十九隋文帝）。

隋代均田之制如何，茲為讀者容易理解起見，將其初年制度，作表如次❽：

---

❽ 官吏尚有職分田與公廨田，職分田充官吏的祿俸，公廨田供衙署的經費。隋書食貨志云：「京官又給職公田，一品者給田五頃，每品以五十畝為差，至五品則為田三頃。六品二頃五十畝，其下每品以五十畝為差，至九品為一頃。外官亦各有職分田，又給公廨田，以供公用。」關於職分田，王夫之說：「郡縣之天下，合四海九州之人以錯相為吏，官無定分，職無常守，升降調除，中外南北，月易而歲不同，給以田而使營農，將人給之乎，貴賤無差，予奪無恆，而且不勝給矣。將因職而給之乎，有此耕而彼穫者矣。而且官不習於田，一授其權於胥隸，胥隸橫於阡陌，務漁獵而不恤其荒瘠，閱數十年，而農非其農，田非其田，徒取沃土而滅裂之，不足以養士，而徒重困乎平民也，故職田者三代以下必不可行之法也」（讀通鑑論卷十九隋文帝）。關於公廨田，隋制，「臺省府寺咸置廨錢，收息取給，蘇孝慈以為官民爭利，非興化之道，上表請罷

隋丁中均田賦役表

丁中法	黃	三歲已下。
	小	四歲至十歲。
	中	十一歲至十七歲。
	丁	十八歲（開皇三年改為二十一歲，煬帝即位，又改為二十二歲）至五十九歲。
	老	六十歲以上。
均田	男	露田八十畝 永業二十畝
	女	露田四十畝
		親貴永業田多者至一百頃，少者至四十畝。
賦役	租	丁男一牀，粟三石，單丁及僕隸各半之。
	調	丁男一牀，絹一疋綿三兩，或布一端麻三斤，單丁及僕隸各半之，開皇三年減絹一疋為二丈。
	役	每歲三十日，開皇三年減為二十日。

(二)對於戶口蔭附的政策

魏晉以來，戶口多給世族挾存，「編戶之命竭於豪門，王府之蓄變為私藏」，當然是「主威不樹，臣道專行」（宋書卷四十二王弘傳贊），而有害於國家的統一。隋文對於戶口逃隱，最初也採用搜括政策。例如：

乞伏慧拜曹州刺史，曹上舊俗，民多姦隱，戶口簿帳，恆不以實，慧下車按察，得戶數萬……歲餘，轉齊州刺史，得隱戶數千（隋書卷五十五乞伏慧傳）。

令狐熙拜滄州刺史，時山東承齊之弊，戶口簿籍類不以實，熙曉諭之，令自歸首，實者一萬戶（隋書卷

之」（隋書卷四十六蘇孝慈傳），於是遂用公廨田以代廨錢。唐代公廨田是「借民佃植，至秋冬受數而已」（通典卷三十五職田公廨田）。隋代公廨田如何利用，大率與唐相同。

五十六令狐熙傳）。

上以百姓多流亡，令皇甫誕為河南道大使，以檢括之（隋書卷七十一皇甫誕傳）。

但是單單檢括戶口，未必就有效果。戶口逃隱乃有其逃隱的原因，直接原因為賦役繁重，間接原因為閭伍不修。隋文關於直接原因，曾輕傜薄稅，使百姓離開豪強，成為國家的編戶。

隋受周禪，時承西魏喪亂，周齊分據，暴君慢吏，賦重役勤，人不堪命，多依豪室，禁網隳紊，姦偽尤滋，高熲覩流冗之病，建輸籍之法，於是定其名，輕其數，使之知為浮客，被強家收大半之賦，為編甿奉公，上蒙輕減之征，先敷其信，次行其令，烝庶懷恩，姦無所容，隋氏資儲遍於天下，人俗康阜，熲之功力焉（通典卷七丁中）。

關於間接原因，則設里閭之制，使百姓互相檢舉。戶口不實者，正長遠配，於是丁增加四十四萬，口增加一百六十四萬一千五百。

高祖受禪，頒新令，制人五家為保，保有長，保五為閭，閭四為族，皆有正。畿外置里正，比閭正，黨長比族正，以相檢察焉……是時山東尚承齊俗，機巧姦偽避役惰游者十六七，四方疲，人或詐老詐小，規免租賦，高祖令州縣大索貌閱，戶口不實者，正長遠配。而又開相糾之科，大功以下，兼令析籍，各為戶頭，以防容隱，於是計帳進四十四萬三千丁，新附一百六十四萬一千五百口（隋書卷二十四食貨志）。

隋文之檢括戶口，雖然可以說，志在打擊人民之蔭附於世族，然其最大目的乃在於增加賦役，故強迫大功以下折籍。所以王船山謂隋代戶口歲增，非民之自增，乃朝廷強迫其增。

今隋之所謂戶口歲增者，豈徒民之自增耶。蓋上精察於其數，以斂賦役者之增之也，人方驟蕃，地未盡閫，效職力於為工為賈，以易布粟，園林畜牧以廣生殖者未遑，而亟登之版籍，則衣食不充。非民之數盈，地之力歉，而實籍其戶口者之無餘，而役其戶口者不酌其已盈而減其賦也（讀通鑑論卷十九隋文帝）。

煬帝即位之初，又從裴蘊之言，貌閱一次，又進丁二十四萬三千，口六十四萬一千二百。

> 於時猶承高祖和平之後，戶口多漏，或年及成丁，猶詐為小，未至於老，已免租賦。蘊歷為刺史，素知其情，因是條奏皆令貌閱，若一人不實，則官司解職，鄉正里長皆遠流配。又許民相告，若糾得一丁者，令被糾之家代輸賦役，是歲大業五年也。諸郡計帳進丁二十四萬三千，新附口六十四萬一千二百（隋書卷六十七裴蘊傳）。

兩種政策頗收效果，煬帝時代，戶八百九十萬七千五百四十六，口四千六百一萬九千九百五十六（隋書卷二十九地理志上）。二十年之光陰，戶口竟然增加一倍，可知魏晉南北朝戶口減少，不是死亡者多，而是民皆逃隱。

㈢九品官人之法之廢除　九品官人之法為魏晉以來，強宗大族獵官的工具。這種制度自晉以後，歷受有識之士的批評。後魏於宣武帝時代，罷諸郡中正。

> 正始（後魏宣武帝年號）元年乃罷諸郡中正（通典卷十四歷代選舉制中）。

正始二年又詔曰：「中正所銓但存門第，吏部彝倫，仍不才舉」（魏書卷八宣武帝紀）。是則正始元年所罷者乃諸郡中正，至於州大中正仍然存在，吾人觀孝昌（後魏孝明帝年號）初，崔鴻為齊州大中正（魏書卷六十七崔鴻傳），即可知之。隋文踐祚，開皇年間才廢除九品中正之制。

> 南朝至於梁陳，北朝至於周隋，選舉之法雖互相損益，而九品及中正至開皇中方罷（文獻通考卷二十八舉

士）。

代以科舉制度，科舉分為兩種，一是貢舉，每歲由各州依常科舉人，例如：

開皇七年春正月乙未，制諸州歲貢三人（隋書卷一文帝紀）。

二是制舉，由天子自定科目，令百官舉之，例如：

開皇八年秋七月景子詔京官五品以上，總管刺史以志行修謹、清平幹濟二科舉人（隋書卷二文帝紀）。

隋代年祚短促，科舉之制文獻上記載甚少。吾人所能知道的，文帝時有秀才之科，例如：

杜正玄開皇末舉秀才，尚書試方略，正玄應對如響，下筆成章……而辭理華贍。素（楊素，時為尚書僕射）乃嘆曰此真秀才，吾不如也（隋書卷七十六杜正玄傳）。

煬帝時，又置進士科。這是唐代以後舉士的重要制度。隋時，進士還是試策，唐楊綰說：

煬帝時始置進士之科，當時猶試策而已（舊唐書卷一百十九楊綰傳）。

由此可知隋代科舉是同東漢一樣，舉了之後，必加以試。隋承南北朝之弊，崇尚文詞，陷於浮虛，頗失取才之實。

魏氏取人，尤賞放達，晉宋之後，祇重門資……有梁薦士，雅愛屬詞，陳氏簡賢，特珍賦詠……逮至隋氏，餘風尚在。開皇中，李諤論之於文帝曰，魏之三祖更好文詞，忽君人之大道，好雕蟲之小藝，連篇累牘，不出月露之形，積案盈箱，唯是風雲之狀，世俗以此相高，朝廷以茲擢士，故文章日煩，其政日亂。帝納李諤之策，由是下制禁斷文字浮辭……煬帝嗣興，又變前法，置進士科，於是後生之徒復相效傚，因陋就寡，赴速邀時，緝綴小文，名之策學，不以指實為本，而以浮虛為貴（舊唐書卷一百一薛登傳，參看隋書卷六十六李諤傳）。

而取士標準又太過嚴格，秀才一科只取十餘人，何能網羅天下人才。

隋仁壽中，杜正倫與兄正玄正藏俱以秀才擢第，隋代舉秀才止十餘人，正倫一家有三秀才，甚為當時所稱（唐書卷七十杜正倫傳）。

取士既然不依門蔭，而用科舉，則育才方法實屬必要。仁壽以前，置國子寺❾，統國子、太學、四門、書、算學，各置博士助教、學生等（隋書卷二十八百官志下）。「京邑達於四方，皆啟黌校」。真是「講誦之聲，道路不絕」，「中州儒雅之盛，自漢魏以來，一時而已」（隋書卷七十五儒林傳序）。班固曾謂漢時儒生之多，「蓋祿利之路然也」（漢書卷八十八儒林傳贊）。朱熹以道統自居，謂「古之太學主於教人，而因以取士，故士來者為義而不為利」。明代丘濬以為士之游於太學，「彼果何所為而來哉？固將以希祿食，干爵位，以為父母之養，鄉里之榮，以行己之所志也。其心未嘗無所利，茍無所利，孰肯去鄉井，捐親戚，以從事於客游哉」（大學衍義補卷七十設學校以立教下）。仁壽元年，隋文恐生徒太多，無所安插，國子學（不久，改為太學）唯留學生七十人，太學四門及州縣學並廢。

仁壽元年六月乙丑詔曰，朕撫臨天下，思弘德教，延集學徒，崇建庠序，開進仕之路，佇賢俊之人。而國學胄子垂將千數，州縣諸生咸亦不少。徒有名錄，空度歲時，未有德為代範，才任國用，良由設學之理多而未精。今宜簡省，明加獎勵。於是國子學唯留學生七十人，太學四門及州縣學並廢……秋七月戊戌改

❾ 歷代職官表（卷三十四國子監，隋）云：「謹案，自漢以降，博士皆隸於太常。至隋，而國子寺始別為一署，無所統屬，尋又改名國子監。至今（清代）沿為定式焉」。

國子為太學（隋書卷二文帝紀）

關此，葉水心曾說：

仁壽元年減國子學生止留七十人，太學四門州縣學並廢。當時國子千數，則所散遣者數千萬人，豈不駭動……蓋其心實謂空設學校，未足以得人耳。古之為教使材者必由學，舜周公之論是也。漢以後，傳經師章句而已。材者由於學則枉以壞，不材者由於學，則揠以成。教之無本而不行，取之雖驟而不獲，則學之盛衰興廢，蓋未易言也（文獻通考卷四十一太學）。

煬帝即位，復開庠序，改國子寺為國子監（隋書卷二十八百官志下）。國子郡縣之學，雖比開皇之初為盛，而外事四夷，戎馬不息，師旅怠散，盜賊群起，方領矩步之徒亦轉死溝壑，經籍湮沒於煨燼，而隋祚亦隨之而亡。

煬帝即位，復開庠序，國子郡縣之學盛於開皇之初……既而外事四夷，戎馬不息，師徒怠散，盜賊群起，空有建學之名，而無弘道之實，其風漸墜，以至滅亡（隋書卷七十五儒林傳序）。

世族由上述三種政策，雖然受到打擊，但學校之生徒既寡，育才無途，取士之人數又少，擇才不廣。也許隋文恐員多闕少，引起黨派之爭。然而因此隋文要治理國政，不但隋初，就是後來，也要於士族之中，選擇人才。茲依唐柳沖之言（新唐書卷一百九十九柳沖傳），並據隋書列傳，將隋代北方世族在政治上之地位，列表如次。

隋代北方世族在政治上之地位表

地域	姓氏	史略
山東郡姓	太原王	王韶自云太原晉陽人，祖諧原州刺史，父諒早卒。韶在周，累以軍功，官至車騎大將軍，儀同三司。及平齊，進位開府，封昌樂縣公。隋文受禪，進爵項城郡公。晉王廣之鎮并州也，除行臺右僕射。平陳之役，以本官為元帥府司馬，及克金陵，韶即鎮焉。晉王廣班師，留韶於石頭防遏，委以後事。歲餘徵還，進位柱國，後卒（隋書卷六十二王韶傳）。隋書卷六十九之王劭亦太原晉陽人，此兩人當係晉王渾之後。
	博陵崔	崔仲芳博陵安平人，崔挺之後，祖孝芬，魏荊州刺史。父宣猷，周小司徒。仲芳以軍功，授平東將軍，銀青光祿大夫，賜爵石城縣男。周武帝時，獻平齊二十策，齊平，授儀同，進爵范陽縣侯。宣帝嗣，為少內史。隋文作相，仲芳勸其應天受命，及受禪，進位上開府，進爵安固縣公，上書論取陳之策，及大舉伐陳，以仲芳為行軍總管。陳平，出為代州總管。煬帝時，進位大將軍，民部尚書，尋轉禮部尚書。後坐事免，尋拜信都太守，上表乞骸骨，優詔許之，卒於家（隋書卷六十崔仲芳傳）。隋書卷五十四之崔彭及北史卷三十二之崔弘道亦博陵人。
	范陽盧	盧賁涿郡范陽人，魏盧同之後，父光周開府燕國公。周武帝時，賁襲爵，歷魯陽太守，儀同三司，宣帝即位，加開府。隋文作相，引賁置左右，恆典宿衛。賁乘間進說，以應天受命之事，及受禪，拜左領軍右將軍。賁因勸晉有功，而不掌朝政，屢出怨言，廢於家，尋卒（隋書卷三十八盧賁傳）。隋書卷五十六之盧愷，卷五十七之盧思道亦涿郡范陽人。
	趙郡李	隋書卷四十六之李雄，趙郡高邑人，隋書卷五十七之李孝貞，趙郡柏人，世為著姓。據北史卷三十三，李孝貞係魏李順之後。李雄北史卷三十三，作李子雄、李孝伯之後。因北史所載李子雄世系與隋書李雄同。至於北史卷七十四之李雄，隋書卷七十之李子雄乃渤海蓨人。即兩書將李雄及李子雄之名相換。隋書卷六十六之李諤亦趙郡人。隋文作相，甚見親待，訪以得失，及受禪，賜爵南和伯，遷治書侍御史，以年老，出拜通州刺史，卒官。隋書卷七十之李密乃隴西成紀人，曾祖弼周魏國公，祖耀周邢國公，父寬周蒲山郡公，詳北史卷六十李弼傳。
	滎陽鄭	鄭譯滎陽開封人，魏鄭羲之後，祖瓊魏太常，父道邕周司空。周武帝時，譯拜銀青光祿大夫，左侍上士，與儀同劉昉常侍帝側，宣帝嗣位，超拜開府內史上大夫，封沛國郡公，委以朝政。宣帝不豫，譯與劉昉引隋文入受顧託。隋文秉政，以譯領天官都府司會，總六府事，進位上柱國。及受禪，以上柱國歸第，

關中郡姓

賞賜豐厚（隋書卷三十八鄭譯傳）。

郡姓	
京兆韋	韋世康京兆杜陵人，魏韋閬之後，叔孝寬仕周，官至大司空上柱國。世康尚周文帝（宇文泰）女，授儀同三司，從武帝平齊，進位上開府，出為絳州刺史。隋文受禪，擢為禮部尚書，進爵上庸郡公，轉吏部尚書，又出拜荊州總管。時天下唯置四大總管，并揚益三州並親王臨統，唯荊州委於世康，時論以為美。十七州卒於州（隋書卷四十七韋世康傳）。 隋書卷四十六之韋師亦京兆杜陵人。
河東裴	裴蘊河東聞喜人，劉裕北伐，大約其祖先從裕南徙。故其祖之平梁衛將軍（參閱梁書卷二十八裴之平傳），父忌陳都官尚書，沒於周，賜爵江夏郡公。蘊以其父在北，陰奉表於隋文，請為內應，及陳平，拜開府儀同三司，煬帝時，拜太常少卿，遷民部侍郎，因括戶口有功，漸見親委，擢授御史大夫，與裴矩虞世基參閱機密，進位銀青光祿大夫，後為宇文化及所殺（隋書卷六十七裴蘊傳）。 裴矩河東聞喜人，祖佗魏都官尚書（北史卷三十八有裴佗傳）。矩初仕於齊，齊亡，不得調。隋文為定州總管，召補記室。及作相，召參相府記室事。尋受禪，矩以軍功拜開府，賜爵聞喜縣公，轉吏部侍郎。煬帝即位，矩言胡中多諸寶物，吐谷渾易可并吞，帝經略四夷咸以委矩，遷黃門侍郎，建征遼之策，矩以本官兼掌兵事，進位右光祿大夫。宇文化及僭帝位，以矩為尚書右僕射，封蔡國公。宇文斥敗，為竇建德所獲，復以矩為吏部尚書。建德敗，矩舉山東之地歸唐，授民部尚書（隋書卷六十七裴矩傳）。 隋書卷六十二之裴肅，卷六十六之裴政亦河東聞喜人。參閱北史卷三十八裴肅傳，卷七十七裴政傳。
河東柳	柳裘河東解人，其先世自本郡遷於襄陽，曾祖世隆齊司空，祖惔梁尚書左僕射，父明義興太守。裘仕後梁，拜駙馬都尉。江陵陷，遂入關中。周明武間，累遷太子侍讀，封昌樂縣侯。宣帝即位，拜儀同三司，進爵為公，留侍禁中，及帝不豫，與劉昉等引隋文入總萬機，進位上開府，拜內史大夫，委以機密。開皇元年進位大將軍，拜許州刺史，轉曹州刺史，尋卒（隋書卷三十八柳裘傳）。 柳機河東解人，父慶魏尚書左僕射。機於周武帝時，累遷少納言，封平齊縣公。及齊平，拜開府。宣帝時，拜華州刺史。隋文作相，拜衛州刺史，及踐祚，進爵建安郡公，徵為納言，任職數年，復出為華州刺史，尋轉為冀州刺史，後以疾還京，卒於家（隋書卷四十七柳機傳，參閱北史卷六十四柳虯傳）。 隋書卷四十七之柳述為機子。卷六十二之柳彧，卷六十六之柳莊亦河東解人。
河東薛	薛冑河東汾陰人，後魏薛辯之後。父端仕周，拜蔡州刺史。周明帝時，冑襲爵文城郡公，累遷上儀同，拜司金大夫，後加開府。隋文受禪，歷任兗鄆二州刺史，徵拜大理卿，遷刑部尚書。後朝廷疑冑懷貳心，遂坐除名，配防嶺南，道病卒（隋書卷五十六薛冑傳）。

		隋書卷五十七之薛道衡，亦河東汾陰人。卷六十五之薛世雄本河東汾陰人，其先寓居關中。
	弘農楊	楊素弘農華陰人，祖暄魏輔國將軍，諫議大夫。父敷周汾州刺史。沒於齊，不屈，以憂憤卒。周武帝時拜素為車騎大將軍，儀同三司。平齊之後，加上開府，封成安縣公。隋文作相，素深自結納，歷汴州刺史，遷徐州總管，進位柱國，封清河郡公。及受禪，加上柱國。開皇四年拜御史大夫，素數進取陳之計，及大舉伐陳，以素為行軍元帥，陳平，拜荊州總管，進爵郢國公，改封越國公，拜納言，轉內史令。尋代蘇威為尚書右僕射，與高熲專掌朝政。大業元年遷尚書令，明年拜司徒，改封楚國公，其年卒官（隋書卷四十八楊素傳，參閱北史卷四十一楊敷傳）。 隋書卷七十之楊玄感為素子。卷四十六之楊尚希及楊异，卷五十六之楊汪亦弘農華陰人。
	京兆杜	杜正玄本京兆人，父景仕齊，景則杜銓之族孫，而銓則為杜預之五世孫。隋仁壽中，正玄與其弟正藏正倫俱以秀才擢第，隋代舉秀才只十餘人，正玄一家有三秀才，甚為當時所稱（隋書卷七十六杜正玄傳，參閱北史卷二十六杜銓傳）。
伐北虜姓	元	元景山河南洛陽人，與拓拔魏同宗。祖燮魏安定王，父珪宋安王。周齊分據，景山仕周，以軍功累遷撫軍大將軍，平蔡郡公。隋文作相，進位上大將軍，及受禪，拜上柱國。隋文大舉伐陳，以景山為行軍元帥，後坐事免，卒於家（隋書卷三十九元景山傳）。 隋書卷四十之元諧，卷四十六之元暉，卷五十之元孝矩，卷五十四之元亨均河南洛陽人，拓拔魏之同宗。
	長孫	長孫覽，本拓拔氏，河南雒陽人，魏司空長孫道生之後，覽於周武帝時拜車騎大將軍。宣帝時進位上柱國大司徒。隋文作相，拜宜州刺史。開皇二年，將伐陳，徵為東南道行軍元帥，統八都督，進軍臨江，會陳宣帝卒，以禮不伐喪而歸。覽轉涇州刺史，卒官。從子熾，隋時，擢戶部尚書，熾弟晟，開皇中，建議用離間之策，使突厥互相猜貳，突厥果分為東西，官至左領軍將軍，遷右驍衛將軍，唐太宗后長孫氏即晟之女（隋書卷五十一長孫覽傳）。
	宇文	宇文慶河南洛陽人，其先與北周同源。慶祖金殿魏征南大將軍，仕歷五州刺史，安吉侯。父顯和夏州刺史。慶仕周，官至驃騎大將軍開府儀同三司，封汝南郡公。隋文作相，進位上大將軍，委以心腹，尋加柱國。開皇初，拜左武衛將軍，進位上柱國，出除涼州總管。歲餘徵還，不任以職，卒於家（隋書卷五十宇文慶傳）。 隋書卷五十六之宇文弼亦河南雒陽人，卷六十一之宇文述乃代郡武川人，本姓破野頭，後從其主，為宇文氏，卷八十五之宇文化及為述之子。

于	于仲文河南洛陽人，于栗磾之後。祖謹周太傅燕國公，父寔周大左輔燕國公。仲文於宣帝時，為東郡太守，隋文作相，以軍功進位大將軍，領河南道行軍總管，及受禪，拜行軍元帥，統十二總管以擊胡。伐陳之役，又拜行軍總管。煬帝即位，遷右翊衛大將軍，參掌文武選事，甚見親幸。遼東之役，宇文述以兵餒敗績，諸將皆委罪於仲文，繫仲文。仲文憂恚，發病，出卒於家（隋書卷六十于仲文傳）。隋書卷三十九之于義，為仲文之叔父。
陸源竇	代北虜姓之陸，竇二家隋史上無傳。源家雖有源師（隋史卷六十六源師傳），亦無赫赫勳功，他於隋文受禪時，除魏州刺史，煬帝即位，拜大理少卿，轉刑部侍郎，卒官。竇家，周書卷三十有竇熾及竇毅、唐高祖后竇氏即毅之女。

依上表所示，可知北方士族在政治上仍有地位，但其地位自五胡亂華而至於周齊分據，均恃靠皇室，與南方士族最初勢可迫主者不同。

第三節　社會經濟的破壞及隋之滅亡

政治黑暗可以引起社會問題，社會貧窮也可以引起政治問題。社會問題的解決必須依藉政治的權力，每個集團均欲利用政權，解決社會問題，求其有利於自己，於是社會鬥爭就轉變為政治鬥爭。這個時候政府必須站在鬥爭之外，按照時代的需要，施行適當的政策，不然，政權將有顛覆之虞。

社會問題便是貧窮問題，吾國以農立國，社會貧窮或由於天災，或由於土地問題，而土地問題又可以分為兩種，一是地狹人庶，生產不能供給消費之用，二是豪強兼併，多數農民失去土地，無法謀生。隋在文帝時代，雖然數遭水旱，而災情並不嚴重，戶口仍不斷的年年增加起來。

時百姓承平日久，雖數遭水旱，而戶口歲增（隋書卷二十四食貨志）。

這比之漢武帝時代「蝗蟲大起，赤地數千里，或人民相食」（漢書卷七十五夏侯勝傳），後漢桓帝時代「郡國蝗，河水溢，百姓饑窮，流冗道路，至有數十萬戶」（後漢書卷七桓帝紀），相差甚遠。而與晉懷帝永嘉三年「大旱，河洛皆竭可涉」，四年「大蝗，食草木牛馬皆盡」（晉書卷五懷帝紀），更不能相比。所以戶口滋盛，「君子咸樂其生，小人各安其業，強無凌弱，眾不暴寡，人物殷阜，朝野歡娛。二十年間天下無事，區宇之內晏如也」（隋書卷二文帝紀史臣曰），雖然「百官祿賜皆出於豐厚」，「出師命賞，亦莫不優隆」，且常蠲免租調，「以賜黎元」，而「中外倉庫莫不盈積」（隋書卷二十四食貨志）。

有司上言，庫藏皆滿，帝曰朕既薄賦於人，又大經賜用，何得爾也。對曰，用處常去，納處常入，略計每年賜用至數百萬段，曾無減損，於是乃更闢左藏之院，構屋以受之（隋書卷二十四食貨志）。

災情既不嚴重，戶口與土地的比率又復如何？

大業五年，戶八百九十萬七千五百四十六，口四千六百一萬九千九百五十六，墾田五千五百八十五萬四千四十一頃，其邑居道路山河溝洫沙磧鹹鹵丘陵阡陌皆不預焉（隋書卷二十九地理志上）。

這與兩漢比較一下，有如次表所示。

兩漢及隋戶口墾田比較表⑩

時代	戶數	口數	墾田數
前漢	一二、二三三、〇六二	五九、五九四、九七八	八、二七〇、五三六頃
後漢	九、六九八、六三〇	四九、一五〇、二二〇	六、八九六、二七一頃
隋	八、九〇七、五四六	四六、〇一九、九五六	五五、八五四、〇四一頃

隋代戶口比兩漢少，墾田比兩漢大，生產技術自東漢以後，日漸進步。人之食量古今相差不巨，而由漢至隋，固然均以六尺為步，二百四十步為畝，百畝為頃，但是隋尺比之漢尺，約合一尺二寸（隋書卷十六律曆志上）。合這數點觀之，隋代戶口並不算多。土地的生產可以供給社會的需要，地狹人庶之患未曾存在。這樣，成為問題者只有土地的分配了。隋用均田之制，保障任何平民，一夫一婦必有一百四十畝之田，而實行之後，凡在狹鄉者，每丁才至二十畝，老小又少焉。二十畝之地是否可以維持一家生計，我們若能知道隋代農業生產力，不難計算出來，惜歷史缺乏這種資料。魏晉之際，「一畝十斛，謂之良田」（稽康養生論），而傅玄又謂：「近魏初，白田收至十餘斛，水田收至數十斛」（晉書卷四十七傅玄傳）。隋畝大於魏畝，倘令每畝收穫仍是十斛，則二十畝可得二百斛，其量不比西漢百畝農民的收穫少，若在十斛以上，則其收穫更豐。其實，隋時每畝收穫多少，我們無從考證。問題所在，乃是猝然遇到凶荒，則青黃不接，難保百姓不鋌而走險，於是文帝又倣漢代常平倉之制，設置義倉。義倉最初是用勸課方法，聽民自由納穀入倉，以備凶年之用。

⑩ 前漢為平帝元始二年之數，據漢書卷二十八下二地理志。後漢為順帝永和五年之數，據後漢書卷三十三郡國志五。

> 開皇五年五月工部尚書長孫平奏曰，古者三年耕而餘一年之積，九年作而有三年之儲，雖水旱為災，而人無菜色，皆由勸導有方，蓄積先備故也。去年亢陽，關內不熟，陛下哀愍黎元，甚於赤子，運山東之粟，置常平之官，開發倉廩，普加賑賜，少食之人莫不豐足，鴻恩大德，前古未比。其強宗富室家道有餘者，皆競出私財，遞相賙贍，此乃風行草偃，從化而然。但經國之理須存定式，於是奏令諸州百姓及軍人勸課當社共立義倉，收穫之日，隨其所得，勸課出粟及麥於當社，造倉窖貯之，即委社司執帳檢校每年收積，勿使損敗。若時或不熟，當社有饑饉者，即以此穀賑給，自是諸州儲峙委積（隋書卷二十四食貨志）。

不久，又把勸課改為徵收，上戶納穀一石，中戶七斗，下戶四斗，由額數不定的捐輸改為上中下三等的租稅。

> 開皇十六年二月又詔社倉准上中下三等稅，上戶不過一石，中戶不過七斗，下戶不過四斗（隋書卷二十四食貨志）。

戶口不比兩漢多，而墾田增加數倍，復有義倉之設，以備凶饑之用。這樣，社會問題當然無從發生。但是關於義倉，王夫之曾有批評。

> 假使社有百家，歲儲一石，三年而遇水旱，曾三百石之足以濟百家乎。倘水旱在三年之外，粟且腐壞蟲蝕而不可食也。且儲粟以一石為率，將限之耶，抑貧富之有差耶（據上舉食貨志之言，有上中下三等之別）。有差而人詭於貧，誰尸其富家。限之則歲計不足，而遑計他年。均之，為農而有餘以資義倉，其勤者也。及其受粟而多取之者，其惰者也。非果有君子長者，以仁厚化其鄉，而惰者亦勸於耕，以廉於取，則徒取之彼以與此，而誰其甘之。不應，抑將刑罰以督之。井里不甯而訐訟興，何義之有。而惰窳不節之罷民，

且恃之以益其驕怠，況乎人視為不得已，而束於法以應令，穅覈溼腐，雜投而速盡，僅以博好義之虛名，抑何為者耶。況行之久而長吏玩為故常，不復稽察里胥之乾沒，無與為治，民大病而匄免不能，抑其必致之勢矣（讀通鑑論卷十九隋文帝）。

義倉雖有缺點，唯煬帝即位之初，「國家殷富」，「府庫盈溢」（隋書卷二十四食貨志），「赤仄之泉流溢於都內，紅腐之粟委積於塞下」（隋書卷四煬帝紀史臣曰），其狀頗有似於漢武帝初年「都鄙廩庾盡滿，而府庫餘財，京師之錢累百鉅萬，貫巧而不可校，太倉之粟陳陳相因，充溢露積於外，腐敗不可食」（漢書卷二十四食貨志上），於是既效漢武，又學秦皇，遂令政治問題引起了社會問題。

國家建設必須有益於民生，吾國古代以農立國，一切建設苟與農業沒有直接或間接的關係，勢必勞民傷財，雖無水旱之災，也可以引起社會問題。而在各種建設之中，最足引起人民反感者，莫如土木工程。一般人民貧居陋巷，而皇帝乃雕牆峻宇，兩相對照，誰能不生不平之心。固然蕭何曾說：「天子以四海為家，非令壯麗，亡以重威」（漢書卷一下高帝紀七年），然亦須有限度。建設不已，試問錢財與人工從何而來。繁斂租稅，租稅必轉嫁於農民，徵調力役，而力役又捨農民莫屬。租稅增加，可使農村減少資本，力役增加，可使農村缺乏勞動力，這兩者都是有害農業的。農業萎縮，穀價騰貴，於是農村貧窮又轉變為大眾貧窮，其初也土匪遍地，其次也政權顛覆，其終也群雄割據。這個時候不是亂到全國皆憊，縱以漢高祖唐太宗那樣雄才大略，也必不能收拾殘局，使天下復歸統一。

春秋隱公七年「夏城中丘，不時也」。胡安國謂：「春秋，凡用民必書。其所具作不時害義，固為罪矣。雖時且義，亦書，見勞民為重事也。人君而知此義，則知慎重於用民力矣。凡書城者完舊也，書築者創始也。城中丘，使民不以時，非人君之心也」。吳澂謂：「君之資於民者，資其力也。民之報其君者，報以力也。故無事，則資其力而用之於農以足食生財。有事，則資其力而用之於兵以敵愾禦侮。非農非兵，而勞民之力，必以其時，以其禮，而不敢妄興。不得已而役之，亦必節其力而不盡也。春秋凡力役必書，重民力也」（引自大學衍義補卷八十七城池之守）。不時尚不可用民力以「完舊」（謂修繕），豈可用民力以「創始」（謂興作），猥苦百姓，空虛國帑，以恣一己之享樂。史家常稱文帝「躬節儉」（隋書卷二高祖紀下）。然而開皇十三年「帝命楊素出於岐州，北造仁壽宮。素遂夷山堙谷，營構觀宇，崇臺累榭，宛轉相屬，役使嚴急，丁夫多死。疲敝顛仆者，推填坑坎，覆以土石，因而築為平地，死者以萬計。宮成，帝行幸焉，時方暑月，而死人相次於道，素乃一切焚除之。帝頗知其事，甚不悅，及入新宮遊觀乃喜，又謂素為忠」（隋書卷二十四食貨志）。宜乎王船山謂文帝「剝削丁壯以供土木也，不待煬帝之驕淫，而民已無餘地以求生矣」（讀通鑑論卷十九隋文帝）。

煬帝即位，變本加厲，大興土木，以誇示天子之尊貴，以放縱一己之快樂。單單土木工程，計其所用役丁，前後不下數百萬。茲特列表如次：

煬帝大興土木表

種類	年代	役丁數	工作情況	備考
建東都	大業元年	每月役丁二百萬人。	東京官吏督役嚴急，役丁死者什四五，所司以車載死丁，東至成皋，西至河陽，相望於道。	資治通鑑卷一百八十隋紀又隋書卷二十四食貨志

建宮苑	顯仁宮	大業元年		南接阜澗，北跨洛濱，周圍數百里，發大江之南，五嶺以北，奇材異石，輸之洛陽，又求海內嘉木異草珍禽奇獸，以實園苑。	資治通鑑卷一百八十隋紀又隋書卷二十四食貨志
	離宮	大業元年		自長安至江都置離宮四十餘所。	資治通鑑卷一百八十隋紀
	西苑	大業元年		西苑周二百里，其內為海，周十餘里，為蓬萊方丈瀛洲諸山，高出水百餘尺，室觀殿閣羅絡山上，北有龍鱗渠，縈紆注海內，緣渠作十六院，門皆臨渠，堂殿樓觀窮極華麗。	資治通鑑卷一百八十隋紀
	汾陽宮	大業四年		在汾州之北汾水之源。	資治通鑑卷一百八十一隋紀
	江都宮			宮在江都，大業六年三月帝幸江都宮，不知建於何時。	資治通鑑卷一百八十一隋紀
	臨朔宮			宮在涿郡，大業七年四月車駕幸臨朔宮，不知建於何時。	資治通鑑卷一百八十一隋紀
開運河	通濟渠	大業元年	發河南淮北諸郡民，前後百餘萬。	自西苑引穀洛水達於河，復自板渚引河，歷滎澤入汴，又自大梁之東，引汴水入泗，達於河。	資治通鑑卷一百八十隋紀又隋書卷三煬帝紀上
	山陽溝	大業元年	發淮南民十餘萬。	自山陽至揚子入江，渠廣四十步，渠旁皆築御道，樹以柳。	資治通鑑卷一百八十隋紀
	永濟渠	大業四年	發河北諸郡男女百餘萬。	引沁水南達於河，北通涿郡，丁男不供，始以婦人從役。	資治通鑑卷一百八十一隋紀
	江南河	大業六年		自京口至餘杭八百餘里，廣十餘丈。	資治通鑑卷一百八十一隋紀
築	馳道	大業三年	發河北十餘郡丁男。	鑿太行山，達於并州，以通馳道。	隋書卷三煬帝紀上及資治通鑑卷一百八十

				隋紀
築長城	大業三年	發丁男百餘萬。	西距榆林，東至紫河，綿亘千餘里，築之一旬而畢，死者大半。	隋書卷三煬帝紀上及卷二十四食貨志又資治通鑑卷一百八十及卷一百八十一隋紀
	大業四年	發丁男二十餘萬。	自榆林谷而東。	
掘塹壕	煬帝即位年	發丁男數十萬掘塹。	自龍門東接長平汲郡，抵臨清關，渡河至浚儀襄城，達於上洛以置關防。	資治通鑑卷一百八十隋紀

同時煬帝又復外事四夷，當南北分立之際，為中國邊患者乃是蠕蠕，「蠕蠕衰微，突厥始大，東極東胡舊境，西盡烏孫之地，彎弓數十萬，列處於代陰，南向以臨周齊二國」，「周人東慮，恐齊好之深，齊人西虞，懼周交之厚」，「爭請盟好，永結和親」（隋書卷八十四突厥傳史臣曰）。突厥亦遊牧民族，「其俗畜牧為事，隨逐水草，不恆厥處」（隋書卷八十四突厥傳），「倏來忽往，雲屯霧散，強則騁其犯塞，弱又不可盡除」（隋書卷三十七梁睿傳）。遂「竭生民之力，供其來往，傾府庫之財，棄於沙漠，華夏之地實為勞擾，猶復劫剝烽戍，殺害吏民，無歲月而不有也」（隋書卷八十四突厥傳），其或命將抵抗，而「周齊之世有同戰國，中夏力分，其來久矣，突厥每侵邊，諸將輒以全軍為計，莫能死戰，由是突厥勝多敗少，所以每輕中國之師」（隋書卷五十四李徹傳）。周末隋初，突厥分為四部，長孫晟以為「突厥難以力征，易可離間」。反間既行，果相猜貳，互相攻戰，於是勢力稍殺，上表稱臣，迄於仁壽，不侵不叛（參閱隋書卷五十一長孫晟傳，卷八十四突厥傳）。但是夷狄之性實如段文振所言：「弱則歸投，強則反噬，蓋其本心也」（隋書卷六十段文振傳）。當時夷狄最強盛者確是突厥。高熲曾言：

此虜（突厥）頗知中國虛實，山川險易，恐為後患（隋書卷四十一高熲傳）。

煬帝果有大略，理應乘機討伐，一鼓殲滅，顧乃赦而不征，聽其休養生聚，同時卻東征西討，自耗國力，養疽貽患，這是煬帝的失策。

煬帝外事四夷表

夷名	討伐經過	備考
平林邑	仁壽末，群臣有言林邑多奇寶者，大業元年煬帝遣大將軍劉方以步騎萬餘擊林邑，頻戰皆勝，入其國都，林邑降，於是朝貢不絕。	資治通鑑卷一百八十隋紀又隋書卷八十二林邑傳
討契丹	大業元年契丹寇營州，煬帝遣通事謁者韋雲起率兵討平之。	資治通鑑卷一百八十隋紀
破吐谷渾	大業四年煬帝遣宇文述討吐谷渾，吐谷渾率眾西遁，述引兵追之，獲其王公以下三百人，虜男女四千口而還。吐谷渾可汗伏允南奔雲山，其故地皆空，東西四千里南北二萬里，皆為隋有，置郡縣鎮戍，發天下輕罪徙居之。	資治通鑑卷一百八十一隋紀又隋書卷八十三吐谷渾傳
招赤土	大業四年三月帝募能通絕域者，屯田主事常駿等請使赤土，帝大悅，命駿齎物五千段，以賜其主，十月常駿等至赤土境，赤土王遣其子隨駿入貢。	資治通鑑卷一百八十一隋紀
取伊吾	大業四年煬帝遣右翊衛將軍薛世雄率兵擊伊吾，伊吾不為備，世雄軍至，大恐請降，世雄乃於漢伊吾城東築城，置戍而還。	資治通鑑卷一百八十一隋紀
擊流求	大業六年煬帝遣虎賁郎將陳稜，朝請大夫張鎮周發兵萬餘人，泛海擊流求，行月餘，至其國，屢破之，遂至其都，斬流求王，虜其民萬餘口而還。	資治通鑑卷一百八十一隋紀及隋書卷八十一流求國傳
伐高麗	大業七年詔總徵天下兵，無問遠近，俱會於涿，以討高麗。八年正月大兵集於涿郡，總一百一十三萬三千三百，號二百萬，其餽運者倍之，旌旃亘九百六十里，近古出師之盛未之有也。四月車駕渡遼，分道出	資治通鑑卷一百八十一及卷一百八十二隋紀及隋書卷八十一高麗傳

師，高麗皆嬰城固守，食盡師老，轉輸不繼，諸軍多敗績，於是班師引還。初大軍渡遼凡三十萬五千人，及還至遼東城僅二千七百人，資儲器械巨萬計，失亡蕩盡。
大業九年二月又徵兵討高麗，四月車駕渡遼，命諸將攻遼東，二十餘日不拔，死者甚眾。六月禮部尚書楊玄感作亂，反書至，帝密召諸將，使引軍還，軍資器械攻具積如丘山，營壘帳幕案堵不動，皆棄之而去。高麗出數千兵追躡，逼後軍，殺略數千人。
大業十年二月詔復徵天下兵，討高麗，百道俱進，車駕次懷遠鎮。時天下已亂，人多流亡，所在阻絕，軍多失期，高麗亦困弊，遣使乞降，帝許之，班師還京師。

煬帝討伐四夷，其動機與漢武帝不同。武帝說：「四夷侵陵中國，朕不出師征伐，天下不安，為此者不得不勞民。若後世又如朕所為，是襲亡秦之跡也」（資治通鑑卷二十三漢武帝征和二年）。煬帝即位之時，國家富強，縱以突厥之悍，亦不敢稍虧臣禮。

至於其他各國，大率與隋沒有利害關係。其所以四出征伐，乃有別的動機，一是貨，煬帝為好貨的人，建築顯仁宮，課天下諸州各貢嘉木異草珍禽奇獸，以實園苑（資治通鑑卷一百八十隋煬帝大業元年），其討伐西域與南蠻，目的均在於貨。

帝每日引裴矩至御座，親問西方之事，矩盛言胡中多諸寶物，吐谷渾易可併吞，帝由是甘心將通西域（隋書卷六十七裴矩傳）。

時天下無事，群臣言林邑多奇寶者，上遣大將軍劉方率步騎萬餘擊之（隋書卷八十二林邑傳）。

二是名，煬帝又是好名的人，「帝善屬文，不欲人出其右，薛道衡死，帝曰更能作空梁落燕泥否，王胄死，帝誦其佳句曰庭草無人隨意綠，復能作此語耶」（資治通鑑卷一百八十二隋煬帝大業九年）。其伸威海外，乃欲轥轢軒唐，奄呑周漢，子孫萬代，人莫能窺，振古以來，一君而已」（隋書卷七十楊玄感傳史臣曰），故當啟民可汗奉觴上壽，就有「何如漢天子，空上單于臺」之句。

帝親巡雲內，泝金河而東北，幸啟民所居，啟民奉觴上壽，跪伏甚恭，帝大悅，賦詩曰，鹿塞鴻旗駐，龍庭翠輦迴，氈帷望風舉，穹廬向日開，呼韓頓顙至，屠耆接踵來，索辮擊氈肉，韋韝獻酒杯，何如漢天子，空上單于臺（隋書卷八十四突厥傳）。

煬帝外事四夷，雖然拓地千里，而卻未曾殖民於其地，四夷來降者，又窮奢極侈，欲以富樂誇之。

帝以諸蕃酋長畢集洛陽，元宵日，於瑞門街盛陳百戲，戲場周圍五千步，執絲竹者萬八千人，聲聞數十里，自昏至旦，燈火光燭天地，終日而罷，所費巨萬，自是歲以為常。諸蕃請入豐都市交易，帝許之，先命整飾店肆，簷宇如一，盛設帷帳，珍貨充積，人物華盛，賣菜者亦藉以龍須席，胡客或遇酒食店，悉令邀延就坐，醉飽而散，不取其直，紿之曰中國豐饒，酒食例不取直，胡客皆驚嘆，其黠者頗覺之，見以繒帛纏樹，曰中國亦有貧者，衣不蓋形，何如以此物與之，纏樹何為，市人慚不能答（資治通鑑卷一百八十一隋紀煬帝大業六年）。

所以擴充版圖，對於國計民生，毫無利益，徒徒直接增加中國的奢靡，間接促成中國的貧窮而已。當時全國戶口不及五千萬，而煬帝前後所用壯丁，約在千萬以上，農村勞動力減少，農業生產力降低，其結果便表現為穀價踴貴。

耕稼失時，田疇多荒，加之饑饉，穀價踴貴，東北邊尤甚，斗米直數百金（資治通鑑卷一百八十一隋紀煬帝大業七年）。

而全國壯丁盡為國家徵用，「比屋良家之子多赴於邊陲，分離哭泣之聲連響於州縣」（隋書卷二十四食貨志），甚至開鑿永濟渠之時，「丁男不供，始以婦人從役」（隋書卷二十四食貨志）。天下死於役，而家傷於財，防災工作無法進行，於是又不斷的發生了凶荒。

大業四年燕代緣邊諸郡旱，時發卒百餘萬築長城，帝親巡塞表，百姓失業，道殣相望。

大業八年天下旱，百姓流亡，時發四海兵，帝親征高麗，六軍凍餒死者什八九。

大業十三年天下大旱，時郡縣鄉邑悉遣築城，發男女無少長皆就役（隋書卷二十二五行志上）。

貧窮成為普遍的現象，「老弱耕稼，不足以充飢，餒婦紡織，不足以贍資」（隋書卷二十四食貨志）。這個時候，義倉若能發米賑濟，則飢民得食，或不至鋌而走險。但是漢代常平倉「外有利民之名，而內實侵削百姓，豪右因緣為姦，小民不能得其平」（後漢書卷六十九劉般傳），同樣，隋代義倉，細民也不霑其利，文帝時代倉吏已有盜米之事。

開皇十六年，有司奏合川倉米少七千石，命斛律孝卿鞫問其事，以為主典所竊，復令孝卿馳驛斬之，沒其家為奴婢，鬻粟以填之，是後盜邊糧者一升以上皆死，家口沒官（隋書卷二十五刑法志）。

他日關中大旱，民猶不免食豆屑雜糠。

文帝嘗遇關中饑，遣左右視百姓所食，有得豆屑雜糠而奏之者，上流涕以示群臣，深自咎責，為之撤膳，不御酒肉者殆將一朞（隋書卷二文帝紀仁壽四年）。

而煬帝淫侈，國用不足，復貸義倉之穀以充官費。

大業中年，國用不足，並用社倉之物，以充官費（舊唐書卷七十戴胄傳）。

凶荒之歲，官吏常因聖旨未到，不敢開倉。

是時百姓廢業，屯集城堡，無以自給，然所在倉庫猶大充牣，吏皆懼法，莫肯賑救，由是益困。初皆剝樹皮以食之，漸及於葉，皮葉皆盡，乃煮土或擣藁為末而食之，其後人乃相食（隋書卷二十四食貨志）。

兼以軍旅所需又徵斂於民，政府每有徵斂，官吏常先賤買之，然後宣布命令，貴賣於人。

所在皆以徵斂供帳軍旅所資為務，百姓益困，而弗之恤也。每急徭卒賦有所徵求，長吏必先賤買之，然後宣下，乃貴賣與人，旦暮之間，價盈數倍（隋書卷二十四食貨志）。

這樣，百姓愈貧窮了。案國家財政乃以國民經濟為基礎，經濟破產，稅源枯竭，國家財政當然因之困難，而煬帝以供費不供，復逆收數年之賦。

六軍不息，百役繁興，行者不歸，居者失業，人饑相食，邑落為墟，不知恤也。東西遊幸，靡有定居，每以供資不給，逆收數年之賦（隋書卷四煬帝紀義寧二年）。

財政混亂，姦吏更有侵漁的機會。

煬帝淫荒無度，徵稅百端，猾吏侵漁，人不堪命，乃急令暴條以擾之，嚴刑峻法以臨之，甲兵威武以董之，自是海內騷然，無聊生矣（隋書卷四煬帝紀史臣曰）。

而刑賞無章，「賞不可以有功求，刑不可以無罪免」（隋書卷七十楊玄感傳史臣曰）。侵漁者謂之奉公，即日升擢，清平者謂之附下，旋即誅夷。

煬帝嗣興，綱紀弛紊，四維不張，其或善於侵漁，強於剝割，絕億兆之心，遂一人之求者，謂之奉公，

> 即時升擢。其或顧名節，存綱紀，抑斂攘之心，以從百姓之欲者，則謂之附下，旋即誅夷。夫吏之侵漁，得其所欲，雖重其禁，猶或為之。吏之清平，失其所欲，雖崇其賞，猶或不為。況於上賞其姦，下得其欲，求其廉潔，不亦難乎（隋書卷七十三循吏傳序）。

吾國先哲不但主張刑賞要依功過。孔子說：「以德報德，則民有所勸。以怨報怨，則民有所懲」（禮記注疏卷五十四表記），以德報德就是有功者必賞，以怨對怨就是有罪者必刑。且又主張刑賞要速，遲則失云效用。司馬法（第二篇天子之義）云：「賞不踰時，欲民速得為善之利。罰不遷列，欲民速覩為不善之害也」。煬帝刑賞無章，遂致是非顛倒，天下士大夫莫不變節，終至貪汙成為普遍的現象。

> 於時朝政漸亂，濁貨公行，凡當樞要之職，無問貴賤，並家累金寶，天下士大夫莫不變節（隋書卷三十九骨儀傳）。

> 於時皇綱不振，人皆變節……文武多以賄聞（隋書卷六十七裴矩傳）。

百姓一方受了貧窮的壓迫，同時又受了酷吏的侵漁，飢寒交迫，於是相率離開「王化」的社會，走到違法的方面去，用違法的方法，來苟全自己的生命。

> 百姓困窮，財力俱竭，安居則不勝凍餒，死期交急，剽掠則猶得延生，於是始相聚為群盜（資治通鑑卷一百八十一隋紀煬帝大業七年）。

最初群盜尚用宗教形式，誘惑百姓。

> 大業六年正月，有盜數十人，皆素冠練衣，焚香持華，自稱彌勒佛，入自建國門，監門者皆稽首，既而奪衛士仗，將為亂。齊王暕遇而斬之，於是都下大索，與相連坐者千餘家（隋書卷三煬帝紀）。

這個宗教儀式也有其時代背景，佛教盛行於南北朝之世，當時民間所信者為釋迦佛。釋迦佛能夠超度眾生麼？不能。中國固有的宗教失去民眾信仰，而舶來的宗教又祇是「銀樣蠟鎗頭」，人民絕望之餘，又希望一個新生的神出來拯救，於是隋代就有「彌勒佛出世」之說。

釋氏之說，以為釋迦佛衰謝，彌勒佛出世，故盜稱之以為姦（資治通鑑卷一百八十一隋紀煬帝大業六年胡三省注）。

彌勒代替釋迦，天上權威變更了，地上皇朝自宜改換，群盜為姦，遂皆以彌勒為幌。

唐縣人宋子賢善幻術，能變佛形，自稱彌勒出世，遠近信惑，遂謀因無遮大會舉兵襲乘輿，事泄伏誅，並誅黨與千餘家。扶風桑門向海明亦自稱彌勒出世，人有歸心輒獲吉夢，由是三輔人翕然奉之，因舉兵反，眾至數萬。海明自稱皇帝，改元白烏，詔太卿僕楊義臣擊破之（資治通鑑卷一百八十二隋紀煬帝大業九年）。

人心動搖，而煬帝仍大肆淫欲，虐用其民，「驕怒之兵屢動，土木之功不息」，當時人民如何苦於役，可看下例。

大業初，煬帝潛有取遼東之意，遣元弘嗣往東萊海口，監造船，諸州役丁苦其捶楚，官人督役，晝夜立水中，略不敢息，自腰以下無不生蛆，死者什三四（隋書卷七十四元弘嗣傳）。

隋家造殿，伐木於豫章，二千人挽一材，以鐵為轂，行不數里，轂輒斷，別數百人齎轂自隨，終日行不三十里，一材之費已數十萬工，揆其餘可知已（新唐書卷一百三張玄素傳）。

人民憚役甚於憚稅。張衡曾乘間進諫，「比年勞役繁多，百姓疲敝，伏願留神，稍加折損」（隋書卷五十六張衡傳）。蘇威亦已看到「勞役不息，百姓思亂」（隋書卷四十一蘇威傳）。所以最初起來為盜的乃是苦役的人。

大業七年，苦役者始為群盜（隋書卷三煬帝紀）。

而煬帝竟不之悟，尚復「轉輸不息，傜役無期，士卒填溝壑，骸骨蔽原野，黃河之北則千里無煙，江淮之間則鞠為茂草」（隋書卷七十楊玄感傳）。於是「百姓思亂，從盜如市」（隋書卷六十六魚俱羅傳），而宗教形式的叛變又發展為群眾暴動。此時也，煬帝竟和秦二世一樣，諱言盜賊。

帝問侍臣盜賊事，宇文述曰盜賊漸少，不足為虞。蘇威不能詭對，以身隱於殿柱，帝呼威而問之，威對曰臣非職司，不知多少，但患其漸近。帝曰何謂也。威曰他日賊據長白山，今者近在滎陽汜水，帝不悅而罷（隋書卷四十一蘇威傳）。

內外群官「奏賊皆不以實」（資治通鑑卷一百八十三隋煬帝大業十二年），而謂「鼠竊狗盜，不足為虞」（隋書卷四煬帝紀史臣曰）。於是群盜「相聚萑蒲，蝟毛而起」（隋書卷四煬帝紀史臣曰）。蘇威之言可以為證。

帝問蘇威以討遼之策，威欲令帝知天下多賊，乃詭答曰，今者之役不願發兵，但詔赦群盜，自可得數十萬，彼喜於免罪，競務立功，一歲之間，可滅高麗矣（隋書卷六十七裴蘊傳）。

百姓從盜，乃是因為受了生活的壓迫。這個時候，煬帝若能同漢武一樣，下罪己之詔，罷征遼之師，發粟以賑窮乏，停役以蘇民困，則危機未必不能挽回，而煬帝乃欲利用嚴刑，禁止群盜，百姓怨嗟，當然群盜大起。

窮人聚為盜賊，帝乃更立嚴刑，敕天下竊盜已上，罪無輕重，不待聞奏，皆斬。百姓轉相群聚，攻剽城邑，誅罰不能禁，帝以盜賊不息，乃益肆淫刑。九年又詔，為盜者籍沒其家，自是群賊大起，郡縣官人又各專威福，生殺任情矣（隋書卷二十五刑法志）。

當此之時，討伐高麗之師又復失敗，吾國對外戰爭每每引起內亂。專制政府能夠存在，完全依靠於力。外戰勝利，可以表示政府力大，外戰失敗，又足以證明政府力弱。古來奸雄之欲竊取帝位者均先立功於國外，沈約說：「高祖（劉裕）無周世累仁之基，欲力征以君四海，實須外積武功，以收天下人望」（宋書卷四十八朱齡石傳論）。按對外戰爭需要鉅大的軍隊與經費，召集民夫，非力莫行，徵斂物資，非力莫辦。人民莫不愛其財產，而尤愛其生命。政府的力本來是物質的，而一旦人民信其有力，就變成精神的，這個精神的力實大過物質的力數倍。軍事失敗，精神的力隨之減少，從前不敢反抗政府者，現在便公開反抗，無所顧忌了。王莽失敗於匈奴，旋即引起國內大亂，是其明證。大業八年車駕渡遼，親征高麗，大敗而歸。「初渡遼九軍三十萬五千人，及還至遼東城，唯二千七百人」（隋書卷六十一宇文述傳）。命將出師，敗北，猶可以歸罪於將，御駕親征，大敗，誰負其責。太子不過儲君，尚且寧可閒居無事，不宜冒險建立奇功。蓋如四皓所說：「太子將兵有功，即位不益，無功則從此受禍」（漢書卷四十一張良傳）。故非萬不得已之外，以命將出師為宜。煬帝親征而失敗，皇帝的權威愈益降低，所以當大業九年第二次討伐高麗之際，楊玄感就乘機起事。

> 帝伐高麗，命禮部尚書楊玄感於黎陽督運，玄感故逗遛漕運，不時進發，欲令度遼諸軍乏食……玄感入黎陽……刑三牲誓眾，且諭之曰，主上無道，不以百姓為念，天下騷擾，死遼東者以萬計，今與君等起兵，以救兆民之弊何如，眾皆踴躍稱萬歲……從之者如市……玄感每誓眾曰，我身為上柱國，家累鉅萬金，至於富貴無所求也，今不顧滅族者，但為天下解倒懸之急耳。眾皆悅，父老爭獻牛酒，子弟詣軍門請自效者，日以數千……每戰多捷，眾益盛，至十萬人……引兵西趣潼關……宇文述等諸軍躡之……玄感大敗……自

度不能免，謂其弟積善曰，我不能受人戮辱，汝可殺我，積善抽力斫殺之（資治通鑑卷一百八十二隋紀煬帝大業九年）。

楊玄感起兵黎陽，固然不及年而亡，然其影響甚大，有如蘇威所說，「但恐寖成亂階耳」（隋書卷四十蘇威傳）。大凡稱兵作亂的人若僅是飢寒交迫之輩，其勢雖足以騷擾社會，亦必不足以變易皇朝。倘若名流世家也來參加，則社會觀感不同，作亂者將不視之為作亂，而視之為起義了。在楊玄感以前，不過窮人聚為盜賊而已，楊玄感發難之後，亂事規模猝然擴大。而煬帝竟不覺悟，以為天下之亂在於人多，而欲以殺止亂。

> 帝謂群臣曰，玄感一呼，而從者如市，益知天下人不欲多，多則為賊。不盡誅，後無以示勸，乃令裴蘊窮其黨與，詔郡縣坑殺之。死者不可勝數，所在驚駭，舉天下之人，十分九為盜賊，皆盜武馬，始作長槍，攻陷城邑（隋書卷二十四食貨志，參閱卷六十七裴蘊傳）。

百姓沒有生路了，亂事愈演愈大，「大則跨州連郡，稱帝稱王，小則千百為群，攻城剽邑，流血成川澤，死人如亂麻。炊者不及析骸，食者不遑易子。茫茫九土並為麋鹿之場，悽悽黔黎俱充蛇豕之餌」（隋書卷四煬帝紀史臣曰）。茲將隋末群雄割據列表如次。

隋末群雄割據表

姓名	國號	史略
李密	魏	李密曾祖弼魏司徒，入周為太師魏國公，祖曜邢國公，父寬隋上柱國蒲山郡公。楊玄感起兵黎陽，遣人入關迎密。元感敗後，密亡命群盜間，依韋城翟讓，轉掠滎陽梁郡間。大業十三年讓令密別統所部，號蒲山公。密說讓取興洛倉，發粟以賑窮乏。讓等請密為主，建號魏公，築洛口城居之。遣將東略地，各郡相繼降密。煬帝遣王世充選卒十萬擊密，密數敗之。尋殺翟讓，而併其眾。十

		四年復敗王世充，進據金墉城，又敗隋於上春門（東都北門），於是海岱江淮間爭響附。既而宇文化及擁兵十萬至黎陽，東都（隋主侗）遣使招密，密降。因得專力擊化及。化及敗，世充乘其弊，引兵擊密，密軍敗，西走降於唐。其後謀叛，為唐將所斬（新唐書卷八十四李密傳）。
王世充	鄭	王世充胡人也。性機巧，為江都郡丞。煬帝數南幸，世充善伺帝顏色，阿意順旨，拜為江都通守。大業十三年奉命討李密。明年煬帝弒於江都，越王侗即位於東都，拜世充為納言，封鄭國公。世充翦除異己，遂專大權。尋敗李密於岷山，密之將帥州縣多附於世充。唐武德二年，弒隋主侗，僭即帝位，國號鄭。北據河，東至徐兗，南有襄鄧，西保慈澗。唐遣秦王世民擊平之，以世充歸長安，為羽林將軍獨孤修德所殺（新唐書卷八十五王世充傳）。
竇建德	夏	竇建德世為農，少重然諾，喜俠節，為鄉人所愛護。時山東饑，群盜起，建德入高雞為盜，眾漸盛至萬人。大業十二年其黨高士達為隋將楊義臣所滅，建德亡走饒陽，攻陷之。十三年據樂壽，自稱長樂王，破隋將薛世雄軍於河間，河北郡縣相率降附。建德遂定都樂壽，改國曰夏。唐武德二年建德擊滅宇文化及於聊城，尋降隋，隋主侗仍封為夏王。俄而世充廢侗自立，建德始建天子旌旗，出入警蹕，書稱詔。三年唐軍圍東都急，世充請救，建德引軍而西，戰於成皋，軍敗，為唐所擒，斬於長安市（新唐書卷八十五竇建德傳）。
薛舉	秦	薛舉蘭州金城人，殖產巨萬，好結納邊豪為長雄。隋大業末，任金城府校尉。會歲凶，隴西盜起，舉即舉兵，囚郡縣官，發粟以賑貧乏，自稱西秦霸王，襲取枹罕，盡有隴西之地。大業十三年稱秦帝，徙都天水。唐武德元年舉卒，子仁杲立，兵敗，為唐所滅（新唐書卷八十六薛舉傳）。
李軌	涼	李軌涼州姑臧人，家以財雄邊，好賙人急，鄉黨稱之。隋大業中，補鷹揚府司兵。大業十三年起兵，稱河西大涼王，襲取張掖敦煌諸郡，盡有河西之地。武德元年，唐遣使招之，拜為涼州總管，封涼王，既而自稱帝。二年唐遣其將安興貴襲執之，斬於長安（新唐書卷八十六李軌傳）。
劉武周	定楊	劉武周馬邑人，喜交豪傑，以征遼有功，還馬邑，為鷹揚府校尉。大業十三年，據郡作亂，開倉賑窮乏，得兵萬人，自稱太守，附於突厥，尋引突厥破隋兵，陷定襄，突厥立武周為定楊可汗，僭稱皇帝，都馬邑，又攻陷鴈門郡。武德二年又陷并州及晉州，逼絳州，陷澮州。唐遣秦王世民擊敗之，遁入突厥，尋為所殺（新唐書卷八十六劉武周傳）。
高開道	燕	高開道滄州陽信人，世煎鹽為生。隋大業末，依河間賊格謙，據豆子，謙稱燕王，以開道為將。大業十二年謙敗死，開道收其餘眾，掠燕地。唐武德元年，取北平，陷漁陽，遂稱燕王，都漁陽。

		三年降唐，命為蔚州總管，封北平郡王。四年復叛，稱燕王，北連突厥，南結劉黑闥。七年其將張金樹殺之以降（新唐書卷八十六高開道傳）。
劉黑闥	漢東	劉黑闥貝州漳南人，嗜酒，喜蒲博，不治產，亡賴。隋末，亡命為盜，後投竇建德，建德用為將，封漢東郡公。建德敗，武德四年黑闥襲據漳南，取深州，進陷瀛州，取觀州毛州，又陷定州及冀州，拔洺州相州，取黎衛二州，既又陷邢州趙州魏州莘州。五年自稱漢東王，定都洺州。秦王世民擊敗之於洺水，黑闥遁歸突厥。既而復引突厥寇定州，陷瀛州，取觀州，於是山東震駭，州縣相率降附。仍據洺州，引兵而南，攻魏州，太子建成等擊之，相持於昌黎，黑闥食盡，遁至饒州，其下執詣太子所，斬之（新唐書卷八十六劉黑闥傳）。
徐圓朗	魯	徐圓朗兗州人，隋末為盜，據本郡，以兵徇琅邪以西，北至東平，盡有之。唐武德三年來降，拜兗州總管，封魯國公。四年叛附劉黑闥，兗鄆陳杞魯戴諸州皆應之，保任城，自稱魯王。六年黑闥平，圓朗兵敗，弃城走，為人所殺（新唐書卷八十六徐圓朗傳）。
蕭銑	梁	蕭銑後梁宣帝曾孫也。煬帝以銑外戚，擢為羅川令。大業十三年巴陵校尉董景珍等共推銑為主，自羅川入巴陵，稱梁王，明年稱帝。攻下南郡，遂徙都江陵。時鎮將聞煬帝遇弒，所至迎降。於是東自九江，西抵三峽，南盡交阯，北距漢川，銑皆有之。唐武德四年遣江夏王孝恭等攻銑於江陵，銑降，斬於長安。
輔公祏	宋	輔公祏齊州臨濟人，隋季與鄉人杜伏威為盜，轉掠淮南。及伏威降唐，唐授公祏淮南道行臺左僕射，舒國公。伏威入朝，留公祏守丹陽。武德六年公祏以丹陽叛，稱帝，國號宋。七年趙郡王孝恭等討斬之（新唐書卷八十七輔公祏傳）。
沈法興	梁	沈法興湖州武康人，初為吳興郡守，大業十四年舉兵以討宇文化及為名，攻餘杭毘陵丹陽，皆下之。據江表十餘郡，自稱江南道大總管。武德二年稱梁王，都毘陵。三年李子通渡江，取京口，戰敗法興，法興走死（新唐書卷八十七沈法興傳）。
李子通	吳	李子通沂州丞人，少貧，以漁獵為生，家有餘，則以賙人。先依長白山賊帥左才相，尋渡淮，竊據海陵，稱將軍。唐武德二年陷江都，遂稱帝，國號吳。三年渡江取京口，敗沈法興，遂取毘陵及丹陽郡。既而杜伏威遣將攻之，渡江取丹陽，子通食盡，遂弃江都保京口，於是江西之地（今人謂之江北）盡入於杜伏威。伏威徙丹陽，子通東走太湖，襲沈法興於吳郡，大破之，法興走死。子通徙都餘杭，盡收法興之地，北自太湖，南至嶺，東包會稽，西距宣城，皆有之。四年為伏威

		將王雄誕所敗，送京師，高祖薄其罪，賜宅一區，田五頃。及伏威來朝，子通欲逃歸舊地，為關吏所獲，伏誅（新唐書卷八十七李子通傳）。
朱粲	楚	朱粲亳州城父人，初為縣吏。大業中從軍，亡命為盜，轉掠荊沔及山南郡縣。唐武德元年降隋，隋主侗以為楚王。粲尋稱楚帝於冠軍，陷唐鄧州，據之。二年粲為淮安土豪楊士林所攻，請降於唐，唐仍以為楚王。後叛奔王世充，洛陽平，誅粲（新唐書卷八十七朱粲傳）。
林士弘	楚	林士弘饒州鄱陽人。初從其鄉人操師乞為群盜。大業十三年師乞攻陷豫章，以士弘為將軍。師乞旋敗死，士弘代統其眾，稱帝，都豫章，國號楚，取九江臨川等郡。北自九江，南至番禺，皆為所有。十三年蕭銑克豫章。武德二年，士弘將王戎以南昌降唐。士弘懼，請降，尋復走保安成山洞，為洪州刺史若干則所破，旋死，其眾遂散（新唐書卷八十七林士弘傳）。
梁師都	梁	梁師都夏州朔方人，為郡豪姓，仕隋，為朔方鷹揚府郎將。大業十三年據郡作亂，稱大丞相，北連突厥，襲取延安等郡，遂稱帝，都朔方，國號梁。引突厥居河南地，既而數入犯，為唐所敗，其地多歸於唐，武德五年克其朔方東城。貞觀二年遣柴紹等擊之，進圍朔方，其下殺師都以降（新唐書卷八十七梁師都傳）。
杜伏威	吳	杜伏威齊州章丘人，初與輔公祏為群盜，轉掠淮南，據六合，稱將軍。大業十三年據歷陽，自稱總管。唐武德元年降隋，隋主侗命為楚王。二年降唐，唐以為和州總管。三年進封吳王，攻李子通敗之，盡取其江西地，復渡江，居丹陽。子通自京口東走。四年伏威遣將擊平子通，遂有淮南江東之地，南至嶺，東距海。五年入朝，其地悉入於唐。七年卒於長安（新唐書卷九十二杜伏威傳）。
郭子和	永樂	郭子和同州蒲城人，初為隋左翊衛，以罪徙榆林。大業末，郡饑，子和乃與死士十八人斬郡丞王才，開倉賑窮乏，自號永樂王。南連梁師都，北事突厥，武德元年降於唐，授靈州總管，五年從平劉黑闥，有功賜姓李，拜右武衛將軍，顯慶初卒（新唐書卷九十二李子和傳）。
宇文化及	許	宇文化及隋左翊衛大將軍許國公宇文述之子也。初為右屯衛將軍，從煬帝幸江都。大業十四年虎賁郎將司馬德戡等定謀弒帝，推化及為主，自江都趣彭城，欲西還長安。李密據鞏洛拒化及，化及不得西，乃引兵取東郡。既又北趣黎陽，與李密相持。食盡，乃入汲郡求糧，東郡亦降於密。化及復自汲郡據魏縣，稱帝，國號許，有濟北數城。唐武德二年淮南王神通擊化及於魏縣，化及走保聊城，尋為竇建德所滅（隋書卷八十五宇文化及傳）。

當時民眾所要求者為糧食，前已引過天下饑荒的情況如次：

是時百姓廢業，屯集城堡，無以自給。然所在倉庫猶大充牣，吏皆懼法，莫肯賑救，由是益困。初皆剝樹皮以食之，漸及於葉皮。葉皆盡，乃煮土或擣藁為末而食之。其後人乃相食（隋書卷二十四食貨志）。

李勣說：「天下之亂本於飢」（新唐書卷九十三李勣傳）。百姓困窮，而各地義倉積穀尚多，有倉不開，不但民眾不平，使群雄有藉口的機會。例如：

天下大亂，百姓饑餒，道路隔絕，馬邑太守王仁恭不敢輒開倉廩，賑卹百姓。其麾下校尉劉武周每宣言郡中曰，父老妻子凍餒，填委溝壑，而王府君閉倉不救百姓，是何理也，以此激怒眾，吏民頗怨之。其後仁恭正坐廳事，武周率其徒數十人大呼而入，因害之……武周於是開倉賑給，郡內皆從之（隋書卷六十五王仁恭傳）。

大業末，榆林郡饑，李子和與死士十八人執丞王才，數以不恤下，斬之。開倉賑窮乏，自號永樂王（新唐書卷九十二李子和傳）。

大業中，羅藝補虎賁郎將，遼東之役，李景以武衛大將軍，督餽北平，詔藝以兵屬……天下盜起，涿郡號富饒，伐遼兵仗多在，而倉庤盈羨，苦盜賊侵掠，藝捍寇數破卻之，為諸將忌畏。藝陰自計，因出師詭說眾曰，吾軍討賊，數有功，而食乏，官粟若山，而留守不賑卹，豈安人強眾意耶。士皆怨，既還，郡丞出郊謁藝，執之，陳兵入，藝即發庫貲賜戰士，倉粟給窮人，境內大悅（新唐書卷九十二羅藝傳）。

而謾藏誨盜，又足以引誘群雄進攻。

東郡賊翟讓聚黨萬餘人，李密說讓曰，明公親率大眾，直掩興洛倉，發粟以賑窮乏，遠近孰不歸附，百萬之眾一朝可集，先發制人，此機不可失也……密與讓領精兵七千人……襲興洛倉，破之，開倉恣民所取，老弱襁負，道路不絕（隋書卷七十李密傳）。

河南山東大水，隋帝令饑人就食黎陽倉，吏不時發，死者日數萬。李勣說李密曰，天下之亂本於饑，今若取黎陽倉以募兵，大事濟矣。密以麾下兵五千付勣……濟河，襲黎陽，守之，開倉縱食，旬日勝兵至二十萬（新唐書卷九十三李勣傳）。

李淵由太原進兵關中，也是因為關中有永豐倉。

汾陽薛大舉說李淵曰，請勿攻河東，自龍門直濟河，據永豐倉，傳檄遠近，關中可坐取也，淵將從之，諸將請先攻河東，河東任瓌說淵曰，關中豪傑皆企踵以待義兵……鼓行而進，直據永豐，雖未得長安，關中固已定矣（資治通鑑卷一百八十四隋紀恭帝義寧元年）。

各地義倉成為群雄進軍的目標，又成為他們煽動民眾的工具，於是隋的天下就在開倉與爭倉的風潮之下，分崩瓦解，而中國也由統一暫時宣告分裂。自古以來，存富於府庫不如存富於民間，一旦有急，縱多賦斂，民亦無傷。荀子說：「王者富民……亡國富筐篋，實府庫。筐篋已富，府庫已實，而百姓貧，夫是之謂上溢而下漏。入不可以守，出不可以戰，則傾覆滅亡可立而待也」（荀子第九篇王制）。唐太宗時，馬周上疏謂「隋貯洛口倉，而李密因之；積布帛東都，而王世充據之；西京府庫亦為國家之用。向使洛口東都無粟帛，王世充李密未能必聚大眾。但貯積者固有國之常，要當人有餘力而後收之，豈人勞而強斂之以資寇邪」（新唐書卷九十八馬周傳）。隋代府庫只以資敵，為國者可以為鑒。

當此之時有王通者號文中子，講學於河陰之間，唐初名臣從之遊者，有李靖、房玄齡、杜如晦、薛收等。但據宋李覯說「文中子教授河汾間，迹未甚顯。沒後，門人欲尊寵之，故扳太宗時公卿以欺後世耳，懼其語之泄，乃溢辭以求媚」（李直講文集卷二十九讀文中子）。所謂求媚，如「王道篇」云：「天其或者將啟堯舜之運」，用此以媚唐帝。其然豈其然乎。對此，陳亮則謂「文中子沒於隋大業十三年五月，是歲十一月唐公入關，其後攀龍附鳳，以翼成三百載之基業者，大略嘗往來河汾矣。雖受經未必盡如所傳，而講論不可謂無也。然智不足以盡知其道，而師友之義未成，故朝論有所不及。不然，諸公豈遂忘其師者哉」（龍川文集卷十四類次文中子引）。王通依春秋，著元經，依論語，著中說。其學說一掃魏晉以來的玄虛思想，一以儒家為宗。他說：「仁義其教之本乎，先王以是繼道德而興禮樂者也」（中說，禮樂論）。只因南北朝的君主無不虐用其民，而煬帝又大興土木，所以又依老子「民之饑以其上食稅之多，是以饑」（老子第七十五章），而贊成道家之無為而治，故說：「上無為，下自足」（中說，立命）。然他並不忘刑賞為治國的工具，他固主張「賞一以勸百，罰一以懲眾」（仝上），但「古之為政者，先德而後刑，故其人悅以恕。今之為政者，任刑而棄德，故其人怨以詐」（中說，事君篇）。即王通雖認刑德乃人主之二柄，不過人主須先施德於民，而後用刑，使民悅服。倘若只知用刑，不知施德，則人民由於怨恨，不免利用各種詐欺方法，以避免刑罰。此乃針對煬帝之濫刑而言。他見歷來朝代易姓之際，公卿大臣視帝位之轉移無異於「將一家物與一家」（南史卷廿八褚炤傳），說明其理由為「無定主，而責之以忠……雖曰能之，末由也已」（中說，事君篇）。而自五胡亂華，北方淪沒於異族，到了南北分立，中原人士已經喪失民族意識，而南朝政府，自齊梁以後，均無恢復中原之意，雖有戰爭，事在保境。王通所著元經始於晉惠帝即位之年，而止於宋亡之時，齊梁以下均不著經。蓋宋「有復中國之志」（中說，述史篇），武帝劉裕固曾北伐，師至關中，文帝元嘉年間亦曾「再略河南」，而師旅傾覆。降至齊梁，攻伐寢議，自此以後，南朝君臣已絕望於本邦，宴安於所託，早已忘記故國，喪失門志，而自居為島夷。王通說：「晉宋之王，近於正體，於是乎未忘中國，穆公之志也。齊梁陳之德斥之於四夷也」（中說，問易）。宋亡之後，元經則書魏孝文帝太和四年以後之事，蓋孝文遷都洛邑之後，改衣冠，斷北語，改姓氏，通婚姻，已經漢化。王通對於孝文頗多讚美之辭，以為「中國之道不替，孝文之力也」，「太和之政近雅矣，一明中國有法也」（元經卷九後魏孝文帝太和四年）。蓋吾國古代思想雖明夷夏之別，而其所注重者在於文化之異同。元經於宋亡之後，則以北魏為正統。他說：「亂離斯瘼，吾誰適歸，天地有奉，生民有庇，即吾君也，且居先王之國，受先王之道，子先王之民矣，謂之何哉」（中說，述史）。固然如此，他尚眷眷於南朝，元經有「開皇九年，晉宋齊梁陳亡」之句，他說明理由如下：「江東中國之舊也，衣冠禮樂之所就也，永嘉之後，江東貴焉。而卒不貴，無人也。齊梁陳於是乎不與其為國也。及其亡也，君子猶懷之。故書曰，晉宋齊梁陳亡，具五以歸其國，且言其國亡也」。晉宋亡國久矣，所以書之者，「（晉）衣冠文物之舊，君子不欲其先亡。宋嘗有樹晉之功，有復中國之志，亦不欲其先亡也。故具齊梁陳以歸其國也」（中說，述史）。由此可知王通的政治思想可歸納為二，其一、排斥玄虛，而崇尚儒學。其二、宋亡之後，雖以北魏為正統，而民族意識尚甚濃厚，故雖厭棄齊梁與陳，而又不欲它們之亡。此兩者對於唐初政治思想甚有影響。吾人讀「貞觀政要」一書，即可知之。

第四節　隋的政治制度

第一項　中央官制

吾國中央政制由魏晉而至南北朝，日益複雜，其結果就發生三種現象。

㈠**是系統不明**：西漢以丞相總百官，而九卿分治天下之事，大政方針由丞相決定，九卿須在大政方野之內，執行其主管事務，系統整然，成為從屬關係。降至南北朝，這個系統完全破壞，尚書令「總領紀綱，無所不統」，而尚書令之上又有錄尚書事，「職無不總」，「猶古冢宰總已之義」。尚書令之外，復有中書監令，常掌機要，而為宰相之職。又有侍中，後魏每以侍中輔政，則侍中亦為樞密之任。三省長官不相從屬，成為同等關係。國無主宰，政出多門，所以王華才說：

> 宰相頓有數人，天下何由得治（宋書卷六十三王華傳）。

宰相既有數人，則冢宰與百官之間，系統不免混亂，東漢廢丞相而置三公，三公分部九卿。南北朝之世，尚書令的屬官為各曹尚書，中書監的屬官為中書侍郎，侍中的屬官為給事黃門侍郎，至於九卿法制上乃直接隸屬於天子，其地位與尚書令中書監侍中是平等的。不管政令出於何方，凡發布政令的機關對於執行政令的機關，苟無直接指揮與監督的權，則政令自難徹底施行。於是又發生了一種現象，帝權強大，天子的親信雖以中書舍人之卑，也可以狐假虎威，勢傾天下。帝權傍落，則誰有軍權，誰又能操縱政權。後魏自孝昌以後，政歸爾朱，到了東西分據，高歡宇文泰又秉持朝政，他們所藉以取得政權者，完全依靠於兵力。總之，這個時候法紀蕩然，凡欲取得政權者不是由於恩倖，便是利用武力，宰相不過虛職。所以宋廢帝時，大宰江夏王義恭，雖然「錄尚書事，任同總已」，而乃慴憚中書舍人戴法興，事無大小，均由法興專斷，義恭僅守空名。政制沒有系統，每每有此現象，這是政治上最壞的現象。

㈡**是權責不專**：西漢之世，上自丞相，下至長吏，各有各的職權，各有各的責任，每歲決獄多少，責在廷尉，每歲錢穀幾何，責在大司農，丞相可以不知（漢書卷四十王陵傳）。長安市內死傷橫道，直接責任在長安令，間接責任在京兆尹，丞相可以不理（漢書卷七十四丙吉傳）。黃綬以下有無犯法，郡守有監察之責，刺史可以不問（漢書卷八十三朱博傳）。公卿百官各有專司，分層負責，不但同列之間不得侵犯，便是上下之間也不得隨意干涉。反之，南北朝制度則不然了，往往同一職權分屬於數個機關，吏部尚書主選事，而錄尚書事又得共參同異，甚而至於中書舍人也可以管理銓衡。

> 蔡興宗轉掌吏部，前廢帝即位，江夏王義恭錄尚書事，受遺輔政，而越騎校尉戴法興中書舍人巢尚之專制朝權，威行近遠，興宗職管九流，銓衡所寄，每至上朝，輒與令錄以下，陳欲登賢進士之意……興宗每陳選事，法興尚之等輒點定回換，僅有在者。興宗於朝堂謂義恭及顏師伯曰，主上諒闇，不親萬機，而選舉密事，多被刪改，復非公筆，亦不知是何天子意（宋書卷五十七蔡興宗傳）。

此不過舉其一例言之，其他機關亦莫不然。九卿與尚書各曹，職掌已多重複，漢世大鴻臚掌諸歸義蠻夷，與明清的理藩院相似，降至南北朝，四夷不賓，北齊鴻臚寺掌藩客朝會吉凶弔祭，尚有外交之意。南梁鴻臚卿掌導護贊拜，有似於西漢光祿勳屬官的謁者。但是南北朝謁者又獨立為臺，不屬光祿勳，掌朝覲賓饗之事。這樣，鴻臚寺與謁者臺成為層床架屋，職權與責任如何劃分，不甚明瞭了。

㈢**是機關虛設**：漢世一個機關必有數種職權，我們只見其職權複雜，不見其機關空虛。南北朝有許多機關，毫無職掌，等於虛設。例如漢時光祿勳一掌宿衛，二掌論議，三掌賓讚，四掌考選。到了南北朝，光祿勳無復三署郎，因之不掌宿衛。謁者出外，因之不掌賓讚。三署郎罷，因之不掌考選。雖然仍有大夫，然諫議大夫或省其官，或隸集書，其他大夫皆以「養老疾，無職事」（宋書百官志上），因之又不掌論議。各種職掌均被剝奪，所以梁陳北齊乃使其掌膳食，性質變更，非復漢代宿衛之職。官高職輕，有同虛設。按魏晉以來，尚書各曹漸次蠶食九卿之權。晉桓溫說：

古以九卿綜事，不專尚書，今事歸內臺，則九卿為虛設，皆宜省併（太平御覽卷二百三職官三總敘官）。

其所以不能省併者，乃是因為干戈未息，軍功頗多，而府庫空虛，賞賜懸乏，最初用勳爵以代錢絹，勳爵既濫，便不能引起人們注意，而須有實際授予，儀同三司必須開府，寖假職官遂成為懋庸賞勳之用。勳功既夥，職官自難併省。這種職官雖有其職，而無其事，他們「空受祿力」，不但「國儲以之虛匱，民力為之凋散」（南齊書卷二十八崔祖思傳），而整個官制亦必隨之紊亂。

官司如斯紛亂，自非釐革不可。北周依周禮，建六官，置公卿大夫士，而內外眾職亦兼用秦漢等官。宣帝嗣位，隨意變更，號令日改，官名日易。隋文踐極，百度伊始，復廢周官，還依漢魏。煬帝即位，多所改革，大業三年始行新令，有五省三臺九寺五監十二衛十六府。茲將隋之中央官制，列表如次⓫。

⓫ 據隋書卷二十八百官志下。

隋中央官制表

時代	種類	官名	官品
文帝時代	三師	太師	正一品
		太傅	正一品
		太保	正一品
	三公	太尉	正一品
		司徒	正一品
		司空	正一品
	五省（尚書省）	尚書令	正二品
	六部尚書	吏部	正三品
		禮部	正三品
		兵部	正三品
		刑部	正三品
		戶部	正三品
		工部	正三品
煬帝時代	三公	太尉	正一品
		司徒	正一品
		司空	正一品
	五省（尚書省）	尚書令	正二品
	六部尚書	吏部	正三品
		禮部	正三品
		兵部	正三品
		刑部	正三品
		戶部	正三品
		工部	正三品

備考

三師：煬帝廢三師。

五省：

尚書省置令左右僕射（從二品）各一人，總吏部禮部兵部都官度支工部等六曹事。屬官有左右丞（從四品）各一人。

吏部尚書統吏部侍郎二人，主爵侍郎一人，司勳侍郎二人，考功侍郎一人。

禮部尚書統禮部祠部侍郎各一人，主客膳部侍郎各二人。

兵部尚書統兵部職方侍郎各二人，駕部庫部侍郎各一人。

都官尚書統都官侍郎二人，刑部比部侍郎各一人，司門侍郎二人。

度支尚書統度支戶部侍郎各二人，金部倉部侍郎各一人。

工部尚書統工部屯田侍郎各二人，虞部水部侍郎各一人。

開皇三年四月詔尚書左僕射掌判吏部禮部兵部三尚書事。尚書右僕射掌都官度支工部三尚書事。尋改度支尚書為戶部尚書，都官尚書為刑部尚書。凡三十六侍郎，均正六品。

煬帝即位，多所改革，尚書省六曹各侍郎一人，以貳尚書之職。又增左右丞，階與六部侍郎並正四品。諸曹侍郎並改為郎（從五品），又改吏部為選部郎，戶部為人部郎，禮部為儀曹郎，兵部為兵曹郎，刑部為憲部郎，工部為起部郎，以異六侍郎之名。

門下省	內史省	祕書省	內侍省	御史臺	都水臺	
				二臺		
門下省	內史省	祕書省	內侍省	御史臺	都水臺	
納言	內史令	祕書監	內侍	御史大夫	都水使者	
正三品	正三品	正三品	從四品	從三品	從五品	

門下省	內史省	祕書省	殿內省	御史臺	謁者臺	司隸臺
				三臺		
門下省	內史省	祕書省	殿內省	御史臺	謁者臺	司隸臺
納言	內史令	祕書監	殿內監	御史大夫	謁者大夫	司隸大夫
正三品	正三品	從三品	正四品	正四品	正四品	正四品
門下省納言二人（正四品），又有散騎常侍（從三品）諫議大夫（從四品）散騎侍郎（正五品）等官，統城門尚食尚藥符璽御府殿內等六局。煬帝改制，以城門殿內尚食尚藥御府等五局隸殿內省，大業十二年又改納言為侍內。	內史省置監令各一人，尋廢監，置令二人。有侍郎（正四品）舍人（正六品）及通事舍人（從六品）等官。煬帝改通事舍人為謁者臺職，大業十二年改內史為內書。	祕書省監丞（正五品）各一人，有郎（正七品）及校書郎（正九品）等官，領著作大史二曹。煬帝改制，增置少監（從四品）一人，其後又改監少監為令少令。	內侍省內侍內常侍（正五品）各二人，並用宦者，領內尚食掖庭宮闈奚官內僕內府等局。煬帝改內侍省為長秋監，分門下大僕二司，取殿內監名，以為殿內省，並尚書門下內史祕書以為五省。殿內省置監少監（從五品）及丞（從五品）各一人。統尚食尚藥尚衣尚舍尚乘尚輦等六局。尚衣即舊御府局，尚舍即舊殿中局。	御史臺大夫一人，下有治書侍御史（從五品）二人，侍御史（從七品）八人，殿內侍御史（正八品）監察御史（從八品）各十二人。煬帝改制，省殿內侍御史員，增監察御史員十六人。	都水臺使者及丞（正八品）各二人。又有參軍河隄謁者等官。煬帝改制，增置謁者司隸二臺，並御史為三臺。謁者臺大夫一人，掌受詔勞問，出使慰撫，持節察授，及受冤枉而申奏之。屬官有丞（從六品），又有通事謁者（從六品），即內史通事舍人之職。	司隸臺大夫一人掌諸巡察。別駕（從五品）二人，分察畿內，一

	十一寺								
	太常寺	光祿寺	衛尉寺	宗正寺	太僕寺	大理寺	鴻臚寺	司農寺	大府寺
	卿	卿	卿	卿	卿	卿	卿	卿	卿
	正三品	正三品	正三品	正三品	正三品	正三品	正三品	正三品	正三品
	九寺								
臺	太常寺	光祿寺	衛尉寺	宗正寺	太僕寺	大理寺	鴻臚寺	司農寺	太府寺
	卿	卿	卿	卿	卿	卿	卿	卿	卿
	正三品	從三品	從三品	從三品	從三品	從三品	從三品	從三品	從三品
人察東都，一人察京師。刺史（正六品）十四人，巡察畿外諸郡。每年二月乘軺巡郡縣，十月入奏。後又罷司隸臺，而留司隸使者之名，不為常員，臨時選京官清明者權攝以行。	各寺皆置卿少卿（正四品）各一人，丞（正七品）二人至六人不等。煬帝改制，少卿加置二人。 太常寺統郊社太廟諸陵太祝衣冠太樂清商鼓吹太醫太卜廩犧等署。煬帝罷太祝署，而留太祝員，罷衣冠清商二署。 光祿寺統大官肴藏良醞及掌醢等署。 衛尉寺統公車武庫守宮等署。 宗正寺不統署。 太僕寺統驊騮乘黃龍廄車府典牧牛羊等署。 煬帝減驊騮署入殿內尚乘局，改龍廄曰典廄署，罷牛羊署。 大理寺不統署，置司直（從五品）正監評（均正六品）律博士（正九品）等官。 鴻臚寺統典客司儀崇玄三署。 煬帝改典客署為典蕃署。 司農寺統太倉典農平準廩市鉤盾華林上林導官等署。 煬帝改制，司農但統上林太倉鉤盾導官四署。罷典農華林二署，而以平準廩市隸太府。 太府寺統左藏左尚方內尚方右尚方司染右藏黃藏掌冶甄官等署。 煬帝分太府寺為少府監。太府寺但管京都市五署及平準左右藏等凡八署。								

國子寺	將作寺	十二府：左右衛	左右武衛	左
祭酒	大匠	大將軍	大將軍	
從三品	從三品	正三品	正三品	

五監：國子監	將作監	少府監	都水監	長秋監	十二衛十六府：左右翊衛	左右驍衛	左
祭酒	大匠	監	使者	令	大將軍	大將軍	
從三品	正四品	從三品	正五品	正四品	正三品	正三品	

國子寺祭酒一人，統國子太學四門書算學，各置博士助教學生等員。開皇十三年國子寺罷隸太常，又改寺為學。煬帝改國子寺為國子監。

將作寺大匠一人，丞（從九品）二人，統左右校署。開皇二十年改將作寺為監。以大匠為大監，初加置副監。

煬帝改制，分太府寺為少府監，改內侍省為長秋監，國子學為國子監，將作寺為將作監，並都水監總為五監。國子監仍舊置祭酒，加置司業一人（從四品）。

將作監置大匠少匠（正五品）各一人。統左右校及甄官署。

少府監置監少監（從四品）各一人，統左尚右尚內尚司織司染鎧甲弓弩掌冶等署。尋併司織司染為織染署，廢鎧甲弓弩二署。

都水監置使者，統舟檝河渠二署大業五年又改使者為監，四品，加置少監為五品。

長秋監置令少令（從五品）各一人，並用士人，改內常寺為內承奉，置二人，正五品。並用宦者，領掖庭宮闈奚官等三署。

左右衛左右武衛左右武候左右領左右府各大將軍一人，將軍（從三品）二人。左右監門府各將軍（從三品）一人。左右領軍府不置將軍，唯有長史等，開皇十八年置備身府。煬帝改左右衛為左右翊衛，備身府為左右驍衛，左右武衛依舊名。改領軍為左右屯衛，加置左右禦衛，改左右武候為左右候衛，是為十二衛。又改左右領左右府為左右備身府，左右監門府依舊名，凡十六府。

右武侯	左右領左右府	左右監門府	左右領軍府	
大將軍	大將軍	將軍		
正三品	正三品	從三品		

右武衛	左右屯衛	左右禦衛	左右候衛	左右備身	左右監門
大將軍	大將軍	大將軍	大將軍	郎將	郎將
正三品	正三品	正三品	正三品	正四品	正四品

十二衛各置大將軍一人將軍（從三品）二人，總府事，並統諸鷹揚府。其軍士，左右翊衛所領名驍騎，左右驍衛所領名豹騎，左右武衛所領名熊渠，左右屯衛所領名羽林，左右禦衛所領名射聲，左右候衛所領名佽飛，而總號衛士。

左右備身府各置備身郎將一人。左右監門府改將軍為郎將，各置一人。

依上表所示，可知隋代中央政制甚為龐大。在各種機關之中，最重要的莫如內史（中書）門下尚書三省。三省職權如何劃分，還是混淆不清。魏晉以來，尚書但聽命受事，至於中書門下誰掌機要，訖無定制。

南朝之政多出中書，北朝之政多由門下。隋沿北朝之舊，門下還是政之樞機。通典（卷二十一宰相）云：「隋有內史納言，是為宰相，亦有他官參與焉」。內史即中書令，納言即侍中，而未提及尚書令僕。歷代職官表（卷三內閣中）云：「謹案，隋代雖置三公，以官高不除。其秉國鈞者惟內史納言，而尚書令事無不統，即不預機事，亦稱政本之地。故唐沿其制，以三省長官為宰相之職也⓬」。宰相乃政之樞機，即馬端臨所謂「參掌機密」，而為「機衡之任」或「樞密之任」（文獻通考卷四十九宰相）。隋之尚書令既「不預機事」，何得稱之為「政本之地」。何況隋代尚書令很少除人，晉王廣（煬帝）固嘗為尚書令矣，然此尚書令只是行臺尚書令，初於開皇二年為河北道行臺尚書令，時年十四，次於開皇八年為淮南道行臺尚書令（隋書卷一及卷二高祖紀，據卷三煬帝紀，八年作六年。開皇二年時，尚有河南道行臺尚書令秦王俊，復有西南道行臺尚書令蜀王秀）。只唯楊素於大業元年為尚書令，翌年即拜司徒（隋書卷三煬帝紀，參閱卷四十八楊素傳）。隋代罕除尚書令，原因何在，吾人實難了解⓭。所以隋時雖置尚書令，事實上尚書省的長官乃是左右僕射。而左右僕射必兼內史令尤其納言之職，才為宰相。杜佑以內史納言為隋之宰相，而不提及尚書令僕，固有理由。開皇元年高熲為尚書左僕射兼納言，蘇威為吏部尚書，亦兼納言（隋書卷一高祖紀，但據卷四十一蘇威傳，則為民部尚書即度支尚書，亦即唐代以後之戶部尚書）。據蘇威傳，「時高熲與威同心協贊，政刑大小，無不籌之，故革運數年，天下稱治」。此時內史令為李德林，右僕射為趙煚。開皇三年四月尚書右僕射趙煚兼內史令（此皆根據隋書卷一高祖紀。卷

⓬ 所謂「唐沿其制」云云，乃根據新唐書（卷四十六百官志一），「初唐因隋制，以三省之長中書令侍中尚書令共議國政，此宰相職也」。此言未必真確，當詳論於唐代中央官制中。

⓭ 唐代是因太宗嘗為尚書令，臣下不敢居其職，由是僕射為尚書省長官。

四十二李德林傳及卷四十六趙煚傳均未載明年月，尤其趙煚傳未曾說到其兼內史令）。此兩人權任並不甚重。由此可知杜佑雖謂「內史納言是為宰相」，而究其實，內史令之權不及納言，而僕射不兼納言，即非丞相。

隋代常以他官參預朝政，例如「柳述為兵部尚書參掌機事，又楊素為右僕射，與高熲（時為納言）專掌朝政」（通典卷二十一宰相，據高祖本紀，楊素為右僕射在開皇十二年十二月，由內史令轉拜。卷四十七柳述傳，述拜兵部尚書，參掌機事，似在仁壽三四年間），即其例也。煬帝時：

> 蘇威為納言，與左翊衛大將軍宇文述，黃門侍郎裴矩，御史大夫裴蘊，內史侍郎虞世基參掌朝政，時人稱為五貴（隋書卷四十一蘇威傳）。

即不問何種職官，苟有天子之命，雖以黃門侍郎內史侍郎四品之官，以及糾正官邪的御史大夫亦得參預朝政。何況尚書與門下往往兼職，例如高熲以納言兼尚書左僕射（隋書卷四十一高熲傳），蘇威以納言兼民部尚書（隋書卷四十一蘇威傳），而內史侍郎（虞世基）又與尚書門下共參國政，則「中書出命，門下審駁，尚書受成」（文獻通考卷五十門下省引胡致堂曰）之制當然不存在於隋代。所以馬端臨以為「門下審覆之說始於唐」（文獻通考卷五十門下省）。

隋代中央政制既然混亂，於是權力誰屬，也同南北朝一樣，成為問題。此蓋隋文「天性沉猜，好為小數，不達大體」（隋書卷二文帝紀仁壽四年），「佐命功臣鮮有終其天年」，「高祖沉猜之心固已甚矣」（隋書卷四十元胄傳史臣曰）。王世績「見上性忌刻，功臣多獲罪，由是縱酒，不與執政言及時事」，而亦不免於誅（隋書卷四十王世績傳）。房彥謙私謂所親趙郡李少通曰，「主上性多忌刻……天下難安，方憂危亂」（隋書卷六十六房彥謙傳）。文帝天性如此，當然不欲政歸臣下。昔者陳矯為尚書令，魏明帝「車駕嘗卒至尚書門。矯跪問帝曰陛下欲何之。帝曰欲案行文書耳。矯曰此自臣職分，非陛下所宜臨也。若臣不稱其職，則請就黜退，陛下宜還。帝慚，回車而反。(魏志卷二十二陳矯傳)。魏明帝不過中庸之主，聽到陳矯之言，尚知慚愧，回車而反。為政之道，最忌察察為明。老子曰「其政察察，其人缺缺」。管子說，「偽主從狙而好小察」(管子第五十二篇七臣七主)。文帝「往往潛令人賂遺令史府史，有受者必死，無所寬貸」(隋書卷二高祖紀下仁壽四年)，這種作風無異於引人犯罪，那有氣量君臨天下。

> 高祖每旦臨朝，日側不倦，楊尚希諫曰，願陛下舉大綱，責成宰輔，繁碎之務非人主所宜親也(隋書卷四十六楊尚希傳)。

皇帝過於察察，百僚懼罪，事無大小，均欲取判於旨，不敢自決。

> 柳彧見上勤於聽受，百寮奏請，多有煩碎。因上疏諫曰，比見四海一家，萬機務廣，事無大小，咸關聖聽。陛下留心治道，無憚疲勞，亦由群官懼罪，不能自決，取判天旨，聞奏過多，乃至營造細小之事，出給輕微之物，一日之內，酬答百司，至乃日旰忘食，夜分未寢，動以文薄憂勞聖躬。伏願思臣至言，小減煩務……若其經國大事，非臣下裁斷者，伏願詳決，自餘細務，責成有司(隋書卷六十二柳彧傳)。

以萬乘之尊，而乃自決庶務，一日萬機，何能無錯。積錯既多，威信掃地。管子有言：「有道之君，不言智能聰明。智能聰明者下之職也，所以用智能聰明者上之道也」(管子第三十篇君臣上)。慎子亦說：「君臣之道，臣事事而君無事。君逸樂而臣任勞，臣盡智力以善其事，而君無與焉，仰成而已，故事無不治」(慎子，民雜篇)。韓非也謂：「明君之道，使智者盡其慮，而君因以斷事，故君不窮於智。賢者效其材，君因而任之，故君不窮於能」(韓非子第五篇主道)。豈但法家之言如此，孔子說：「大哉堯之為君也，唯天為大，唯堯則之」（論語第八篇泰伯）。「天何言哉，四時行焉，百物生焉，天何言哉」（論語第十七篇陽貨）。「無為而治者，其舜也與。夫何為哉，恭己正南面而已矣」（論語第十五篇衛靈公）。荀子謂「君者論一相」，又說：「人主者以官人為能者也，匹夫者以自能為能者也……大有天下，小有一國，必自為之然後可，則勞苦耗顇莫甚焉。如是，則雖臧獲不肯與天子易執業。以是懸天下，一四海，何故必自為之。為之者，役夫之道也」（荀子第十一篇王霸）。董仲舒亦說：「為人主者以無為為道，以不私為寶，立無為之位，而乘備具之官，足不自動，而相者導進，口不自言，而擯者贊辭，心不自慮，而群臣效當，故莫見其為之，而功成矣」（春秋繁露第十八篇離合根）。隋文不明此理，事無大小，均欲自決，察察為明，不亡何待。唐太宗對於隋文帝，有如次的批評。

此人（隋文帝）性至察，而心不明。夫心暗則照有不通，至察則多疑於物。自以欺孤寡得之，謂臣下不可信任，事皆自決，雖勞神苦形，未能盡合於理。朝臣既知上意，亦復不敢直言，宰相已下承受而已（舊唐書卷三太宗紀貞觀四年）。

張玄素亦說⑭：

⑭ 貞觀政要將張玄素之言併作太宗之語。范祖禹批評隋文之作風曰，「君以知人為明，臣以任職為良。君知人，則賢者得行其所學。臣任職，則不賢者不得苟容於朝，此庶事所以康也。若夫君行臣職，則叢脞矣。君不任君之事則惰，此萬事所以墮也……不明之君不能知人，故務察而多疑，欲以一人之身代百官之所為，則雖聖智，亦日力不足矣。故其臣下事無大小，皆歸之君，政有得失，不任其患。賢者不得行其志，而持祿之士得以保其位，此天下所以不治也」（貞觀政要第二篇政體）。余案歷來君主多患此病，豈但隋文而已，此輩自以為明察秋毫，其實，近而不見泰山。

自古以來，未有如隋室喪亂之甚，豈非其君自專，其法日亂，向使君虛受於上，臣弼違於下，豈至於此。且萬乘之重，又欲自專庶務，日斷十事，而五條不中，中者信善，其如不中者何。何況一日萬機，已多虧失，以日繼日，乃至累年，乖謬既多，不亡何待。如其廣任賢良，高居深視，百司奏職，誰敢犯之（舊唐書卷七十五張玄素傳）。

固然隋文對於南北朝政制，亦曾略加整理，煬帝繼之，復事釐革。尚書六曹均稱部，每部領四司，各部置侍郎一人，以貳尚書之職。諸司侍郎但稱曰郎，以與各部區別。其他官廳或稱為省，或稱為寺，或稱為臺，或稱為監，或稱為府，而總為五省三臺五監九寺十六府。凡機關之空虛者則充實之，例如光祿勳，宋齊二代既不統署，大夫之職又以「處舊齒老年」（南齊書卷十六百官志），其機關有如虛設。至隋，光祿寺領大官肴藏良醞掌醢四署，為司膳之官，雖取漢代舊名，而其職則異。凡複雜者則簡單之，例如漢時侍中分掌乘輿服物下至褻器虎子之屬，所以成立門下省之後，仍掌供奉之事，其職有似於少府。隋初，尚統城門尚食尚藥符璽御府殿內六局，煬帝改制，分門下太僕二司，別置殿內省，以掌諸供奉，於是門下省遂純粹成為議政機關。但是隋代官職尚有重設之病。杜佑說：

自昔三代以上，分置六卿，至周明備。至秦及漢，雖事不師古，猶制度未繁。後漢有三公九卿，而尚書之任又益重矣。魏晉以降，職制日增，後周依周禮，置六官，而年代短促，人情相習已久，不能革其視聽，故隋氏復廢六官，多依北齊之制，官職重設，庶務煩滯，加六尚書似周之六卿，又更別立寺監，則戶部與太府分地官司徒職事，禮部與太常分春官宗伯職事，刑部與大理分秋官司寇職事，工部與將作分冬官司空

其為寵臣（例如楊素）所誤，豈但隋文一人而已。西漢時，雖丞相亦不察小事。

職事，自餘百司之任多類於斯，欲求理事，實在簡省（通典卷二十五總論諸卿）。所以前代機關林立，系統不明，權責不專之病，尚未完全革除。古人云，省官不如省事，此猶云，官煩由於事繁。要是職事不多，而官司徒增，則權責不專，大有害於行政效率。何況煬帝釐整官制，徒改其名，至於職權方面，仍同南北朝時代一樣，混淆不清。

時牛弘為吏部尚書，不得專行其職，別勅納言蘇威，左翊衛大將軍宇文述，左驍衛大將軍張瑾，內史侍郎虞世基，御史大夫裴蘊，黃門侍郎裴矩，參掌選事，時人謂之選曹七貴。雖七人同在坐，然與奪之筆，虞世基獨專之，受納賄賂，多者超越等倫，無者注色而已（資治通鑑卷一百八十隋煬帝大業二年）。

自三國分立之後，干戈雲擾，軍權高於一切，因之將軍就成為國家重要官職，而一切叛上作亂的人無不出身於軍府。漢世武官都是中朝近衛，大將軍驃騎將軍位次丞相，車騎將軍衛將軍位次上卿，又有左右前後將軍，皆主征伐，事訖皆罷。至於伏波樓船橫海度遼之號皆係權時之制，亦不常設。魏世以後，將軍分為內外，衛將軍鎮軍將軍撫軍將軍只施於內，四征四鎮四安四平只施於外，至於驃騎車騎則可居外都督，例如太和元年司馬懿以驃騎將軍，使持節都督荊豫二州諸軍事，屯宛。正始二年王淩以車騎將軍，假節都督揚州諸軍事，屯壽春。當時刺史太守皆帶將軍之號，無者為恥。東晉而後，其制愈濫，梁有一百二十五號將軍（隋書卷二十六百官志上），後魏將軍之號亦多，末年又置柱國，位在重號將軍之上。各種將軍雖僅為褒賞勳庸之用，顧乃開軍府，置佐史，凡重號將軍「加大字，位從公，開府，儀同如公」。「其未及開府，則置府，亦有佐史」，輕號將軍「亦有置府者」（南齊書卷十六百官志）。晉傅咸說：「虛立軍府，動有百數」（晉書卷四十七傅咸傳），庾悅亦說：「地在無軍，而軍府猶置」，「文武將佐，資費非一」（宋書卷五十二庾悅傳），足使國儲空虛，而外重內輕，又可使「藩帥強盛，宰相權弱」（晉書卷八十四王恭傳）。隋興，廢各種將軍之號，其僅存者改為散官與勳官，不再開府置佐。比方驃騎車騎將軍自漢以來，甚為顯貴，隋文降低其階，驃騎將軍為正四品，車騎將軍為正五品（隋書卷二十八百官志下）。煬帝又改其名。

> 大業三年，改驃騎為鷹揚郎將，正五品，車騎為鷹揚副郎將，從五品……五年又改副郎將並為鷹擊郎將（隋書卷二十八百官志下）。

此外如鎮軍撫軍（正六品）四征（正六品）四平（從六品）以及其他雜號將軍，無不降低其階（隋書卷二十八百官志下），只惟十二衛大將軍正三品，而與六部尚書同階。這樣，將軍之號便不為世人所重視，因之魏晉以來軍人干政之事便暫時告一段落。

現再說明御史制度。漢代的部刺史，經魏晉，變為地方行政官，因之監察州郡遂無專職。北朝御史雖曾乘傳糾察，然此乃稀有之事，並未成為定制。隋文肇興，置御史臺，大夫二人，治書侍御史二人，侍御史八人，殿內侍御史十二人。煬帝改制，省殿內侍御史，增監察御史員數，並提高治書侍御史及監察御史的官品。茲列表如次。

隋御史臺組織前後變遷表（隋書卷二十八百官志下）

隋初制度			煬帝改制	備考
官名	員數	官品		
御史大夫	二人	從三品		隋以國諱，改中丞為大夫（通典）。
治書侍御史	二人	從五品	增治書侍御史為正五品。	

侍御史	八人	從七品	
殿內侍御史	十二人	正八品	省殿內侍御史。
監察御史	十二人	從八品	增監察御史為十六人，加階為從七品。

但乘傳糾察尚無專職，所以煬帝改制，推廣兩漢司隸校尉之專察京輔所部，增設司隸臺，巡察諸郡，其組織可列表如次：

隋司隸臺組織表（隋書卷二十八百官志下）

官名	員數	官品	職掌	備考
大夫	一人	正四品	掌諸巡察。	
別駕	二人	從五品	分察畿內，一人案東都，一人案京師。	
刺史	十四人	正六品	巡察畿外諸郡。	開皇三年罷郡，以州統縣，州置刺史。大業三年罷州，以郡統縣，郡置太守。所以此處刺史不是魏晉以後的刺史，而是漢世的部刺史。

隋之刺史同漢之刺史一樣，以六條巡察官人，每年二月出巡郡縣，十月入奏，即其在外，每年不過八月。六條如次：

一、察品官以上理正能不。

二、察官人貪殘害政。

三、察豪強姦猾，侵害下人，及田宅踰制，官司不能禁止者。

四、察水旱蟲災不以實言，枉徵賦役及無災妄蠲免者。

五、察部內賊盜不能窮逐，隱而不申者。

六、察德行孝悌茂才異行隱不貢者。

隋代刺史頗有似於漢代刺史之制。⑴隋代刺史屬於司隸臺，這與漢代刺史屬於御史府而為中央官者相同。⑵隋代刺史每歲二月出巡郡縣，十月入奏，這與漢代刺史八月出巡，歲盡詣京師奏事，傳車周行，匪有定鎮者相同。⑶隋代刺史只能以六條巡察，而六條所舉又盡屬於官司之枉法失職。這與漢代刺史以六條問事，不得干涉地方官之行政者相同。不過漢代六條，唯一條察強宗豪右，其五條皆察二千石，而隋代六條所察者則普及於一切品官，不以二千石長吏為限。所謂品官，即自一品至九品之官，謂之流內。不入於九品者謂之流外，即胥吏也。隋刺史除不察流外之胥史外，得察一切品官。這是隋代以後共同的監察制度。然而因此，層層負責就破壞了。何以說呢？上司對其屬僚有指揮監督之權，屬僚枉法失職，非由於上司監督不嚴，就由於上司指揮不當。刺史既可直接監察一切品官，則上司既見有人監察了，自可諉罪於屬僚，而不負責。這是吾國古代雖置御史，而政治尚難納上軌道的一個原因。

第二項　地方官制

吾國地方政制，秦漢為郡縣二級，魏晉以降為州郡縣三級，南北分立，互增州郡，繼以五方淆亂，建置滋多，結果就發生了三種現象。

㈠是設州置郡，類多浮偽，西漢制郡，大率以戶口為標準，戶多者地狹，戶寡者地廣，會稽郡幾及今之江浙二省，河南河內陳留潁川汝南南陽魏郡則今之河南省。但河南郡一地有戶二十七萬六千四百四十四，口一百七十四萬二百七十九。會稽郡境域雖大，亦僅有戶二十二萬三千三十八，口一百三萬二千六百四（漢書地理志），東晉以後，建置州郡，往往名不符實，而如齊文宣所說：

百室之邑便立州名，三戶之民空張郡目（北齊書卷四文宣帝紀天保七年十一月壬子詔）。

有州之名，無郡之實。有郡之名，無縣之實。牧守令長虛增其數，民少官多，十羊九牧，苟不改弦更張，稍加併合，則政煩役重，公私騷擾，國儲以之虛匱，民力為之凋散，治民之官反可以增加百姓的困苦。

㈡是州郡區別殆已消滅，州以統郡，州的戶口應比郡多，州的境域應比郡大。宋孝武帝分荊湘江豫四州之地，立郢州，治江夏，領郡六，縣三十九，戶二萬九千四百六十九，口十五萬八千五百八十七（宋書卷三十七州郡志三），而吳郡領縣十二，乃有戶五萬四千八百八十八，口四十二萬四千八百一十二（宋書卷三十五州郡志），郢州尚是實州，至於僑州「或祇一郡，或祇一縣」（晉略方鎮表），不但戶口不及郡多，而境域亦不及郡大。東晉時代，范甯已經提議釐革。

不滿五千戶，不得為郡，不滿千戶，不得為縣（晉書卷七十五范甯傳）。

其所以延至南北朝而尚不能實行者，實如齊文宣所說：

祿去公室，政出多門……豪家大族鳩率鄉部，託迹勤王，規自署置。或外家公主，女謁內成，昧利納財，啟立州郡。離大合小，本逐時宜，剖竹分符，蓋不獲己（北齊書卷四文宣帝紀天保七年十一月壬子詔）。

州以統郡，州郡無別，若非廢州存郡，便須廢郡存州，州郡並置，徒徒增加行政經費而已。

㈢是州郡職權完全重複，漢制，州為監察區，郡為行政區，刺史只能以六條問事，不得干涉郡之行政。三國以後州郡均為行政區，州之職掌與郡略同，縱令州大郡小，刺史太守也是重複，所以魏夏侯玄以為：

「宜省郡守，但任刺史」（魏志卷九夏侯玄傳）。魏世，州不過十三，而郡則有九十一，夏侯玄尚欲廢郡存州，使刺史直接督導令長。東晉以後，南北相高，互增州數，州以百計，而州又為行政區，何必下懸以郡。刺史督導太守，太守督導令長，上下行文，多費一番傳遞呢？

隋文踐祚，開皇初年尚用州郡縣三級制度，州郡縣各分上中下三等，每等又有上中下之別，自上上州至下下州，上上郡至下下郡，上上縣至下下縣，各為九等。當時尚未取梁（開皇七年）併陳（開皇九年），州郡之數已經不少。

> 隋開皇初，有州三百一十，郡五百八（通典卷三十三郡太守）⑮。

天下州郡過多，民少官多，十羊九牧，自宜存要去閑，併小為大。

> 楊尚希見天下州郡過多，上表曰當今郡縣倍多於古，或地無百里，數縣并置，或戶不滿千，二郡分領，具寮以眾，資費日多，吏卒又倍，租調歲減，清幹良才，百分無二，動須數萬，如何可覓。所謂民少官多，十羊九牧。琴有更張之義，瑟無膠柱之理。今存要去閑，併小為大，國家則不虧粟帛，選舉則易得賢才，敢陳管見，伏聽裁處，帝覽而嘉之，於是遂罷天下諸郡（隋書卷四十六楊尚希傳）。

開皇三年罷郡，以州統縣（隋書卷二十八百官志下），十四年改九等州縣為上中下凡三等（通典卷三十二州牧刺史），煬帝大業二年，遣十使，併省州縣（隋書卷三煬帝紀），三年罷州，以郡統縣（隋書卷二十八百官志下），

---

⑮ 隋書卷二十九地理志上，大象二年通計州二百一十一，郡五百八。翌年，隋王楊堅稱尊號，改元開皇。通典所載州數，與隋書不符，未知孰誤。通典卷一百七十一州郡，亦謂周平齊後，通計州二百十有一，郡五百八，所以州三百十一疑是二百一十一之誤。

凡郡一百九十，縣一千二百五十五（隋書卷二十九地理志上），於是地方政制又由三級改為二級。罷郡存州，州置刺史，罷州存郡，郡置太守，州與郡互名，刺史與太守互名，其實一也。縣以下，有鄉黨里保之組織，茲將隋代地方制度列表如次（隋書卷二十八百官志下）。

隋地方制度表（置州則無郡，置郡則無州）

地區	官名	官品	備考
州	雍州牧	從二品	文帝罷郡，以州統縣。州置總管者，列為上中下三等，總管刺史加使持節。煬帝即位，罷諸總管，廢州，以郡統縣。
	上州刺史	正三品	
	中州刺史	從三品	
	下州刺史	正四品	
郡	京兆尹河南尹	正三品	煬帝罷州存郡。
	上郡太守	從三品	
	中郡太守	正四品	
	下郡太守	從四品	
縣	大興長安兩縣令	從五品	煬帝時大興長安河南洛陽四縣令均正五品，諸縣皆以所管閑劇及衝要，以為等級。
	上縣令	從六品	
	中縣令	從七品	
	下縣令	從八品	
鄉	正		隋文受禪，頒新令，制人五家為保，保有長。保五為閭（二十五家），閭四為族（一百家），皆有正。畿外置里正比閭長，黨長比族長，以相檢察焉（隋書卷二十四食貨志）。開皇九年二月丙申制五百家為鄉，置鄉正一人，使治民，簡辭訟（資治通鑑卷一百七十七隋紀）。
黨（族）	長（正）		
里	正		

（閭）	（正）
保	長

隋代地方制度值得討論者有四點，茲試分別述之。

㈠文帝廢郡存州，煬帝廢州存郡，不問何廢何存，均為二級制度，存州則置刺史，存郡則置太守。隋文時代，緣邊鎮守及襟帶之州不置刺史，而置總管。總管之號起自北周，乃以代魏晉以來的都督諸州軍事。

> 後周改都督諸軍事為總管，則總管為都督之任矣（通典卷三十二都督）。

隋文肇興，沿用周制，亦置總管以代都督。例如：

> 時天下唯置四大總管，并揚益三州並親王臨統，唯荊州委於世康，時論以為美（隋書卷四十七韋世康傳）。

即并揚荊益四州才置大總管，其他各州只置總管，例如韓擒虎為盧州總管（隋書卷五十二韓擒虎傳），賀若弼為吳州總管（隋書卷五十二賀若弼傳），宇文述曾拜安州總管，又徙為壽州總管（隋書卷六十一宇文述傳）。所以唐六典云：

> 魏黃初二年始置都督諸州軍事……自此之後，歷代皆有，至隋改為總管府（唐六典卷三十六都督府，參閱隋書卷二十八百官志下）。

煬帝改制，罷州存郡，郡置太守以代刺史之職，同時並罷總管（通典卷三十二都督）。惟隋有郡一百九十，縣一千二百五十五。西漢之世，郡一百有三，武帝尚以單位太多，特置刺史，分部巡察，則以一百九十郡之多，中央自難一一監察。煬帝於御史臺之外，別置司隸臺，巡按郡縣，職此之故。關於司隸臺的組織及其職權，本書已有說明，不再重複。

㈡隋採府兵之制，文帝時代各州刺史尚有領兵之權，煬帝罷州置郡，郡置太守，掌治民，又別置都尉，領兵，與郡不相知。

大業三年，罷州置郡，郡置太守……舊有兵處，則刺史帶諸軍事以統之，至是別置都尉副都尉，都尉正四品，領兵，與郡不相知，副都尉正五品（隋書卷二十八百官志下）。

這是軍民分治之意，漢世也置都尉領兵。但是都尉不過佐守典兵而已，所以每歲八月都試，由郡守主持，中央徵調軍隊，亦發虎符於郡守。而郡但置都尉，不置太守，而使都尉掌治民之任者，又有其例，是則漢世尚未完全實行軍民分治。隋呢？都尉領兵，「與郡不相知」，太守主民事，不得過問軍事，都尉主軍事，不得干與民事，軍民分治徹底實行。這個制度乃以救方鎮跋扈之弊，並以舉中央集權之實，於是東漢以來，外重內輕之局，經煬帝改革之後，告一段落。

㈢隋承南北朝之弊，「刺史或任武將，類不稱職」。柳彧曾舉例說明。「上表曰伏見詔書，以上柱國和平子為杞州刺史，其人年垂八十，鍾鳴漏盡，前任趙州，闇於職務，政由群小，賄賂公行，百姓吁嗟，歌謠滿道。乃云，老禾不早殺，餘糧穢良田，古人有云，耕當問奴，織當問婢，此言各有所能也。平子弓馬武用，是其所長；治民莅職，非其所解。如謂優老尚年，自可厚賜金帛，若令刺舉，所損實大」（隋書卷六十二柳彧傳），刺史如此，百里長吏更何能簡選賢能。開皇末，柳彧「持節巡省河北五十二州，奏免長吏贓污不稱職者二百餘人，州縣肅然，莫不震懼」。此雖可以說明柳彧之能盡職，同時亦可證明隋代地方政治之不清明。

㈣漢時公府對其掾屬，州郡對其曹僚，皆有辟舉之權。歷代沿用，未曾革除，惟北齊武平中，有敕用州主簿郡功曹之事，自是而後，州郡辟士之權漸移於朝廷。

漢初，王侯國百官皆如漢朝，唯丞相命於天子，其御史大夫以下皆自置。及景帝懲吳楚之亂，殺其制度，罷御史大夫以下官。至武帝又詔，凡王侯吏職秩二千石者不得擅補，其州郡佐吏自別駕長史以下，皆刺史太守自辟，歷代因而不革。洎北齊武平中，後主失政，多有佞倖，乃賜其賣官，分占州郡，下及鄉官，多降中旨，故有敕用州主簿郡功曹者。自是之後，州郡辟士之權浸移於朝廷，以故外吏不得精覈，由此起也（通典卷十四選舉二歷代制中）。

隋文踐祚，欲舉中央集權之實，復把一切用人的權盡收歸於天子，五品以上官，中書門下訪擇奏聞，然後下詔授之，六品以下官，咸吏部所掌，自是海內一命以上之官，皆出於朝廷，州郡無復有辟署之事。

隋文帝時，牛弘為吏部尚書，高構為侍郎，選舉先德才，次文才，最為稱職。當時之制，尚書舉其大者，侍郎銓其小者，則六品以下官吏，咸吏部所掌，自是海內一命以上之官，州郡無復辟署矣（通典卷十四選舉二歷代制中）。

按辟除是使公府辟掾屬，州郡辟曹僚，皆自薦舉而自試用之。這個方法，就用人者說，不得其人，非特累衡鑑之明，抑且失侍毗之助，故終不敢徇其私心。就用於人者說，豪傑之士不能以科舉自達者，得先為胥吏，漸次積功，而取卿相之位。隋制，海內一命之官並出於朝廷，州郡無復有辟署之事，士之才智可效一官者，苟非宿登仕版，則雖見知於方鎮岳牧，亦不能稍振拔之，以收其用，而朝廷舉士之法又復注重文詞，尤以煬帝設置進士科之後為然。文擅清奇，便充甲第，藻思微減，旋即告歸。這樣，豪傑之士不能以科目自達者，亦必不能借徑於吏以發身。何況胥吏之職，至隋漸為卑冗，不參官品。

自隋以來，令史之任，文案煩屑，漸為卑冗，不參官品（文獻通考卷三十五吏道）。

於是儒與吏益判為二途，為吏者治文書，給廝養，戇愚無知，卑鄙無節。為儒者不識治道，不通時務，一旦從政，只有一切付之胥曹。而胥曹之所奉行者又不過已往之舊牘，歷年之成規，不敢分毫踰越。吾國自西漢以後，政事不理，此不失為一個原因。

㈤周行比閭之制，秦用什伍之法。周制欲民出入相友，守望相助，疾病相扶持。秦法，一人有姦，鄰里告之，一人犯罪，鄰里坐之。即周法使民互相扶助，秦法使民互相檢舉。自秦而後，歷代編制鄉黨的目的大率與秦相同。漢置里魁什長伍長，以相檢察，「民有善事惡事，以告監官」（後漢書卷三十八百官志五）。後魏立黨長里長鄰長，使「課有常準，賦有常分，包蔭之戶可出，僥倖之人可止」（魏書卷五十三李沖傳）。由此可知古來鄉黨之制，除道德上互助之外，其於法律上只有一個目的，令民自相檢舉，俾逋稅無所匿，犯人無所逃。

隋的鄉黨組織，目的也是使民互相檢舉。惟隋以五百家為鄉，置鄉正一人，使治民，簡辭訟。

蘇威奏請五百家置鄉正，使治民，簡辭訟。二月丙申制五百家為鄉，置鄉正一人（資治通鑑卷一百七十七隋紀文帝開皇九年）。

鄉正制度淵源於漢世鄉亭之制，漢時，亭置亭長，以禁盜賊，鄉置三老有秩嗇夫游徼，三老掌教化，嗇夫職聽訟，收賦稅（有秩置於五千戶以上鄉，所掌與嗇夫同），游徼徼循禁盜賊，其鄉官職掌固有似於隋的鄉正。但是漢代的鄉約大隋代的鄉十倍以上，計其戶口幾及隋的一縣，則其劃縣為鄉，鄉為行政區域，自有理由。何況漢時鄉官地位頗高，壺關三老得上書武帝，言戾太子無邪（漢書卷六十三戾太子傳），爰可證明延為外黃嗇夫，仁化大行，人但聞嗇夫，不知郡縣（後漢書卷七十八爰延傳）。同時鄉官又有拔擢的機會，鮑宣起於嗇夫，張敞奮於有秩，朱博選於亭長，其餘名臣循吏由此而進者不可勝數，所以當時賢士大夫不但不以屈身於鄉官為辱，且多借徑於胥吏以發身。隋則不然，鄉官與品官不同，品官由吏部除授，鄉官由州郡調用（隋書卷二十八百官志下）。胥吏之任漸為卑冗，不參官品，鄉官更不必說。士之賢能者不屑屈身於鄉官，則為鄉官者必皆凶惡貪饕舞文悖理之胥吏，又何能知閭里之姦邪，識黔首之休戚，而與郡守縣令共負治民之任。所以自漢以後，鄉黨制度罔不失敗，其成功者亦限於互相檢舉。要是委鄉官以行政責任，則僨事誤國十有八九。當蘇威奏置鄉正之時，李德林便不以為然。

> 蘇威奏置五百家鄉正，即令理民間辭訟。李德林以為今時吏部總選人物，天下不過數百縣，於六七百萬戶內，詮簡數百縣令，猶不能稱其才，乃欲於一鄉之內，選一人能治五百家者，必恐難得……勑令內外群官就東宮會議，自皇太子以下，多從德林議，然高熲同威之議，稱德林狠戾，多所固執，由是高祖盡依威議（隋書卷四十二李德林傳）⑯。

此蓋如王夫之所說：「蘇威……令五百家而置鄉正，百家而置里長，以治其辭訟，是散千萬虎狼於天下，以攫貧弱之民也」（讀通鑑論卷十九隋文帝）。果然，開皇九年置鄉正，翌年就發生鄉正黨與愛憎，公行貨賄之事，於是文帝又令廢之。

> 開皇十年，虞慶則等於關東諸道巡省，使還，並奏云，五百家鄉正專理辭訟，不便於民，黨與愛憎，公

---

⑯ 據隋書文帝紀及資治通鑑，置鄉正為開皇九年之事。

行貨賄，上仍令廢之（隋書卷四十二李德林傳）。

法令屢改，何以示信於民，所以前此反對鄉正制度的李德林又以為不可廢。

德林復奏云，此事臣本以為不可。然置來始爾，復即停廢，政令不一，朝成暮毀，深非帝王設法之義。臣望陛下若於律令，輒欲改張，即以軍法從事。不然者，紛紜未已。高祖遂發怒大詬云，爾欲將我作王莽耶（隋書卷四十二李德林傳）。

但大業五年尚有鄉正。

時禁網疎闊，戶口多漏……裴蘊……條奏皆令貌閱，若一人不實，則官司解職，鄉正里長皆遠流配，是歲大業五年也（隋書卷六十七裴蘊傳）。

是則開皇十年所廢者不是鄉正之官，而是鄉正治民之職。自是而後，鄉正便和里正一樣，只司檢察，使戶口無所隱，賦稅無所逃。由此可知不注意鄉官人選，而欲施行鄉黨制度，又使鄉官負行政責任者，結果必至失敗。

附錄　隋建元表

文帝楊堅　開皇二十　仁壽四

煬帝廣　大業十四

恭帝侑　義寧二

煬帝孫，封代王，留守西京，以大業十三年為唐公李淵所立，遙尊煬帝為上皇，禪於唐。

恭帝侗　皇泰二

煬帝孫，封越王，留守東京。煬帝崩，為留守官所立，明年王世充篡位，遇弒。在恭帝侗即位之時，代王已禪唐。隋三帝三十八年，恭帝侗二年。

第九章 唐

第一節　國家的統一

隋末大亂，群雄割據，不及數年，就為唐統一起來，其為時之短，比之漢末喪亂，分為三國，干戈雲擾，垂數十年，自不能同日而語。固然有人以為：東漢末年諸起事者均有稱帝之心，袁紹袁術固不必說，劉焉劉表以宗室之親，而焉牧益土，造作乘輿（後漢書卷一百五劉焉傳），表臨荊州，亦有「臥收天運，擬蹤三分」之意（後漢書卷一百四下劉表傳論）。至於曹操劉備孫權亦莫不皆然。力醜德齊，所以擾攘數十年之久，天下才歸統一。隋呢？張玄素說：

隋末盜起，爭天下者不十餘，餘皆保城邑，以須有道聽命（新唐書卷一百三張玄素傳）。

當時起事的人有雄才大略者，首推李密，其次則為竇建德。他們兩人雖有湯武革命之意，同時又有伊呂佐命之心，李密曾受越王侗的官爵，竇建德亦嘗上表越王侗，受其封號。其他各人大率才非人雄，而又互相兼併，所以李世民一旦出師征討，就勢如破竹，一鼓而平。惟由我們看來，個人的性格未必能夠決定亂事的久暫，決定亂事的久暫者乃是社會的環境。東漢自和帝以後，權去公室，政歸私家，強宗大族每乘政局變動之際，兼併了許多土地，挾存了許多戶口，而如仲長統所說：「膏田滿野，徒附萬計」（後漢書卷七十九仲長統傳理亂篇）。他們在其領地之內，既有其土地，又有其人民，又有其財富，又有其甲兵，於是中國社會又回歸到秦漢以前的社會，封建勢力壓倒中央政府，苟非推翻豪族的勢力，國家不能統一。而在內亂進行之際，死者平民，豪族築塢堡以自衛，他們的生命和財產很少危險，同時塢堡又足以引誘平民，令其賣身投靠，變成豪族的領戶。所以累經喪亂，國家的編戶不斷的減少，豪族的領戶不斷的增加。即由國家看來，戶口固然銳減，而由社會看來，戶口不是減少，而是隱藏。「編戶之命，竭於豪門，王府之蓄，變為私藏」(宋書卷四十二王弘傳贊)，這個現象是有害於國家的統一的。何以說呢？編戶銳減，中央政府的財力和兵力必將隨之減少，而喪亂相繼，社會生產力又必因之破壞。但是社會戶口未曾減少，則社會消費力又不能隨之降低。生產不能供給消費之用，於是貧窮就變成普遍現象，而使軍閥更有養蓄私兵的可能。反之，隋代情形與此不同，隋行均田之制，固然土地也集中於權貴，但是國家編戶逃隱為豪族的領戶者，為數不多。兩漢承平日久，計其人口，前漢不過五千九百萬，後漢不過四千九百萬，隋承長期喪亂之後，而人口乃有四千六百萬，這是可以證明隋代戶口是很少逃隱的。戶口未曾逃隱，則豪族的領戶，所謂賓客部曲當然不多。豪族有土地，而無人民，所以隋代豪族又和魏晉南北朝的豪族不同，他們不是領主，祇是地主。他們的所有權需要國家保護，內亂不已，他們也感覺危險。隋末大亂，諸起事者多出身於平民，其曾淪為群盜者，為數尤多。

隋末群雄出身表❶

姓名	出身
李密	曾祖弼魏司空，入周為太師魏國公，祖曜邢國公，父寬隋上柱國蒲山郡公。
王世充	西域胡，仕隋為江都郡丞，煬帝數南幸，世充善伺帝顏色，阿意順旨，帝愛昵之，拜江都通守。
竇建德	世為農，為里長，犯法亡，大業七年，招亡兵及民無產者數百，入高雞為盜。

❶ 據新舊唐書各本傳。

薛舉	殖產鉅萬，隋大業末，任金城府校尉。
李軌	家以財雄邊，隋大業中，補鷹揚府司兵。
劉武周	大業中，為馬邑鷹揚府校尉。
高開道	世煎鹽為生，大業末，依河間賊格謙，謙滅，與其黨百餘人亡匿海曲。
劉黑闥	嗜酒，喜蒲博，不治產，亡賴，隋末，亡命從郝孝德為盜。
徐圓朗	隋末為盜。
蕭銑	後梁宣帝曾孫。
輔公祏	隋季與鄉人杜伏威共為盜。
沈法興	父恪，陳廣州刺史，法興隋大業末，為吳興郡守。
李子通	少貧，以漁獵為生，隋大業末，長白山賊左才相自號博山公，子通依之。
朱粲	初為縣史，大業中，從軍討賊長白山，亡命去為盜。
林士弘	隋末，與鄉人操師乞，起為盜。
梁師都	為郡豪姓，仕隋為鷹揚府郎將。
杜伏威	少豪蕩，不治生貲，與里人輔公祏相與亡命為盜。
李子和	本郭氏，大業末，為左翊衛，以罪徙榆林。
羅藝	父榮，隋監門將軍，隋大業中，以戰力補虎賁郎將。

只惟李淵家世與眾不同，七世祖暠，涼武昭王。祖虎，周八柱國之一，封唐國公。父昞，隋安州總管柱國大將軍。

高祖諱淵，姓李氏，隴西成紀人也，其七世祖暠，當晉末，據秦涼以自王，是為涼武昭王……祖虎，西魏時官至太尉，與李弼等八人佐周代魏有功，皆為柱國，號八柱國家。周閔帝受禪，虎已卒，追封唐國公。父昞襲封唐國公隋安州總管，柱國大將軍（新唐書卷一高祖紀）。

家世顯貴，所以起事之際，其謀臣策士大都是貴冑子弟。

> 創業君臣俱是貴族，三代以後，無如我唐。高祖八柱國唐公之後，周明懿隋元真二皇后外戚，娶周太師竇毅女，毅則周太祖之婿也。宰相蕭瑀陳叔達，梁陳帝王之子。裴矩宇文士及齊隋駙馬都尉。竇威楊恭仁封德彝竇抗並前朝師保之裔，其將相裴寂唐儉屈突通長孫順德劉政會竇軌竇琮柴紹殷開山李靖等，並是貴冑子弟（唐會要卷三十六氏族蘇氏議曰）。

他們與晉代功臣不同，晉代功臣非依汗馬之勞或運籌之功，而是阿意苟合，襄助弒逆。他們又與南北朝華族不同，南北朝華族由其門慶，可以「平流進取，坐至公卿」，而又「陵闕雖殊，顧眄如一」。唐的功臣雖以貴冑子弟為多，但是他們取得高位，或因剋敵有功，或由善建嘉謀，他們皆抱廊廟之器，為社稷之臣，固不能與魏晉南北朝的公卿比。尤重要者，魏晉南北朝的華族是由社會的地位，得到了政治的權力，其勢可以迫主。隋唐以後，所謂貴冑則由政治的地位，得到了社會的欽仰，而須依附君權。固然這樣，他們常為民眾尊敬的中心，一舉一動可以轉移社會的視聽。孟子說：「為政不難，不得罪於巨室」。巨室擁戴李淵，李淵能夠迅速的平定天下，乃是勢有必然。

李淵之能剪滅群雄，平定天下，尚有一個原因。吾國經濟固然漸次東移，由關中移於江淮一帶，惟由軍事的眼光看來，關中之地尚甚重要，「右隴蜀，左崤函，襟馮終南太華之險，背負清渭濁河之固」（新唐書卷一百三十七郭子儀傳）。楊玄感舉兵之際，李密固曾勸其入據秦地。

> 大業九年，楊玄感舉兵黎陽，遣人入關迎李密，密至，謀曰今天子遠在遼左，去幽州尚千里，南限鉅海，北阻強胡，號令所通，惟榆林一道爾。若鼓而入薊，直扼其喉，高麗抗其前，我乘其後，不旬月齎糧竭，

舉麾召之，眾可盡取，然後傳檄而南，天下定矣，上計也。關中四塞之地，彼留守衛文昇易人耳，若徑行勿留，直保長安，據函崤，東制諸夏，是隋亡襟帶，我勢萬全，中計也。若因近趣便，先取東都，頓兵堅城下，不可以勝負決，下計也。玄感曰公之下計乃吾上策，今百官家屬皆在洛，當先取之，以搖其心，且經城不拔，何以示武。密計不行（新唐書卷八十四李密傳）。

李密起事之後，柴孝和亦勸其疾趨關中。

大業十三年李密令幕府移檄州縣，列煬帝十罪，天下震動。護軍柴孝和說密曰，秦地阻山帶河，項背之亡，漢得之王。今公……東鎧倍道趨長安，百姓誰不郊迎，是征而不戰也。眾附兵強，然後東向指撝豪傑，天下廓清無事矣，今遲之，恐為人先。密曰僕懷此久，顧我部皆山東人，今未下洛，安肯與我偕西。且諸將皆群盜，不相統一，敗則掃地矣，遂止（新唐書卷八十四李密傳）。

但是他們兩人均欲先取洛陽，古來欲取天下者，洛陽在所必爭，惟四面受敵，縱得之，亦必不能以守。隋趙煚說：

河南洛陽四面受敵，縱得之，不可以守（隋書卷四十六趙煚傳）。

這個時候，能夠乘機入據關中者，則為起自太原的李淵。

大業十二年詔以右驍衛將軍唐公李淵為太原留守……義寧元年淵命子世民與劉文靜等各募兵，遠近赴集，旬日間近萬人。淵開倉以賑貧人，應募者日益多……遂定入關之計……汾陽薛大鼎說淵，請勿攻河東，自龍門直濟河，據永豐倉，傳檄遠近，關中可坐取也。淵將從之，諸將請先攻河東……河東任瓌說淵曰，關中豪傑皆企踵以待義兵……義師自梁山濟河……鼓行而進，直據永豐，雖未得長安，關中固已定矣。淵悅……淵率諸軍圍河東，隋將屈突通嬰城自守……河東未下……淵欲引兵西趨長安，猶豫未決。裴寂曰屈突通擁大眾，憑堅城，吾捨之而去，若進攻長安不克，退為河東所踵，腹背受敵，此危道也，不若先克河東，然後西上，長安恃通為援，通敗，長安必破矣。李世民曰不然，兵貴神速，吾席累勝之威，撫歸順之眾，鼓行而西，長安之人望風震駭，智不及謀，勇不及斷，取之若振槁葉耳。若淹留自斃於堅城之下，彼得成謀脩備以待，我坐費日月，眾心離沮，則大事去矣。且關中蜂起之將未有所屬，不可不早招懷也。屈突通自守虜耳，不足為慮。淵兩從之，留諸將圍河東，自引軍而西……李淵帥諸軍濟河……關中之民歸之者如市……淵遣世子建成帥諸軍數萬人屯永豐倉，守潼關，以備東方兵……淵引軍西行……淵至長安……命諸將攻城……遂克長安……與民約法十二條，悉除隋苛禁（資治通鑑卷一百八十三及一百八十四隋紀）。

李淵平定關中，收用巴蜀，用遠交近攻之計，先平薛舉，次滅李軌，關隴底定，基礎鞏固，遂以上流之勢，由關中以制中原，由巴蜀以制荊揚。顧祖禹說：

夫江南所恃以為國者長江也，而四川據長江上游，下臨吳楚，其勢足以奪長江之險。河北所恃以為固者黃河也，而陝西據黃河上游，下臨趙代，其勢足以奪黃河之險，是川陝二地常制南北之命也（讀史方輿紀要卷五十二陝西）。

歷觀吾國古代，凡取得關中而不能收用巴蜀，或割據巴蜀而不能進取關中者，往往不能大有為於天下。曹操得關中，而巴蜀為劉備所據，故不能成就帝業。公孫述據巴蜀，而關中為光武所得，故無法逐鹿中原。秦漢以來，巴蜀稱為天府之國，而關中則自赤眉焚掠之後，已經荒殘。以巴蜀的殷富，補關中的殘荒，則以兩地上游之勢，自能控制南北。李淵既定關中，復取巴蜀，故能經營天下，出潼關，取洛陽（王世充），下巴蜀，取江陵（蕭銑）。洛陽既下，虎牢以西便勢如破竹，江陵既陷，則長江下流無險可守，所以不出數年，就能撲滅群雄，而使天下復歸於統一。

秦漢建設第一次大一統的帝國，隋唐建設第二次大一統的帝國。漢之統一以秦的統一政策為基礎，唐之統一以隋的統一政策為基礎。在隋各種統一政策之中，唐受惠最大者則為運河與府兵。

就運河說，隋唐時代經濟中心移至江淮。權德輿說：

江淮田一善熟，則旁貸數道，故天下大計仰於東南（新唐書卷一百六十五權德輿傳）。

而揚州又是江淮的樞紐，「揚州雄富冠天下」（新唐書卷二百二十四下高駢傳），當時有揚一益二之諺。

唐世揚州商賈如織，故諺稱揚一益二，謂天下之盛，揚為一蜀次之也。杜牧之有春風十里珠簾之句。張祜詩云，十里長街市井連，月明橋上看神仙，人生只合揚州死，禪智山光好墓田。王建詩云，夜市千燈照碧雲，高樓紅袖客紛紛，如今不似時平日，猶自笙歌徹曉聞。徐凝詩云，天下三分明月夜，二分無賴是揚州，其盛可知矣（容齋隨筆卷九唐揚州之盛）。

至於關中之地，自西漢以來，常受長期的戰禍，造成土地荒蕪的現象，不但土地生產力日益降低，而耕地的面積也日益減少。例如秦的鄭國渠，漢的白渠，本來溉田四萬四千五百頃，唐永徽中，兩渠只能灌溉一萬頃，到了大曆初年，又減少至六千畝。

秦漢鄭渠溉田四萬頃，白渠溉田四千五百頃，永徽中，兩渠灌寖不過萬頃，大曆初，減至六千畝，畝腴一斛，歲少四五百萬斛（新唐書卷二百十五上突厥傳序）。

土地的生產不能供給京師之用，必須轉漕東南之粟，以濟其乏。

> 關中號稱沃野，然其土地狹，所出不足以給京師，備水旱，故常轉漕東南之粟（新唐書卷五十三食貨志三）。

唐定都長安，怎樣轉輸江淮的粟，就成為問題。玄宗時裴耀卿曾說：

> 秦中地狹，收粟不多，儻遇水旱，便即匱乏。往者貞觀永徽之際，祿廩數少，每年轉運不過一二十萬石，所用便足，以此車駕久得安居。今國用漸廣，漕運數倍於前，支猶不給（舊唐書卷九十八裴耀卿傳）。

隋開運河，漕運固然便利，然尚有許多困難，按江淮之粟運到長安，照陸贄說，分為三節：第一節由江淮至河陰入洛陽，第二節由洛陽至陝州的太原倉，第三節由陝州至東渭橋，入長安。

> 舊例，從江淮諸道運米……至河陰……從河陰運米……至太原倉……從太原倉運米……至東渭橋（陸宣公全集卷八請減京東水運收腳價於緣邊州鎮儲蓄軍糧事宜狀，與本冊八頁所述五節有些不同）。

第一節由江淮至河陰，浮河入洛，可以利用隋代所開的山陽瀆及通濟渠，通濟渠乃連接淮汴各水而成，水流深淺不常，費時甚多。

> 江南送租庸調物，以歲二月至揚州，入斗門。四月已後，始渡淮入汴，常苦水淺，六七月乃至河口，而河水方漲，須八九月水落，始得上河入洛。而漕路多梗，船檣阻隘，江南之人不習河事，轉雇河師水手，重為勞費（新唐書卷五十三食貨志三）。

第二節由洛陽至陝州的太原倉，為程雖短，惟航行黃河，須經過三門（底柱山），水流迅急，往往破壞舟船，所以改走陸路。陸路運費非常昂貴，大率三百里之路，兩斛米須用庸錢一千。

> 江淮漕租米至東都，輸含嘉倉，以車或馱陸運至陝。而水行來遠，多風波覆溺之患，其失常十七八，故其率一斛得八斗為成勞。而陸運至陝纔三百里，率兩斛計庸錢千。民送租者皆有水陸之直，而河有三門底

柱之險（新唐書卷五十三食貨志三）。

第三節由陝州至東渭橋，全賴水運，交通甚為方便。東渭橋至長安，航程雖短，但渭水多沙，漕者苦之，隋代雖開廣通渠三百餘里，至唐已經不能航運，所以東渭橋的米須用牛車運往長安。

綜觀三節運輸，除洛陽至陝州，交通困難之外，其餘兩節多依航運，運輸尚稱方便。唐代諸帝為了解決第二節運輸的困難，遂以洛陽為東都，歲若不登，就移蹕洛陽辦公。

按唐都關中，而關輔土地所入不足以供軍國之用，故常恃轉漕東南之粟。而東南之粟必先至東都，然後浮河渭，泝流以入關，是以其至也甚難，故開元以前，歲若不登，天子嘗移蹕就食於東都（文獻通考卷二十一常平義倉租稅）。

唐諸帝移蹕洛陽表❷

帝號	次數	期間
太宗	第一次	貞觀十一年二月甲子幸洛陽宮，十二年二月乙卯車駕還京，前後共一年。
	第二次	貞觀十五年正月辛巳幸洛陽宮，十一月壬申還京師，前後共十個月。
	第三次	貞十八年十月甲寅幸洛陽宮，十九年二月庚戌上親率六軍發洛陽遠征高麗，前後共四個月。
高宗	第一次	顯慶二年五月庚寅幸洛陽宮，三年二月丁巳車駕還京，前後共一年又一月。
	第二次	顯慶四年閏十月戊戌幸東都，龍朔二年三月甲申自東都還京，前後共二年又五月。
	第三次	麟德二年正月壬午幸東都，十月丁卯發自東都，前後共十個月。
	第四次	咸亨二年正月乙巳幸東都，三年十月壬戌車駕還京師，前後共一年十月。

❷ 本表據資治通鑑。

	第五次	上元元年十一月丙子幸東都，儀鳳元年三月庚寅車駕還京，前後共一年又四月。
	第六次	調露元年正月己酉幸東都，永隆元年十月己酉自東都還京，前後共一年又九月。
	第七次	永淳元年四月丙寅幸東都，弘道元年十二月己酉崩於東都貞觀殿，前後共一年又八月。
武后		大足元年十月幸京師，三年十月丙寅駕還東都，除此兩年居長安外，其餘均在洛陽。
中宗		在長安。
睿宗		在長安。
玄宗	第一次	開元五年正月辛亥幸東都，六年十月丙申車駕還京師，前後共一年又九月。
	第二次	開元十年正月丁巳幸東都，十一年三月庚午車駕還京師，前後共一年又二月。
	第三次	開元十二年十一月庚申幸東都，十五年閏九月庚申車駕還京師，前後共二年又十一月。
	第四次	開元十九年十月丙申幸東都，二十年十月辛卯至潞州，十二月壬申至京師，前後共一年。
	第五次	開元二十二年正月己巳幸東都，二十四年十月戊申車駕發東都還西京，前後共二年又十月。

移蹕就食不甚方便，所以中宗才說：「豈有逐糧天子耶」（資治通鑑卷二百九唐中宗景龍三年），玄宗時代，關於漕運頗有改革。按三節運輸以第二節（由洛至陝）最為艱險。開元二十二年裴耀卿以關中用度不足，乃於河陰置河陰倉，南船到此，即輸粟於倉而去，官自雇船，駛至洛陽。又於三門東西各置一倉，東曰集津倉，西曰鹽倉，兩倉之間開山路十八里，漕舟輸粟於東倉，次用陸運，輸入西倉，以避三門之水險。然後泝河入渭，運至東渭橋。三年之中，運米七百萬石，省腳錢三十萬緡。

> 開元十八年宣州刺史裴耀卿朝集京師，玄宗訪以漕事……二十一年耀卿為京兆尹，京師雨水，穀踊貴，

玄宗將幸東都，復問耀卿漕事。耀卿因請罷陝陸運，而置倉河口，使江南漕舟至河口者，輸粟於倉而去，縣官雇舟以分入河洛。置倉三門東西，漕舟輸其東倉，而陸運以輸西倉，復以舟漕，以避三門之水險。玄宗以為然，乃於河陰置河陰倉，河西置栢崖倉，三門東置集津倉，西置鹽倉，鑿山十八里，以陸運。自江淮漕者，皆輸河陰倉，自河陰西至太原倉，謂之北運。自太原倉浮渭以實關中……凡三歲，漕七百萬石，省陸運傭錢三十萬緡（新唐書卷五十三食貨志三）。

由東渭橋至長安，本來也用陸運，天寶三年陝州刺史韋堅復於渭水之南，開鑿一條漕渠，西起長安，東至華陰，名曰廣運潭，於是江淮之米輸至永豐倉之後，又可用船運往長安。交通利便，天寶中，每歲江淮之米輸入長安者二百五十萬石。

天寶三年陝州刺史韋堅，開漕河，自苑西引渭水，因古渠至華陰入渭，引永豐倉及三門倉米，以給京師，名曰廣運潭，天寶中每歲水陸運米二百五十萬石入關（通典卷十食貨十漕運）。

這樣，政治中心的關中益和經濟中心的江淮聯繫起來，政府可以長期駐居長安，縱令水旱之年，也不必移蹕洛陽辦公。

自是關中蓄積羨溢，車駕不復幸東都矣（資治通鑑卷二百十四唐紀玄宗開元二十五年七月）。

兼以前代開築的馳道，到了唐代，對於驛傳，裨益殊多。唐制三十里置一驛，天下水陸驛共一千五百八十七。

三十里置一驛，驛各有將，以州里富強之家主之，以待行李，自至德之後，民貧不堪命，遂以官司掌馬。凡天下水陸驛一千五百八十七（通典卷三十三鄉官）。

一日之中可行十驛，多者且至五百里，這由軍事眼光看來，中央控制地方，當然方便。

唐開元十年八月己卯夜，權楚璧等作亂，時明皇幸洛陽，相去八百餘里，壬午遣河南尹王怡如京師，按問宣慰，首尾才三日，置郵傳命，如此其速（容齋續筆卷二漢唐置郵）。

續漢輿服志曰，驛馬三十里一置……唐制亦然。白居易詩，從陝至東京，山低路漸平，風光四百里，車馬十三程是也。其行或一日而馳十驛，岑參詩，一驛過一驛，驛騎如星流，平明發咸陽，暮及隴山頭。韓愈詩，銜命山東撫亂師，日馳三百自嫌遲是也。又如天寶十四載十一月丙寅，安祿山反於范陽，壬申聞於行在所，時上在華清宮，六日而達。至德二載九月癸卯，廣平王收西京，甲辰捷書至行在，時上在鳳翔府，一日而達。而唐制，赦書日行五百里，則又不止於十驛也（日知錄卷十驛傳）。

就府兵說，府兵之制創於後周，至隋始備，唐又加以改革。其制，中央有十六衛，各置大將軍一人，地方有六百三十四府，各置折衝都尉一人❸。衛以宿將，府以處兵，而各府又遙隸於諸衛。民年二十為兵，六十乃免，無事散居田畝，由折衝都尉以農隙教習戰陣，國家有事，才被徵發，其番上宿衛者亦依路途遠近，輪流更代。

---

❸ 新唐書卷四十九上百官志云，每府折衝都尉一人，上府正四品上，中府從四品下，下府正五品下，左右果毅都尉各一人，上府從五品下，中府正六品上，下府正六品下（舊志云，下府從六品下）。別將各一人，上府正七品下，中府從七品上，下府從七品下……校尉五人從五品下（兵志云，校尉六人），旅帥十人從八品上（舊志云，每校尉旅帥二人，五校尉故為十人）。隊正二十人正九品下，副隊正二十人從九品下（舊志云，每旅帥隊正副隊正各二人，十旅帥，故為各二十人）。

古者兵法起於井田，自周衰，王制壞而不復，至於府兵始一寓之於農……府兵之制起自西魏後周，而備於隋，唐興因之……武德初，始置軍府，以驃騎車騎兩將軍府領之，析關中為十二道……三年十二道各置一軍……軍置將副各一人，以督耕戰，以車騎府統之，六年以天下既定，遂廢十二軍，改驃騎曰統軍，車騎曰別將，居歲餘，十二軍復，而軍置將軍一人，軍有坊，置主一人，以檢察戶口，勸課農桑。太宗貞觀十年，更號統軍為折衝都尉，別將為果毅都尉，諸府總曰折衝府。凡天下十道置府六百三十四，皆有名號，而關內二百六十有一，皆以隸諸衛。凡府三等，兵千二百人為上，千人為中，八百人為下。府置折衝都尉一人，左右果毅都尉各一人，長史兵曹別將各一人，校尉六人。士以三百人為團，團有校尉，五十人為隊，隊有正，十人為火，火有長……介胄戎具藏於庫，有所征行，則視其人而出給之。其番上宿衛者惟給弓矢橫刀而已。凡民年二十為兵，六十而免……每歲季冬，折衝都尉教習戰陣……其隸於衛也，左右衛皆領六十府，諸衛領五十至四十，其餘以隸東宮六率。凡發府兵，皆下符契，州刺史與折衝勘契乃發。若全府發，則折衝都尉以下皆行，不盡則果毅行，少則副將行……凡當宿衛者番上，兵部以遠近給番，五百里為五番，千里七番，一千五百里八番，二千里十番，外為十二番，皆一月上。若簡留直衛者，五百里為七番，千里八番，二千里十番，外為十二番，亦月上……初府兵之置，居無事時耕於野，其番上者宿衛京師而已。若四方有事，則命將以出，事解輒罷，兵散於府，將歸於衛，故士不失業，而將帥無握兵之重，所以防微杜漸，絕禍亂之萌也（新唐書卷五十兵志）。

府兵制度有四種特質，第一、寓兵於農，軍隊不是職業之兵，所以教練不宜妨害農事，而徵發亦須更代番休，使天下無長征久戍之人。

府兵日皆安居田畝，每府有折衝領之，折衝以農隙教習戰陣，國家有事徵發……行者近不踰時，遠不經歲（文獻通考卷一百五十一兵制三）。

這個農兵制度固然因為唐承大亂之後，戶口銳減，社會沒有剩餘勞動力，國家要組織軍隊，只有利用強制徵調的方法。同時傭兵往往變為將帥的私兵，他們常預備賣給出價最高的人，誰出價最高，誰便能收買他們。農兵合一，士不失業，而將帥無握兵之重，不但可以防止軍閥割據，而兵士顧戀田園，亦必不敢外叛內侮，以累家族。

山東戍卒多齎繒帛自隨，邊將誘之，寄於府庫，晝則苦役，夜縶地牢，利其死，而沒入其財。故自天寶以後，山東戍卒還者十無二，其殘虐如此。然未嘗有外叛內侮，殺帥自擅者，誠以顧戀田園，恐累家族故也（文獻通考卷一百五十一兵制三）。

第二、折衝都尉只負練兵之責，而練兵之權又不專屬於折衝，我們只看教練不精，重者罪及刺史，可知折衝和刺史對於練兵是要共同負責的。至於發兵的權則屬於中央政府。領兵的權又屬於臨時派遣的將帥。

府兵平日皆安居田畝……國家有事徵發，則以符契下其州及府，參驗發之，至所期處，將帥按閱，有教習不精者，罪其折衝，甚者罪及刺史（文獻通考卷一百五十一兵制三）。

唐代刺史與折衝的關係固然有似於漢世的太守與都尉。但是漢的太守與都尉都是地方官，不但都尉「掌佐守，典武職甲卒」（漢書卷十九上公卿百官表），而太守與都尉又往往互兼其職，所以末年太守或都尉每於都試之日，乘機起事。唐則不然，刺史是地方官，折衝是中央官，兩者對於練兵共同負責，而國家徵發兵士之時，兩者又共同參驗契符。這是中外相制，文武相維之意。

漢都試之日，郡縣之官盡會，唐之府兵雖散在諸道，然折衝都尉並遙隸於諸衛，乃是內任官，故官志係之於諸衛之後，不與外官同。漢都尉不隸於衛尉，乃是外任官，故表係之於郡守之後，與唐異。然而領兵則太守與都尉，刺史與折衝同矣（文獻通考卷一百五十一兵制三引章氏曰）。

第三、將帥皆臨時派遣，平日兵居於野，將宿於朝，四方有事則命將以出，事解輒罷，兵散於府，將歸於衛，兵無常帥，帥無常師，很難利用兵力，欺陵朝廷。

高祖太宗之制，兵列府以居外，將列衛以居內，有事則將以征伐，事已，各解而去。兵者將之事也，使得以用，而不得以有之（新唐書卷六十四方鎮表序）。

沿邊各地固須派遣戍卒，蘇軾有言：「兵無事而食，則不可使聚，聚則不可使無事而食」（文獻通考卷一百五十二兵制四），君子飲食終日，尚有言不及義，何況一般細民。聚萬千之兵，無事而食，積時過久，小者可以減少其作戰精神，大者可令其發生驕悍之氣。漢時戍卒一年一更，晁錯說：「遠方之卒守塞一歲而更」（漢書卷四十九晁錯傳），便是因為既聚了，又既無事而食了，就不可使之過久。唐制，戍卒三年一代，當其戍邊之時，行屯田之法，使他們不至無事而食，及其將滿，凡願留者，即以所開田為永業，使他們成為土著之民。

舊制，戍卒三年而代，及其將滿，下令有願留者，即以所開田為永業，家人願來者，本貫給長牒續食而遣之（文獻通考卷一百五十一兵制三）。

邊將也三年一易，兵與將不發生人的關係，將與土不發生地的關係，防微杜漸，用意甚佳。

貞觀故事，邊將連帥三年一易，收其兵權（困學紀聞卷十四貞觀三年易邊將）。

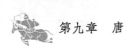

第四、全國置府六百三十四，而關內卻有二百六十一。固然這個數目各書所載不同，而關中置府獨多，則無疑問。

唐府兵之數，兵志云，十道置府六百三十四，而關內二百六十一。百官志，凡六百三十三。陸贄云，府兵八百所，而關中五百。杜牧云，折衝果毅府五百七十四。舊志六典云，天下之府五百九十四。會要云，關內置府二百六十一，又置折衝府二百八十，通計舊府六百三十二。通典云，五百七十四。理道要訣云，五百九十三。鄴侯家傳云，諸道共六百三十府。今以地志考之，十道共有府五百六十六，關內二百七十三，餘九道二百九十三。參以志傳，差互不齊（困學紀聞卷十四言府兵諸書不同）。

秦漢以來，吾國能夠造成統一的局面者，大都因為一個地區形勢險固，而該地的經濟力與軍事力又甚雄厚，可以控制各地。這個時候中央政府若再利用文化的方法，如太學之吸收全國英秀，政治的方法，如貢舉之籠絡全國人才，則中央與地方亦可以發生密切的關係。關中為形勢之地，惟自東漢以後，經濟已經衰頹，中央政府所恃以控制全國者只有兵力。兵力一旦薄弱，則地方便與中央脫離關係，唐置府兵於全國，關中獨多，就是要加強關中的兵力，以收居重馭輕之效，陸贄說：

太宗文皇帝既定大業，萬方底乂，猶務戎備，不忘慮危，列置府兵，分隸禁衛，大凡諸府八百餘所，而在關中者殆五百焉，舉天下不敵關中，則居重馭輕之意明矣（陸宣公全集卷一論關中事宜狀）。

關於府兵之制，歷來學者均加讚許，唯丘濬及王船山有所批評。丘氏注意其制度，王氏注意其甲裝兵械。茲舉兩氏之言，以供讀者參考。丘氏云：

府兵之制雖曰寓兵於農，暇則耕稼。然軍府雜郡縣之中，士卒混編民之內，其他徭役科征未能盡蠲。況又承平日久，兵政廢弛，番易更代，多不以時，非法徵求，分外驅役。此其立制非不善，而行之既久，終不能以無弊也（大學衍義補卷一百十七畢伍之制）。

王船山說：

府軍之制，散處天下，不論其風氣之柔剛，任為兵與否也。多者千二百人，少者百人，星列碁布於隴畝，乃至白首而不知有行陳。季冬習戰，呼號周折，一優人之戲而已。三百人之團正，五十人之隊正，十人之火長，編定而代襲之，無問其堪為統率否也，尤可嗤者，兵械甲裝，無事則輸之庫，征行而後給之。刃鏽不淬，矢屈不檠，晴燥不潤，雨溽不暴，甲齡胄穿，刀刓弓解，典守之吏，取具而已。倉卒授之而不程以其力，莫能詰也。甲與身不相稱，攻與守不相宜，使操不適用之頑金，衣不蔽身之腐革，甚至刻撓竹以為戈矛，漆敗紙以為盾櫓，其不覆軍陷邑者幾何也。狎為故事，而應以虛文，徒疲敝其民於道路，一月而更而無適，守者無固志，名為有兵六百三十四府，而實無一卒之可憑……詳考府兵之制，知其為戲也，太宗之以弱天下者也。欲弱天下以自弱，則師唐法焉可爾（讀通鑑論卷二十唐太宗）。

交通是國家統一的基礎，軍隊是中央控制地方的工具，交通發達，軍隊集權，封建勢力完全消滅，所以隋唐以後，在地方政制之中，便不見王國的組織。吾國封建制度，自漢武帝以後，諸侯惟得衣食租稅，不與政事，勢與富家無異。但是當時尚有國土之封，諸王有封土而不治民，這與周代封建比較一下，已經進步了。魏世封建侯王，皆使寄名空地，而無其實，權均匹夫，勢齊凡庶，諸王既不臨民，又無封土，這比之漢代封建，又是更進一步的改革了。晉代初年，廣封同姓，諸王出擁旄節，入踐臺階，南渡以後，封建侯王有其名號，而無其國邑。南北朝時，諸王雖然常帶刺史或將軍之號，宰州臨郡，但是他們治民，非以國王資格，而以刺史資格，所以封地與治地常不一致。例如宋世南平王鑠初為湘州刺史，後為豫州刺史，而南平不屬於湘州，也不屬於豫州，而為荊州的屬郡。又如建平王宏為江州刺史，而建平不屬於江州，而為荊州的屬郡。齊世臨川王映為荊州刺史，而臨川不屬於荊州，而屬於江州。長沙王晃為南徐州刺史，而長沙不屬於南徐，而屬於湘州。其他各代亦莫不然。杜佑說：宋孝武帝性多猜忌，不許國吏對其封君稱臣，改稱曰下官，自茲以降，建侯日削（通典卷三十一王侯總敘）。到了隋唐，仍循其制。唐代初年，高祖以天下未定，固曾廣封宗室，以作屏藩。太宗踐祚，又取消封土之制，但崇以爵等，食其租稅，而如劉秩所說：

> 設爵無土，署官不職……有其名號，而無其國邑，空樹官僚，而無莅事，聚居京輦，食租衣稅（唐會要卷四十七封建雜錄下引劉秩政典）。

諸王既無封土，所以事實上多不出閤，而尤以安史亂後為然。

> 唐室自艱難已後，兩河兵革屢興，諸王雖封，竟不出閤（舊唐書卷一百五十德宗順宗諸子傳論）。

其出閤者亦不過為普通地方官，如都督刺史之類，執行普通地方官的職務。他們以王爵資格所食的租稅最初尚係自徵，其後改由內府支給，於是王號變成勳爵，王國之制已不存在。

> 秦漢時，列侯無封國者，曰關內侯，其有封地，則即食某地之戶，而自遣人督其租，至唐猶然。史記，吳楚七國反時，列侯當從征者，其封邑皆在關東，欲貸子錢，而子錢家以勝敗未可知，不肯貸，此漢時封邑食租之大概也。唐書，霍王元軌常遣國令督封租，令請貿易取贏，王曰汝當正吾失，反誘以利耶。王嗣立傳，中宗時，恩降食邑者眾，封戶凡五十四州縣，皆據天下上腴，隨土所宜，牟取利入，為封戶者，急於軍興，嗣立極言其弊，請以丁課盡送大府，封家詣左藏支給，禁止自徵，以息重困。宋務光亦言，滑州

七縣，而分封者五國，賦少於侯租，入家倍於輸國。乞以封戶均餘州，並附租庸使，歲送停封，使息傳驛之勞，是徵租者並乘驛矣。宋璟傳，武三思封戶在河東，遭大水，璟奏災地皆蠲租，有諂三思者，謂穀雖壞，而桑蠶故在，請以代租，為宋璟所折。張廷珪傳，宗楚客紀處訥武延秀韋溫等封戶在河南北，諷朝廷詔兩道蠶產所宜，雖水旱特得以蠶折，廷珪固爭得免，可見唐時封戶之受困，雖國賦不至此也。憲宗時始定實封，節度使兼宰相者，每食實封百戶，歲給絹八百匹，綿六百兩，不兼宰相者，每戶給絹百匹，諸衛大將軍每百戶給三十五匹，蓋至是始改制，封家不得自徵，而一概盡給於官矣（陔餘叢考卷十六漢唐食封之制）。

隋唐以前，學者均以封建為公天下，郡縣為私天下。其實，封建所公者，何曾公諸天下，不過公諸親戚，郡縣所私者，不是郡縣制度，而是由於君主政體。以公私論封建與郡縣，根本錯誤。唐代學者關於封建制度的見解甚為進步。有謂封建侯王，人民除對天子外，又須對其國王，負擔課役，勞百姓以養皇家子弟，是以天下為私。

太宗即位，問侍臣曰封宗子，於天下便乎？尚書右僕射封德彝對曰，不便……先朝敦睦九族，一切封王，爵命既崇，多給力役，是以天下為私，殊非至公馭物之道也。太宗曰然，朕理天下，本為百姓，非欲勞百姓以養己之親也（唐會要卷四十六封建）。

有謂封建採世官之制，數傳之後，縱令驕愚，天子不能變其君，郡縣取選任之法，有罪得以黜，有能得以賞。故由地方政治方面觀之，郡縣乃比封建為優。

禮部侍郎李百藥論曰，天下五服之內盡封諸侯，王畿千里之間俱為采邑……數世之後，五室浸微，始自屏藩，化為仇敵，家殊俗，國異政，強陵弱，眾暴寡，疆場彼此，干戈侵伐……封君列國，藉其門資，忘先業之艱難，輕自然之崇貴，莫不世增淫虐，代益驕侈……乃云為已思治，豈若是乎。內外群官選自朝廷，擢士庶以任之，澄水鏡以鑒之，年勞優其階品，考績明其黜陟……爵非世及，用賢之路斯廣，人無定主，附下之情不固，此乃愚智所辨，安可惑哉（貞觀政要卷三第八章封建）。

有謂分封宗室勳賢，使其世官，非所以愛之重之，後嗣驕奢淫逸，而不能黜免，殃民禍國，莫甚於此。即其理由與上述李百藥之言相去無幾。

中書舍人馬周上疏曰：臣竊惟陛下封植之者，誠愛之重之，欲其緒裔……世官。以堯舜之父，猶有朱均之子，況下此以還，而欲以父取兒，恐失之遠矣。儻有孩童嗣職，萬一驕逸，則兆庶被其殃，國家受其敗……與其毒害於見存之百姓，則寧使割恩於已亡之一臣，明矣。然則嚮之所謂愛之者，乃適所以傷之也（仝上）。

有謂封建之敝，鼎峙力爭，陵遲而後已，其為患長，列郡之敝，土崩瓦解，然而戡定者易為功，其為患短。此係由整個社會觀察，非由一姓傳祚長短立言。

杜佑曰夫為人置君，欲其蕃息，則在郡縣，然而主祚常促。為君置人，不病其寡，則在建國，然而主祚常永。故曰建國利一宗，列郡利百姓。且立法未有不弊者，聖人在度其患之長短而為之。建國之制，初若盤石，然敝則鼎峙力爭，陵遲而後已，故為患也長。列郡之制，始天下一軌，敝則世崩俱潰，然而戡定者易為功，故其為患也短（新唐書卷七十八宗室傳贊曰）。

有謂堯舜三王不能廢除封建，不是不欲廢除，而是不能廢除，不能廢除而不廢除，不可謂公。自秦以後，置列國，則有叛國，制郡縣，乃無叛郡，封建與郡縣的利弊，觀此就可知道。此種主張是由社會的進化觀察，實為古人所未有的創見。

柳宗元曰封建非聖人意，然而歷堯舜三王莫能去之，非不欲去之，勢不可也。秦破六國，列都會，置守宰，據天下之圖，攝制四海，此其得也，二世而亡，有由矣。暴威刑，竭人力，天下相合，劫令殺守，圜視而並起，時則有叛民無叛吏。漢矯秦枉，剖海內，立宗子功臣，數十年間，奔命扶傷不給，時則有叛國無叛郡。唐興，制州縣，而桀黠時起，失不在州，而在於兵，時則有叛將無叛州……湯之興，諸侯歸者三千，資以勝夏，武王之興，會者八百，資以滅商，徇之為安，故仍以為俗，是湯武之不得已也，不得已非公之大也，私其力於己也。秦革之者，其為制，公之大者也，其情私也，然而公天下之端自秦始云（引自新唐書卷七十八宗室傳贊，欲知其全文者，可閱柳河東全集卷三封建論）。

其實，唐代反對封建之論所以得到勝利，乃另有一個原因。吾國古代，經濟中心在於三輔三河之地，周定都鎬京，而以洛陽為東都，漢定都關中，而以三河為畿輔，兩地的收入可以維持中央的開支。東漢以後，關中荒殘，唐既定都長安，而經濟中心卻在江淮，倘令施行封建，則江淮之地不能不以封人，如是，王畿所入何能維持中央的開支。魏徵說：

魏徵議曰王畿千里，地稅不多，至於貢賦所資，在於侯甸之外，今並分為國邑，京師府藏必虛，諸侯朝宗，無所取給（唐會要卷四十六封建雜錄上）。

理論隨事實而發生，不是先有理論而後有事實，而是先有事實而後方有理論。秦漢以前，封建實如柳宗元所說：「非聖人之意也，勢也」。有了封建的事實，而後便產生許多擁護封建的理論。秦漢以後，「天下定於一」的事實頗為明顯。降至隋唐，一方交通發達，中央命令容易達到地方，他方人民不忘七國之變與八王之亂，深知封建弊多利少，弊及萬家，利只一宗，有了這個事實，所以唐代人士大率贊成罷侯置守。自是而後，吾國不但事實上成為統一的國家，而理論上也擁護國家的統一。封建制度已不存在於地方政制之中。

統一的局面又開始了。然要維持國家的統一，必須建立鞏固的君權，而謀帝位的安定。所以唐太宗乃同隋文帝一樣，提倡忠君道德，一方嚴懲隋代的貳臣。前已引過：

> 上（太宗）謂侍臣曰，君雖不君，臣不可以不臣。裴虔通煬帝舊左右也，而親為亂首。朕方崇獎敬義，豈可猶使宰民訓俗。詔曰，天地定位，君臣之義以彰，卑高既陳，人倫之道斯著，是用篤厚風俗，化成天下。雖復時經治亂，主或昏明，疾風勁草，芬芳無絕，剖心焚體，赴蹈如歸，夫豈不愛七尺之軀，重百年之命，諒由君臣義重，名教所先，故能明大節於當時，立清風於身後。至如趙高之殞二世，董卓之鴆弘農，人神所疾，異代同憤。況凡庸小豎有懷凶悖，遐觀典策，莫不誅夷。辰州刺史長蛇縣男裴虔通，昔在隋代，委質晉藩。煬帝以舊邸之情，特相愛幸，遂乃志蔑君親，潛圖弒逆，密伺間隙，招結群醜，長戟流矢，一朝竊發。天下之惡，孰云可忍。宜其夷宗焚首，以彰大戮。但年代異時，累逢赦令，可特免極刑，除名削爵，遷配驩州（舊唐書卷二太宗紀貞觀二年）。

同時復褒獎隋代的忠臣❹。

---

❹ 貞觀十九年太宗攻遼東安市城，高麗人眾皆死戰，不肯降。「太宗將旋師，嘉安市城主堅守臣節，賜絹三百匹，以勸勵事君者」（貞觀政要第十四篇論忠義）。是則敵人盡忠，太宗亦不吝予以獎賞了。

貞觀十二年太宗幸蒲州，因詔曰隋故鷹擊郎將堯君素，往在大業受任河東，固守忠義，克終臣節。雖桀犬吠堯，有乖倒戈之志，疾風勁草，實表歲寒之心。爰踐茲境，追懷往事，宜錫寵命，以申勸獎，可追贈蒲州刺史，仍訪其子孫以聞（貞觀政要第十四篇論忠義，同篇貞觀十二年又勸獎袁憲父子）。

即儒家的「君君，臣臣」（論語第十二章顏淵），乃變為「君雖不君，臣不可以不臣」了。換言之，他們放棄湯武革命之說，而只採用「比干諫而死」的忠君觀念。甚至奴告主謀逆，告者亦令斬決。

貞觀二年太宗謂侍臣曰，比有奴告主謀逆，此極弊，法特須禁斷……自今奴告主者，不須受，盡令斬決（貞觀政要第三十一篇論刑法）。

到了安史亂後，方鎮割據於外，閹宦跋扈於內，帝位岌岌可危，國家有分崩瓦解之勢。有大儒韓愈者，以道統自居，而乃反對孔子所謂：「君君，臣臣」之義，又反對孟子贊成湯武革命之說，提倡君權不遺餘力。他以為天子對於百姓乃「為之君，為之師」（韓昌黎文集第一卷原道），既有統治的權力，又有教化的責任。所謂「教化」是教民以為人之道，非教民以為政之道。關於為政之道，他似主張愚民政策。故說：「古之君天下者，化之不示其所以化之之道，及其弊也，易之不示其所以易之之道。政以是得，民以是淳」（仝上第一卷本政）。其結論遂謂，人民在政治上毫無權利，而只有納稅的義務。「是故君者出令者也，臣者行君之令而致之民者也。民者出粟米麻絲，作器皿，通貨財，以事其上者也。君不出令，則失其所以為君。臣不行君之令而致之民，民不出粟米麻絲，作器皿，通貨財，以事其上，則誅」（仝上原道）。韓愈為謀政局的安定，遂為傳子之禹辯護，而謂「堯舜之傳賢也，欲天下之得其所也；禹之傳子也，憂後世爭之之亂也。堯舜之利民也大，禹之慮民也深……傳之人則爭，未前定也；傳之子則不爭，前定也。前定雖不當賢，猶可以守法；不前定而不遇賢，則爭且亂。天之生大聖也不數，其生大惡也亦不數。傳諸人，得大聖，然後人莫敢爭；傳諸子，得大惡，然後人受其亂。禹之後四百年，然後得桀；亦四百年，然後得湯與伊尹。湯與伊尹不可待而傳也，與其傳不得聖人而爭且亂；孰若傳諸子，雖不得賢，猶可守法」（仝上對禹問）。同時有柳宗元者，謂禪讓與篡奪相去無幾。「夫其始繫於人（功繫於人）也厚，則其忘之也（人忘其德）遲。不然反是。漢之失德久矣，其不繫而忘也甚矣。宦董袁陶之賊生人盈矣（猶如唐代之閹宦與方鎮）。曹丕之父攘禍以立強，積三十餘年，天下之主，曹氏而已，無漢之思也（人心已不思漢）。丕嗣而禪，天下得之以為晚，何以異乎舜禹之事耶？」（柳河東集卷二十舜禹之事）。湯武之伐桀紂，動師十萬，血流漂杵，而後人美稱之為革命，順乎天而應乎人。魏之代漢，卻無用兵動武之事。天下者固非一姓之天下也。即柳宗元的見解與韓愈不同，認為人主不能安天下，有臣焉如曹操者取而代之，未必不可。

第二節　世族勢力的逐漸消滅

秦漢的官僚政治，魏晉以後，演變為世族政治。世族政治以土地集中為基礎，以門閥觀念為根據，以九品中正為工具。在其發展過程之中，又漸次暴露矛盾而至於沒落。何以說呢？由於土地集中，一方有領主，他方有客戶，領主不勞動而生活優裕，客戶勤勞而收穫乃不能維持一家生計。收穫與勞動不能相稱，這是與經濟原則矛盾的。有了門閥觀念，一方有世族，他方有寒門，世族雖庸庸無能，也可以坐至公卿，寒門雖有管樂之才，亦必為門資所限，沉於下僚。地位與才智不能相稱，這是與政治原則矛盾的。北朝行均田之制，便是要打破土地集中，使「細民獲資生之利，豪右靡餘地之盈」（魏書卷五十三李安世傳）。然而名為均田，其實田之分配仍有利於世族。而選舉又「不考人才行業，空辨氏姓高下」（魏書卷六十六崔亮傳），更引起了人們反感。一切改革均須利用政治之力，因之一切鬥爭最後必轉變為政治鬥爭，而能從事政治鬥爭者必為強有力的人。南北朝社會有兩種強有力的人，一是世族，二是武人。武人欲以軍功，參加銓選，而世族則「排抑武人，不使預在清品」（魏書卷六十四張彝傳），於是就引起了羽林虎賁之亂，不久又發生了六鎮叛變。周齊分據，均施行均田制度，「周代公卿類多武將」（隋書卷四十六張煚傳），所以又罷門資之制，選舉「不限資蔭，唯在得人」（周書卷三十三蘇綽傳）。世族的勢力漸次動搖，隋文受禪，復於開皇年間，罷九品官人之法，代以科舉制度，於是魏晉以來世族階級所恃以為獵官的工具根本消滅。唐興，仍循隋制，同時又因地廣人稀，仍行均田之制，其目的雖在於增加田賦，而土地集中最初亦因之緩和。然而「以貴役賤」的貴族政治尚未完全變為「以智役愚」的官僚政治。到了唐末五代亂，衣冠舊族多離去鄉里，籍譜罕存，而世系無所考（宋史卷二百六十二劉燁傳，卷四百三十九梁周翰傳），宋興，科舉取士成為定制，世族政治才見消滅。

唐高祖起自太原，其先代出於隴西，而為西涼王李暠之後，祖虎為周八柱國之一，賜姓大野氏，封唐國公。父昞襲封唐公，安州總管柱國大將軍。高祖生於長安，大業十三年拜太原留守。所以今人常謂隋唐二代天子屬於關中世家。高祖常以家世自誇，觀其對竇威及裴寂之言，即可知之。

> 武德元年高祖嘗謂內史令竇威曰，昔周朝有八柱國之貴，吾與公家咸登此職，今我為天子，公為內史令，本同末異，無乃不可乎。威曰臣家昔在漢朝，再為外戚，至於後魏，三處外家，今陛下龍登，復出皇后，

臣又階緣戚里，位忝鳳池，自唯叨濫，曉夕競懼。高祖笑曰比見關東人崔盧為婚，猶自矜伐，公世為帝戚，不亦貴乎（唐會要卷三十六氏族）。

武德三年高祖嘗從容謂尚書右僕射裴寂曰，我李氏昔在隴西，富有龜玉，降及祖禰，姻姬帝王，及舉義兵，四海雲集，才涉數月，升為天子。至如前代皇王多起微賤，劬勞行陣，下不聊生。公復世胄名家，歷職清要，豈若蕭何曹參起自刀筆吏也。惟我與公，千載之後，無愧前修矣（同上）。

太宗亦有鄉土觀念，重關中而輕視山東。

太宗嘗言及山東關中人，意有異同。張行成正侍宴，跪而奏曰臣聞天子以四海為家，不當以東西為限，若如是，則示人以隘陋（舊唐書卷七十八張行成傳）。

雖然即位之後，曾欲壓迫山東世族。

初太宗嘗以山東士人尚閥閱，後雖衰，子孫猶負世望，嫁娶必多取貲，故人謂之賣婚。由是詔高士廉與韋挺岑文本令狐德棻，責天下譜諜，參考史傳，檢正真偽，進忠賢，退悖惡，先宗室，後外戚，退新門，進舊望，右膏粱，左寒畯，合二百九十三姓，千六百五十一家，為九等，號曰氏族志，而崔幹仍居第一。帝曰我於崔盧李鄭無嫌，顧其世衰，不復冠冕，猶恃舊地以取資，不肖子偃然自高，販鬻松檟，不解人間何為貴之。齊據河北，梁陳在江南，雖有人物，偏方下國無可貴者，故以崔盧王謝為重。今謀士勞臣以忠孝學藝從我定天下者，何容納貨舊門，向聲背實，買婚為榮耶？太上有立德，其次有立功，其次有立言，其次有爵，為公卿大夫，世世不絕，此謂之門戶，今皆反是，豈不惑耶。朕以今日冠冕為等級高下，遂以崔幹為第三姓，班其書天下（新唐書卷九十五高儉傳）。

但是數百年來，他們都是膏粱世家，社會上的名望固非政治力一蹴就可以打倒的，所以朝廷雖然壓迫，而當時大臣猶願意與他們通婚。

初太宗疾山東士人自矜門地，婚姻多責資財，命修氏族志，例降一等。王妃主婿皆取勳臣家，不議山東之族，而魏徵房玄齡李勣家皆盛與為婚，常左右之，由是舊望不減（資治通鑑卷二百唐紀高宗永徽四年，參閱新唐書卷九十五高儉傳）。

若進一步研究其實際情形，高祖太宗之用人並不以關中世族為限。高祖時宰相或為外戚，或為前朝皇族，或因勸晉有功。太宗時宰相並不限於關中人，尤不限於關中世族。茲依新唐書（卷六十一）宰相表所載，將高祖太宗兩朝宰相列表如次：

時代	姓名	所屬地域	史略	備考
高祖時代	李世民		武德元年為尚書令，自是而後，臣下遂不敢居其職，而以儀射為尚書省長官。	
	劉文靜	系出彭城，世居京兆	因裴寂以宮女侍唐公，脅其勸唐公起兵。武德元年拜納言❺，後因位不及裴寂，有怨言，高祖殺之。	新唐書卷八十八
	蕭瑀	南蘭陵	後梁明帝子，女為隋煬帝后。高祖入京，拜民部尚書。太宗時累遷尚書左僕射，又遷御史大夫，參預朝政。	新唐書卷一百一。是其為相乃在太宗時，宰相誤
	竇威	岐州平陸人，岐州屬關內道。虜姓	父熾，高祖后竇氏，熾兄子毅之女。高祖入關，以威多識朝廷故事，令其裁定制度，武德元年授內史令。	新唐書卷九十五

❺ 唐初官制依隋，門下省之納言即侍中。中書省為內史省，內史令即中書令，其後才恢復魏晉以後舊名。

竇抗	仝上	竇威從兄子。母隋文帝姊安成公主，從姊高祖后。楊玄感反，抗勸高祖起兵，及聞高祖已定京師，因歸長安，授將作大匠，兼納言。	仝上
陳叔達	吳興長城縣人	陳宣帝子，仕隋，為絳郡通守，高祖西師，以郡聽命，武德初，授黃門侍郎，制納言。	新唐書卷一百
楊恭仁	弘農人	隋觀王雄子，雄隋文帝族子。煬帝時，為河南道大使，宇文化及弒逆，署吏部尚書，化及敗，執送京師，高祖授以黃門侍郎，尋為涼州總管，遙領納言。	新唐書卷一百。遙領無異於後來之使相
封德彝	渤海蓨人	祖隆之北齊太子太保。德彝仕隋，隋亡，又仕宇文化及，署為內史令。化及敗，遂來降，常以祕策干高祖，帝悅，累遷內史侍郎，兼中書令。	新唐書卷一百封倫傳，倫字德彝
裴寂	蒲州桑泉人，蒲州屬河東道	隋時為侍御史，與（唐公）友善，嘗以宮人侍唐公，恐事發誅，乘間說唐公起兵。唐公受禪，武德四年拜尚書左僕射。	新唐書卷八十八。當為河東裴之後，故高祖謂寂華胄。此時僕射是否宰相有問題
裴矩	河東聞喜人	隋時累遷至吏部侍郎，加右光祿大夫。隋亡，宇文化及署為尚書右僕射，化及敗，又降於竇建德，建德敗，舉山東之地來降，武德七年檢校侍中。	新唐書卷一百
宇文士及	本代郡武川人，後徙長安	父宇文述，隋右衛大將軍。兄宇文化及弒煬帝自立，化及敗，士及歸唐，武德八年檢校侍中。	新唐書卷一百
高士廉	渤海蓨人	北齊清河王岳之孫，即係北齊皇族。其妹嫁長孫晟，生無忌及太宗后長孫氏，故士廉與太宗有姻戚關係，武德九年七月為侍中。	新唐書卷九十五高傳，卷九十六房傳。此兩人為相，在武德九年七月。六月太宗殺建成及元
房玄齡	齊州臨淄人，齊州屬河南道	晉王（太宗）徇渭北，玄齡杖策上謁，授行軍記室，引杜如晦協判大計。建成忌二人，譖於高祖，皆斥逐還第。建成將有變，	

時代	人名	籍貫	事蹟	出處
太宗時代			晉王夜召二人計事，事平，太宗即位，擢為中書令。	吉，而為皇太子，八月高祖禪位於太宗，故兩人為相當在太宗即位之時
	蕭瑀			見前
	長孫無忌	河南洛陽人，虜姓	父晟，隋右驍衛將軍，太宗后長孫氏，即其妹也，少與太宗友善，常從太宗征討。建成與太宗有隙，無忌勸太宗先發制人。及太宗即位，眷侍日厚，常出入臥內。貞觀元年進位尚書右僕射，尋拜司空，知門下尚書省事。	新唐書卷一百五
	杜淹	京兆杜陵人	隋時，累遷御史中丞。唐初，事太宗，太宗踐祚，檢校吏部尚書，參預朝政。	新唐書卷九十六
	房玄齡			見前
	杜如晦	京兆杜陵人	由房玄齡薦，受知於太宗。建成欲害太宗，因譖之於高祖，房杜二人同時斥逐。後又潛入畫策，而有玄武門之事變。太宗即位，擢為尚書右僕射，與玄齡共管朝政。	新唐書卷九十六
	李靖	京兆三原人	韓擒虎之甥，唐高祖太宗時，累建軍功，貞觀二年拜刑部尚書，兼檢校中書令。八年詔靖三兩日一至門下中書平章政事。	新唐書卷九十三
	王珪	太原祁人	祖僧辯梁太尉尚書令，珪本事建成，建成與秦王（世民）有隙，高祖責珪不能輔導，流嶲州。建成敗，太子召為諫議大夫，貞觀二年遷黃門侍郎，守侍中輔政。	新唐書卷九十八
	魏徵	魏州曲城人，魏州屬河北道	本事建成，陰勸建成早為計。太宗即位，累遷祕書監，參預朝政。	新唐書卷九十七
	溫彥博	太原祁人	唐高祖時沒於突厥，突厥苦問以國家虛實及兵馬多少，彥博固不肯言，遷之陰山苦寒之地。太宗即位，始還朝，累遷中書令。	新唐書卷九十一
	戴冑	相州安陽人，相州屬河北道	本仕隋，後歸唐，太宗初，以敢言，拜諫議大夫，遷吏部尚書，參預朝政。	新唐書卷九十九

侯君集	幽州三水人，幽州即范陽郡	事秦王（太宗），從征討有功，貞觀四年遷兵部尚書參預朝政，後勸太子承乾反，遂被誅。	新唐書卷九十四
楊恭仁			見前
楊師道	弘農人	楊恭仁弟，尚高祖女桂陽公主，累遷太常卿，貞觀十年拜侍中，參預朝政。	新唐書卷一百
高士廉			見前
劉洎	荊州江陵人	貞觀時累遷尚書右丞。十三年拜黃門侍郎，參知政事。十九年為馬周所譖，賜死。	新唐書卷九十九
岑文本	鄧州棘陽人，鄧州屬山南道	祖善方後梁吏部尚書，徙居江陵。隋末大亂，蕭銑僭號，唐河間王李孝恭討平之。文本歸唐，以長於文詞，太宗時拜中書侍郎專典機要，尋拜中書令。	新唐書卷一百二
李勣	曹州離狐人，曹州屬河南道	隋末，先從翟讓為盜，次從王世充，又次從李密。後密以謀反誅，勣從秦王（太宗）征討有功，累遷兵部尚書同中書門下三品。	新唐書卷九十三
張亮	鄭州滎陽人	隋末大亂，亮初從李密，密敗，房玄齡薦之於秦王（太宗）。建成將作亂，秦王令亮之洛陽，以備變。太宗時，累遷刑部尚書，參預朝政。	新唐書卷九十四
馬周	博州茌平人，博州屬河北道	武德中，官不過州助教。太宗時，以忠直敢言事，累遷中書侍郎，貞觀十八年遷中書令。	新唐書卷九十八
褚遂良	杭州錢塘人	太宗時，累遷黃門侍郎，參預朝政，貞觀二十二年拜中書令。	新唐書卷一百五
崔仁師	定州安喜人，定州即博陵郡	太宗時，累遷民部侍郎，貞觀二十二年拜中書侍郎，參知機務。	新唐書卷九十九

觀上表所載，可知唐在高祖太宗時代，宰相並不限於關中世族。裴寂以姦邪進，裴矩乃反覆無常之徒。

韋姓並無一人為相。反而山東世族之崔仁師卻以仁恕知名，於貞觀二十二年為中書侍郎，參知機務。今人常謂山東世族不欲與李唐為婚，因為李唐沾染胡俗，尤其缺乏倫理觀念。史家均舉唐太宗納元吉之妃楊氏，高宗納太宗之才人武氏，玄宗納其子壽王瑁之妃楊氏以為證。然而吾人須知山東世族也未必均能篤守禮教。例如滎陽鄭氏為山東世族之一，文宗嘗對宰臣曰「朕欲為太子婚娶，本求汝鄭門衣冠子女為新婚，聞在外朝臣皆不願共朕作情親，何也？」（太平廣記卷一百八十四氏族類，引自陳寅恪著唐代政治述論，樂天出版社版五七頁。據陳氏研究，「汝鄭門」是對宰臣鄭覃言之）。其實，唐在文宗時，宦官跋扈專擅，凡是膏粱世家，誰肯以女嫁給無權天子之子為妃。何況「自魏靈太后預政，淫風稍行，自此素族名家遂多亂雜」。此語乃載在鄭義傳內。「鄭義五兄並恃豪門，多行無禮，鄉黨之內疾之若讎」（魏書卷五十六鄭義傳，北史卷三十五鄭義傳）。可知滎陽鄭氏之門風如何。再觀新（卷七十六及卷七十七）舊（卷五十一及卷五十二）唐書之后妃傳，在肅宗以前，唐代天子固然多娶關中人（包括關內道及河東道，因為裴柳薛三家均視為關中郡姓）為后，然未必屬於關中郡姓之六族。只唯中宗韋皇后為京兆杜陵人，而卒引起宮闈之亂。肅宗以後，皇后多係關東人，而世系不明者不少。今人又謂李唐前期皇室與山東世族對立，既已對立，必不假之以相權。山東世族以崔盧為大，關中世族以韋裴為大，而最初此四族受命為相者，則如上表所示，有貞觀二十二年之崔仁師，其他三族在高宗以前均無一人為相。由高宗經武后至天寶末載，宰相之人太多，茲只將崔盧韋裴四家之宰相列表如次❻。

❻ 根據新唐書卷六十一至卷六十二宰相表，並參考各本紀，有傳的再參考列傳。

崔盧韋裴四家宰相表

族氏	姓名	最初為相年代	以何種職官為相	備考
博陵或清河崔	崔敦禮	高宗永徽四年	侍中	
	崔知溫	高宗永隆元年	黃門侍郎，同中書門下三品	
	崔詧	則天光宅元年	正議大夫同鳳閣鸞臺平章事	光宅元年改中書省為鳳閣，門下省為鸞臺
	崔神基	則天長壽元年	司賓卿同鳳閣鸞臺平章事	光宅元年改鴻臚為司賓
	崔元綜	則天長壽元年	秋官侍郎同鳳閣鸞臺平章事	光宅元年改刑部為秋官
	崔玄暐	則天長安四年	鸞臺侍郎同鳳閣鸞臺平章事	
	崔湜	中宗景龍三年	兵部侍郎同中書門下三品	以下均簡言為同三品
	崔日用	睿宗景雲元年	黃門侍郎參預機務	滑州人，滑州屬河南道，領白馬等縣，清河崔玄伯曾封為白馬公。但崔日用似非清河或博陵崔氏
范陽盧	盧承慶	高宗顯慶四年	度支尚書同三品	顯慶元年改戶部尚書為度支尚書
	盧懷慎	玄宗開元元年	黃門侍郎同紫微黃門平章事	紫微黃門即中書門下，以下均簡言為平章事
京兆韋	韋弘敏	則天光宅元年	太府卿，同三品	
	韋方質	則天光宅元年	鸞臺侍郎守鳳閣侍郎，平章事	鸞臺即門下省，鳳閣即中書省，見前
	韋思謙	則天垂拱元年	御史大夫，同三品	
	韋待價	則天垂拱元年	天官尚書，同三品	光宅元年改吏部為天官
	韋巨源	則天長壽二年	文昌右丞，平章事	光宅元年改尚書省為文昌臺
	韋安石	則天久視元年	鸞臺侍郎，平章事	
	韋嗣立	則天長安四年	鳳閣侍郎，同三品	
	韋承慶	則天長安四年	鳳閣侍郎，平章事	
	韋溫	中宗景龍三年	太子少保同三品	
	韋見素	玄宗天寶十三載	武部尚書平章事	天寶十一載改兵部為武部

河東裴			
裴炎	高宗永隆元年	黃門侍郎同三品	
裴居道	則天垂拱元年	秋官尚書同三品	光宅元年改刑部為秋官
裴行本	則天天授二年	冬官侍郎平章事	光宅元年改工部為冬官
裴談	睿宗景雲元年	刑部尚書同三品	
裴光庭	玄宗開元十七年	中書侍郎平章事	
裴耀卿	玄宗開元二十一年	黃門侍郎平章事	

依上表所示，可知崔家為相，除貞觀二十二年之崔仁師外，高宗時代尚有崔敦禮及崔知溫，則天以後亦不排斥崔氏。盧家為相，由高宗至玄宗天寶末年有盧承慶及盧懷慎二人。韋家為相開始於則天時代，裴家為相開始於高宗時代。截至玄宗為止，山東之崔與關中之韋，兩家宰相人數約略相等。今人所說，李唐皇室與山東世族對立，事實上未必可信。

固然高宗永徽六年七月李義府為中書侍郎，參知政事，十月廢王皇后為庶人，立宸妃武氏（即武則天）為皇后，越九年即龍朔三年義府流於巂州，又三年即乾封元年死於貶所（新唐書卷六十一宰相表，參閱卷二百二十三上李義府傳）。在其為相之時，又改寫氏族志為姓氏錄，以壓迫過去世族。

> 高宗時，許敬宗以氏族志不敘武后世，又李義府恥其家無名，更以孔志約等十二人刊定之，裁廣類例，合二百三十五姓二千二百八十七家。帝自敘所以然，以四后姓酅公（隋後）介公（後周後）及三公太子三師開府儀同三司尚書僕射為第一姓，文武二品及知政事三品為第二姓，各以品位高下敘之，凡九等，取身及昆弟子孫，餘屬不入，改為姓氏錄。當時軍功入五品者皆昇譜限（李義府傳，仕唐官至五品，皆昇士流，

於是兵卒以軍功進者悉入書限），搢紳恥焉，目為勳格。義府奏悉索氏族志燒之。又詔後魏隴西李寶、太原王瓊、滎陽鄭溫、范陽盧子遷、盧澤、盧輔、清河崔宗伯、崔元孫、前燕博陵崔懿、晉趙郡李楷凡七姓十家，不得自為婚（新唐書卷九十五高儉傳，參看卷二百二十三上李義府傳）。

李義府瀛州饒陽人，其祖為梓州射洪縣丞，因家於永泰（舊唐書卷八十二李義府傳），其先世並無顯宦。許敬宗杭州新城人，父善心，雖然仕隋至禮部侍郎，其祖先也無名聲（舊唐書卷八十二許敬宗傳，參閱隋書卷五十八許善心傳），所以氏族志沒有他們兩氏的家名。則天父武士彠，并州文水人，隋末為鷹揚府隊正，貞觀中，累遷工部尚書，即其家世亦屬於寒素（舊唐書卷六則天皇后紀），所以氏族志也不敘武后之先世。由此可知太宗所撰之氏族志還是不能脫掉魏晉以來的膏粱寒素的觀念，即亦不是完全反對舊門第觀念。所謂「退新門，進舊望」，即其一證。「關中之人雄，故尚冠冕」（新唐書卷一百九十九柳沖傳），太宗就是要用唐代的冠冕以作門閥高低的標準。李義府所纂的姓氏錄一方也許出於武后的意旨，同時也可以說是太宗理想的實現。而且太宗所定：「進忠賢，退悖惡」，實不能用作門第高低的標準，堯之子為丹朱，舜之父為瞽叟，則將如何決定。至於「右膏粱，左寒畯」，乃是魏晉以來的九品官人之法。姓氏錄是以其人官位高低為標準，此亦不過暫時現象。所以用冠冕以定門第，門第必時時變更，倘不變更，則門第非以血統為基礎不可。然而漢代的「金張世族，袁楊鼎貴」（南齊書卷二十三褚淵王儉傳論），到了三國，已近尾音。而南朝的王謝，在晉代初年，那有什麼地位。北朝的崔盧韋裴，不但在晉代，即在南北朝，除清河的崔玄伯及其子浩之外，其他諸族，如博陵崔氏，范陽盧氏，河東裴氏，京兆韋氏，文武功烈殆無足紀，不過世為顯宦，博得社會羨慕而已。所以專尚冠冕，門第不能確定，確定門第，則血統關係又將蹈「上品無寒門，下品無勢族」（晉書卷四十五劉毅傳）之現象。因此，朝廷雖極力壓迫，而舊門第觀念仍在人心。吾人觀太宗之氏族志，崔氏還是第三姓，而當時人士對於舊門第如何崇拜，吾人觀下列之例，即可知之。

> 馬周為監察御史，挺以周寒士，殊不禮之（舊唐書卷七十七韋挺傳）。

> 李揆隴西成紀人……代為冠族……初揆秉政，侍中苗晉卿累薦元載為重官。揆自恃門望，以載地寒，意甚輕易不納，而謂晉卿曰龍章鳳姿之士不見用，麞頭鼠目之子乃求官（舊唐書卷一百二十六李揆傳）。

由高祖而至玄宗，為時約有六十餘年，玄宗時，人士還願意與山東著姓為婚，以提高自己的門第。例如：

> 李彭年慕山東著姓為婚姻，引就清列，以大其門（舊唐書卷九十李懷遠傳）。

次就均田制度言之，唐的均田亦和北朝及隋一樣，目的一欲增加田賦，二欲矯正土地集中之弊，三欲藉以打擊世族的經濟基礎。制度如次：

> 凡男女始生為黃，四歲為小，十六為中，二十有一為丁，六十為老……凡天下之田，五尺為步，二百四十步為畝，百畝為頃（舊唐書卷四十八食貨志所載與六典同。新唐書卷五十一食貨志則云：度田以步，其闊一步，其長二百四十步為畝，百畝為頃）……凡給田之制有差，丁男中男以一頃（原注云：中男年十八已上者亦依男丁給。即年十八以下不受田。新志同。舊志只云丁男中男給一頃）。老男篤疾廢疾以四十畝（舊志無老男二字）。寡妻妾以三十畝，若為戶者則減丁之半（舊志新志均明言，若為戶者加二十畝）。凡田分為二等，一曰永業，一曰口分，丁之田二為永業，八為口分（舊志補充云，世業之田，身死則承戶者便受之，口分則收入官，更以給人。新志補充云，永業之田樹以棗榆桑及所宜之木）……凡官戶受田減百姓口

分之半（因官戶另有永業田，多者一百頃，少者亦有二頃。舊志及新志無此十二字）。凡天下百姓給園宅地者，良口三人已上給一畝，三口加一畝，賤口五人給一畝，五口加一畝，其口分永業不與焉（舊志及新志無此六句）……凡應收授之田皆起十月，畢十二月。凡授田先課後不課，先貧後富，先無後少。凡州縣內所部，受田悉足者為寬鄉，不足者為狹鄉（新志補充云，狹鄉受田減寬鄉之半。其地有薄厚，歲一易者倍授之。寬鄉三易者不倍授。工商者寬鄉減半，狹鄉不給。凡庶人徙鄉及貧無以葬者得賣世業田。自狹鄉而徙寬鄉者，得並賣口分田，已賣者不復授）……凡賦役之制有四，一曰租，二曰調，三曰役，四曰雜徭（原注，開元二十二年，敕以為天下無事，百姓徭役，務從減省，遂減諸司色役一十二萬二百九十四。舊志及新志均未說到雜徭，即人民所負擔者只有租調庸三種）。課戶每丁租粟二石（舊志同，新志云粟二斛稻三斛）。其調隨鄉土所產，綾絹絁各二丈（舊志同，這當然不是同時輸絹綾絁，而是或輸絹，或輸綾，或輸絁，新志作絹二匹綾絁二丈），布加五分之一。輸綾絹絁者綿三兩，輸布者麻二斤（舊志及新志均作麻三斤，但新志又云，「非蠶之鄉，則輸銀十四兩」。馬端臨在文獻通考卷三田賦中，認為「新志」所載疑太重，今不取）。凡丁歲役二旬（原注，有閏之年加二日，新志亦有「閏加二日」之語，舊志無），無事則收其庸，每日三尺（原注，布加五分之一，舊志及新志無布加五分之一之語，這裡所謂三尺是指絹綾絁三尺），有事而加役者旬有五日免其調，三旬則租調俱免（原注，通正役並不得過五十日，舊志及新志均有此句）……凡水旱蟲霜為災害則有分數，十分損四已上免租，損六已上免租調，損七已上課役俱免。若桑麻損盡者各免調。若已役已輸者聽免其來年。凡丁新附於籍帳者，春附則課役並徵，夏附則免課從役，秋附則課役俱免（自「若已役已輸者」以下文字舊志與新志均無）（唐六典卷三戶部郎中）。

茲為讀者容易理解起見，試用表說明如次：

唐丁法及授田賦役表

丁	法	授田	賦役
黃	始生至滿三歲		
小	四歲至滿十五歲		
中	十六歲至滿二十歲	男年十八以上，亦照丁男受田。	受田者是否與丁男負擔同一義務，各書均無明文。但各書均用「丁」字，則未成丁之人不應照丁男輸租調庸。
丁	二十一歲至滿五十九歲	(1)普通人口分田八十畝，永業田二十畝。 (2)篤疾廢疾者四十畝，寡妻妾三十畝，當戶者增永業田二十畝。 (3)工商者寬鄉減半，狹鄉不給。	租：課戶每丁歲輸粟二石。 調：歲輸絹或綾或絁二丈，加綿三兩，或輸布二丈四尺，加麻三斤。 庸：每歲二十日，無事則收其庸，每日三尺，布加五分之一。
老	六十歲以上	老者四十畝，當戶者增永業田二十畝。	

但是唐代的均田也和北朝一樣，不是任何官民都可以得到同一面積的土地，而是於貴賤之間，承認土地分配之不均。凡是品官勳官，都有較多的永業田，多者一百頃，少者亦二三頃。

凡官人受永業田，親王一百頃，職事官正一品六十頃，郡王及職事官從一品五十頃。國公若職事官二品四十頃（新唐書卷五十五食貨志無此一句）。郡公（新志作國公）若職事官從二品三十五頃。縣公若職事官正三品二十五頃。職事官從三品二十頃。侯若職事官正四品十四頃（新志作十二頃）。伯若職事官從四品一十頃（新志無此一句），子若職事官正五品八頃。男若職事官從五品五頃（六品七品二頃五十畝，八品九品二頃）（此二句唐六典無，從新志補）。上柱國三十頃，柱國二十五頃，上護軍二十頃，護軍十五頃。上輕車都尉一十頃，輕車都尉七頃。上騎都尉六頃，騎都尉四頃❼。驍騎尉飛騎尉各八十畝（八十畝似有誤，新志同）。雲騎尉武騎尉各六十畝（六十畝似有誤，新志同），其散官五品以上同職事官給（唐六典卷三戶部郎中員外郎。新志又補充云，五品以上受田寬鄉，六品以下受於本鄉。解免者追田，除名者受口分之田，襲爵者不別給，流內九品以上口分田終其身，六十以上停私乃收。凡給田而無地者，畝給粟二斗）。

而他們及其部曲奴婢尚有免除課役的權利。

太皇太后皇太后皇后緦麻以上親，內命婦一品以上親，郡王及五品以上祖父兄弟，職事勳官三品以上有封者若縣男父子，國子太學四門學生俊士，孝子順孫，義夫節婦，同籍者皆免課役。凡主戶內有課口者為課戶，若老及男廢疾篤疾寡妻妾部曲客女奴婢及視九品以上官，不課（新唐書卷五十一食貨志一）。

所以唐代的均田制度也和其壓迫世族一樣，不是根本推翻世族，而是欲用新官僚以代替舊世族的地位，而承認他們有許多特權。

王公大臣有較多的永業田，他們是有閒階級，可把整個光蔭致力於研究學問，所以唐代舉士之法雖用

❼ 上柱國至武騎尉為勳級，唐六典卷二司勳郎中，「司勳郎中一人員外郎二人，掌邦國官人之勳級，凡勳十有二等，十二轉為上柱國，比正二品；十一轉為柱國，比從二品；十轉為上護軍，比正三品；九轉為護軍，比從三品；八轉為上輕車都尉，比正四品；七轉為輕車都尉，比從四品；六轉為上騎都尉，比正五品；五轉為騎都尉，比從五品；四轉為驍騎尉，比正六品；三轉為飛騎尉，比從六品；二轉為雲騎尉，比正七品；一轉為武騎尉，比從七品」。

考試，其實應考的人必以王公大臣的子孫為多。這樣，新官僚便成為新世族，而代替了舊世族的地位。他們累世顯貴，務以門第自高。

> 唐為國久，傳世多，而諸臣亦各修其家法，務以門族相高。其材賢子孫不殞其世德，或父子相繼居相位，或累數世而屢顯，或終唐之世不絕（新唐書卷七十一上宰相世系序）。

其實，新貴之外，北朝世族自始在政治上並未喪失其固有的地位。吾人再觀新唐書宰相世系表，河東裴氏有宰相十七人，南蘭陵蕭氏有宰相十人，弘農楊氏有宰相十一人，京兆杜氏有宰相十一人，趙郡李氏有宰相十七人（隴西李氏亦有宰相十人），太原王氏有宰相七人，清河及博陵崔氏共有宰相三十二人，范陽盧氏有宰相八人，河東薛氏有宰相三人，京兆韋氏有宰相十四人，滎陽鄭氏有宰相九人。即不但關中，即山東世族亦多躋身於宰相之位。唐代傳族二百九十年，宰相三百六十九人（新唐書卷七十五下宰相世系表），而上述十二族（李氏分趙郡與隴西二族）共有宰相一百四十九人，可謂盛矣（但新唐書之宰相世系表似有問題），此蓋唐以文學取士，他們累代書香，容易及第。不過唐代舉士之法既用科舉，則不但寒素之士可由科舉出身，即膏粱子弟除以蔭補之外，亦多由科舉以得官位。在這個意義之下，唐代政治比之魏晉南北朝一般世族只依門資而起家者，當然不同。所以唐代政治雖然尚有貴族政治的色彩，而仍不失為官僚政治。

第三節　民族的發展

自有歷史以來，北荒民族常常壓迫中原民族，而既已壓迫之後，又為中原民族所同化。北荒民族所以能夠壓迫中原民族，乃是因為北荒民族以遊牧為生，中原民族以農耕為業，遊牧喜歡侵略，農耕愛好和平，這是歷史上的定律。中原民族所以能夠同化北荒民族，乃是因為中原民族文化進步，北荒民族文化幼稚，文化進步的國家能夠同化文化幼稚的種人，也是歷史上的定律。中國自東漢以後，歷受外族侵略。蓋一個民族立國既久，往往由於文弱而至於萎靡，此際若不輸入新血液，民族很難由文弱變為剛強。吾國在五胡亂華以後，北方遺黎已經是「虜漢相雜」（劉知幾，史通卷五書志）。經南北朝而至隋唐，中國復見統一，且能揚國威於國外。此蓋隋唐皇室均是漢胡雜種。隋文帝楊堅，父忠在周賜姓普六茹氏，位至柱國大將軍，遷大司空（周書卷十九楊忠傳）。子堅即隋文帝，娶獨孤信之女為后，獨孤乃鮮卑種族（周書卷十六獨孤信傳，隋書卷三十六獨孤皇后傳）。長子勇字睍地伐，完全是胡人之名。唐高祖李淵，祖虎在周賜姓大野氏，官至柱國大將軍，遷太尉。高祖后竇氏（竇熾兄子毅之女），名義上是漢人，而竇氏於東漢靈帝時，避竇武之難，亡奔匈奴，遂為部落大人。後魏時賜姓紇豆陵氏（周書卷三十竇熾傳），即其血統已是漢胡雜種。太宗娶長孫晟之女為后，長孫乃魏之宗室，姓拓拔，孝文遷洛，改為長孫（舊唐書卷五十一長孫皇后傳，參閱周書卷二十六長孫儉傳），即亦屬於漢胡雜種。隋唐皇室雖然是漢胡雜種，而皆自居為華人，蓋隋之先世楊震，唐之先世李暠，均是純粹的漢人，隋唐二代並不忘本。這與高歡一家，明是漢人，因「累世北邊，故習其俗，遂同鮮卑」（北齊書卷一神武帝紀），而自忘為漢人者，絕不相同。在南北朝末期，北荒民族莫強於突厥。隋初，突厥分為東西，西突厥居烏孫故地，去中國遠，不能為中國之患。其能為患中國者乃是東突厥。開皇中，隋文帝曾用離間之策，使東突厥發生內亂，自相攻戰，於是勢力稍殺，上表稱臣。隋末大亂，東突厥又復強大，中原豪傑雖建名號，莫不請好息民，甚者且北面稱臣，受其可汗之號。

隋末亂離，中國人歸突厥者無數，遂大強盛，勢陵中夏……薛舉竇建德王世充劉武周梁師都李軌高開道之徒雖僭尊號，皆北面稱臣，受其可汗之號，使者往來，相望於道也（隋書卷八十四突厥傳）。

唐高祖起兵晉陽，欲得突厥之援，也曾向其稱臣。

隋季世，虛內以攻外，生者罷道路，死者暴原野，天下盜賊共攻而亡之。當此時，四夷侵，中國微，而突厥最強，控弦者，號百萬，華人之失職不逞皆往從之，惎之謀，導之入邊，故頡利自以為強大，古無有也。高祖初即位，與和，因數出軍助討賊，故詭臣之，贈與不可計（新唐書卷二百十五下突厥傳贊）。

高祖受禪，東突厥頗多橫恣，高祖以中原未定，每優容之。到了掃蕩群盜，而戶口凋殘，財政窮匱，又不遑外略。貞觀初，戴胄猶說：

今喪亂之後，戶口凋殘，每歲納租，未實倉廩，隨即出給（舊唐書卷七十戴胄傳）。

於是東突厥愈益驕踞，有憑陵中國之意，無歲不來寇邊，致令高祖欲遷都以避其鋒。

突厥既歲盜邊，或說帝曰，虜數內寇者，以府庫子女所在，我能去長安，則戎心止矣。帝使中書侍郎宇文士及踰南山，按行樊鄧，將徙都焉，群臣贊遷。秦王（太宗）獨曰，夷狄自古為中國患，未聞周漢為遷也，願假數年，請取可汗以報，帝乃止（新唐書卷二百十五上突厥傳）。

蠻夷猾夏，中國稱臣，這種侮辱誰能忍受。漢武帝說：「齊襄公復九世之仇，春秋大之」（漢書卷九十四匈奴傳上）。唐太宗雄才大略不減漢武，對這國恥何能不想報復。

帝謂群臣曰，往國家初定，太上皇以百姓故，奉突厥，詭而臣之，朕嘗痛心疾首，思一刷恥於天下（新唐書卷二百十五上突厥傳）。

陸贄關於華夷異勢，曾論中國應採之政策如次。

夫以中國強盛，夷狄衰微，而能屈膝稱臣，歸心受制，拒之則阻其嚮化，威之則類於殺降，安得不存而撫之，即而序之也。又如中國強盛，夷狄衰微，而尚弃信忤盟，蔑恩肆毒，諭之不變，責之不懲，安得不取亂推亡，息人固境也。其有遇中國喪亂之弊，當夷狄強盛之時，圖之則彼釁未萌，禦之則我力不足，安得不卑詞降禮，約好通和，啗之以利，以引其歡心，結之以親，以紓其交禍，縱不必信，且無大侵，雖非禦戎之善經，蓋時事亦有不得已而然也。儻或夷夏之勢強弱適同，撫之不寧，威之不靖，力足以自保，勢不足以出攻，安得不設險以固軍，訓師以待寇，來則薄伐以遏其深入，去則攘斥而戒於遠追，雖非安邊之令圖，蓋勢力亦有不得已而然也……向若遇孔熾之勢，行即序之方，則見侮而不從矣。乘可取之資，懷畏避之志，則失機而養寇矣。有攘卻之力，用和親之謀，則示弱而勞費矣。當降屈之時，務剪伐之略，則召禍而危殆矣（陸宣公全集卷九論緣邊守備事宜狀）。

按突厥與匈奴不同，匈奴盤踞北荒，垂千餘年，蕃息孳蔓，控弦之士百萬，其領內人民大率屬於同一種族，故能保持統一，與中國抗衡。突厥為平涼雜胡，魏太武帝時遷於金山，其眾不過五百家，休養生聚，種人漸庶，隋文帝時，突厥控弦之士四十萬。到了煬帝失政，中原大亂，華人往依之者甚眾，控弦之士竟達百萬，而能臣屬北狄。

隋大業中，天下大亂，中國人奔突厥者眾，其族強盛，東自契丹室韋，西盡吐谷渾高昌諸國，皆臣屬焉。控弦百餘萬，北狄之盛未之有也。高視陰山，有輕中夏之志（舊唐書卷一百九十四上突厥傳）。

但突厥領內種人複雜，隋文帝說：

突厥世行暴虐，家法殘忍，東夷諸國盡挾私讎，西戎群長皆有宿怨……與其為鄰，皆願誅剿，部落之下盡異純民，千種萬類，仇敵怨偶，泣血拊心，銜悲積恨（隋書卷八十四突厥傳）。

其能臣屬北狄，實因許多北狄不立君長，或分為十數部落，各有酋帥，一盤散沙，當然要聽突厥指揮。

突厥臣屬各種人表

種族	政治	經濟	與突厥關係	備考
回紇	無君長（舊唐書迴紇傳）。	居無恆所，隨水草流移（舊唐書迴紇傳）。	自突厥有國，東西征討皆資其用以制北荒（舊唐書迴紇傳）。臣於突厥，突厥資其財力，雄北荒（新唐書回鶻傳上）。	回紇與薛延陀都是鐵勒部落，初皆臣屬於西突厥，後又降附於東突厥。
薛延陀	無君首（隋書鐵勒傳）。	居無恆所，隨水草流移（隋書鐵勒傳）。	自突厥有國，東西征討皆資其用以制北荒（隋書鐵勒傳）。	
契丹	分為八部，若有徵發，諸部皆須議合，不得獨舉，獵則別部，戰則同行（舊唐書契丹傳）。	逐獵往來，居無常處（舊唐書契丹傳）。	臣於突厥（舊唐書契丹傳）。	
奚	分為五部，每部置俟斤一人（舊唐書奚傳）。	每隨逐水草，以畜牧為業，遷徙無常居（舊唐書奚傳）.	奚亦臣屬突厥（唐會要奚）。	
室韋	其國無君長，有大首領十七人，並號莫賀弗（舊唐書室韋傳）。	其人土著，相聚而居，多至數十百家，剡木為犁，不加金刀，人牽以種，不解用牛（舊唐書室韋傳）。小或千戶，大數千戶，濱散川谷，逐	附於突厥（舊唐書室韋傳）。	

		水草而處，每弋獵則相嘯聚，事畢去，不相臣制，故雖猛悍善戰，而卒不能為強國，剡木為犂，人挽以耕，田穫甚褊（新唐書室韋傳）。		
靺鞨	其國凡為數十部，各有酋帥（舊唐書靺鞨傳）。	掘地為穴，相聚而居，夏則出，隨水草，冬則入處穴中（舊唐書靺鞨傳）。	或附於高麗，或臣於突厥（舊唐書靺鞨傳）。	

突厥領土雖大，而種人複雜，其強不及匈奴，只因唐承大亂之後，戶口減耗，比之隋時，相差甚巨。

> 今百姓承喪亂之後，比之隋時，才十分一（新唐書卷九十八馬周傳）。

大亂之後，必須予民休息，這個時候興師討伐，縱令幸而獲勝，而財富殫空，又足以引起社會問題。古代中國關於外交方面，最能應用黃老主義。在國力疲敝之際，陽雖歲贈金繒，以求和親，陰則厲兵秣馬，而謀報復。其初很像「無為」，其實不是「無為」，而是一方忍耐，一方準備，而求大有為於後日。只忍耐而不準備，國必亡，有準備而不忍耐，國必危。句踐臥薪嘗膽，何曾讓夫差知道。小不忍則亂大謀，高祖太宗是深知這個道理的。太宗說：

> 我觀突厥之兵雖眾而不整，君臣之計惟財利是視……我因而襲擊其眾，勢如拉巧……覆之如反掌耳。我所以不戰者，即位日淺，為國之道，安靜為務，一與虜戰，必有死傷。又匈奴一敗，或當懼而修德，結怨於我，為患不細。我今卷甲韜戈，啗以玉帛，頑虜驕恣，必自此始，破亡之漸，其在茲乎。將欲取之，必姑與之，此之謂也（舊唐書卷一百九十四上突厥傳）。

高祖實行「必姑與之」的政策，不惜歲遺金繒，以求和親，太宗則準備「將欲取之」的工作。「唐之始時，授人以口分世業田，而取之以租庸調之法，其用之也有節」（新唐書卷五十一食貨志一）。高祖復「勸農務本，蠲其力役」（全唐文卷二勸農詔），即「非有別敕，不得輒差科徭役」（全唐文卷二罷差科徭役詔），而對於「新附之民，特蠲徭賦，欲其休息，更無煩擾，使獲安靜，自修產業」（全唐文卷二申禁差科詔）。這種政策就是西漢初年的黃老主義。按唐在永徽三年，全國戶數不過三百八十萬（唐會要卷八十四戶口數），則貞觀時代戶口之少，可以推知。所以太宗就同漢惠帝一樣，講求戶口的增殖。他曾下詔州縣，令守宰勸導人民結婚。

男年二十，女年十五以上，及妻喪達制之後，孀居服紀已除，並須申以媒媾，令其好合……刺史縣令以下，官人若能使婚姻及時，鰥寡數少，量准戶口增多，以進考第。如其勸導乖方，失於配偶，准戶減少，以附殿失（全唐文卷四令有司勸勉民間嫁娶詔）。

社會安定，經濟復興，於是太宗又訓練軍隊，而求雪辱。

上嘗引諸衛將卒，習射於顯德殿，諭曰戎狄侵盜，自古有之，患在邊境，小安則人主逸遊忘戰。今朕不使汝曹穿池築苑，專習弓矢。居閑無事，則為汝師，突厥入寇，則為汝將，庶中國之民可以小安。於是日引數百人教射於殿庭，上親臨試，中多者賞以弓刀布帛，其將帥亦加上考。由是人思自勵，數年之間，悉為精銳（文獻通考卷一百五十一兵制，參閱舊唐書卷二太宗紀武德九年）。

這個時候，突厥國內又發生了一個變動。按突厥能夠雄強北荒，有恃於回紇與薛延陀的資助者甚大，而回紇與薛延陀所以願為突厥之用又因為國無君長。

迴紇無君長，自突厥有國，東西征討，皆資其用，以制北荒（舊唐書卷一百九十五迴紇傳）。

薛延陁無君長，自突厥有國，東西征討，皆資其用，以制北荒（隋書卷八十四鐵勒傳）。

戰爭需要軍事領袖，回紇與薛延陀最初乃臣屬於西突厥，既受西突厥剝削，當然想設法反抗，而要從事反抗，就須選舉一位智勇的人，指揮部落作戰。戰爭愈長久，指揮愈重要，於是指揮者就變成部落的酋長。由於這種必要，回紇與薛延陀就在隋末唐初，選舉君長，成立了類似國家的組織，而改隸於東突厥。

迴紇……其先匈奴也……元魏時亦號高車部，或曰敕勒，訛為鐵勒，其部落曰袁紇薛延陀契苾……凡十有五種，皆散處磧北。袁紇者……其人驍強，初無酋長，逐水草轉徙，善騎射，喜盜鈔，臣於突厥，突厥資其財力，雄北荒。大業中，處羅可汗（西突厥，即泥撅處羅可汗，從隋煬帝征高麗，賜號為曷薩那可汗）攻脅鐵勒部，裒責其財，既又恐其怨，則集渠豪數百悉阬之。韋紇乃……叛去，自為俟斤（突厥官名），稱回紇……有時健（舊唐書及唐會要作特健）俟斤者，眾始推為君長，子曰菩薩，材勇有謀，嗜獵射，戰必身先，所向輒摧破，故下皆畏附……時健死，部人賢菩薩，立之……回紇由是寖盛（新唐書卷二百十七上回鶻傳）。

敕勒（即鐵勒）……有薛延陀，迴紇，契苾等十五部，皆居磧北……薛延陀於諸部為最強。西突厥曷薩那可汗（即泥撅處羅可汗，亦作處羅可汗）方強，敕勒諸部皆臣之。曷薩那徵稅無度，諸部皆怨。曷薩那誅其渠帥百餘人，敕勒相帥叛之，共推契苾哥楞為易勿真莫賀可汗，居貪于山北，又以薛延陀乙失鉢為也咥小可汗，居燕末山北。及射匱可汗（西突厥）兵復振，薛延陀契苾二部並去可汗之號以臣之。回紇等六部在鬱督軍山者，東屬始畢可汗（東突厥）。統葉護可汗（西突厥）勢衰，乙失鉢之孫夷男，帥部落七萬餘家，附於頡利可汗（資治通鑑卷一百九十二唐紀太宗貞觀元年）❽。

❽ 此乃追述往事，並不是貞觀元年的事，舊唐書鐵勒傳，新唐書薛延陀傳，均謂貞觀二年統葉護可汗死，其國大亂，

貞觀元年，回紇與薛延陀相率背叛，在它們背叛之際，東突厥又發生了一個內憂。

貞觀元年，陰山已北，薛延陀回紇等部相率背叛……頡利遣突利討之，師又敗績，輕騎奔還。頡利怒，拘之十餘日，突利由是怨望，內欲背之……三年突利遣使奏言與頡利有隙，奏請擊之（舊唐書卷一百九十四上突厥傳）。

匈奴能夠侵陵中國，一恃西域的財力，二恃諸羌的兵力。漢武帝討伐匈奴，開河西，置四郡，以隔絕胡羌，又西伐大宛，並三十六國，結烏孫，以裂匈奴之右臂。費時既久，用力尤大。現在回紇薛延陀背叛頡利，這是一個良好消息。在這時期，東突厥又天災流行，經濟發生了恐慌。

頻年大雪，六畜多死，國中大餒，頡利用度不給，復重斂諸部，由是下不堪命，內外多叛之（舊唐書卷一百九十四上突厥傳）。

所以貞觀三年鄭元璹出使突厥，還時，即報告太宗，謂突厥之必覆滅。

貞觀三年鄭元璹又使入突厥，還奏曰突厥興亡，唯以羊馬為準。今六畜疾羸，人皆菜色……不出三年，必當覆滅（舊唐書卷六十二鄭善果傳）。

而且唐經太宗治理之後，戶口雖未繁庶，而經濟已經繁榮。

貞觀四年，米斗四五錢，外戶不閉者數月，馬牛被野，人行數千里不齎糧，民物蕃息（新唐書卷五十一食貨志一）。

夷男始附於東突厥頡利可汗。按二書突厥傳，貞觀元年薛延陁已叛頡利，安得二年始附頡利乎。故此處引資治通鑑不引新舊唐書。

兵力尤見雄強，太宗說：

> 今中國強，戎狄弱，以我徒兵一千，可擊胡騎數萬（資治通鑑卷一百九十七唐紀太宗貞觀十七年）。

太宗之言雖在貞觀十七年，而兵力之強乃開始於貞觀初年。一方突厥漸衰，他方中國寖盛，兩相對比，東突厥已非中國之敵。於是太宗就命將出師，一舉即殲滅之。

> 貞觀三年詔，并州都督李世勣出通漢道，兵部尚書李靖出定襄道，左武衛大將軍柴紹出金河道，靈州大都督任城王道宗出大同道，幽州都督衛孝節出恆安道，營州都督薛萬徹出暢武道，凡六總管，師十餘萬，皆受靖節度，以討之……四年正月靖進屯惡陽嶺，夜襲頡利……頡利窘，走保鐵山，兵猶數萬……靖襲擊之，盡獲其眾，頡利得千里馬獨奔……行軍副總管張寶相擒之……其國遂亡（新唐書卷二百十五上突厥傳）。

東突厥既亡，太宗便以高麗為第二征服目標。高麗離中國較遠，雖不能為中國之患，惟煬帝三駕遼東而皆失敗，這由太宗看來，也是中國的恥辱。太宗說：

> 遼東本中國之地，隋氏四出師而不能得（胡三省註，隋文帝開皇十八年伐高麗，煬帝大業八年九年十年三伐高麗），朕今東征，欲為中國報子弟之讎（資治通鑑卷一百九十七唐紀太宗貞觀十九年）。

但是高麗與突厥不同，地在遼東，唐由關中出師討伐，必須長途跋涉，又須經過遼澤，一到雨季，「泥淖二百餘里，人馬不可通」（資治通鑑卷一百九十七唐太宗貞觀十九年），運糧更覺困難。兼以「遼左早寒，草枯泉凍，士馬難久留」（資治通鑑卷一百九十八唐太宗貞觀十九年）。六韜（第五十九篇戰騎）云：「敵人絕我糧道，往而無以還，此騎之困地也。河下沮澤，進退漸洳，此騎之患地也」。隋煬帝三駕遼東而均失敗，即因不知天時地利。在這種形勢之下，唐需要速戰速決，而高麗善守城，凡地不能守者引軍而退，能守者堅壁固守。唐圍安市時，「城中人堅守不動，三月不能剋」（舊唐書卷一百九十九上高麗傳），曠日持久，終以「倉儲無幾，士卒寒凍，乃詔班師」（舊唐書卷一百九十九上高麗傳）。

出師遼東，既有許多困難，若由海道以襲高麗，勢宜先取百濟以為根據，欲取百濟，又須聯合新羅以便進軍。太宗時代新羅已經降附於唐，惟太宗不欲渡海。高宗即位，變更戰略，先與新羅聯軍討平百濟。

> 百濟恃高麗之援，數侵新羅，新羅王上表求救……以左武衛大將軍蘇定方為神丘道行軍大總管，帥……水陸十萬，以伐百濟……蘇定方引兵自成山濟海，百濟據熊津江口以拒之。定方進擊破之……定方水陸齊進，直趣其都城，未至二十餘里，百濟傾國來戰，大破之……百濟王義慈及太子隆逃於北境，定方進圍其城，義慈次子泰自立為王，帥眾固守……定方命軍士登城立幟，泰窘迫，開門請命，於是義慈隆及諸城主皆降。百濟故有五部，分統三十七郡，二百城，七十六萬戶，詔以其地置熊津五都督府，以其酋長為都督刺史（資治通鑑卷二百唐紀高宗顯慶五年）。

這個時候，高麗既有內亂，

> 有蓋蘇文者……殺高麗王高建武……更立建武弟之子藏為王，自為莫離支，專國，猶唐兵部尚書中書令職云（以上為貞觀十六年之事）……乾封元年，蓋蘇文死，子男生代為莫離支，與弟男建男產相怨。男生……遣子獻城入朝求救，蓋蘇文弟淨土亦請割地降（新唐書卷二百二十高麗傳）。

又有天災。

> 高麗薦饑，人相掠賣，地震裂，狼狐入城，蚡穴於門，人心危駭（新唐書卷二百二十高麗傳）。

於是討伐高麗，煬帝失敗於前，太宗挫折於後，現在竟由高宗一舉而告成功。

乾封元年六月，以右驍衛大將軍契苾何力為遼東道安撫大使……又以右金吾衛將軍龐同善……為行軍總管，同討高麗……九月龐同善大破高麗兵，男生帥眾與同善合……冬十二月以李勣為遼東道行軍大總管……以擊高麗，龐同善契苾何力並為遼東道行軍副大總管……其水陸諸軍總管……郭待封等並受勣處分……二年九月李勣拔高麗之新城……引兵進擊一十六城，皆下之，郭待封以水軍自別道趣平壤……總章元年二月，李勣等拔高麗扶餘城……扶餘川中四十餘城皆望風請服……男健遣兵五萬人救扶餘城，與李勣等遇於薛賀水，合戰，大破之……進攻大行城，拔之……勣既克大行城，諸軍出他道者，皆與勣會，進至鴨綠柵……拔辱夷城……契苾何力先引兵至平壤城下，勣軍繼之，圍平壤月餘，九月高麗王藏……降……高麗悉平……分高麗五部，百七十六城，六十九萬餘戶為九都督府，四十二州，百縣，置安東都護府於平壤以統之，擢其酋帥有功者為都督刺史縣令，與華人參理（資治通鑑卷二百一唐紀高宗乾封元年至總章元年）。

北方之狄以突厥為最雄張，東方之夷以高麗為最頑強，西戎常受北狄的控制，南蠻寡弱，不足為患，突厥與高麗既已臣屬，亞洲之地遂沒有一個國家能夠抗拒中國。訖至天寶，唐的版圖，東至安東，西至安西，南至日南，北至單于府，「三王以來，未有以過之」（新唐書卷二百十九北狄傳贊）。

當此之時，唐於貞觀二十二年，又由王玄策檄召鄰國兵，征服天竺，降城邑五百八十所。壯哉王玄策，其令名可與班超同垂不朽矣。

隋煬帝時，遣裴矩通西域諸國，獨天竺拂菻不至為恨。武德中，國大亂，王尸羅逸多……因討四天竺（分東西南北中五天竺），皆北面臣之。會唐浮屠玄奘至其國，尸羅逸多召見……玄奘言太宗神武，平禍亂，四夷賓服狀。王喜曰我當東面朝之……貞觀二十二年遣右衛率府長史王玄策使其國。未至，尸羅逸多死，國人亂，其臣阿羅那順自立，發兵拒玄策……玄策檄召鄰國兵，吐蕃以兵千人來，泥婆羅以七千騎來。玄策部分進戰茶鎛和羅城，三日破之，斬首三千級，溺水死萬人。阿羅那順委國走……擒之，俘斬千計……虜男女萬二千人，雜畜三萬，降城邑五百八十所……玄策執阿羅那順獻闕下（新唐書卷二百二十一上天竺傳）。

現在試來研究唐承大亂之後，何以不及數年，就能夠威服四夷。府兵之制寓兵於農，兵農合一，閒歲則櫜弓力穡，有事則釋耒荷戈，其紀律比傭兵良，其戰鬥力比傭兵強，而唐對於農民又能利用各種方法，鼓勵他們從軍，又鼓勵他們作戰。按政治必須合於人情，晁錯說：「情之所惡，不以強人，情之所欲，不以禁民」（漢書卷四十九晁錯傳）。釋耒荷戈，奔命於疆場之上，試問誰人願意。但是人類必有所欲，又有所惡，政治家若能抓住人類這個弱點，誘之以其所大欲，嚇之以其所大惡，則戰爭雖然危險，而人民權輕重，較短長之後，亦未必不肯棄家庭，捐妻子，效命於疆場之上。人類所欲者是什麼？是名利。人類所惡者是什麼？是貧賤。愛名利而惡貧賤，這是事實。教育家固然可以反對這個事實，教人不要為名而奮鬥，不要為利而努力。政治家則須承認這個事實，利用名利，鼓勵人民向正當的方面奮鬥，向正當的方面努力。陸贄說：

夫立國之道惟義與權，誘人之方惟名與利。名近虛而於教為重，利近實而於德為輕。凡所以裁是非，立法制者，則存乎其義。至於參虛實，揣輕重，並行而不傷，迭用而不悖，因眾之欲，達時之宜，消息盈虛，使人不倦者，則存乎其權。專實利而不濟之以虛，則耗匱而物力不給。專虛名而不副之以實，則誕謾而人情不趨。故國家之制賞典，錫貨財，賦秩廩，所以彰實也。差品列，異服章，所以飾虛也。居上者必明其義，達其變，相須以為表裡，使人日用而不知，則為國之權得矣（陸宣公全集卷四又論進瓜果人擬官狀）。

唐之政府很會利用名利，以鼓勵人民作戰。關於名的方面，天子常以至尊之身，存慰傷兵。

上見病卒，召至御榻前存慰，付州縣療之，士卒莫不感悅（資治通鑑卷一百九十七唐紀太宗貞觀十九年）。

弔祭戰亡士卒。

上至營州，詔遼東戰亡士卒骸骨並集柳城東南，命有司設太牢，自作文以祭之，臨哭盡哀，其父母聞之曰，吾兒死，而天子哭之，死何所恨（資治通鑑卷一百九十八唐紀太宗貞觀十九年）。

或追贈官爵，許其推授子弟。

貞觀永徽年中，東西征役，身死王事者並蒙勑使弔祭，追贈官職，亦有迴亡者，官爵與其子弟……渡遼海者即得一轉勳官（舊唐書卷八十四劉仁軌傳）。

而得到官爵者尚有免課的權利。

視九品以上官不課（新唐書卷五十一食貨志一）。

是則身死王事，不但得名，且又得利了。關於利的方面，唐代均田之制，每夫受田百畝。周制，步百為畝，唐制二百四十步為畝，計其面積三倍於古，自非一人之力所能耕種。唐初戶口稀少，民年十八以上均可受田。在這種經濟之下，試問誰肯做人傭工。人們要雇用傭工，只有虜掠奴隸。戰爭是虜掠奴隸的方法，打了一次勝仗，不但俘虜，連城中男女都是將士的奴隸。

師次白崖城，命攻之……城主孫伐音……降。初遼東之陷也，伐音乞降，既而中悔，帝怒其反覆，許以城中人物分賜戰士。及是，李勣言於帝曰，戰士奮厲爭先，不顧矢石者，貪虜獲耳。今城垂拔，奈何更許其降，無乃辜將士之心乎。帝曰將軍言是也，然縱兵殺戮，虜其妻孥，朕所不忍也，將軍麾下有功者，朕以庫物賞之，庶因將軍贖此一城，遂受降（舊唐書卷一百九十九上高麗傳）。

諸軍所虜高麗民萬四千口，先集幽州，將以賞軍士，上愍其父子夫婦離散，命有司平其直，悉以錢布贖為民（資治通鑑卷一百九十八唐紀太宗貞觀十九年）。

太宗欲赦俘虜，須用錢布贖之，這可以證明俘虜乃屬於將士。唐代外國人奴隸之多，可看下列的例。

新羅張保皐歸新羅，謁其王曰，遍中國，以新羅人為奴隸，願得鎮清海，使賊不得掠人西去，清海海路之要也。王與保皐萬人守之，自太和後，海上無鬻新羅人者（新唐書卷二百二十新羅傳）。

其次，唐代每夫受田百畝，其中八十畝為口分，二十畝為永業。民年六十以上，口分田減為四十畝，而死者縱有家屬，寡妻妾只能得三十畝（新唐書卷五十一食貨志一）。但是因戰而死者，子孫雖未成丁，也可以全部繼承口分田，因戰而傷者，縱令年已六十，終身亦不減田。

身死王事者，子孫雖未成丁，勿追口分田；戰傷廢疾，不追減終身（文獻通考卷二歷代田賦之制）。

人類都是利己的，單用道德觀念勉勵人民，令其為國捐軀，未必就有效果。唐代知道利用名利，所以每次徵募，無不超過定額，至有以私裝從軍而願效死遼東者。

征高麗，皆取願行者，募十得百，募百得千，其不得從軍者，皆憤歎鬱邑（資治通鑑卷一百九十七唐紀太宗貞觀十八年）。

其或不預征名，亦願自辦衣糧，謂之義征。

以往（貞觀永徽年中）……百姓人人應募，爭欲從軍，或請自辦衣糧，謂之義征（資治通鑑卷二百一唐紀高宗麟德元年）。

民氣奮發，每戰必勝，唐的國家便成為世界帝國，其天子在內稱皇帝，在外稱天可汗，荒區君主非得唐的冊封，不能君臨其國。

> 唐之德甚矣，際天所覆，悉臣而屬之，薄海內外無不州縣，遂尊天子為天可汗，三王以來，未有以過之。至荒區君長，待唐璽纛乃能國，一為不賓，隨輒夷縛（新唐書卷二百十九北狄傳贊）。

太宗在位之時，荒區君主咸云「願得天至尊為奴等天可汗，子子孫孫常為天至尊奴，死無所恨」（資治通鑑卷一百九十八唐太宗貞觀二十年）。太宗崩殂之時，「四夷之人入仕於朝及來朝貢者數百人，聞喪皆慟哭翦髮剺面割耳，流血灑地」（資治通鑑卷一百九十九唐太宗貞觀二十三年）。太宗葬於昭陵之時，高宗欲闡揚先帝偉功，凡「蠻夷君長為先帝所擒服者頡利等十四人，皆琢石為其像刻名，列於北司馬門內」（資治通鑑卷一百九十九唐太宗貞觀二十三年）。隋煬帝有「何如漢天子，空上單于臺」之句，唐的國威，確實超過兩漢。

唐如何統治這許多征服的區域？唐承大亂之後，戶口減耗，貞觀初，戶不及三百萬，高宗永徽三年，戶僅三百八十萬，一切御戎政策遂受戶口的限制。質言之，該地固然改為州縣，其實不過羈縻而已，既不能殖民蠻疆，改土歸流，又不能移民實邊，防其入寇，反而徙戎狄於內地，啟其覬覦之心，安史作亂，天下分崩，降至五代，君臨中夏者多是胡狄之裔。

唐每征服一地，就於其地列置州縣，以其酋長為都督刺史縣令。這不是要使蠻荒變成中國的版圖，而是要分化其眾，使國小權分，不能抗衡中國。李百藥說：

> 突厥雖云一國，然其種類區分，各有酋帥。今宜因其離散，各即本部，署為君長，不相臣屬。國分則弱而易制，勢敵則難相吞滅，各自保安，必不能抗衡中國（資治通鑑卷一百九十三唐紀太宗貞觀四年）。

這種州縣不過羈縻之而已。羈縻州共八百五十六。

> 自太宗平突厥，西北諸蕃及蠻夷稍稍內屬，即其部落，列置州縣，其大者為都督府，以其首領為都督刺史，皆得世襲。雖貢賦版籍多不上戶部，然聲教所暨，皆邊州都督都護所領，著於令式……突厥回紇黨項吐谷渾隸關內道者，為府二十九州九十。突厥之別部及奚契丹靺鞨降胡高麗隸河北者，為府十四州四十六。突厥回紇黨項吐谷渾之別部及龜茲于闐焉耆疏勒河西內屬諸胡西域十六國隸隴右者，為府五十一州百九十八。羌蠻隸劍南者為州二百六十一。蠻隸江南者為州五十一，隸嶺南者為州九十三。又有黨項州二十四，不如其隸屬。大凡府州八百五十六，號為羈縻云（新唐書卷四十三下地理志七）。

而分統於六都護府，亦有隸於沿邊都督府者。

> 唐貞觀至開元，蠻夷多內屬，即其部落為羈縻府州，多至八百五十有六。又於沿邊諸道設六都護分統之，曰安北都護府（屬關內道），曰單于都護府（屬關內道），曰安西部護府（屬隴右道），曰北庭都護府（屬隴右道），曰安東都護府（屬河北道），曰安南都護府（屬嶺南道）。其餘則統於營州（屬河北道），松州（初屬隴右道，永徽後屬劍南道），戎州（屬劍南道），黔州（屬江南道）等都督府（讀史方輿紀要卷五歷代州域形勢）。

都護府分大都護府與上都護府，置大都護與都護，掌撫慰諸蕃，征討攜貳，其職權有似於都督府的都督❾。

❾ 關於都護府之組織，唐六典（卷三十都護府）云：「大都護府大都護一人從二品，副大都護一人從三品，副都護二人正四品上……上都護府都護一人正三品，副都護二人從四品上」。舊志（舊唐書卷四十四職官志三都護府）云：

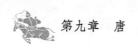

> 大都護府大都護一人從二品，副大都護二人從三品，副都護二人正四品上，長史一人正五品上，司馬一人正五品下，錄事參軍事一人正七品上，功曹倉曹戶曹兵曹法曹參軍事各一人正七品下。上都護府上都護一人正三品，副都護二人正四品上，長史一人正五品上，司馬一人正五品下，錄事參軍事一人正七品下。功曹倉曹戶曹兵曹參軍事各一人從七品上。都護掌統諸蕃，撫慰征討，敘功罰過，總判府事（新唐書卷四十九下百官志四）。

但是羈縻不是徹底的辦法，該地都督刺史都是戎狄君長，不過分為數部，使其不相臣屬，而直接隸於都護府而已。國力強盛，固然可以羈縻他們。國力衰弱，他們不難團結起來，反戈相抗。所以玄宗時代，又於緣邊禦戎之地，置節度使，以之式遏四夷。

> 是時……置十節度經略使，以備邊。安西節度撫寧西域，統龜茲焉耆于闐疏勒四鎮，治龜茲城，兵二萬四千。北庭節度防制突騎施堅昆，統瀚海，天山，伊吾三軍，屯伊西二州之境，治北庭都護府，兵二萬人。河西節度斷隔吐蕃突厥，統赤水，大斗，建康，寧寇，玉門，墨離，豆盧，新泉八軍，張掖，交城，白亭三守捉，屯涼肅瓜沙會五州之境，治涼州，兵七萬三千人。朔方節度捍禦突厥，統經略豐安定遠三軍，三受降城，安北單于二都護府，屯靈夏豐三州之境，治靈州，兵六萬四千七百人。河東節度與朔方掎角，以禦突厥，統天兵，大同，橫野，岢嵐四軍，雲中守捉，屯太原府忻，代，嵐三州之境，治太原府，兵五萬五千人。范陽節度臨制奚契丹，統經略，威武，清夷，靜塞，恆陽，北平，高陽，唐興，橫海九軍，屯幽，

「大都護府大都護一員從三品，副都護四人正四品上……上都護府都護一員正三品，副都護二人從四品上」，長史以下大體相同。

薊，媯，檀，易，恆，定，漠，滄九州之境，治幽州，兵九萬一千四百人。平盧節度鎮撫室韋靺鞨，統平盧，盧龍二軍，榆關守捉，安東都護府，屯營平二州之境，治營州，兵三萬七千五百人。隴右節度備禦吐蕃，統臨洮，河源，白水，安人，振威，威戎，漠門，寧塞，積石，鎮西十軍，綏和，合川，平夷三守捉，屯鄯廓洮河之境，治鄯州，兵七萬五千人。劍南節度西抗吐蕃，南撫蠻獠，統天寶，平戎，昆明，寧遠，澄川，南江六軍，屯益，翼，茂，當，嶲，柘，松，維，恭，雅，黎，姚，悉十三州之境，治益州，兵三萬九百人。嶺南五府經略綏靜夷獠，統經略，清海二軍，桂容邕交四管，治廣州，兵萬五千四百人。此外又有長樂經略，福州領之，兵千五百人。東萊守捉萊州領之，東牟守捉登州領之，兵各千人。凡鎮兵四十九萬人，馬八萬餘匹。開元之前，每歲供邊兵衣糧，費不過二百萬。天寶之後，邊將奏益兵浸多，每歲用衣千二十萬匹，糧百九十萬斛，公私勞費，民始困苦矣（資治通鑑卷二百十五唐玄宗天寶元年）。

天寶末年，節度使盡用胡人。國家為了防胡而置節度使，而節度使又用胡人，用胡人以防胡人，這是制度上的矛盾。其釀成安史之亂，可以說是勢之必然。

唐對這許多羈縻州府，若能於國力雄厚之時，施行殖民政策，也許可以化蠻荒為版圖。顧唐代初年戶口減耗，漢民在蠻荒者已經用金帛贖回，何能再把內地人民徙於蠻疆。

隋末，中國人多沒於突厥，及突厥降，上遣使以金帛贖之……有司奏凡得男女八萬口（資治通鑑卷一百九十三唐紀太宗貞觀五年）。

因此，移民蠻疆之事也受人口的限制，無法推行。當時朝臣均欲化胡虜為百姓，使中國有加戶之利。

其後下詔議邊之術，多言突厥恃強擾亂中國，今日天實喪之，窮來歸於我，本無慕義之心，因其歸命，遷其種落，俘之江南⑩，散屬州縣，各使耕耘，變其風俗，百萬強胡可得化而為百姓，則中國有加戶之利，塞北可空虛矣（唐會要卷七十三安北都護府）。

果能徙置江南，散屬州縣，他們離開本土既遠，而又散居漢人之間，漢眾胡寡，當然容易同化。所可惜者，太宗乃處其部眾於河南。所謂河南即漢朔方之地，漢武帝經數次苦戰，才得其地，改置朔方郡。朔方地肥饒，乃中國滅胡之本（參閱漢書卷六十四上主父偃傳），而太宗竟以給突厥，這是太宗的失策。

太宗擒頡利，處其部眾於河南，竇靜以為不便，上封曰，如臣計者，莫如因其破亡之後……分其土地，析其部落，使其權弱勢分，易為羈制，自可永保邊塞，俾為藩臣，此實長轡遠馭之道。於時務在懷輯，雖未從之，太宗深嘉其志（舊唐書卷六十一竇威傳）。

當時朝中大臣曾有一番論辯，溫彥博主張處之塞下，魏徵主張遣還河北，太宗務在懷輯，朝臣亦同彥博議，遂處降胡於五原塞下，即河南一帶之地。

中書令溫彥博議曰，請準漢武時置降匈奴於五原塞下，全其部落，得為捍蔽，又不離其本俗，因而撫之，一則實空虛之地，二則示無猜忌之心，若遣向江南，則乖物性，故非含育之道也。祕書監魏徵議曰，匈奴……世寇中國，百姓冤讎……宜遣還河北，居其故地。匈奴人面獸心，強必寇盜，弱則卑服……且降者幾至十萬，數年之間滋息百倍，居我肘腋，逼邇王畿，心腹之疾將為後患，尤不可河南處也。彥博又奏曰不然，天子之於物也，天覆地載，歸我者則必撫之……遣居河南，初無後患，所謂死而生之，亡而存之，懷我德惠，終無叛逆。魏徵又曰不然，晉世有魏時胡落分居近邑，平吳之後，郭欽江統勸帝逐出塞外，不用

⑩ 據資治通鑑，為貞觀四年之事。據舊唐書卷六十一溫大雅傳，「俘之江南」為「俘之河南」。

欽等言，數年之後，遂傾關洛，前代覆車，殷鑒不遠，陛下用彥博之言，遣居河南，所謂養畜自貽患也……朝士多同彥博議，上遂用之（唐會要卷七十三安北都護府）。

此際唐之政策除派遣戍卒之外，大率謫徙罪人於邊疆，例如：

貞觀十六年正月辛未，徙死罪者實西州，其犯流徒則充戍，各以罪輕重為年限（資治通鑑卷一百九十六唐紀太宗貞觀十六年）。

關此，褚遂良說：

陛下歲遣千餘人遠事屯戍……兼遣罪人，增其防遏，彼罪人者生於販肆，終朝墮業，犯禁違公，謂之浮薄，徒能擾於邊城，必無益於行陣（唐會要卷九十五高昌）。

到了玄宗時代，戶口已經增加，王晙又請內徙胡虜，令其同化。他說：

突厥……款塞降附……望至秋冬之際……分配淮南河南（當為江南之誤）安置，仍給程糧，送至配所。雖復一時勞弊，必得久長安穩，二十年外，漸染淳風，將以充兵，皆為勁卒……臣料其中頗有三策，若盛陳兵馬，散令分配，內獲精兵之實，外祛黠虜之謀，暫勞永安，此上策也。若多屯士卒，廣為備擬，亭障之地，蕃漢相參，費甚人勞，此下策也。若置之朔塞，任之來往，通傳信息，結成禍胎，此無策也（舊唐書卷九十三王晙傳）。

玄宗亦不之從，而只募民實邊。

開元十六年十月勅，諸州客戶有情愿屬緣邊州府者，至彼給良沃田安置，仍給永年優復，宜令所司即與所管客戶州計會，召取情願者，隨其所樂，具數奏聞（唐會要卷八十四移戶）。

但是我們若看德宗時代陸贄論緣邊守備事宜，就可知道募民實邊根本無法推行，政府所能舉辦者還是謫徙罪人。陸贄說：

> 復有抵犯刑禁，謫徙軍城，意欲增戶實邊，兼令展效自贖，既是無良之類，且加懷土之情，思亂幸災，又甚戍卒，適足煩於防衛，諒無望於功庸（舊唐書卷一百三十九陸贄傳）。

按唐討伐四夷，多將降虜處於邊疆。太宗貞觀四年，破突厥，處其部落於河南朔方之地，入居長安者近萬家。十九年征高麗，拔十城，徙遼蓋巖三州戶口入中國者七萬人。高宗顯慶五年平百濟，徙其戶口於徐兗等州。總章元年平高麗，徙其戶口三萬八千二百於江淮之南及山南京西諸州空曠之地（以上均見於資治通鑑），此不過舉其數例而已。漢世蠻族內徙，他們熟悉山川形勢，一旦叛變，逃歸本國，慫恿戎狄寇邊，中國實難抵禦。何況邊州既有醜虜，則民族鬥爭必將轉變為國內戰爭。晉代五胡之亂引起南北朝的分立，經過數百餘年，中國才告統一。殷鑒不遠，而唐又蹈覆轍，這由漢族看來，是很危險的。安史亂後，各地藩鎮出身於胡人者不少，他們以愛戰的種族，入居中原，而唐代又宗文鄙武，戰事發生，他們容易立功，而既已立功之後，他們稟其梟悍之氣，叛上作亂，自是意中的事。新唐書（卷二百一十至二百十四）列舉藩鎮二十三人，屬於異族者七，其餘諸人歷史雖未明言其先系，但是我們若看他們的籍貫和履歷，又不難忖度他們多係胡化的漢人。唐時，北方有兩個地方為漢胡雜居之所，一是河朔，史孝章說：

> 天下指河朔若夷狄焉（新唐書卷一百四十八史孝章傳）。

二是寧（漢北地郡）慶（漢北地郡）二州，唐休璟說：

> 豐州（漢五原郡地）控河遏寇，號為襟帶，自秦漢以來，常郡縣之……隋季喪亂，不能堅守，乃遷就寧

慶，戎羯得以乘利而交侵，始以靈（漢北地郡地）夏（漢朔方郡地）為邊，唐初募人以實之，西北一隅得以完固。今而廢之，則河傍地復為賊有，而靈夏亦不足自安（新唐書卷一百十一唐休璟傳）。

而河朔之地胡化尤深，唐都關中，幽燕去關中為遠，而奚契丹室韋靺鞨又環伺其側，朝廷為了鎮撫東北，天下精銳悉集范陽，遂同漢末涼州一樣，成為產將的地方。而范陽之地經安祿山統治之後，更染胡風。

彼幽州者……其民剛強……近則染祿山思明之風，二百餘年，自相崇樹，雖朝廷有時命帥，而土人多務逐君，習苦忘非，尾大不掉，非一朝一夕之故也（舊唐書卷一百八十朱克融等傳史臣曰）。

數十年後，幽州尚稱祿山思明為二聖，張弘靖欲變其俗，而卒引范陽叛變。

張弘靖充盧龍節度使，始入幽州……俗謂祿山思明為二聖，弘靖懲始亂，欲變其俗，乃發墓毀棺，眾滋不悅……故范陽復亂（新唐書卷一百二十七張弘靖傳）。

河朔胡化最深，諸藩鎮除出身於胡虜者外，其餘不是安史餘孽，便是范陽的人，由此可知徙戎之事對於中國的內亂有很大的關係。茲將新唐書所載藩鎮二十三人的履歷列表如次⓫：

唐藩鎮與胡虜之關係表

姓名	履歷	備考
田承嗣	平州盧龍人，世事盧龍軍，隸安祿山麾下。	平州漢右北平郡及遼西郡之地。
史憲城	其先奚也，內徙靈武為建康人，三世署魏博將。	靈武郡即靈州，漢北地郡之地。
何進滔	靈武人，世為本軍校，少客魏，委質軍中，事田弘正。	魏州漢魏郡及遼東郡之地。

⓫ 據新唐書各本傳。

羅弘信	魏州貴鄉人。	曾祖，祖，父皆為本州軍校（舊唐書）。
李寶臣	本范陽內屬奚也，為祿山假子，事安慶緒為恆州刺史。	范陽郡即幽州。
王武俊	本出契丹怒皆部，父路俱開元中入居薊，隸李寶臣帳下為裨將。	薊屬范陽郡。
王廷湊	本回紇阿布思之族，隸安東都護府，曾祖為李寶臣帳下，王武俊養為子。	
李懷仙	柳城胡也，世事契丹，祿山之反以為裨將。	柳城屬營州。
朱滔	幽州昌平人，父懷珪事安史二賊。	
劉怦	幽州昌平人，少為范陽裨將。	怦即朱滔姑之子（舊唐書）。
朱克融	朱滔孫。	
李載義	自稱恆山愍王之後。	
張仲武	范陽人。	
張允伸	范陽人，世為軍校。	
李茂勳	本回紇阿布思之裔。	
李全忠	范陽人。	
劉仁恭	深州人，父晟客范陽。	深州漢涿郡地。
李正己	高麗人。	
程日華	定州安喜人，父元皓為安祿山帳下，偽署定州刺史。	定州漢中山郡地。
李全略	事王武俊為偏裨。	
劉玄佐	滑州匡城人。	滑州漢東郡地。
吳少誠	幽州潞人。	
劉悟	祖正臣平盧軍節度使。	

唐代御戎政策完全失敗，唐之亂始於安史，安祿山是營州柳城胡，史思明是寧夷州突厥種。亂事既平，

而羈縻的突厥六詔以及累世和親的吐蕃叛變於外，漢化胡人及胡化漢人的節度使倡亂於內，四海鼎沸，唐祚以亡。其繼起的五代如唐如晉如漢均是夷狄之種。宋雖收拾殘局，而幽雲之地沒於契丹，外患不絕於史。蒙古勃興，宋又滅亡。雖其間有許多因素，而唐代御戎政策之失敗不失為一個重要原因。

第四節　制度廢弛與藩鎮之亂

國家的治亂固然懸於人心的振靡，而人心的振靡又懸於制度的良窳。制度良，可使「靡」的人心變而為「振」，制度窳，可使「振」的人心變而為「靡」。戰國時代人心最靡者莫如秦，「貪狠強力，寡義而向利」，商鞅變法，知秦民「可威以刑，而不可化以善」，遂設嚴刑以戒人心之靡，又知秦民「可勸以賞，而不可勵以名」，遂置重賞以勸人心之振。秦是「禽獸之國」，卒能統一六合，成就帝業。由此可知國家的治亂懸於人心的振靡者小，懸於制度的良窳者大，所以討論朝代興亡，與其研究人心，不如研究制度。

貞觀之世號稱太平。

貞觀初，戶不及三百萬，絹一匹易米一斗。至四年，米斗四五錢，外戶不閉者數月，馬牛被野，人行數千里不齎糧，民物蕃息，四夷降附者百二十萬人，是歲天下斷獄，死罪者二十九人，號稱太平（新唐書卷五十一食貨志一）。

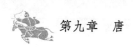

開元之治達到全盛。

是時海內富實，米斗之價錢十三，青齊間斗才三錢，絹一匹錢二百，道路列肆，具酒食以待行人，店有驛驢，行千里不持尺兵（新唐書卷五十一食貨志一）。

原唐所恃以治理天下者，一是府兵之制，二是文官制度，而這兩種制度又各有其缺點。大亂之後，人心思治，制度雖窳，亦不會發生問題。太平既久，人不厭亂，制度稍窳，亦必暴露其弱點，而成為禍亂之階。

就府兵說，府兵之制寓兵於農，全國置府六百三十四，而關中獨有二百六十一，這是居重馭遠之意。但是府兵制度既於各地置府，而又使各府訓練農民以為兵，則關中置府獨多，便是關中農民負擔兵役的義務獨多。「人情莫不欲安，人情莫不欲逸」（漢書卷四十九晁錯傳），逃避兵役可以說是人之常情。關中人民只要逃出關外，就可以逃避兵役。高季輔提議關內住民宜蒙優貸，令得休息，就是不欲他們科役太多。他說：

畿內數州京師之本，土狹人庶，儲蓄少而科役多，宜蒙優貸，令得休息，強本弱支之義也（新唐書卷一百四高季輔傳）。

戶口逃隱為吾國古代常有的現象，魏立三長以防隱冐，隋設里閭以相檢察，而丁漏戶隱仍不能免。何況一國之內各地義務不同，人民當然想逃出義務較重之地，奔到義務較輕之處。貞觀時朝廷議戶殷之處聽徙寬鄉，陝西刺史崔善為曾說：

畿內之地是謂戶殷，丁壯之人悉入軍府，若聽移轉，便出關外。此則虛近實遠，非經通之議（舊唐書卷一百九十一崔善為傳）。

有了崔善為之言，固然「其事乃止」，然而關內之人所負擔的兵役義務既比別處為多，則其逐漸逃散乃是勢之必然。

關內置府三百六十一，積兵士十六萬……通計舊府六百三十三，河東道府額亞於關中，河北之地人逐漸

> 逃散，年月漸久，逃死者不補，三輔漸寡弱，宿衛之數不給（唐會要卷七十二府兵）。

戶口逃散之後，不但關中的府兵減少，就是關中的租稅也必隨之減少。租庸調之法以人丁為本，有田則有租，有家則有調，有身則有庸。戶口逃散，家減少了，身減少了，田也沒有人耕種了，當然可以影響於租稅，而減少中央的收入。唐代，關中所出本來不足以給京師，必須轉漕東南之粟以救其窮。貞觀永徽之際，每歲漕運不過一二十萬斛，開元年間增加數倍，尚覺不足。裴耀卿說：

> 往者貞觀永徽之際，祿廩數少，每年轉運不過一二十萬石，所用便足……今國用漸廣，漕運數倍於前，支猶不給（舊唐書卷九十八裴耀卿傳）。

這固然因為國用漸廣，而三輔寡弱也不失為原因之一。何況府兵之制寓兵於農，這個制度須以均田為前提。而唐代均田之制乃同隋朝一樣，並不否認土地的私有，平民有永業田，貴族官僚也有永業田，一經給予，就由官田變為私田。年代愈久，平民的永業田愈益增加，官爵愈多，王公的永業田也日見增大，所以積時既久，官田愈少，私田愈多，弄到結果，國家必將沒有官田可以分配人民，而使均田制度自歸破壞。武后時，彭澤之地，每戶受田不過十畝五畝。

> 竊見彭澤地狹山峻無田，百姓所營之田，一戶不過十畝五畝。準例常年縱得全熟，納官之外，半載無糧（全唐文卷一百六十九狄仁傑乞免民租疏）。

而自高宗以來，豪強又常有兼併的事。

> 洛多豪右，占田類踰制（新唐書卷一百九十七賈敦頤傳）。

高宗以後，兼併愈甚，

豪富兼併，貧者失業（新唐書卷五十一食貨志一）。

到了開元年間，縱是京畿，也不能計口授田，

開元十九年，以京畿地狹，計丁給田，猶不足（新唐書卷五十五食貨志五）。

均田制度完全破壞，富者田連阡陌，而貧者竟至「依富為奴客」。

富者萬畝，貧者無容足之居，依託強家，為其私屬，終歲服勞，常患不足（新唐書卷五十二食貨志二）。

這種情況對於府兵制度乃有很大的影響。府兵之制寓兵於農，農民減少，貧者失業，竟至依富為奴客，那末，從軍的人當然銳減。社會有許多遊民，這個時候政府若把他們編為軍隊，尚可以維持社會的治安。這樣，徵兵便不能不改為募兵。

更進一步言之，均田之制，每夫受田百畝，人各有田，農民從軍，其田是由奴隸耕種的，唐代奴隸之多，只看越王貞破，「諸家僮勝衣甲者千餘人」（唐會要卷八十六奴婢永昌元年），就可知道。不但王公大臣，就是天下諸寺亦有奴婢（同上會昌五年）。唐代商業頗見發達，奴隸所生產者不是單單供給主人一家之用，而是販賣於市場之上，以增加主人的財富。但是農業又與工業不同，其工作不能全年一樣的，春夏二季需要大批工人，秋冬二季只須少數工人。這個問題在工資制度之下，容易解決。因為地主可於秋冬二季解雇工人，再於春夏二季雇用工人，工人解雇之後，生活怎樣，地主可以不管。而在奴隸制度之下，地主不能於秋冬賣出奴隸，再於春夏買入奴隸。因為奴隸在秋冬是不值錢的，而在春夏卻是昂貴的物品。地主一方要販賣剩餘生產物，同時又不能不養活奴隸，這是一個矛盾。地主為了補償損失，只有強迫他們作過勞的工作，而給予以菲薄的食物。奴隸食少事多，生命便縮短了。奴隸一個一個的夭亡，這個夭亡的數目是用戰

爭的俘虜來補充的。換句話說，只有不斷的打勝仗，不斷的擴張領土，不斷的征服異民族，而後大批的奴隸才可以源源供給。唐在高宗武后時代，東至海，西踰葱嶺，南盡林邑，北被大漠，都是中國版圖。天下久不用兵，奴隸的來源斷絕，因之奴隸的價格增高。王公大臣雖有奴隸，而王公大臣卻有免除兵役的權利，一般農民雖有當兵的義務，而一般農民卻沒有奴隸代其耕種。這個時候，如果再用府兵之制，則田園荒蕪，直接對於國民經濟，間接對於國家財政，都有很大的害處。這樣，府兵制度便自然的歸於破壞，代之而發生者則為傭兵。開元十一年改徵為募，稱之為彍騎。

> 自高宗武后時，天下久不用兵，府兵之法寖壞，番役更代，多不以時，衛士稍稍亡匿，至是益耗散，宿衛不能給。宰相張說乃請一切募士宿衛，開元十一年，取……兵共十二萬，號長從宿衛，歲二番……明年更號曰彍騎……十三年始以彍騎分隸十二衛，總十二萬，為六番，每衛萬人……其制皆擇下戶白丁宗丁品子強壯五尺七寸以上，不足則兼以戶八等五尺以上，皆免征鎮賦役為四籍，兵部及州縣衛分掌之。十人為火，五火為團，皆有首長。又擇材勇者為番頭，頗習弩射（新唐書卷五十兵志，參閱舊唐書卷九十七張說傳）。

彍騎最初「頗習弩射」，一時稱為勁旅，不久之後，又復廢弛，六軍皆市井人，而為社會所不齒。

> 自天寶以後，彍騎之法又稍變廢，士皆失拊循。八載，折衝諸府至無兵可交……其後徒有兵額官吏，而戎器馱馬鍋幕糗糧並廢矣，故時府人目番上宿衛者曰侍官，言侍衛天子。至是衛佐悉以假人為僮奴，京師人恥之，至相罵辱，必曰侍官。而六軍宿衛皆市人，富者販繒綵，食粱肉，壯者為角觝拔河翹木扛鐵之戲，及祿山反，皆不能受甲矣（新唐書卷五十兵志）。

中原兵備廢弛，而沿邊禦戎之地則置重兵，外強中枵，與府兵居重馭遠之意完全相反。

天寶末，天子以中原太平，修文教，廢武備，銷鋒鏑，以弱天下豪傑。於是挾軍器者有辟，蓄圖讖者有誅，習弓矢者有罪，不肖子弟為武官者，父兄擯之不齒。惟邊州置重兵，中原乃包其戈甲，示不復用，人至老不聞戰聲。六軍諸衛之士皆市人白徒，富者販繒綵，食梁肉，壯者角觝拔河翹木扛鐵，日以寢鬪，有事乃股慄不能授甲（唐會要卷七十二軍雜錄）。

舊制，邊將三年一易，玄宗時代使其連任十數年。李林甫為相，嫌儒臣以戰功進，尊寵間己，乃請顓用蕃將，於是沿邊各地不但駐屯重兵，而握兵的權又屬之戎狄⑫。

自唐興以來，邊帥皆用忠厚名臣，不久任，不遙領，不兼統，功名著者往往入為宰相。其四夷之將雖才略如阿史那社爾，契苾何力猶不專大將之任，皆以大臣為使以制之。及開元中，天子有吞四夷之志，為邊將者十餘年不易，始久任矣。皇子則慶忠諸王，宰相則蕭嵩牛仙客，始遙領矣。蓋嘉運王忠嗣專制數道，始兼統矣。李林甫欲杜邊帥入相之路，以胡人不知書，乃奏言文臣為將，怯當矢石，不若用寒畯胡人。胡人則勇決習戰，寒族則孤立無黨，陛下誠以恩洽其心，彼必能為朝廷盡死。上悅其言，始用安祿山，至是諸道節度盡用胡人，精兵咸戍北邊，天下之勢偏重，卒使祿山傾覆天下（資治通鑑卷二百十六唐紀玄宗天寶六載）。

就文官制度說，漢時郡守入為三公，郎官出宰百里，內外之職更遞往來。這不但重親民之官，急為政

⑫ 新唐書李林甫傳，「李林甫疾儒臣以方略積邊勞，且大任，欲杜其本，以久己權，即說帝……用蕃將……帝然之，因……擢安祿山高仙芝哥舒翰等專為大將。林甫利其虜也，無入相之資，故祿山得專三道勁兵處，十四年不徙……卒稱兵蕩覆天下，王室遂微」。

之本，且因軒墀近臣乃備顧問，若不周知民間疾苦，何能應天子的訪求。而唐卻把人才集中於中央，不甚注意外官人選。太宗固然知道治人之本莫如刺史最重，縣令甚是親民要職。

貞觀三年，上謂侍臣曰朕每夜恆思百姓，閱事或至夜半不寐。唯思都督刺史堪養百姓，所以前代帝王稱共治者惟良二千石耳。雖文武百僚各有所司，然治人之本莫如刺史最重也。朕故屏風上錄其姓名，坐臥常看，在官如有善惡事跡，具列於名下，擬憑黜陟。縣令甚是親民要職，昔孔宣父以大聖之德尚為中都宰，至於升堂弟子七十二人，惟有言偃子路宓子賤始得相繼為此官（唐會要卷六十八刺史上）。

每拜刺史，儀式頗見隆重。

始都督刺史皆天子臨軒冊授，後不復冊，然猶受命日，對便殿賜衣服乃遣。玄宗開元時，已辭，仍詣側門候進止，所以光寵守臣，以責其功（新唐書卷一百九十七循吏傳序）。

惟對其人選卻不甚注意，貞觀十一年馬周說：

自古郡守縣令皆妙選賢德……今朝廷獨重內官，縣令刺史頗輕其選。刺史多是武夫勳人，或京官不稱職，方始外出……邊遠之處用人更輕。其材堪宰莅，以德行見稱，擢者十不能一（全唐文卷一百五十五馬周請簡擇縣令疏，參閱唐會要卷六十八刺史上）。

貞觀時代，大亂方平，百度待舉，人才集中於中央，猶可以說是不得已的事。貞觀以後，政治漸已納上軌道，而學校隆盛，人才輩出，乃朝廷尚重內官而輕外職。同時士君子也不樂外任。唐代定俸之初，京官雖有歲祿，外官則否。貞觀八年之後，固然外官也可以受祿，然而乃降京官一等。唐人云：「俸薄者無人願去，祿厚者終日爭先」（唐會要卷六十九刺史下大中六年十二月）。太宗時高季輔云：

仕以應務代耕，外官卑品，猶未得祿，既離鄉家，理必貧匱。但妻子之戀，賢達猶累其懷，饑寒之切，夷惠罕全其行。為政之道，期於易從，若不恤其匱乏，唯欲責其清勤。凡在末品，中庸者多，止恐巡察歲去，輶軒繼軌，不能肅其侵漁，何以求其政術（舊唐書卷七十八高季輔傳）。

據唐會要（卷九十內外官祿），高季輔之言是在貞觀八年，當時大率外官尚無歲祿。到了外官有祿之時，仍降京官一等。這是唐代士大夫不願外任的一個原因。

其次漢世郡守高第者入為九卿，遷為亞相相國，即由郡守而至臺輔，其間所歷不過三轉。唐代初年，內官如中書侍郎黃門侍郎，亦得參知政事，成為宰相之職。而外官如都督刺史者，其品雖高，卻不易入參朝政。玄宗時代曾選京官有才望者以補刺史，而當時士大夫猶輕外任。

倪若水開元初為中書舍人尚書右丞，出為汴州刺史……時天下久平，朝廷尊榮，人皆重內任，雖自冗官擢方面，皆自謂下遷。班景倩自揚州採訪使入為大理少卿，過州，若水餞於郊，顧左右曰班公是行若登仙，吾恨不得為騶僕（新唐書卷一百二十八倪若水傳）。

外官地位低於內職，這是唐代士大夫不願外任的第二原因。朝廷重內官而輕外職，所以每除牧守，皆不肯行，只能派遣貶累的人，濫竽充數。則天時，李嶠等均謂：

竊見朝廷物議莫不重內官，輕外職，每除授牧伯，皆再三披訴，比來所遣外任多是貶累之人，風俗不澄，實由於此（舊唐書卷八十八韋思謙傳）。

中宗時趙冬曦說：

京職之不稱者乃左為外任，大邑之負累者乃降為小邑，近官之無能者乃遷為遠官（唐會要卷六十八刺史上神龍元年）。

韋嗣立亦說：

刺史縣令理人之首，近年以來，不存簡擇。京官有犯罪，聲望下者方遣牧州。吏部選人，暮年無手筆者方擬縣令。此風久扇，上下周知。將此理人，何以率化（全唐文卷二百三十六韋嗣立諫濫官疏，參閱舊唐書卷八十八韋嗣立傳）。

玄宗時張九齡說：

今刺史……由京官出者或身有累，或政無狀，用牧守之任為斥逐之地，或因附會以忝高位，及勢衰，謂之不稱京職，出以為州。武夫流外積資而得，不計於才。刺史乃爾，縣令尚可言哉（新唐書卷一百二十六張九齡傳）。

其實，刺史之職比之公卿尤為重要。漢武帝天資高明，政自己出，輔相之任不甚選擇，但使之奉行文書。而於除用郡守，則極留意，觀其賜書與會稽太守嚴助，又賜書與東郡都尉吾丘壽王，就可知道堂陛之間不甚闊絕，二千石的行能皆獲簡於帝心。陳子昂說：

刺史縣令政教之首，陛下布德澤，下詔書，必待刺史縣令謹宣而奉行之。不得其人，則委棄有司掛牆屋耳，百姓安得知之。一州得才刺史，十萬戶賴其福，得不才刺史，十萬戶受其困，國家興衰，在此職也（新唐書卷一百七陳子昂傳）。

而唐乃用牧守之任為斥逐之地，至於荒遠地區，人選更為猥濫。盧懷慎說：

臣竊見內外官人有不率憲章，公犯贓汙，侵牟萬姓，剽割烝人，鞫按非虛，刑憲已及者，或俄復舊資，雖負殘削之名，還膺牧宰之任，或江淮嶺磧，微示懲貶，而徇財贖貨，罕能悛革……犯罪之吏作牧遐方，使是屈法惠姦，恤近遺遠矣（舊唐書卷九十八盧懷慎傳）。

一方中央軍備廢弛，他方地方行政不修，而沿邊各地乃駐屯重兵，以番將為節度使。中央若有威權，尚可以苟安無事，中央失去統制之力，則大禍必始於邊徼，延到內地，終及畿輔。天寶季年，嬖倖當國，玄宗初用李林甫，養成安祿山之亂，次用楊國忠，激成安祿山之變。天寶十四載安祿山反於范陽，這個時候軍備廢弛，州縣不能抵抗。

時兵暴起，州縣發官鎧仗，皆穿朽鈍折不可用，持挺鬪，弗能抗，吏皆棄城匿，或自殺，不則就擒，日不絕。禁衛皆市井徒，既授甲，不能脫，弓襡劍綮（新唐書卷二百二十五上安祿山傳）。

臨時所募之兵又盡是市井之人，不堪一擊。

封常清赴東京召募，旬日得兵六萬，皆傭保市井之流（舊唐書卷一百四封常清傳）。

而平時既不注意地方官的人選，所以祿山所過之地，守令多開門出迎。

祿山所過，州縣望風瓦解，守令或開門出迎，或棄城竄匿，或為所擒戮，無敢拒之者（資治通鑑卷二百十七唐紀玄宗天寶十四載）。

唐雖定都關中，而財賦所出則在江淮。祿山起事之後，引兵而南，河北州郡望風瓦解，先取洛陽，以斷絕江淮與關中的漕運。次又一方取陝州（漢弘農郡地），以迫政治中心的關中，一方攻睢陽，以脅經濟中心的江淮。洛陽既陷，關中淪亡，倘再取得江淮，則大唐帝國實難中興。在千鈞一髮之際，張巡許遠竟能以疲卒數萬，死守睢陽，使賊眾不能搏食東南⑬。李華說：

張巡率烏合……守孤城……賊不敢越睢陽，取江淮，江淮以完，巡之力也……若無巡，則無睢陽，無睢陽，則無江淮。有如賊因江淮之資，兵廣而財積，根結盤據，西向以拒，雖終殲滅，其曠日持久必矣（新唐書卷二百三李華傳）。

於是江淮租調便由長江，運至襄陽，再由襄陽，取上津路，而抵扶風，輸於靈武，以供兵資之用。財用不匱，而賊黨內部又發生內訌，子弒父，臣弒君，所以文臣如李泌，武將如郭子儀李光弼能夠輔佐肅宗，完成中興之業。

大亂既平，武夫戰卒有軍功者，皆除節度使，於是方鎮相望於內地。最初河朔三鎮（盧龍成德魏博）最悍，不久，國門以外都成了方鎮的領地。

夫所謂方鎮者節度使之兵也，原其始，起於邊將之屯防者……及范陽節度使安祿山反，犯京師，天子之兵弱，不能抗，遂陷兩京，肅宗起靈武，而諸鎮之兵共起誅賊……大盜既滅，而武夫戰卒以功起行陣，列為侯王者，皆除節度使，由是方鎮相望於內地，大者連州十餘，小者猶兼三四……始時為朝廷患者，號河朔三鎮，及其末……自國門以外，皆分裂於方鎮矣（新唐書卷五十兵志）。

他們在其領地，治兵繕壘。

諸鎮擴地，結為表裡，日治兵繕壘，天子不能繩以法（新唐書卷五十一食貨志一）。

而漸次奪取署吏的權。

---

⑬ 宋祁說：「張巡許遠……以疲卒數萬，嬰孤墉，抗方張不制之虜，鯁其喉牙，使不得搏食東南，牽掣首尾，豗潰梁宋間，大小數百戰，雖力盡乃死，而唐全得江淮財用，以濟中興」（新唐書卷一百九十二張巡許遠傳贊）。

徵稅的權。

田承嗣為魏博節度使……雖外受朝旨，而陰圖自固，重加稅率，修繕兵甲。計戶口之眾寡，而老弱事耕稼，丁壯從征役，故數年之間，其眾十萬……郡邑官吏皆自署置，戶版不籍於天戶，稅賦不入於朝廷，雖曰藩臣，實無臣節。代宗以黎元久罹寇虐，姑務優容（舊唐書卷一百四十一田承嗣傳）。

韓弘鎮大梁二十餘載，四州征賦皆為己有，未嘗上供（舊唐書卷一百五十六韓弘傳）。

世襲其領地的權。

自安史之亂，兩河藩帥多阻命自固，父死子代（舊唐書卷一百四十一張孝忠傳）。

貞元中，朝廷優容藩帥方甚，兩河擅自繼襲者尤驕蹇不奉法（舊唐書卷一百四十三劉怦傳）。

關此，宋祁曾說：

安史亂天下，至肅宗，大難略平，君臣皆幸安，故瓜分河北地，付授叛將，護養孽萌，以成禍根。亂人乘之，遂擅署吏，以賦稅自私，不朝獻於廷，效戰國，肱髀相依，以土地傳子孫，脅百姓，加鋸其頸，利怵逆汙，遂使其人自視猶羌狄然（新唐書卷二百十藩鎮傳序）。

中央集權變為地方割據，府兵之制，士不失業，而將帥無握兵之重，方鎮各有私兵，而兵又為職業的軍士。在古代，政權常受軍權的控制，方鎮既有私兵，他們就脫離中央，儼然成為獨立的國家。

初府兵之置，居無事時，耕於野，其番上者宿衛京師而已。若四方有事，則命將以出，事解輒罷，兵散於府，將歸於朝，故士不失業，而將帥無握兵之重，所以防微漸絕禍亂之萌也。及府兵法壞，而方鎮盛，武夫悍將雖無事時，據要險，專方面，既有其土地，又有其人民，又有其甲兵，又有其財賦，以布列天下，然則方鎮不得不強，京師不得不弱（新唐書卷五十兵志）。

此時也中央幾乎束手無策，推原其故，政治中心與經濟中心不能合一，實為最大原因。何以言之，自方鎮以「賦稅自私」之後，中央財政更須仰給江淮。第五琦說：

方今之急在兵，兵之強弱在賦，賦之所出，江淮居多（舊唐書卷一百二十三第五琦傳）。

江淮若有凶荒，中央用度便無法開支。

太和中，江淮旱，用度不足（新唐書卷一百三十七郭承嘏傳）。

江淮運米不至，中央有發生兵變之虞。

關中倉廩竭，禁軍或自脫巾呼於道曰，拘吾於軍而不給糧，吾罪人也。上憂之甚，會韓滉運米三萬斛至陝，李泌即奏之，上喜，遽至東宮謂太子曰，米已至陝，吾父子得生矣。時禁中不釀，命於坊市取酒為樂。又遣中使諭神策六軍，軍士皆呼萬歲（資治通鑑卷二百三十二唐紀德宗貞元二年）。

因之，中唐以後，漕運更成為國家政治的中心工作。安史亂後，漕運有許多困難，而如劉晏所說：

所可疑者，函陝凋殘，東周尤甚，過宜陽熊耳，至武牢成皋，五百里中，編戶千餘而已。居無尺椽，人無烟爨，蕭條悽慘，獸遊鬼哭，牛必羸角，輿必脫輹，棧車輓漕，亦不易求。今於無人之境，興此勞人之運，固難就矣，其病一也。河汴有初不修則毀澱，故每年正月發近縣丁男，塞長茭，決沮淤，清明桃花已後，遠水自然安流，陽侯宓妃不復太息。頃因寇難，總不掏拓，澤滅水，岸石崩，役夫需於沙，津吏旋於濘，十里洄上，罔水舟行，其病二也。東垣底柱，澠池，二陵，北河運處五六百里，戍卒久絕，縣吏空拳，奪攘姦宄，窟穴囊橐，夾河為藪，豺狼狺狺，舟行所經，寇亦能往，其病三也。東自淮陰，西臨蒲坂，亘三千里，屯戍相望，中軍皆鼎司元侯，賤卒儀同青紫，每云食半菽，又云衣無纊，輓漕所至，船到便留，即非單車使折簡書所能制矣，其病四也（舊唐書卷一百二十三劉晏傳）。

劉晏改革之後，漕運又暢，每歲運米百萬餘石，以濟關中。

劉晏即鹽利雇傭，分吏督之，隨江汴河渭所宜。故時，轉運船由潤州陸運至揚子，斗米費錢十九，晏命囊米而載以舟，減錢十五。由揚州距河陰，斗米費錢百二十，晏為歇艎支江船二千艘，每船受千斛，十船為綱，每綱三百人，篙工五十人，自揚子遣將部送至河陰，上三門，號上門填闕船，米斗減錢九十。調巴蜀襄漢麻枲竹篠為綯挽舟，以朽索腐材代薪，物無棄者。未十年，人人習河險，江船不入汴，汴船不入河，河船不入渭，江南之運積揚州，汴河之運積河陰，河船之運積渭口，渭船之運，入太倉，歲轉粟百一十萬石，無升斗溺者（新唐書卷五十三食貨志三）。

但是「東自淮陰，西臨蒲坂，亘三千里」，在方鎮跋扈之際，平時已經託辭於「食半菽，衣無纊」，「輓漕所至，船到便留」，一旦發生叛亂，截斷航路，劫取江淮租調，自是意中之事。按當時形勢，最能斷絕漕運者有兩個地方，一是徐州，「徐州咽喉，據江淮運路」（舊唐書卷一百四十張建封傳）。二是汴州，「大梁襟帶河汴，控引淮泗，足以禁止山東」（汴州刺史宣武軍節度使韓宏之言，引自讀史方輿紀要卷四十七開封府）。試看下列兩例。

李正己叛，益師徐州，以扼江淮，天子於是改運道（新唐書卷二百十三李正己傳）。

李納叛，李希烈約納為脣齒，陰計取汴州……納遣游兵導希烈絕汴餉路（新唐書卷二百二十五中李希烈傳）。

朝廷為要保全漕運，雖派勁兵防守徐汴，而鞭長莫及，反予守將以作亂的工具。

宣武軍治汴州，自劉玄佐薨，凡五作亂。胡三省註云，貞元八年玄佐斃，汴卒拒吳湊而立其子士寧。李萬榮既逐士寧，十年韓惟清等亂。十二年萬榮死，其子迺以兵亂。董晉既入汴，鄧惟恭復謀亂，十四年晉薨，兵又亂，殺留後，凡五亂（資治通鑑卷二百三十五唐紀德宗貞元十六年）。

元和年間，天下州府共二百九十三，戶二百四十四萬二百五十四（據唐會要卷八十四戶口數為二百四十七萬三千九百六十三），而每歲貢賦於中央者，不過四十州，一百四十萬戶。

元和二年，總計天下方鎮，凡四十八道，管州府二百九十三，縣一千四百五十三，見定戶二百四十四萬二百五十四（原注，其鳳翔鄜坊邠寧振武涇原銀夏靈鹽河東易定魏博鎮冀范陽滄景淮西淄青十五道，並不申戶口數）。每歲縣賦入倚辦，止於浙東浙西宣歙淮南江西鄂岳福建湖南等道，合四十州，一百四十四萬戶。比量天寶供稅之戶四分有一。天下兵戎仰給縣官八十三萬餘人，比量士馬三分加一，率以兩戶資一兵（唐會要卷八十四戶口數雜錄）。

到了光啟（僖宗）年間，中央所能控制的領土更小，中央所能徵收的賦稅更少。

至光啟中，所在征鎮自擅兵賦，皆不上供，歲時但貢奉而已。由是江淮轉運路絕，國命所能制者，唯河西山南劍南嶺南四道（唐會要卷八十七轉運鹽鐵總敘中和元年）。

在這種環境之下，中央因為財政困難，又發生了兩種現象：其一，初唐時代，全國置府六百三十四，而關內二百六十有一。中唐以後，強臣悍將兵布天下，天子要抵抗他們，只有組織天子的私兵，置於京師，叫做禁軍。

唐有天下二百餘年，而兵之大勢三變，其始盛時有府兵，府兵後廢，而為彍騎，彍騎又廢，而方鎮之兵盛矣。及其末也，強臣悍將兵布天下，而天子亦自置兵於京師，曰禁軍……夫所謂天子禁軍者南北衙兵也，南衙諸衛兵是也，北衙者禁軍也……自肅宗以後，北軍……名類頗多，而廢置不一，惟羽林龍武神武神策

> 神威最盛，總曰左右十軍矣（新唐書卷五十兵志）。

惟在朝廷仰食江淮之際，京師置兵太多，萬一江淮運米不至，則用以控制地方的軍隊適足成為肘腋之患，所以天子的禁軍頗見寡弱，方鎮聯合起來，天子就莫能抵抗。試看段秀實之言。

> 段秀實見禁兵寡弱，不足備非常，上疏曰，天子萬乘，諸侯千，大夫百，蓋以大制小，十制一也，尊君卑臣強幹弱枝之道。今外有不廷之虜，內有梗命之臣，而禁兵不精，其數削少，後有猝故，何以待之，願少留意（新唐書卷五十兵志）。

其二初唐時代，重內官而輕外職，外官歲祿降內官一等，到了財政發生困難，最先節流者則為減少京官俸錢。

> 乾元以來，屬天下用兵，京都百寮俸錢減耗（舊唐書卷四十八食貨志上）。

代宗時宰相元載釐定官祿，又厚外官而薄內職。自是而後，一般士君子乃一反過去的行為，喜外任而厭內職。例如：

> 上元初，京師旱，米斛直數千，死者甚多，皐（時為祕書省少監）度俸不足養，亟請外官，不允，乃故抵微法，貶溫州長史（舊唐書卷一百三十一李皐傳）。

此猶可以說京師飢饉之故。到了德宗時代，雖在平時，人士亦不樂內官而願外放。

> 是時州刺史月俸至千緡，方鎮所取無藝，而京官祿寡薄，自方鎮入八座，至謂罷權。薛邕由左丞貶歙州刺史，家人恨降之晚。崔祐甫任吏部員外，求為洪州別駕。使府賓佐有所忤者，薦為郎官。其當遷台閣者，皆以不赴，取罪去（新唐書卷一百三十九李泌傳）。

各地方鎮便趁這個機會，拉攏人才，以為己用。

兩河諸侯競引豪英，士之喜利者多趨之，用為謀主，故藩鎮日橫，天子為旰食（新唐書卷一百三十一李石傳）。

中央兵力不及方鎮，而全國人才又歸方鎮使用，天子孤立，無與為謀，於是就忍辱含垢，採取姑息的政策。

方鎮相望於內地……天子顧力不能制，則忍恥含垢，因而撫之，謂之姑息之政（新唐書卷五十兵志）。

姑息之政是求苟安無事，而其結果乃適得其反。專制政府的權威是用「力」維持的，不能依靠恩情。天子姑息臣下，也許出於恩情，而由方鎮看來，必以朝廷為柔弱無力。朝廷愈姑息，方鎮愈跋扈，這是必然之勢。他們要保全自己的地盤，不能不監視朝廷的行動，朝廷欲修一城，欲增一兵，均足以引起方鎮猜忌。方鎮稍有怨言，朝廷必為之罷役。

藩鎮相與根據蟠結，雖奉事朝廷，而不用其法令，官爵甲兵租賦刑殺皆自專之。上寬仁，一聽其所為，朝廷或完一城，增一兵，輒有怨言，以為猜貳，常為之罷役。而自於境內築壘繕兵無虛日，以是雖在中國，名藩臣，而實如蠻貊異域焉（資治通鑑卷二百二十五唐代宗大歷十二年）。

這個時候朝廷固然不能振作自強，而方鎮亦不許朝廷振作自強。朝廷稍思振作，方鎮則連衡叛上。固然朝廷也曾出師伐叛，而方鎮因有城池之固，竟令中央師出無功。例如：

淮右自少誠阻兵以來三十餘年，王師加討，未嘗及其城下……故驕悍無所顧忌，且恃城池重固，有陂浸阻迴，故以天下兵環攻，三年所尅者一城而已（舊唐書卷一百四十五吳少誠傳）。

各道方鎮有時亦出師協助中央伐叛。其所以願意出師，目的在於取得糧餉，糧餉既得，或密與賊商量，取一縣一柵，以為勝捷。李德裕說：

> 貞元太和之間，朝廷伐叛，詔諸道會兵，才出界，便費度支供餉，遲留逗撓，以困國力。或密與賊商量，取一縣一柵，以為勝捷，所以師出無功（舊唐書卷一百七十四李德裕傳）。

案唐在安史之亂尚未平定之時，肅宗已恐諸將功高，無以為賞，而問計於李泌。李泌之策又非盡美盡善，而只啟方鎮專地之端。

> 肅宗至德元載，帝謂李泌曰今郭子儀李光弼已為宰相（使相），若克兩京，平四海，則無官以賞之，奈何。對曰古者官以任能……夫官以賞功，有二害，非才則廢事，權重則難制……為今之計，莫若錫爵祿以賞功臣，則雖大國不過一二百里，可比今之小郡，豈難制哉（引自大學衍義補卷一百四十賞功之格下）。

李泌蓋依人類均有利己之心，而主張眾建諸侯而小其力。蘇軾說：「封建者爭之端而亂之始也」（蘇東坡全集，續集卷八論封建）。果然，唐代方鎮均以土地自私。雖然土地不止一二百里，但諸侯互相兼併，勢必不免，徵之周代，可為殷鑒。吾人以為賞功之法，以德宗時陸贄之言為佳。陸贄說：

> 臣愚以為信賞必罰，霸王之資，輕爵褻刑，衰亂之漸。信賞在功無不報，必罰在罪無不懲。非功而獲爵，則爵輕；非罪而肆刑，則刑褻。爵賞刑罰，國之大綱，一綱或棼，萬目皆弛。雖有善理，末如之何……夫立國之道，惟義與權。誘人之方，惟名與利。名近虛，而於教為重。利近實，而於德為輕。專實利而不濟之以虛，則耗匱而物力不給。專虛名而不副之以實，則誕謾而人情不趨。錫貨財，賦秩廩，所以彰實也。差品列，異服章，所以飾虛也。居上者，必明其義，達其變，相須以為表裡，則為國之權得矣（陸宣公全

集卷十四又論進瓜果人擬官狀）。

大凡人類無不愛好榮華，法國革命時代，市民高倡平等。其實，平等一語只是當時人士對於優越者的嫉妒，然而他們又何嘗不希望自己的優越。拿破崙看透了人性如此，遂發明一種最巧妙的控制工具，制定許多高貴的稱號及勳章，藉以駕御那高喊平等的人，這就是陸贄所謂「飾虛」之道。

且也，唐自安史亂後，御將之道往往不得其法，忠厚者循良而欺陵之，跋扈者強悍而尊榮之。忠厚者既受欺陵，試問誰人願意忠厚，跋扈者既得尊榮，則忠厚者亦將化為跋扈。范志誠說僕固懷恩云：

> 公不見來瑱李光弼之事乎，功成而不見容，二臣以走誅（舊唐書卷一百二十一僕固懷恩傳。據卷一百十四來瑱傳，安史亂時，來瑱有堅守潁川南陽之功，肅宗末，為中官程元振所譖，賜死。卷一百十李光弼傳，李光弼之功與郭子儀相埒，代宗時，懼中官魚朝恩之害，成疾薨）。

田悅說朱滔云：

> 朝臣立功立事如劉晏輩皆被屠殺（舊唐書卷一百四十一田承嗣傳。據卷一百二十三劉晏傳，晏有改革財政之功，德宗時，為楊炎所譖，受誅）。

代宗時，安史餘黨繼亂郡邑，朔方節度使僕固懷恩「慮賊平，寵衰，欲留賊將為援」（舊唐書卷一百四十一田承嗣傳）。德宗時，陸贄曾言：「朱泚滅而懷光戮，懷光戮而希烈征。希烈儻平，禍將次及，則彼之蓄素疑而懷宿負者，能不為之動心哉。心既動，則盈其喪身覆族之憂。憂既盈，則慮以脣亡齒寒之病。夫病同者，雖吳越而相愍，憂同者，不邀結而自親」（陸宣公全集卷七收河中後請罷兵狀）。僖宗時，黃巢作亂，劉巨容說：「國家多負人，有危難，不愛惜官賞，事平即忘之，不如留賊為富貴作地」（新唐書卷一百八十六劉巨容傳）。

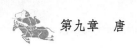

許多武將均有不信任朝廷之心，不為戎首，則已可嘉，而望其協力同心，以佐王室，自屬難能。天子力不能制，只有姑息，姑息愈甚，僭越愈昌，唐代皇帝早已淪為東周天子了。

大歷貞元之間，有城數十，千百卒夫，則朝廷貸以法。故於是闊視大言，自樹一家，破制削法，角為尊奢。天子不問，有司不呵。王侯通爵，越祿受之。覲聘不來，几杖扶之。逆息虜胤，皇子嬪之。地益廣，兵益強，僭擬益甚，侈心益昌。土田名器分劃大盡，而賊夫貪心未及畔岸，淫名越號，走兵四略，以飽其志。趙魏燕齊同日而起，梁蔡吳蜀躡而和之，其餘混澒軒囂欲相效者往往而是（新唐書卷二百十藩鎮傳序）。

藩臣叛上，寖假將校也橫行起來。孟子說：「萬乘之國，弒其君者必千乘之家，千乘之國，弒其君者必百乘之家」。唐代軍紀崩潰，完全由於朝廷的姑息，其事開始於肅宗乾元元年以侯希逸為平盧節度使。

平盧節度使王玄志薨，上遣中使往撫將士，且就察軍中所欲立者，授以旌節。高麗人李懷玉為裨將，殺玄志之子，推侯希逸為平盧軍使，希逸之母懷玉姑也，故懷玉立之。朝廷因以希逸為節度使，節度使由軍士廢立，自此始（資治通鑑卷二百二十唐紀肅宗乾元元年）。

德宗貞元以後，姑息愈甚，藩臣缺，必擇該軍所喜戴者授之。

德宗中歲每命節制，必令採訪本軍為其所歸者。長榮（澤潞節度使李長榮）卒，從史因軍情，且善迎奉中使，得授昭義軍節度使（舊唐書卷一百三十二盧從史傳，按昭義軍節度使即澤潞節度使）。

此猶可以說一方利用將校，同時利用中使，以取得節度使之職。到了憲宗時代，就無須利用中使，而由將校上表請降節鉞了。

永貞元年八月韋皋卒，闢自為西川節度留後，率成都將校上表請降節鉞……時憲宗初即位，以無事息人為務，遂授闢劍南西川節度使（舊唐書卷一百四十劉闢傳）。

朝廷既存姑息之意，擇將校所喜戴者授以節度使之職，則野心的人不能不怡顏悅色，討好將校，於是前此帥臣主政，而將校感其噢咻之恩，樂為之死，現在則將校擅權，而主帥之生死去留一繫其手。

王思禮為河東節度使……思禮薨……上……以鄧景山代之……諸將……作亂……殺景山，上……不復推究亂者，遣使慰諭以安之。諸將請以都知兵馬使代州刺史辛雲京為節度使（資治通鑑卷二百二十二唐紀肅宗寶應元年）。

田弘正帥成德軍，國家賞錢一百萬貫，度支輦運不時至，軍情不悅。王廷湊每抉其細故，激怒眾心……結衙兵譟於府署……誅弘正……廷湊自稱留後知兵馬使，將吏逼監軍宋惟澄上章請授廷湊節鉞，詔赦廷湊，仍授……成德軍節度（新唐書卷一百四十二王廷湊傳）。

將校橫行，寖假兵士也驕恣起來，因為將校欲奪取主帥的位任，不能不結兵士，以為爪牙之用，而又慮兵士之以助己者助人，患生於肘腋之間，遂不敢制以威令，只能厚其恩施。最初尚是將校收買士卒，以便實行其逐師自立之計。

魏博節度使田承嗣將死，顧諸子弱，乃命從子悅知節度事，令諸子佐之……悅待諸弟無所間，使緒（承嗣第六子）主牙軍，而凶險多過，常笞勗之……緒頗怨望，故作難（率左右數十人，手刺悅，並殺其母妻），悅既死，懼眾不附……乃下令軍中曰，我先王子，能立我者賞，眾乃共推緒為留後……詔即拜緒節度使（新唐書卷二百十田悅田緒傳）。

其次，士卒便於舊帥死時，自擇新帥，號為留後，以邀命於朝廷。

> 魏博節度使田緒暴卒，子三人……季安最幼，年才十五，軍人推為留後，朝廷因授魏博節度使（舊唐書卷一百四十一田季安傳）。

最後，士卒便撼逐主帥，選擇一位傀儡，立之為節度使。例如：

> 田弘正為王廷湊所殺……朝廷以弘正子布為魏博節度使，領兵討伐，俾復父冤。時幽州朱克融援助廷湊，布不能制，因自引決，軍情囂然。史憲誠為中軍都兵馬使，乘亂以河朔舊事動其人心。諸軍即擁而歸魏，共立為帥，國家因而命之……大和三年六月二十六日，夜為軍眾所害……軍眾害史憲誠，連聲而呼曰，得衙內都知兵馬使何端公（何進滔）知留後，即三軍安矣，推而立之。朝廷因授進滔魏博等州節度觀察處置等使（舊唐書卷一百八十一史憲誠何進滔傳）。

軍隊紀律完全破壞，或劫取貢賦：

> 義武軍節度使張孝忠遣牙將程華往滄州交檢府藏。固烈（滄州刺史李固烈）輜車數十乘上路，滄州軍士呼曰，士皆菜色，刺史不垂賑卹，乃綑載而歸，官物不可得也。殺固烈而剽之。程華聞亂，由竇而遁，將士追之謂曰……押牙且知州務，孝忠即令攝刺史事（舊唐書卷一百四十一張孝忠傳）。

或奉詔勤王，目的乃在於取得厚賞，厚賞不得，他們又變成叛兵。

> 姚令言為涇原節度使……建中四年李希烈叛，詔哥舒曜率師攻之……詔令言率本鎮兵五萬赴援。涇師離鎮，多攜子弟而來，望至京師以獲厚賞。及師上路，一無所賜。時詔京兆尹王翃犒軍士，唯糲食菜啖而已。軍士覆而不顧，皆憤怒揚言曰，吾輩弃父母妻子，將死於難，而食不得飽，安能以草命捍白刃耶。國家瓊林大盈寶貨堆積，不取此以自活，何往耶。行次滻水，乃返戈大呼，鼓譟而還……上恐，令內庫出繒綵二

> 十車馳賜之。軍聲浩浩，令言不能戢，街市居人狼狽走竄。亂兵呼曰勿走，不稅汝間架矣（舊唐書卷一百二十七姚令言傳）。

各地士卒以魏博牙軍最為驕悍，士卒也同主帥一樣，世襲其職，父子姻黨盤踞軍中，成為一種封建勢力。主帥稍不留意，舉族有被害之禍，時人以魏府牙軍比之長安天子。

> 魏牙軍起田承嗣募軍中子弟為之，父子世襲，姻黨盤牙，悍驕不顧法令，史憲誠等皆所立，有不慊，輒害之，無噍類，厚給稟，姑息不能制。時語曰，長安天子，魏府牙軍，言其勢強也（新唐書卷二百十羅紹威傳）。

汴州士卒亦甚驕恣，逐帥殺帥有同兒戲。

> 汴之卒，始於李忠臣，訖於劉玄佐，而日益驕恣，多逐殺主帥，以利剽劫（舊唐書卷一百四十五劉玄佐傳）。

主帥力不能制，或置腹心以自衛。

> 汴州士卒驕不能禦，劉玄佐乃置腹心之士，募於公庭廡下，挾弓執劍以備之（資治通鑑卷二百三十五唐紀德宗貞元十二年）。

或屈身取媚，以求士卒的歡心。

> 徐州……兵浸驕，小不如意，一夫大呼，其眾皆和之，節度使輒自後門逃去。前節度使田牟至與之雜坐飲酒，把臂拊背，或為之執板唱歌，犒賜之費日以萬計，風雨寒暑，復加勞來，猶時喧嘩邀求不已（資治通鑑卷二百五十唐紀懿宗咸通三年）。

其欲峻法以繩驕兵者，往往不旋踵便為驕兵所殘殺。

陸長源為宣武軍司馬，初欲峻法繩驕兵，為節度使董晉所持，不克行……晉卒，長源總留後事，大言曰，將士久慢，吾且以法治之……舉軍大怒……軍亂，殺長源，食其肉，放火大掠（新唐書卷一百五十一陸長源傳）。

秦漢以來，有叛將無叛兵，至唐中葉以後，方鎮兵變比比皆是。推原其故，姑息政策實為最大原因。朝廷畏藩臣之生事，用姑息以羈縻之，藩臣懼將校之反戈，用姑息以安撫之，將校恐士卒之叛變，用姑息以取媚之，而其結果剛剛相反，兵愈驕，將愈悍，藩臣亦愈跋扈。歐陽修說：

姑息起於兵驕，兵驕由於方鎮，姑息愈甚，而兵將俱愈驕。由是號令自出，以相侵擊，虜其將帥，並其土地。天子熟視，不知所為，反為和解之，莫肯聽命……妄一喜怒，兵已至於國門，天子為殺大臣，罪己悟過，然後去（新唐書卷五十兵志）。

專制政府能夠存在，完全依靠於軍隊，而軍隊能夠發揮效力，又有恃於嚴肅的紀律。紀律蕩然，唐的政府早已滅亡，其所以尚能保存殘喘，垂一百餘年之久者，實因方鎮布列於天下，勢均力敵，任誰都不能吞併別方，因之任誰能不敢毀滅王室。歷年既久，大併小，強併弱，殘存幾個強藩，於是唐祚便隨之覆亡。

第五節　宮廷棼亂與宦官之禍

天子傳子，而宰相傳賢，傳子是求政局的安定，傳賢是求政治的進步。天子之子不只一人，既用傳子以求政局的安定，則在諸子之中，誰應繼承帝位，亦宜有確定的法制，不然，禍起蕭牆，政局必難安定。

這便是歷代冊立太子的原因。凡為太子者必係嫡長子，身分既定，自可塞嫌疑之漸，除禍亂之源。

太子國之儲君，「宗祧是懸，善惡之習，興亡在焉」（新唐書卷九十九劉洎傳），而均生於深宮之中，長於婦人之手，其能識民瘼，通治術者為數甚寡。天下統一，政局安定固為上策，群雄割據，單單消極的求政局的安定，必覺不夠，而須積極的發展國力，方能保持國祚的安全。於是天子傳子又常參以傳賢之意。皇位未必傳於嫡長子，誰最賢，誰便可繼承皇位。其尤甚者，且有兄終弟及之制，以求達到「國有強敵，宜立長君」的目的。南北分立，干戈雲擾，這個時候，當然是「國有長君，社稷之福」。最初不過捨子立弟，最後便由愛憎情緒，捨嫡立庶。皇位的繼承漫無法制，至隋，便發生了煬帝奪宗之事。唐自武德九年發生玄武門政變之後，宮廷之內，關於皇位的繼承，常有明爭暗鬥，茲試列表如次⓮。

唐代太子地位不安定表

時代	事略
高祖	高祖受禪，立長子建成為皇太子。時秦王世民功業日高，高祖又私許立為皇太子。建成密知之，乃與齊王元吉潛謀作亂。武德九年，秦王密奏建成元吉淫亂後宮，高祖欲窮覆其事。秦王先至玄武門，以勇士九人自衛，建成元吉行至臨湖殿，覺變，遽反走，秦王射建成即死，元吉中矢走，尉遲敬德追殺之。高祖乃以秦王為皇太子。
太宗	太宗即位，立長子中山王承乾為皇太子，時年八歲，及長好聲色，漫遊無度，而魏王泰有美譽，潛懷奪嫡之計，於是各樹朋黨，遂成釁隙。貞觀十七年承乾與兵部尚書侯君集謀反，將縱兵入西宮，事覺，廢為庶人（十九年卒），立晉王治為皇太子（高宗），既又欲立吳王恪，長孫無忌固爭乃止。
高宗	永徽三年立長子陳王忠為皇太子，武昭儀漸承恩寵，遂於顯慶元年降為梁王（麟德元年賜死，神龍初，追封燕王），而立代王弘（武后子）為皇太子，上元二年薨，立雍王賢（武后子）為皇太子，調露二年廢為庶人（文明元年逼令自殺），立英王顯（武后子）為皇太子（中宗）。

⓮ 據新舊唐書各本紀及有關各列傳。

中宗	高宗永淳元年，立中宗長子重潤為皇太孫，大足中張易之兄弟得幸武后，或譖重潤竊議，后怒，杖殺之。中宗復位，神龍二年立衛王重俊為皇太子，時武三思得幸韋后，深忌重俊。安樂公主（韋后女）以重俊非韋后所生，常呼之為奴。重俊不勝忿，三年矯詔發羽林兵，殺三思及其黨羽十餘人，兵敗，為左右所殺。
睿宗	睿宗踐祚，將建皇儲，以宋王成器嫡長，而楚王隆基（玄宗）有討平韋氏之功，意久不定，成器辭，睿宗許之。隆基為皇太子，時太平公主（武后女）以討韋后有功，權傾天下，忌太子英明，謀廢之。先天二年欲以羽林軍作亂，太子知其謀，討平之。
玄宗	開元三年立長子郢王瑛為皇太子，及武惠妃寵幸，日求太子之短，譖於玄宗，開元二十五年廢為庶人（俄賜死）。太子瑛既廢，李林甫等皆屬壽王瑁（武惠妃子）。帝以忠王亨（肅宗）長，意未決，中官高力士曰，推長而立，孰敢爭，帝曰爾言是也，儲位遂定。林甫懼不利己，乃起韋堅柳勣之獄，儲位幾危者數四。後又楊國忠懼太子英武，潛謀不利，為患久之。及祿山反，玄宗幸蜀，中官李輔國勸太子分玄宗兵，北趨朔方，以圖興復。輔國從至靈武，勸太子即帝位，以系人心。
肅宗	乾元元年立長子成王豫為皇太子（代宗）。寶應元年，所幸張皇后無子，陰引越王係於宮中，將圖廢立，矯詔召太子，中官李輔國程元振知其謀，勒兵衛從太子，收捕越王係，禁錮之，幽后於別殿。肅宗崩，元振等迎立太子即皇帝位，皇后越王係俱為輔國所害。
代宗	廣德二年立長子雍王适為皇太子（德宗），時京兆尹黎幹挾左道以希主恩，代宗甚惑之。德宗在東宮，幹與宦者劉忠翼陰謀，幾危宗嗣，德宗即位，皆伏誅。
德宗	建中元年立長子宣王誦為皇太子（順宗），太子妃蕭氏母郜國公主，交通外人，上疑其有他，連坐貶黜者數人，皇儲亦危，賴李泌保護，乃免。太子自貞元二十年病風不能言，德宗昇遐時，太子疾患亦甚，倉卒召學士鄭絪等至金鑾殿，中人或云，內中商量所立未定。衛次公言曰，皇太子雖有疾，地居冢嫡，內外繫心，必不得已，當立廣陵王純（順宗長子，憲宗），絪等隨而和之，眾議方定。
順宗	順宗立，淹痼弗能朝，中官劉貞亮勸帝立長子廣陵王純為皇太子（憲宗）監國，帝納其奏。
憲宗	元和四年立長子鄧王憲為皇太子，六年薨。議立儲副，中官吐突承璀獨排群議，意屬澧王渾（憲宗子），數以威權自樹，賴憲宗明斷不惑，冊立遂王恆（憲宗子）為皇太子。元和十五年中官王守澄陳弘志弒憲宗，殺承璀及澧王，定冊立太子為帝（穆宗）。
穆宗	長慶二年立長子景王湛為皇太子（敬宗），穆宗崩，太子即皇帝位。中官王守澄每從容謂敬宗曰，先朝初定儲貳，唯臣備知，時翰林學士杜元穎李紳勸立深王悰（憲宗子），而李逢吉固請立陛下。會禁中檢尋舊事，得穆

	宗時封書一篋，發之，得裴度杜元穎與李紳三人所就疏，請立敬宗為太子，帝感悟興嘆。
敬宗	敬宗即位數年，未定皇儲，寶曆二年中官劉克明弒帝，矯詔立絳王悟（憲宗子），勾當軍國事。樞密使王守澄率禁軍討賊，誅克明，殺絳王，迎立江王昂（穆宗第二子）為帝（文宗）。
文宗	太和六年立長子魯王承為皇太子，母愛弛，楊賢妃方幸，數譖之，帝震怒，太子不能自白其譖，開成三年暴薨。大臣數請建東宮，乃以敬宗子陳王成美為皇太子。五年正月文宗暴卒，中官仇士良矯詔迎立穆宗子穎王炎（武宗），殺陳王成美於其邸。
武宗	武宗在位數年，未立皇儲，會昌六年帝疾大漸，左神策軍護軍中尉馬元贄立憲宗子光王忱為皇太叔，權勾當軍國大事，翌日柩前即帝位（宣宗）。
宣宗	宣宗愛夔王滋，欲立為皇太子，而鄆王漼長，故久不決。大中十三年宣宗疾大漸，以夔王屬內樞密使王歸長等，而左神策軍護軍中尉王宗實等矯詔立鄆王為皇太子，宣宗崩，太子即位於柩前（懿宗）。
懿宗	懿宗疾大漸，左右神策軍護軍中尉劉行深韓文約立懿宗第五子普王儇（僖宗）為皇太子，懿宗崩，太子即位。
僖宗	僖宗即位數年，未建皇儲。文德元年僖宗暴不豫，及大漸之夕，未知所立，群臣以吉王保（懿宗子）最賢，將立之。唯觀軍容使楊復恭請以壽王曄（懿宗子）監國，又宣遺詔，立為皇太弟，而於柩前即帝位（昭宗）。
昭宗	乾寧四年立長子德王裕為皇太子，光化末樞密使劉季述等幽昭宗於東內，冊裕為帝。及天復初，誅季述，以太子沖幼，依舊令歸少陽院，復為王。朱全忠自鳳翔迎駕，以德王眉目疎秀，春秋漸盛，常惡之，屢啟昭宗，德王曾竊居寶位，大義滅親，何得久留，昭宗不納。天祐元年全忠弒昭宗，並害德王，立昭宗第九子輝王祚為帝（哀帝），時年十三。

太子國之儲君，魏徵說：

自周以降，立嫡必長，所以絕庶孽之窺覦，塞禍亂之源也（舊唐書卷七十一魏徵傳）。

高祖既立建成為太子，而又私許世民以太子之位，自有玄武門事變之後，亘李唐一代，皇儲的地位極不安定，其甚者且不欲立儲貳。

先是（宣宗以前）累朝人君不欲人言立儲貳，若非人主己欲，臣下不敢獻言（舊唐書卷一百七十六魏謩傳）。

東漢之時，皇統屢絕，外藩入繼。這個時候，誰能入承大統，後宮有決定的權。皇后定策帷幕，迎立孩童，臨朝稱制，既委事父兄，以寄腹心，又引用刑人，寄之國命，於是外戚與宦官便操弄了國權。由此可知國無儲君，實可予嬖幸以可乘的機會。唐與東漢不同，天子均壯年即位，又均有皇子，其所以發生閹宦弄權之禍者，實因皇嗣不安定與宿將不易控制有以致之。

閹宦弄權開始於肅宗之世。太宗定制，宦官不得登三品⑮，這種制度在玄宗以前未曾改變。

> 貞觀中，太宗定制，內侍省不置三品官，內侍是長官，階四品。至永淳末，向七十年，權未假於內官，但在閤門守禦黃衣廩食而已。則天稱制，二十年間，差增員位。中宗性慈，務崇恩貸。神龍中，宦官三千餘人，超授七品以上員外官者千餘人，然衣朱紫者尚寡（舊唐書卷一百八十四宦官傳序）。

玄宗即位，始驟其制，楊思勗高力士為左右監門衛將軍（從三品），思勗以軍功（舊唐書卷一百八十四楊思勗傳），力士以恩寵（舊唐書卷一百八十四高力士傳），均累進驃騎大將軍（從一品）⑯，然猶是勳官而已。天寶十三載，置內侍監二員，正三品，則為職事官矣。

> 置內侍二員，正三品，胡三省註，唐制宦官不得過三品，置內侍四人，從四品上，中官之貴極於此矣，

---

⑮ 新唐書宦者傳序，「太宗詔，內侍省不立三品官，以內侍為之長，階第四，不任以事，惟門閤守禦廷內掃除稟食而已。武后時稍增其人，至中宗，黃衣乃二千員，七品以上員外置千員，然衣朱紫者尚少」。據舊唐書職官志，「內侍省內侍二員，從四品上，中官之貴極於此矣」。天寶十三載，才置「監二人從三品，少監二人，內侍四人皆從四品上」，見新唐書百官志。

⑯ 據兩唐書高力士傳，內侍監二員，以高力士袁思藝為之。

至帝始隳其制，楊思勗以軍功，高力士以恩寵，皆拜大將軍，階至從一品，猶曰勳官也，今置內侍監，正三品，則職事官矣（資治通鑑卷二百十七唐紀玄宗天寶十三載）。

楊思勗屢將兵出外征討，固不能在內竊弄威福，高力士常居中侍衛，片言單語雖偶能移動主意，而尚不敢公然干預朝政。

玄宗在藩，高力士傾心附結，已平韋氏，乃……為右監門衛將軍，知內侍省事，於是四方奏請，皆先省後進，小事即專決，雖洗沐未嘗出，眠息殿帷中，徼倖者願一見如天人焉……肅宗在東宮，兄事力士，它王公主呼為翁，戚里諸家尊曰爹，帝或不名而呼將軍……力士建佛祠……立道士祠……鐘成，力士宴，公卿一扣鐘，納禮錢十萬，有佞悅者至二十扣，其少亦不減十……力士善揣時事勢，候相上下雖親昵，至當覆敗，不肯為救力，故生平無顯顯大過（新唐書卷二百七高力士傳）。

肅宗以後，情形就不同了，肅宗雖立為太子，而「儲位幾危者數四」（舊唐書肅宗紀），故乘玄宗幸蜀之際，分兵北走，自取帝位。這個時候宦官李輔國為勸進的元勳。

陳玄禮等誅楊國忠，輔國豫謀，又勸太子分中軍，趨朔方，收河隴兵，圖興復。太子至靈武，愈親近，遂勸即位，係天下心……肅宗稍稍任以肱膂事……凡四方章奏軍符禁寶一委之……宰相群臣欲不時見天子，皆因輔國以請，乃得可……詔書下，輔國署已乃施行，群臣無敢議（新唐書卷二百八李輔國傳）。

兼以安祿山恩豢甚隆，而乃舉兵作亂，這個事實又使肅宗有不信任武將之心，每有征討，輒以宦官監軍，最初負這個責任者則為魚朝恩。

至德中，常令魚朝恩監軍事，九節度討安慶緒於相州，不立統帥，以朝恩為觀軍容宣慰處置使，觀軍容使名自朝恩始也（舊唐書卷一百八十四魚朝恩傳）。

宦官一方裁決政事，他方監察軍事，於是遂由宮廷的侍奉躍上政治舞臺。自是而後，皇儲有一番動搖，宦官便以定策之功，竊取了許多權力。弄到結果，宦官之權反在人主之上，立君廢君弒君有同兒戲，其為禍之烈比之東漢，似有過之而無不及。

唐諸帝即位年齡皇子人數及宦官弄權表⑰

帝號	即位年齡	皇子人數	宦官弄權				
			姓名	重要官職	得權原因	弄權情形	備考
高祖	五二	二二					
太宗	二九	一四					
高宗	二二	八					
中宗	五〇	四					
睿宗	四九	六					
玄宗	二八	三〇					
肅宗	四六	一四	李輔國	判元帥府行軍司馬事，專管禁兵，加兵部尚書	安祿山反，勸太子（肅宗）即皇帝位。	詔書下，輔國署已乃施行，群臣弗敢議。	資治通鑑卷二百二十一云，制敕必經輔國押署，然後施行，宰相百司非時奏事，皆因輔國關白承旨，常於銀臺門決天下事，事無大小，輔國口為制勅，寫付外

⑰ 據新舊唐書宦官傳及宋申錫、李訓、鄭注、崔胤等傳。

							施行，事畢聞奏。
			魚朝恩	觀軍容宣慰處置使，加左監門衛大將軍	肅宗忌宿將難制。		觀軍容使名自朝恩始也。
代宗	三七	二	李輔國	加司空中書令	與程元振有定策之功。	愈跋扈，至謂帝曰，大家但坐宮中，外事聽老奴處決。帝欲剪除，而憚其握兵，因尊為尚父，事無大小，率關白，群臣出入，皆先詣輔國。	帝遣俠者夜刺殺之。
			魚朝恩	天下觀軍容宣慰處置使，專領神策軍	吐蕃入犯京畿，代宗幸陝，衛兵離散，朝恩悉軍奉迎，六師乃振，帝德之。	朝恩恃恩自伐，靡所忌憚，朝廷裁決，朝恩或不預者，怒輒曰，天下事，有不由我乎。	帝遣左右擒縊之。
			程元振	右監門衛大將軍，知內侍省事，代李輔國判元帥府行軍司馬事，專制禁兵，加驃騎大將軍	張皇后與太子（代宗）有怨，恐不附己，肅宗崩，引越王係入宮，欲令監國，元振知其謀，密告李輔國，乃挾太子誅越王並其黨與。	權震天下，在李輔國右，凶惡又過之。元振譖來瑱賜死，李光弼遂不敢入朝。又譖裴冕罷相，貶施州。來瑱名將，裴冕元勳，二人既被誣陷，天下方鎮解體。吐蕃入寇，代宗倉皇出奔，徵諸道兵，無一至者。	帝知人情歸咎，乃罷元振官，放歸田里。
德宗	三八	一〇	竇文場 霍仙鳴	文場為左神策護軍中尉	涇師亂，帝召禁軍禦賊，並無至	竇霍權震朝廷，諸方節度大將多出其軍，臺省要官	仙鳴暴死，文場年老致仕卒。

	順宗	憲宗
	四五	二八
	二三	一〇
		劉貞亮
仙鳴為右神策護軍中尉		右衛大將軍，知內侍省事
者，惟文場仙鳴率諸宦者從行，左右禁旅悉委文場主之，還京後，忌宿將難制，凡握兵多者悉罷之，禁旅文場仙鳴分統焉。		
走門下乞接引者，足相躡。		
	順宗即位，風疾不能視朝政，而宦官李忠言與牛美人侍病，美人受旨於帝，復宣之於忠言，忠言授之王叔文，叔文與朝士柳宗元劉禹錫等圖議，然後下中書，俾韋執誼施行。忠言素懦謹，每見叔文與論事，無敢異同，惟劉貞亮乃與之爭，貞亮惡朋黨熾結，乃與中人劉光琦等同勸帝立廣陵王純為太子監國，盡逐叔文黨。	劉貞亮性忠正，順宗風疾不能視朝政，貞亮請立廣陵王純為皇太子，勾當軍國大事，順宗可

							之，太子受禪，是為憲宗。嘉貞亮之忠藎，累遷至右衛大將軍，知內侍省事，元和八年卒。
			吐突承璀	左神策護軍中尉，左衛上將軍，知內侍省事	自藩邸承恩寵。		惠昭太子薨，承璀請立澧王惲為太子，憲宗不納，立遂王恆（穆宗），穆宗即位，銜承璀不佑己，殺之。
穆宗	二六	五	王守澄	知樞密	憲宗惑長生之說，方士以丹藥進，服之躁甚，數暴怒，恚責左右，元和十五年王守澄與陳弘志弒帝，以藥發暴崩告天下，乃與右神策護軍中尉梁守謙等定冊立穆宗。	王守澄自長慶已來，知樞密，典禁軍，作威作福。	
敬宗	一六	五	王守澄	知樞密事			
文宗	一八	二	王守澄	驃騎大將軍，充右神策護軍中尉	敬宗夜獵還宮，與中官劉克明等二十八人飲酒，克明等同謀弒帝，矯詔召絳王悟（憲宗子）		文宗疾元和逆罪久不討，故以宋申錫為宰相，謀因事除之。守澄知其謀，誣告申錫與漳王湊（穆宗子）謀反，申錫坐貶，漳王降封巢

	仇士良
	左神策護軍中尉
勾當軍國事，尋下遺詔絳王即位，樞密使王守澄率禁軍，討賊，誅絳王，立文宗（穆宗子），克明投井死。	文宗與李訓欲殺王守澄，以士良素為守澄所抑，位未通顯，故擢為左神策護軍中尉，分守澄之權。
	王守澄死，李訓欲盡誅宦官，大和九年十一月二十一日發生甘露政變，士良率禁軍捕訓黨千餘人，盡殺之，自是權歸士良。文宗嘗召翰林學士周墀，謂之曰，周赧漢獻受制強臣，今朕受制家奴，自以不及遠矣，因泣下。士良忿文宗與李訓謀，屢欲廢帝，崔慎由為翰林學士，直夜未央，有中使召入，至祕殿，見士良等坐堂上，帷帳周密，謂慎由曰上自即位，政令多荒闕，皇太后有制，更立嗣君，學士當作詔。慎由驚曰上高明之德在天下，安可輕議，慎由雖死，不承命。士良等默然，久乃啟後戶，引至小殿，帝在焉。士良等歷
縣公。後帝又用李訓鄭注計，杖殺陳弘志，以守澄為觀軍容使，罷其禁旅之權，尋賜酖死。	

						階數帝過失，帝俛首。既而士良指帝曰，不為學士，不得更坐此，乃送慎由出，戒之曰勿泄，禍及爾宗。	
武宗	二七	五	仇士良	加驃騎大將軍，罷為內侍監，知省事	文宗立敬宗子陳王成美為皇太子，文宗崩，中尉仇士良矯詔廢成美，迎立穆宗子穎王炎，是為武宗。		武宗明斷，雖士良有援立功，內實嫌之，士良固請致仕，詔可尋卒。
宣宗	三七	一一	馬元贄	左神策護軍中尉	武宗崩，左神策護軍中尉馬元贄立憲宗子光王忱為皇太叔，權勾當軍國大事，既而即帝位，是為宣宗。		
懿宗	二七	八	王宗實	左神策護軍中尉	宣宗疾大漸，以夔王滋（宣宗子）屬樞密使王歸長，而左神策護軍中尉王宗實乃矯詔立鄆王漼（宣宗子）為皇太子，即位，是為懿宗。		

僖宗	一二	二	劉行深 韓文約	劉為左神策護軍中尉 韓為右神策護軍中尉	懿宗疾大漸，左右神策護軍中尉劉行深韓文約立普王儇（懿宗子）為皇太子，即位，是為僖宗。		
僖宗	一二	二	田令孜	左神策護軍中尉。左監門衛大將軍，六軍十二衛觀軍容使	僖宗為王時，與令孜同臥起，即位後，以其知書能處事，故政事一委之。	帝性狂荒，令孜知帝不足憚，則販鬻官爵，除拜不待旨假，賜緋紫不以聞，百度崩弛，內外垢玩。既所在盜起，上下相掩匿，帝不及知。是時賢人無在者，惟佞鄙沓貪相與備員偷安噤默而已。令孜益自肆，禁制天子不得有所主斷，帝以其專，語左右，輒流涕。	黃巢亂後帝自蜀還京，用楊復恭為樞密使，尋代令孜為左神策護軍中尉，又授六軍十二衛觀軍容使。昭宗即位，令孜往依西川節度使陳敬瑄，敬瑄反，承平軍節度使王建攻陷成都，殺敬瑄及令孜。
昭宗	二二	一〇	楊復恭	樞密使，左神策護軍中尉，觀軍容使	僖宗晏駕，群臣以吉王俊（懿宗子）長且賢，欲立之，樞密使楊復恭率兵迎壽王曄（懿宗子）為皇太弟，即位，是為昭宗。	復恭既軍權在手，頗擅朝政，以諸子為州刺史，號外宅郎君，又養子六百人監諸道軍，天下威勢舉歸其門。復恭與侄守亮（興元節度使）書曰，承天門者隋家舊業也，兒但積粟訓兵，何進奉為。吾披荊榛，立天子，既得位，乃	帝厭復恭專恣，罷復恭兵，出為鳳翔監軍，不肯行，因乞致仕，詔可。或告復恭父子且謀亂，帝命禁軍攻之，盡捕其黨，梟首於市。

						廢定策國老，奈負心門生何。門生謂天子也，其不臣類此。	
			劉季述	左神策護軍中尉		時崔胤秉政，排斥宦官。季述乃外結藩鎮，以為黨援。昭宗嗜酒，怒責左右不常，季述愈自危，乃矯皇后令，以皇太子監國，囚帝於少陽宮。季述以所持鉏杖畫地，責帝曰，某日某事爾不從我，罪一也，至數十未止，遂廢昭宗，以皇太子為皇帝。	崔胤用計，使左神策軍將孫德昭以兵討賊，昭宗復位，季述伏誅。
			韓全誨	左神策護軍中尉		全誨知崔胤必盡誅宦官，乃外結李茂貞，令留選士四千宿衛。崔胤亦諷朱全忠，納兵三千居南司。全誨等懼帝誅己，謀亂，胤為急詔，令全忠入朝。全忠得詔，悉師討全誨，全誨劫天子遷鳳翔，茂貞力窮勢迫，乃殺全誨等以求和。城門既開，又殺中官七十餘人。既還京師，復殺中官八百餘人。諸道監軍所在賜死。君側雖清，而唐室亦亡。	

現在試來研究唐代宦官何以能夠攬權樹威，固然宦官蠱惑天子，有其祕訣。

仇士良之老，中人舉送還第，謝曰諸君善事天子，能聽老夫語乎。眾唯唯。士良曰天子不可令閒暇，暇必觀書，見儒臣則又納諫，智深慮遠，減玩好，省遊幸，吾屬恩且薄而權輕矣。為諸君計，莫如殖貨財，盛鷹馬，日以毬獵聲色蠱其心，極侈靡，使悅不知息，則必斥經術，闇外事，萬機在我，恩澤權力欲焉往哉。眾再拜（新唐書卷二百七仇士良傳）。

但是蠱惑天子不過社鼠城狐竊弄威福而已。其能攬權樹威，挾制中外，自有其特別原因，一是領財庫，二是管樞密，三是掌禁兵，現在試分別述之。

先就領財庫言之，吾國古代財用大率分為兩種：一為軍國經費，二為皇室經費。例如西漢之世，凡財貨「在大司農者，國家之公用也，在少府水衡者，人主之私蓄也。公用所儲乃田賦之常數，非軍國之需則不用。私蓄所具乃山澤之餘利，雖燕好之私亦可用焉……出入之際有所分別，不至混用而泛費……漢此制，以財用之司分為內外二府……外府有不足，可取之於內。內府則常為撙節，使不至於不足。雖有不足，亦不可取之於外。何則，軍國之需決不可無奉養之具，可以有可以無，故也」（大學衍義補卷二十四經制之義下）。唐初，亦有左藏與大盈兩庫，左藏庫供國家的開支，朝臣主之，大盈庫供人主宴私賞賜之用，宦官主之。其實，天子所私有的，除大盈庫外，尚有瓊林庫。據陸贄言：

瓊林大盈自古悉無其制。傳諸耆舊之說，皆云創自開元。貴臣貪權，飾巧求媚，乃言郡邑貢賦所用，盍各區分。賦稅當委於有司，以給經用。貢獻宜歸於天子，以奉私求（舊唐書卷一百三十九陸贄傳）。

至德中，第五琦以京師豪將求取無節，悉以租賦納入大盈內庫，而內庫又由宦官主之。自是而後，宦官就取得了財政權。

舊制天下財賦皆納於左藏庫，而太府四時以數聞，尚書比部覆其出入，上下相轄無失遺。及第五琦為度支鹽鐵使，京師多豪將，求取無節，琦不能禁，乃悉以租賦進入大盈內庫，以中人主之。天子以取給為便，故不復出。是以天下公賦為人君私藏，有司不得窺其多少，國用不能計其贏縮，殆二十年矣。中官以冗名持薄書領其事者三百人，皆奉給其間，連結根固，不可動（舊唐書卷一百十八楊炎傳）。

財富乃邦國之本，誰能管理財政，誰便得操弄國權，王叔文說：「錢穀者國大本，操其柄，可因以市士」（新唐書卷一百六十八王叔文傳）。大曆年間楊炎作相，奏請德宗再以財賦歸於左藏，然而宦官已經握兵，雖然不管財賦，而管財賦者又不能不仰承其鼻息了。

楊炎作相，頓首於上前，論之曰，夫財賦邦國之大本，生人之喉命，天下理亂輕重皆由焉……先朝權制中人領其職，以五尺宦豎，操邦之本，豐儉盈虛，雖大臣不得知，則無以計天下利害。臣愚待罪宰輔，陛下至德，惟人是恤，參校蠹弊，無斯之甚，請出之以歸有司。度宮中經費一歲幾何，量數奉入，不敢虧用。如此然後可以議政，惟陛下察焉。詔曰，凡賦皆歸左藏庫，一用舊式，每歲於數中進三五十萬入大盈，而度支先以其全數聞。炎以片言移人主意，議者以為難，中外稱之（舊唐書卷一百十八楊炎傳）。

次就管樞密說，樞密使承受表奏，宣布詔令，置於代宗時代，而以宦官主之，最初不置司局，但有屋三楹，貯文書而已⓲。僖昭時，楊復恭欲奪宰相之權，遂至於視事行文書。

⓲ 新唐書卷二百七嚴遵美傳「樞密使無廳事，唯三楹舍藏書而已，今堂狀帖黃決事，此楊復恭奪宰相權之失也」。舊五代史卷一百四十九職官志註引項安世家說，「唐於政事堂後，列五房，有樞密房，以主曹務，則樞密之任宰相主

唐代宗永泰中，置內樞密使，始以宦者為之，初不置司局，但有屋三楹，貯文書而已。其職掌惟承受表奏，於內中進呈，若人主有所處分，則宣付中書門下施行而已。永泰中，宦官董廷秀參掌樞密內，元和（憲宗）中劉光琦梁守謙為樞密使，長慶（穆宗）中王守澄知樞密事，舊左右軍容多入為樞密，亦無視事之廳。後僖昭時楊復恭西門季元欲奪宰相權，乃於堂狀後帖黃，指揮公事（文獻通考卷五十八職官考十二樞密院）。

但是樞密使既有承受表奏的權，自能審查表奏，干涉大臣的行政，又既有宣布詔令的權，自能矯稱帝旨，擅發詔令，而變為樞機之任，其職頗有似於漢的中書謁者令。西漢之世，宦官無權，而石顯為中書謁者令之後，竟然「貴幸傾朝，百僚皆敬事顯」（漢書卷九十三石顯傳）。何況樞密使尚掌密命，而得與聞機要之事。

澤潞盧從史陰苞逆節……裴垍從容啟言，從史暴戾，有無君之心，若不因其機而致之，後雖興師，未可以歲月破也。憲宗初愕然，熟思其計，方許之。垍因請密其謀，憲宗曰此李絳梁守謙知之，時絳承旨翰林，守謙掌密命（舊唐書卷一百四十八裴垍傳）。

所以雖然不視事，不行文書，凡與其暱善者亦得因探知祕密之故，竊取朝權。

憲宗初即位，中書小吏滑渙與知樞密中使劉光琦暱善，頗竊朝權（舊唐書卷一百四十八李吉甫傳）。

何況宰相奏事之際，樞密使又立侍人主左右，與聞政事。那末，朝臣有所規畫，宦官認為不利者，更得矯詔變更，撓其施行了。

初延英宰相奏事，帝平可否，樞密使立侍，得與聞，及出，或矯上旨，謂未然，數改易撓權（新唐書卷

之，未始他付，其後寵任宦人，始以樞密歸之內侍」。

二百八劉季述傳）。

三就掌禁兵說，肅代之世宦官李輔國程元振雖曾判元帥府行軍司馬事（參閱舊唐書卷一百八十四李輔國程元振傳）。而魚朝恩且為觀軍容使，監九節度之討安慶緒。

> 至德中，常令魚朝恩監軍事，九節度討安慶緒於相州，不立統帥，以朝恩為觀軍容宣慰處置使，觀軍容使名自朝恩始也（舊唐書卷一百八十四魚朝恩傳）。

但是他們三人並未曾全握兵權[19]。

> 李輔國從幸靈武，程元振翼衛代宗，怙寵邀君，乃至守三公，封王爵（李輔國加司空，封博陵郡王，程元振封邠國公，父元貞贈司空），干預國政，亦未全握兵權。代宗時……特立觀軍容宣慰使，命魚朝恩為之，然自有統帥，亦監領而已（舊唐書卷一百八十四宦官傳序）。

自府兵制度崩壞之後，天子自置禁軍於京師。禁軍草創於高祖之時，高祖以義兵起太原，已定天下，悉罷遣歸，其願留宿衛者三萬人，給以渭北腴田，號元從禁軍，後老不任事，以其子弟代，謂之禁軍。貞觀初，太宗擇善射者百人曰百騎，以從田獵。武后改百騎曰千騎，睿宗又改千騎曰萬騎。及至玄宗以萬騎平韋氏，改為左右龍虎軍（新唐書卷五十兵志）。是時「長安良家子避征戍者，亦皆納貲隸軍」（舊唐書卷一百六王毛仲傳），人數漸多，遂發展為羽林龍武神武神策神威，各分左右，總稱左右十軍，其中以神策為最盛。德宗懲艾朱泚之亂，猜忌諸將，以宦官典宿衛，置護軍中尉中護軍各二員，以竇文場霍仙鳴等為之，自是而後，神策軍遂以宦官為帥[20]。

---

[19] 新唐書宦者傳序，「輔國以尚父顯，元振以援立奮，朝恩以軍容重，然猶未得常主兵也」。

德宗避涇師之難，幸山南，內官竇文場霍仙鳴擁從，賊平之後，不欲武臣典重兵，其左右神策天威等軍欲委宦者主之，乃置護軍中尉兩員，中護軍兩員，分掌禁兵，以文場仙鳴為兩中尉，自是神策親軍之權全歸於宦者矣（舊唐書卷一百八十四宦官傳序）。

神策在禁軍中，號稱勁旅，而以宦官主之，則中央發生政變之時，神策中尉的宦官自有舉足輕重之勢，寖假人主廢立，宦官便握了決定的權㉑。

貞元已後，中尉之權傾於天下，人主廢立皆出其可否（舊唐書卷四十四職官志三左右神策軍註）。

在三種職權之中，最重要的還是典禁軍。所以樞密使若與神策中尉鬥爭，樞密使大率失敗。蕭復曾對德宗說：

宦者自艱難以來，初為監軍，自爾恩倖過重。此輩只合委宮掖之寄，不可參兵機政事之權（舊唐書卷一百二十五蕭復傳）。

---

⑳ 新唐書卷二百七竇文場傳，「自魚朝恩死，宦人不復典兵，帝以禁衛盡委白志貞，志貞多納富人金，補軍止收其庸，而身不在軍。及涇師亂，帝召近衛，無一至者，惟文場等率宦官及親王左右從至奉天。帝逐志貞，並左右軍付文場主之……帝自山南還，兩軍復完，而帝忌宿將難制，故詔文場仙鳴分總之，廢天威軍，入左右神策……久之，置護軍中尉中護軍各二員，詔文場為左神策護軍中尉，仙鳴為右，焦希望為左神策中護軍，張尚進為右，中尉護軍自文場等始」。

㉑ 新唐書卷九僖宗紀贊，「唐自穆宗以來，八世而為宦者所立者七君」。內侍陳弘志王守澄及中尉梁守謙立穆宗，樞密使王守澄立文宗，中尉仇士良立武宗，中尉馬元贄立宣宗，中尉王宗實立懿宗，中尉劉行深立僖宗，樞密使楊復恭立昭宗。由此可知神策中尉比之樞密使，更有左右皇位之權力。

然其結果竟然引起了德宗之「不悅」，在專制時代，政權本來需要軍權支持，誰有軍權，誰便得操弄政權。史稱：

> 宦官領兵，附順者益眾（新唐書卷二百七劉貞亮傳）。

例如：

> 田令孜專總禁軍，公卿僚庶無不候其顏色（舊唐書卷一百七十九蕭復傳）。

但是宦官所領禁兵不過數萬，其力雖足以制任一方鎮，亦必不能抵抗全部方鎮。在方鎮跋扈之際，何以宦官尚能攬權樹威，脅制中外呢？考其原因，約有三種。

第一是天寶以後常有宦官監軍之事。監軍之制由來已久，吾人觀則天時鳳閣侍郎（即中書侍郎）韋方質奏言，即可知之。

> 舊制有御史監軍……夫古將軍出師，君授之鈇鉞，閫外之事皆使裁之。如聞被御史監軍，乃有控制，軍中小大之事皆須承稟，非所以委專征也（唐會要卷六十二雜錄垂拱三年）。

最初不過戰時御史出監討伐戎狄之軍，安史亂後，雖尋常無事之時也令中使監方鎮之軍。宦官監軍有害無利，載在史冊，昭然可見。

> 自開元天寶間，討吐蕃諸國，已有官者監大將之軍，至魚朝恩為觀軍容使，邙山之戰，李光弼欲據險而陣，朝恩令陣於平地，遂致大敗（李光弼傳）。據裴度韋皋李德裕等所奏，大概監軍者先取銳兵自衛，懦者出戰，戰勝則先報捷，偶衄則凌挫百端，侵撓軍政，將帥不得專主。每督戰，輒建旗自表，小不勝則捲旗去，大軍往往隨之奔北。故劉闢之叛，杜黃裳請不用監軍，專委高崇文討之（杜黃裳傳）。然白居易疏，謂

韓全義討淮西，賈國良監之，高崇文討蜀，劉貞亮監之，是黃裳雖奏，而監軍仍未撤也（白居易傳）。裴度討吳元濟，始奏去監軍，主帥得專兵柄，法令既一，戰皆有功，遂平淮蔡（裴度傳）。其後會昌中討劉稹，李德裕亦奏監軍不得干軍事，每兵百人，聽以一人為衛，由是號令精整，遂平澤潞（李德裕傳）。觀此，則中使監軍有害無利，昭然可見。此猶是臨戰時用以監察，尚有說也。其尋常無事時，各藩鎮亦必有中使監軍，如陸長源死，監軍俱文珍召宋州刺史劉全諒入汴，以靖其亂（劉全諒傳）。王承宗死，諸將請王承元主留務，承元曰天子使中貴人監軍，當與議，監軍以眾意贊之，承元乃受（王承元傳），是亦未嘗無靖難解紛之益。然其中賢者百不一，而恃勢生事之徒，踵相接也。在河朔諸鎮者，既不能制其叛亂，徒為之請封請襲，而在中州各鎮者，則肆暴作威，或侵撓事權，或誣構罪戾。姚南仲帥鄭滑，為監軍薛盈珍誣奏，有裨將曹文洽不平，殺其奏事者，而自刎以明南仲之枉。南仲入朝，德宗曰盈珍擾軍政耶，南仲曰如盈珍者在在有之，雖羊杜復生，不能治軍理人也（姚南仲傳）。洪州監軍誣奏刺史李位謀逆，追赴京，付仗內訊，賴薛存誠力請付外，始得白（薛存誠傳）。楊於陵帥嶺南，為監軍許遂振誣奏，憲宗即令貶於陵官，賴裴垍諫，始改吏部侍郎（裴垍傳），此牽制藩臣之弊也。監軍王定遠有德於節度使李說，軍政皆專決，將吏悉自補授，以田宏代彭令茵，令茵不服，定遠即斬之，埋屍馬糞中，家人請屍不得，說奏之，定遠抽刀刺說，說走而免（李說傳）。劉承偕監澤潞軍，侮節度使劉悟，三軍憤譟，欲殺承偕，悟救而免。穆宗問裴度何以處之，度奏惟有斬承偕耳（裴度傳），此激變軍士之弊也。嚴綬在太原，軍政一出監軍李輔光，綬但拱手而已，後入朝，適賜食廊下，有中使馬江朝來賜櫻桃，綬在鎮時，曾識江朝，至是不覺屈膝（嚴綬傳），可見監軍之積威肆橫，非一朝一夕之故，其所由來者漸矣（廿二史劄記卷二十中官出使及監軍之弊）。

憲宗時，杜黃裳嘗「奏請不以中官為監軍」（舊唐書卷一百四十七杜黃裳傳）。但是「憲宗寵任內官，有至專兵柄」（舊唐書卷一百七十一裴潾傳），何肯撤銷閹宦監軍之制。其所以不肯撤銷，實因方鎮叛變，天子有不信任武將之心。宦官既然監軍，自得脅制武將，而使武將不能不仰承宦官的鼻息。這就是宦官橫行於內，而方鎮沉默於外的原因。

第二德宗姑息方鎮，藩臣缺，每派宦官伺察，觀眾所欲立者，授以節度使之職，由是武將欲得節度使之位者，便不能不和宦官勾結。

德宗自艱難之後，事多姑息。貞元中，每帥守物故，必先命中使偵伺動息，其副貳大將中有物望者必厚賂近臣，以求見用，帝必隨其稱美而命之（舊唐書卷一百四十七杜黃裳傳）。

當時方鎮雖然跋扈，而名器尚在朝廷，武將欲得名器，必須勾結宦官，即如舊唐書（卷一百六十二）高瑀傳所說：「自大歷以來，節制之除拜，多出禁軍中尉」。宦官既有武將為其外援，當然其勢愈張，其力愈固。於是各地節度使軍事上須受宦官的掣附，例如德宗時：

時諸道兵皆有中使監陣，進退不由主將，戰勝則先使獻捷，偶衄則凌挫百端（舊唐書卷一百七十裴度傳）。

政治上須受宦官的控制，例如憲宗時：

嚴綬在太原，其政事一出監軍李輔光，綬但拱手而已（舊唐書卷一百四十八裴垍傳）。

第三是神策軍的糧餉特別豐厚。德宗時，李懷光上表謂「諸軍衣糧薄，神策衣糧厚，厚薄不均，難以驅戰」（舊唐書卷一百三十九陸贄傳）。神策糧餉比之一般軍隊約多三倍，塞上諸將均請遙隸神策軍，以領取豐厚的糧餉。

時邊兵衣饟多不贍，而戍卒屯防，藥茗蔬醬之給最厚，諸將務為詭辭，請遙隸神策軍，稟賜遂贏舊三倍，由是塞上往往稱神策行營，皆內統於中人矣，其軍乃至十五萬（新唐書卷五十兵志）。

這個遙隸軍隊雖然不是宦官直接指揮的兵，然亦足以增加宦官的聲勢，宦官的勢力本來只以神策軍為基礎，現在有了遙隸軍隊，則人們必誤信其勢力遍布地方，所以朝臣欲誅宦官，不但要奪取神策軍，且須派遣黨與分總地方軍權。

王叔文謀奪內官兵柄，乃以故將范希朝統京西北諸鎮行營兵馬使，韓泰副之。初中人尚未悟，會邊上諸將各以狀辭中尉，且言方屬希朝，中人始悟兵柄為叔文所奪，中尉乃止諸鎮無以兵馬入希朝（舊唐書卷一百三十五王叔文傳）。

李訓欲誅宦豎，乃擢所厚善分總兵柄，於是王璠為太原節度使，郭行餘為邠寧節度使，羅立言權京兆尹，韓約金吾將軍，李孝本權御史中丞，陰許璠行餘多募士及金吾臺府卒，劫以為用（新唐書卷一百七十九李訓傳）。

宦官掌握禁兵，而又外有神策行營，其不置神策行營者，也令中使監軍，文宗時，「中官頗橫，天子不能制」（舊唐書卷一百六十一劉悟傳）。於是前此皇帝以宦官為腹心者，現在則視宦官為心腹之疾，而欲芟落本根，以絕禍源了。然而九重深處，難與將相明言，於是文宗遂與侍講宋申錫密謀，而謀之不臧，申錫見殺；後又與李訓鄭注謀誅內豎。此時宦官內部並不統一，常常勾結朝臣以為外援，宦官有隙可乘，於是李訓便利用仇士良以分王守澄的權，杖殺陳弘志，酖死王守澄，盡殺元和逆黨。經甘露事變，李訓鄭注又復失敗（參閱舊唐書卷一百六十七宋申錫傳卷一百六十八李訓鄭注傳），而至於宣宗時代，宦官均已知道外臣雖假宦官之力以得政權，而既得政權之後，又無不欲盡誅宦官，於是宦官益與朝士相惡，南北司如水火矣。

上召翰林學士韋澳，託以論詩，屏左右與之語曰，近日外間謂內侍權勢何如，對曰陛下威斷，非前朝之比。上閉目搖首曰全未全未，尚畏之在，卿謂策將安出。對曰若與外廷議之，恐有大和之變，不若就其中擇有才識者與之謀。上曰此乃末策，自衣綠至衣緋，皆感恩。纔衣紫（三品以上服紫），則相與為一矣。上又嘗與令狐綯謀盡誅宦官，綯恐濫及無辜，密奏曰但有罪勿捨，有闕勿補，自然漸耗，至於盡矣。宦者竊見其奏，由是益與朝士相惡，南北司如水火矣（資治通鑑卷二百四十九唐紀宣宗大中八年）。

清流之士也深疾宦官，凡人與宦官稍有關係，則眾共棄之，而至沉廢終身。

是時士大夫深疾宦官，事有小相涉，則眾共弃之。建州進士葉京嘗預宣武軍宴，識監軍之面，既而及第，在長安與同年出遊，遇之於塗，馬上相揖，因之謗議諠然，遂沉廢終身，其不相悅如此（資治通鑑卷二百五十唐紀懿宗咸通二年）。

宦官與朝士交惡，其衣紫者（唐自上元以後，三品已上服紫）相與為一，這樣，朝臣當然不能再用「以閹制閹」的政策。這個時候，朝臣欲誅宦官，只有乞援外力。昭宗時，「宰相崔胤欲借梁兵誅諸宦者，陰與梁太祖（朱溫，時為汴州刺史宣武軍節度使）謀之，中尉韓全誨等亦倚李茂貞（時為鳳翔隴右節度使）之強，以為外援」（新五代史卷四十李茂貞傳），於是南衙（朝臣）北司（宦官）的鬥爭又轉變為方鎮與方鎮的吞併。茂貞失敗之後，崔胤朱全忠盡誅宦官，「哀號之聲聞於路，留單弱數十人，備宮中灑掃……追諸道監軍所在賜死……內諸司皆歸省若寺，兩軍內外八鎮兵悉屬六軍……自是宣傳詔命皆以宮人」（新唐書卷二百八韓全誨傳）。君側雖清，而唐祚又和東漢何進之召董卓一樣隨之而亡。

第六節　文官制度的敗壞與朋黨之爭

唐代取士，科目甚多，而士林趨嚮惟明經進士二科，明經試經義，進士試文詞。經義為東漢以來朝廷取士之法，隋煬而後，取士多尚文詞，武后以女主君臨天下，而又帷薄不修，欲用進士之科，拔擢新進人材，以抵抗朝廷元老，於是就發生了兩種現象。

第一、吾國士大夫本來以仕進為其最高目的，漢武帝罷黜百家，表章六經，光武踐祚，數引公卿郎將，講論經義，其佐命功臣大率多習儒術，自是而後，經學高於一切，成為士大夫獵官的工具，又成為華夏文化的中心。五胡亂華，清談之風隨中原士大夫南渡，因之江左世家多尚浮虛。而北方世族則仍保存中國故有文化，而研究經學。五胡沒有文化，一旦建國於中原，不能不接受華夏的文化，而在大亂之際，保存華夏文化者則為豪宗大族的塢堡。中原愈紛亂，塢堡愈繁榮。但是塢主既是豪宗大族，則五胡欲學習華夏文化，不能不和豪宗大族妥協，而承認魏晉以來豪宗大族既得的權利。所以南北朝時代豪宗大族成為統治階級，不但因為物質上壟斷了土地，且又因為精神上繼承了文化。隋唐政府對於豪宗大族雖然力加壓迫。然其所壓迫者多是江南右姓，至於北方豪宗大族的勢力，到了晚唐，尚根深蒂固，不易動搖。

> 開成初，文宗欲以真源臨真二公主降士族，謂宰相曰，民間脩婚姻，不計官品，而上閥閱，我家二百年天子顧不及崔盧耶（新唐書卷一百七十二杜中立傳）。

豪宗大族保存華夏文化，自漢武表章六經，罷黜百家之後，華夏文化乃以儒學為宗。豪宗大族對於經學，數世傳習，縱在五胡亂華之際，他們亦不拋棄，朝廷若以經學取士，他們容易及第。今試舉例言之，太原王慧龍撰帝王制度十八篇，其曾孫王遵業涉歷經史（魏書卷三十八王慧龍，王遵業傳）。清河崔氏，即崔林之後，崔浩博鑒經史，曾教明元帝經書（魏書卷三十五崔浩傳）。而崔琰之後的崔光曾為孝明帝講孝經，其子崔鴻亦博綜經史（魏書卷六十七崔光傳）。博陵崔綽，太武帝時，以儒儁見徵（魏書卷四十九崔鑒傳，綽為鑒之父，參閱魏書卷四十八高允傳），而崔辨亦學涉經史（魏書卷五十六崔辨傳）。范陽盧玄，太武帝辟召天下儒，以玄為首（魏書卷四十七盧玄傳），而盧辯亦博通經籍，曾註大戴禮（北史卷三十盧辯傳）。趙郡李順博涉經史（魏書卷三十六李順傳），李曾少治鄭氏禮左氏春秋，以教授為業，其子李孝伯少傳父業，博綜群言（魏書卷五十三李孝伯傳），而李詵李靈李遐，太武帝時均以儒儁見徵（魏書卷四十八高允傳）。隋時，趙郡李諤，因曹魏三祖專尚文詞，江左齊梁，其弊彌甚，乃上書禁止，以為五教六行為訓民之本，詩書禮易為道義之門（隋書卷六十六李諤傳）。滎陽鄭懿涉歷經史（魏書卷五十六鄭羲傳）。京兆韋閬，太武帝時，亦以儒儁見徵（魏書卷四十八高允傳）。河東裴駿通涉經史（魏書卷四十五裴駿傳），裴延儁曾對宣武帝說：「經史義深，補益處多」（魏書卷六十九裴延儁傳）。河東柳崇舉秀才，對策高第（魏書卷四十五柳崇傳）。河東薛謹頗覽史傳，其為河東太守時，命立庠序，教以詩書（魏書卷四十二薛辯傳）。京兆杜銓為晉杜預之五世孫，預註左傳，銓學涉經史，太武帝時，與高允等，以儒儁見徵（魏書卷四十五杜銓傳，參閱卷四十八高允傳）。觀此諸氏，可知北方世族雖在紛亂之世，亦不忘研究經學，而保全中國的固有文化。唐太宗時，高士廉撰氏族志，崔幹仍居第一，而武后之世不敘，這由武后看來，當然認為侮辱。武后要進新門，退舊望，對於豪宗大族獵官的工具——經學，不能不給予一個打擊，於是一方便用文詞抵抗經學。沈既濟說：

初國家自顯慶以來，高宗聖躬多不康，而武太后任事，參決大政，與天子並。太后頗涉文史，好雕蟲之藝。永隆中，始以文章選士。及永淳之後，太后君臨天下二十餘年，當時公卿百辟無不以文章達，因循日久，寖以成風……父教其子，兄教其弟，無所易業，大者登臺閣，小者任郡縣，資身奉家，各得其足，五尺童子恥不言文章焉（通典卷十五選舉三歷代制下）。

同時又變更考試的科目。

上元二年天后表請王公以下內外百官皆習老子道德經，其明經咸令習讀，一准孝經論語，所司臨時策試，從之（文獻通考卷二十九選舉考二舉士）。

長壽二年太后自製臣範兩卷，令貢舉人習業，停老子（文獻通考卷二十九選舉考二舉士）。

唐考試加試老子前後變更表㉒

年代		加試老子變更表
高宗	上元二年	加試貢士老子策，明經二條，進士十三條。
	儀鳳三年	道德經孝經并為上經，貢舉皆須兼通，其餘經及論語任依恆式。
武后	長壽二年	則天自製臣範兩卷，令貢舉人習業，停老子。
中宗	神龍元年	天下貢舉人停習臣範，依前習老子。
玄宗	開元七年	注老子道德經成，貢舉人減尚書論語策，而加試老子。
	開元十九年	始置崇玄學，習老子莊子文子列子，亦曰道舉。
	天寶元年	天下應舉，除崇元學生外，自餘所試道德經，宜并停，加爾雅，以代道德經。

㉒據唐會要卷七十五明經，及新唐書卷四十四選舉志一

德宗	貞元元年	停爾雅，仍習老子道德經。
	貞元十二年	停老子（依天寶元年勅處分），加習爾雅。

唐代所以加試老子，「蓋唐以老氏為始祖，則崇其教者亦以為尊祖宗之事也」（文獻通考卷五十五宗正卿）。唐沿前代之制，置宗正寺：「掌天子族親屬籍，以別昭穆，領陵臺崇玄二署」（新唐書卷四十八百官志三宗正寺）。崇玄署猶如北齊之昭元寺，昭元寺掌佛教，崇玄署則掌道教，其屬於宗正寺者，即因道教為唐祖宗李耳所創。高宗上元二年加試老子道德經，此經與五經不同，說得玄之又玄，此對於士人之崇尚經學的，不失為一種打擊。這個改制是由武后提議（見唐會要卷七十五明經，上元元年十二月條），而武后又好文詞，因循日久，寖以成風，公卿百辟無不以文章達。於是豪宗大族由於己身的利害，遂嫉惡進士一科。

> 文宗好學嗜古，鄭覃以經術位宰相，深嫉進士浮薄，屢請罷之。文宗曰敦厚浮薄色色有之，進士科取士二百年矣，不可遽廢，因得不罷。武宗即位，宰相李德裕尤惡進士……德裕嘗論公卿子弟艱於科舉……德裕曰臣無名第，不當非進士，然臣祖天寶末以仕進無他岐，勉強隨計，一舉登第，自後家不置文選，蓋惡其不根藝實。然朝廷選官，須公卿子弟為之。何者，少習其業，目熟朝廷事，臺閣之儀不教而自成，寒士縱有出人之才，固不能閑習也，則子弟未易可輕（新唐書卷四十四選舉志上）。

鄭覃滎陽人，「長於經學」，父珣瑜貞元末做過宰相（舊唐書卷一百七十三鄭覃傳）。李德裕趙郡人，「精左氏春秋，祖栖筠大歷中御史大夫，父吉甫元和初宰相（舊唐書卷一百七十四李德裕傳）。滎陽鄭氏，趙郡李氏是北朝的豪宗大族，而他們兩人又為公卿子弟，其推崇經學，可以說是家世使然。既然推崇經學，則一旦置

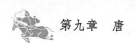

身於政治舞臺而作政治鬥爭，當然鄙視文詞，而排擠進士了。德裕祖栖筠「以仕進無他岐，勉強隨計」，舉進士，擢高第，而一旦從政之後，就反對文詞。楊綰華陰人，華陰楊氏為楊震之後，「世以儒聞」（新唐書卷一百四十二楊綰傳）。綰雖由進士出身，而既仕之後，又復反對進士，此時贊成綰議者則為李栖筠。

楊綰以進士不鄉舉，但試辭賦浮文，非取士之實，請置五經秀才科。詔群臣議，栖筠與賈至李廙以綰所言為是（新唐書卷一百四十六李栖筠傳）。

第二，武后時朝廷取士最重進士之科，士大夫均趨嚮進士，其得人亦最為盛。進士以辭章取人，其得人所以最盛者，不是因為辭章可為擇才的標準，而是因為人材均借徑於進士以發身。自是而後，人君遂誤認擇才之法，捨進士莫由。

大抵眾科之目，進士尤為重，其得人亦最為盛焉。方其取以辭章，類若浮文而少實，及其臨事設施，奮其事業，隱然為國名臣者，不可勝數，遂使時君篤意，以謂莫此之尚。及其後，世俗益媮薄，上下交疑，因以謂按其聲病可以為有司之責，捨是則汗漫而無所守，遂不復能易（新唐書卷四十四選舉志上）。

而自玄宗以後，翰林學士又代替了中書舍人之職，掌制詔書敕，每簡文士為之，往往積功而至宰相之位。元和中學士六人，後昇為宰相者五人，六人均由進士出身。

自樂天分司東都，有詩上李留守相公，其序言公見過池上，汎舟舉酒，話及翰林舊事，因成四韻，後兩聯云，白首故情在，青雲往事空，同時六學士，五相一漁翁。此詩蓋與李絳者，其詞正紀元和二年至六年事。予以其時考之，所謂五相者裴垍王涯杜元穎崔群及絳也（容齋續筆卷二元和六學士）。

宰相多由進士出身，於是一般士大夫遂以進士為士林華選，搢紳雖位極人臣，不由進士者，終不為美。

唐眾科之目，進士為尤貴……搢紳雖位極人心，而不由進士者終不為美（文獻通考卷二十九舉士）。

而秉鈞當軸之士亦喜任用辭賦登科之人。

常袞當國，非以辭賦登科者，莫得進用（舊唐書卷一百十九崔祐甫傳）。

於是干進之人遂莫不注意文詞。

天寶中，海內事干進者，注意文詞（舊唐書卷一百十一高適傳）。

進士價值的提高，無形之中又壓低了明經的價值。東漢以來，朝廷以經學取士，至唐，明經碌碌，竟然不為高才發跡之路。

李珏甫冠，舉明經，李絳為華州刺史，見之曰，日角珠廷，非庸人相，明經碌碌，非子所宜，乃更舉進士，高第（新唐書卷一百八十二李珏傳）。

明經價值不及進士，不但進士登科的人，便是閭閻下俚也有鄙視明經之意。

元和中，李賀善為歌篇，為韓愈所深知。時元稹年少，以明經擢第，亦攻篇什，常交結於賀，日執贄造門，賀覽刺，不答，遽入。僕者謂曰明經及第，何事看李賀，稹慚恨而退（唐語林補遺）。

這種鄙視又引起了經學之士的反感。鄭覃便是攻擊進士最激烈的人。

鄭覃雖精經義，不能為文，嫉進士浮華。開成初，奏禮部貢院宜罷進士科。初紫宸對上語及選士，覃曰南北朝多用文華，所以不治，士以才堪即用，何必文辭……上嘗於延英論古今詩句工拙，覃曰陳後主隋煬帝皆能章句，不知王道大端，終有季年之失，章句小道，願陛下不取也（舊唐書卷一百七十三鄭覃傳）。

進士受了經學者的攻擊，當然想法報復。唐時科舉，有同年之誼，有座主之恩，有慈恩寺塔的題名，有曲江亭子的宴會。

進士為時所尚久矣……俱捷謂之同年……有司謂之座主……既捷，列名於慈恩寺塔，謂之題名，大燕於曲江亭子，謂之曲江會（文獻通考卷二十九選舉考二舉士）。

同年座主使進士有團結的情感，題名燕會使進士有團結的機會。漢時辟除，屬吏對其舉主，有服喪三年之制，唐時科舉，門生對其座主，亦常感其提攜之恩。發榜之日且有一種謝恩儀式，以確定門生與座主的身分。

初舉人既及第，綴行通名詣主司第謝，其制序立西階下，北上東向，主人席東階下西向，諸生拜，主司答拜，乃敘齒謝恩，遂升階，與公卿觀者皆坐，酒數行，乃赴期集，又有曲江會題名席（新唐書卷四十四選舉志上）。

至於同年，雖然李絳曾說：

同年乃九州四海之人，偶同科第，或登科然後相識，情於何有（資治通鑑卷二百三十八唐紀憲宗元和七年）。

其實，這是李絳強辯之辭，唐時，同年固有密切關係，舉兩例言之。

蕭俛與皇甫鎛及令狐楚同年登進士第，鎛援楚作相，二人雙薦俛於上（舊唐書卷一百七十二蕭俛傳）。

趙隱高璩知政事，與彥昭同年進士，薦彥昭長於治財賦……召為吏部侍郎，充諸道監鐵轉運使（舊唐書卷一百七十八崔彥昭傳）。

所謂牛黨，其中心人物便是以同年為基礎的。

楊嗣復與牛僧孺李宗閔皆權德輿貢舉門生，情義相得，進退取捨，多與之同（舊唐書卷一百七十六楊嗣復傳）。

這個時候，倘令仕進之路不塞，任何人士均能利用自己的才識，以取得才識相當的地位，則朋黨之爭也許不會發生。但是唐代文化頗見發達，貞觀時代，單單京師一地，學生已有八千餘人。

> 太宗既即位……盡召天下惇師老德，以為學官……廣學舍千二百區，三學（國學太學四門學）益生員，並置書算二學，皆有博士，大抵諸生員至三千二百……文治煟然勃興，於是新羅高昌百濟吐蕃高麗等群酋長並遣子弟入學，鼓笥踵堂者凡八千餘人，紆侈袂，曳方履，誾誾秩秩，雖三代之盛所未聞也（新唐書卷一百九十八儒學傳序）。

文化發達，生員增加，當然不免仕進路塞。李珏說：

> 貞元中，仕進路塞，所以有才之人或託迹他所（舊唐書卷一百七十三李珏傳）。

託跡他所，尚可以相安無事。然而吾國士大夫乃以干祿為目標，所以士人過剩，若不能升之於朝，任之以職，往往引起政治問題。唐時，舉士與舉官分為二途，禮部舉士，吏部舉官，凡試於禮部及第者，尚須再試於吏部，中者才授之以官。士人學子試於禮部而被淘汰者，不知凡幾焉。韓愈說：

> 天下之以明二經舉於禮部者，歲至三千人，始自縣考試，定其可舉者，然後升於州若府，其不能中科者，不與是數焉。州若府總其屬之所升，又考試之如縣，加察詳焉，舉其可舉者，然後貢於天子，而升之有司，其不能中科者，不與是數焉，謂之鄉貢。有司（禮部）總州府之所升而考試之，加察詳焉，第其可進者，以名上於天子而藏之，屬之吏部，歲不及二百人，謂之出身（文獻通考卷三十七舉官）。

明經碌碌，每年經縣之初試，州府之覆考，而得試於禮部者共三千人，其及第不過二百人。二百人與三千人相比，固然是百分之十五，而與初試人數相比，相差必遠。德宗貞元十八年五月敕，「明經進士自今已後，每年考試所拔人，明經不得過一百人，進士不得過二十人，如無其人，不必要補此數」（唐會要卷七十六緣舉雜錄）。文宗太和八年「詔禮部歲取進士登第者三十人，苟無其人，不必充其數」（新唐書卷四十四選舉志上）。武宗會昌三年正月敕，「禮部所放進士及第人數，自今後，但據才堪即與，不要限人數每年止於二十五人」（唐會要卷七十六進士）。進士每年所取者不過二三十人，所以通典（卷十五選舉三）云：「其進士大抵千人得第者百一二，明經倍之，得第者十一二……其應詔而舉者（即制舉），多則二千人，少猶不減千人，所收百才有一」。由此可知唐之考試，制舉最難，進士次之，明經又次之。故及第進士有年過六七十者。例如：

昭宗天復元年，及第進士陳光問年六十九，曹松年五十四，王希禹年七十三，劉象先年七十，柯崇年六十四，鄭希顏年五十九（文獻通考卷二十九舉士）。

而制舉亦有年過古稀者。

張柬之中進士第，始調港源丞。永昌元年，以賢良召，時年七十餘矣。對策者千餘，柬之為第一，授監察御史（新唐書卷一百二十張柬之傳）。

唯據文獻通考（卷二十九舉士）所載「唐登科記總目」，每年及第之人，似以進士為多，玄宗開元元年進士七十一人，而平均則為二三十人。至於諸科，只唯中宗神龍二年三十九人，文宗太和二年三十六人，其餘不過數人或十數人而已。所以馬端臨說：

記（唐登科記總目）所載逐年所取人數如此，則原未嘗過百人……又明經及第者姓名尤為寥寥……豈登科記所載未備而難憑耶（文獻通考卷二十九舉士）。

總之，唐代以文詞取人，而登科又甚艱難。文起八代之衰的韓愈，「四舉於禮部乃一得，三舉於吏部卒無成」（引自十七史商榷卷八十一登第未即釋褐條）。黃巢屢舉進士不策，終而為盜。

> 黃巢粗涉書傳，屢舉進士不第，遂為盜（資治通鑑卷二百五十二唐僖宗乾符二年）。

敬翔有經濟之略，舉進士不第，發憤投朱溫，溫恨得翔之晚，軍謀政術一以諮之，卒能成就霸業。

> 敬翔應三傳（本傳云：乾符中，舉進士不第），數舉不第，發憤投太祖（朱溫），頗備行陣（舊五代史卷十八敬翔傳注引五代史補）。

此兩人之事都值得吾人注意。幸而及第於禮部，再試於吏部而被淘汰者，又不知凡幾焉。

> 時選人集者以萬計，入等者六十四人（資治通鑑卷二百十五唐紀玄宗天寶二年）。

何況試於吏部而及第者，又未必就可以得官，高宗時劉祥道曾計算每年應補官吏人數，即每年吏部可以錄取的入流人數。他說：

> 今內外文武官一品以下九品以上一萬三千四百六十五員，舉大數，當一萬四千人。壯室而任，耳順而退，取其中數，不過支三十年，此則一萬四千人支三十年而略盡。若年別入流者五百人，三十年便得一萬五千人定數，頃者一萬三千四百六十五人足充所須之數。況三十年之外，在官者猶多，此便有餘，不慮其少。今年當入流者遂踰一千四百，計應須數外，常餘兩倍。又常選者仍停六七千人，更復年別新加，實非處置之法（唐會要卷七十四論選事顯慶二年）。

但是唐時入流之法頗多，資蔭就是一個方法（例如鄭覃李德裕都以蔭補校書郎）「官員有數，而入流無限，以有數供無限」，當然「人隨歲積」（唐會要卷七十四論選事顯慶二年）。肅宗時「選人數千，補授無所，喧訴於朝」（舊唐書卷一百八韋見素傳）。「選人一蹉跎，或十年不得官」（唐會要卷七十五選限貞元八年）。倘令選舉公平，失意之人必不怨憤。顧大公無私，人情所難，有司銓選難免上下其手。高宗時，吏部選人已如魏玄同所說：

為人擇官，為官擇利，顧親疏而下筆，看勢要而措情（舊唐書卷八十七魏玄同傳）。

中宗時，膏粱子弟雖罕才藝，亦居美職。蕭至忠說：

才者莫用，用者不才……竊見宰相及近侍要官子弟多居美爵，此並勢要親戚，罕有才藝，遞相囑託，虛踐官榮（舊唐書卷九十二蕭至忠傳）。

開元初年為盛唐郅治之世，而吏部選人尚有舞弊之事㉓。

開元初，有人密告玄宗，今歲吏部選敘太濫，縣令非材，全不簡擇。及縣令謝官日，引入殿庭問安，人策一道，試者二百餘人，獨濟（韋濟）策第一，或有不書紙者。擢濟為醴泉令，二十餘人還舊官，四五十人放歸習讀（舊唐書卷八十八韋思謙傳）。

中唐以後，吏部銓選更見腐化。敬宗時寒素之士有待選十餘年，快要得官了，又遇敕授別人。

寶歷二年吏部奏，近者入仕歲增，申闕日少……貧弱者凍餒滋甚，留滯者喧訴益繁，至有待選十餘年，

㉓ 天寶一載春，御史中丞張倚男奭參選。晉卿（吏部侍郎苗晉卿）與遙（宋遙，亦為吏部侍郎）以倚初承恩，欲悅附之。考選人判等凡六十四人，分甲乙丙科，奭在其首。眾知奭不讀書，論議紛然……玄宗大集登科人御花萼樓親試，登第者十無一二，而奭才執試紙，竟日不下一字，時謂之曳白。見舊唐書卷一百十三苗晉卿傳。

裏糧千餘里，累駁之後，方敢望官，注擬之時，別遇敕授（唐會要卷七十四論選事）。

人類均有生存慾望，因凍餒而喧訴，喧訴無效，自必結為朋黨，攻訐當道，設法引起政變，以打開一個新局面，幸而成功，在野者固然彈冠相慶，在朝者不免離職高蹈。但是下臺的人豈肯甘心，勢又銳意報復，俄而此庸矣，俄而又黜矣，俄而此退矣，俄而又進矣。一起一仆，仇怨愈深。這種政治環境加上進士與明經門戶之見，遂使唐代發生朋黨之禍。

專制時代的朋黨與民主時代的政黨不同，政黨必有政見，政黨為了實行其政見，必須取得政權，政權能否得到，則取決於民眾的向背。凡事取決於民眾者，不能不服從民意，所以政黨的政見是以民意為基礎的。朋黨沒有確定的政見，而只有奪取政權的意欲，而政權能否得到，則取決於天子的愛憎。凡事取決於天子者，不能不獻媚於天子。天子身居九重之內，朝夕所見者不過宮嬪宦官。宮嬪宦官可用單言片語，移轉人主之意，所以獻媚於天子者，又不能不諂事宮嬪，勾結宦官。代宗時，李輔國「權傾海內」，元載之得為相，乃依輔國之薦。「輔國死，載復結內侍董秀，多與之金帛。以是上有所屬，載必先知之，承意探微，言必玄合，上益信任之」（舊唐書卷一百十八元載傳）。順宗時王叔文一派也是內與宮嬪牛昭容宦官李忠言勾結，而後才得操弄國權。

王叔文以棋待詔……德宗詔直東宮，太子（順宗）……重之，宮中事咸與參訂……而士之欲速進者率諂附之，若韋執誼陸質呂溫李景儉韓曄韓泰陳諫柳宗元劉禹錫為死友，而凌準程異又因其黨進……順宗立，不能聽政，深居施幄坐，以牛昭容宦人李忠言侍側，群臣奏事，從帷中可其奏。王伾（左散騎常侍翰林待詔）密語諸黃門，陛下素厚叔文，即……拜起居郎翰林學士。大抵叔文因伾，伾因忠言，忠言因昭容，更相依仗。伾主傳受，叔文主裁可，乃授之中書執誼（尚書左丞同中書門下平章事）作詔文施行焉（新唐書卷一百六十八王叔文傳）。

憲宗時，李吉甫為相，也曾與宦官吐突承璀交通，而求其奧助㉔。

中官吐突承璀自藩邸承恩寵，為神策護軍中尉……恩寵莫二……時議者以李吉甫通於承璀（舊唐書卷一百六十四李絳傳）。

穆宗時，李逢吉一派之能肆志無所憚，也是因為宦官王守澄為其後援。

穆宗即位……李逢吉於帝有侍讀之恩，遣人密結倖臣，求還京師（時為襄州刺史山南東道節度使），長慶二年召為兵部尚書……代裴度為門下侍郎平章事……翼城人鄭注以醫藥得幸於中尉王守澄，逢吉令其從子仲言（即李訓）賂注，求結於守澄，仲言辯譎多端，守澄見之甚悅，自是逢吉有助，事無違者。敬宗初即位，年方童丱，守澄從容奏曰，陛下得為太子，逢吉之力也……朝士代逢吉鳴吠者張又新李續之張權輿劉栖楚李虞程昔範姜洽李仲言，時號八關十六子，又新等八人居要劇，而胥附者又八人，有求於逢吉者，必先經此八人，納賂無不如意者（舊唐書卷一百六十七李逢吉傳）。

所謂朋黨必須兩派對立而互相攻訐。長慶（穆宗）寶曆（敬宗）年間，李逢吉一派結為八關十六子，而以排斥裴度為事，裴度並未曾結黨反抗，故尚不能稱為朋黨之爭。唐時真正的朋黨乃是牛李黨㉕。牛黨

㉔ 新唐書卷二百一元義方傳，元義方歷虢商二州刺史福建觀察使，中官吐突承璀閩人也，義方用其親屬為右職，李吉甫再當國，陰欲承璀奧助，即召義方為京兆尹。

㉕ 趙翼謂「唐時牛李之黨，論者皆謂牛僧孺李德裕互相讎怨，各植私黨也。然唐書傳贊云：僧孺宗閔既當國，排擊所

以牛僧孺李宗閔為領袖，李黨以李德裕鄭覃為領袖。牛僧孺李宗閔由進士出身，李德裕鄭覃均以蔭補，又均精於經義，所以今人有謂牛李之爭為進士派與經學派之爭。但是李黨之中出身於進士者為數不少，如陳夷行李紳李回李讓夷等是。兩派發生鬥爭乃開始於李吉甫為相之時。

初吉甫（德裕父）在相位，時牛僧孺李宗閔應制舉直言極諫科。二人對詔，深詆時政之失。吉甫泣訴於上前，由是考策官皆貶……元和初，用兵伐叛……吉甫經畫，欲定兩河，方欲出師而卒。繼之武元衡裴度，而韋貫之李逢吉沮議，深以用兵為非，而韋李相次罷相，故逢吉常怒吉甫裴度（新唐書卷一百八十李德裕傳云，故追銜吉甫而怨度）。而德裕於元和時久之不調，而逢吉僧孺宗閔以私怨恆排擯之……逢吉代裴度為門下侍郎平章事，既得權位，銳意報怨。時德裕與牛僧孺俱有相望，逢吉欲引僧孺，懼……德裕（時在翰林院）禁中沮之……出德裕為浙西觀察使，尋引僧孺（時為御史中丞）同平章事，由是交怨益深（舊唐書卷一百七十四李德裕傳，參閱卷一百七十二牛僧孺傳，卷一百七十李宗閔傳）。

即牛僧孺為相（穆宗寶慶三年）乃在李德裕之前，自是兩派「紛紜排陷，垂四十年」（舊唐書卷一百七十六李宗閔傳）。兩派之能秉持朝政，似與閹宦有關。牛僧孺雖然端正，

憎，權震天下，人指曰牛李，則當時所云牛李乃謂牛僧孺及李宗閔，而非德裕也……楊汝士傳，汝士為虞卿弟，牛李待之甚厚，益可見牛李之李乃宗閔，而非德裕矣。若以李為德裕，則僧孺德裕方相讎，乃又俱善待汝士乎。通鑑，德裕出為浙西觀察使，八年不遷，以為李逢吉排己，而引牛僧孺為相，由是牛李之怨愈深。此李又指逢吉，然亦謂德裕之怨逢吉僧孺也」（陔餘叢考卷二十牛李非李德裕）。此亦一說，依唐書，也許牛李黨之李非指李德裕；依通鑑，「牛李之怨愈深」之李，則指李德裕甚明。那有李逢吉引牛僧孺為相，而又結怨愈深。

> 牛僧孺貞方有素，人望式贍（舊唐書卷一百七十二牛僧孺傳）。

而其兩次為相（第一次在穆宗長慶三年，第二次在文宗太和四年），均間接與閹宦有關。第一次為相由於李逢吉之汲引，而李逢吉則以王守澄為後援。第二次入相由於李宗閔之推薦（文宗太和三年「李宗閔輔政，屢薦僧孺有才，不宜居外」，見舊唐書卷一百七十二牛僧孺傳），而李宗閔為相，亦得力於閹宦之助。

> 太和三年，裴度薦（德裕）才堪宰相，而李宗閔以中人助，先秉政，且得君，出德裕為鄭滑節度使，引僧孺協力，罷度政事（新唐書卷一百八十李德裕傳）。

李德裕人格高尚，

> 李德裕以器業自負，特達不群……獎善嫉惡（舊唐書卷一百七十四李德裕傳）。

而其入秉朝政，則與閹宦有直接關係。

> 李德裕在淮南，敕召監軍楊欽義，人皆言必知樞密，德裕……一旦獨延欽義，置酒中堂，情禮極厚，陳珍玩數牀，罷酒，皆以贈之，欽義大喜過望……其後欽義竟知樞密，德裕柄用，欽義頗有力焉。胡三省註云，史言李德裕亦不免由宦官以入相（資治通鑑卷二百四十六唐紀文宗開成五年）。

一切黨人均與宦官交結，朝臣欲得宦官之助，宦官也欲得朝臣之助，於是宦官的爭權便影響於外朝，外朝黨派每隨宦官黨派的勝負，俄而此庸矣，俄而又黜矣，俄而此進矣，俄而又退矣，黨爭激烈，用人則不別賢頑，凡是己黨的人，皆曲為袒護。請看文宗對李石的話。

> 從前宰相用人，有過，曲為蔽之，不欲人彈劾，此大謬也（舊唐書卷一百七十二李石傳）。

別黨所稱褒者必排擠之，別黨所反對者必拔擢之。

> 太和九年李讓夷拜諫議大夫，開成元年……起居舍人李褒有痼疾，請罷官，宰臣李石（孤立派）奏闕官，上曰褚遂良為諫議大夫，嘗兼此官，卿可盡言今諫議大夫姓名，石遂奏李讓夷、馮定、孫簡、蕭俶。帝曰讓夷可也，李固言欲用崔球張次宗。鄭覃曰……不可用朋黨，如李讓夷臣不敢有纖芥異論……以鄭覃此言，深為李珏楊嗣復所惡，終文宗世，官不達。及李德裕秉政，驟加拔擢……拜中書侍郎同平章事（舊唐書卷一百七十六李讓夷傳）。

凡用一人，必求恩自己出，使其願為自己黨與，否則雖素所親善，亦不惜因事貶黜之。

> 右散騎常侍柳公權素與李德裕善，崔珙奏為集賢學士判院事。德裕以恩非己出，因事左遷公權為太子詹事（資治通鑑卷二百四十六唐紀武宗會昌二年）。

議政則不辨是非，凡是別黨主張，必極力詆毀。

> 李固言與楊嗣復李珏善，故引居大政，以排鄭覃陳夷行，每議政之際，是非鋒起，上不能決也（資治通鑑卷二百四十六唐紀文宗開成三年）。

國家政事無一不求其可供為己黨之用。李德裕鄭覃長於經學，牛僧孺李宗閔由進士出身。李德裕秉政，曾奏罷進士試詩賦。

> 七年二月以兵部尚書李德裕同平章事……秋七月……李德裕請……進士試論議，不試詩賦……八月……進士停試詩賦（資治通鑑卷二百四十四唐紀文宗太和七年）。

李宗閔當國，又奏復進士試詩賦。

> 八年冬十月以李宗閔為中書侍郎同平章事……貢院奏進士復試賦，從之（資治通鑑卷二百四十五唐紀文宗

太和八年）。黨人成於下，主聽亂於上，所以文宗才說：

文宗以二李朋黨，繩之不能去，嘗謂侍臣曰去河北賊易，去此朋黨實難（舊唐書卷一百七十六李宗閔傳）。

唐在穆宗以前，宦官猶不過社鼠城狐竊弄威福而已。元和弒逆之後，宦官之勢可以逼主，他們不是假寵竊靈，挾主勢以制下，而是權反在人主之上，居肘腋之地，為腹心之患，即人主廢立亦在掌握中。宦官是皇室的敵人，朝廷的敵人，國家的敵人，這個時候，朝中大臣乃無一人願為竇武陳蕃，任何朋黨均欲交結宦官，以求平章政事。元和弒逆，李逢吉因王守澄而為相。敬宗被弒，牛黨因「有宦官之助」而秉政，仇士良廢太子而立武宗，李黨卻乘機取得政權。宦官每次構亂，在朝者沉默無聲，在野者乃彈冠相慶，在這種情況之下，皇帝雖然痛恨宦官，亦必不能假朝臣以成事，皇帝欲剪除宦官，只有擢用新進孤立之人。

文宗自德裕宗閔朋黨相傾，太和七年已後，宿素大臣疑而不用，意在擢用新進孤立，庶幾無黨，以革前弊（舊唐書卷一百七十二李石傳）。

其實，太和五年文宗以宋申錫為宰相，令其剪除宦官，已經著目於申錫「不趨黨與」（舊唐書卷一百六十七宋申錫傳）。五年申錫失敗，「自宰相大臣，無敢顯言其冤」。牛僧孺雖有「申錫殆不至此」之言（資治通鑑卷二百四十四唐文宗太和五年），然亦不敢評及宦官。八年文宗又用李訓，李訓不是牛黨，也不是李黨，他是李逢吉的從子，逢吉與王守澄交結，訓友鄭注又是王守澄的幕賓，其身可以說是閹黨，當然熟悉閹宦的隱祕。所以朞年之間，就能夠杖殺陳弘志，酖死王守澄，盡誅元和逆黨，文宗稱之為「天下奇才」（新唐書卷一百七十九李訓傳贊），詢非虛譽。當時朝臣大半與閹宦有連，訓既誅殺王守澄，遂欲掃清外朝，驅逐朋黨。

凡朝臣與二李有關係者，皆貶黜之。

> 李訓鄭注疾德裕，共訾短之，乃罷德裕……訓注劾宗閔異時陰結……宦者韋元素王踐言等求宰相，且言……踐言監軍劍南，受德裕賕，復與宗閔家私，乃貶宗閔潮州司戶參軍事……時訓注欲以權市天下，凡不附己者皆指以二人黨，逐去之，人人駭栗……帝乃詔宗閔德裕姻家門生故吏，自今一切不問，所以慰安中外（新唐書卷一百七十四李宗閔傳）。

外朝既清，又轉向內廷，欲盡誅宦官，於是遂有太和九年甘露事變。甘露事變不是李訓失敗，而是文宗失敗。然而牛李二黨因恨李訓，又畏宦官，不但不敢制止宦官之橫，甚者且以李訓之失敗引為快事。果然，李訓失敗之後，開成年間牛李二黨參差並進。這個時候，「仇士良憤文宗與李訓謀，屢欲廢帝」（新唐書卷二百七仇士良傳），文宗地位能夠保全，卻恃藩鎮的劉從諫。

> 昭義節度使劉從諫上表言……訓等實欲討除內臣兩中尉，自為救死之謀，遂致相殺，誣以反逆，誠恐非辜。設若宰臣實有異圖，當委之有司，正其刑典。豈有內臣擅領甲兵，恣行剽劫，延及士庶，橫被殺傷，流血千門，僵尸萬計，搜羅枝蔓，中外恫疑。臣欲身詣闕庭，面陳臧否，恐並陷孥戮，事亦無成。謹當脩飾封疆，訓練士卒，內為陛下心腹，外為陛下藩垣，如姦臣難制，誓以死清君側……劉從諫……暴揚仇士良等罪惡……時士良等恣橫，朝臣日憂破家。及從諫表至，士良等憚之。由是鄭覃李石粗能秉政，天子倚之，亦差以自強（資治通鑑卷二百四十五唐紀文宗開成元年）。

按牛李之爭醞釀於元和年間，而結束於宣宗即位任用白敏中為相之時。其黨爭最激烈者莫如文宗一世。穆敬時代，牛黨為盛，太和年間，牛黨尚強，開成以後，兩黨並進，武宗即位，李黨獨霸。兩黨勢力之盛

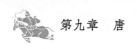

衰似與宦官王守澄仇士良頗有關係。在宦官之中，自元和弒逆而至太和九年（王守澄賜酖死），王守澄勢力最大；自甘露事變而至會昌三年（仇士良致仕），仇士良勢力最大。我們固然不敢說，牛黨依王守澄而秉政，李黨依仇士良而執權。但是王守澄利用牛黨抵制李黨（憲宗時，李吉甫因與吐突承璀交結，而得平章政事，王守澄則與承璀爭權而卒殺之），仇士良利用李黨以抵制牛黨（文宗崩，仇士良廢太子成美，而立武宗，這是李珏所反對的），則為事實。到了武宗崩殂，情形又不同了。自甘露事變發生之後，宦官漸能知道外朝之不足恃，文宗由王守澄迎立，李訓依王守澄入相，武宗由仇士良迎立，李黨依仇士良入相，而他們做了皇帝，做了宰相之後，竟然驅逐甚而至於酖死「定策國老」，這由宦官看來，當然認為「負心門生」。所以武宗晏駕，宦官不分黨派，一致在左軍中尉馬元贄指揮之下，密於宮中定策，廢皇子，迎立皇叔，這對於宰相李德裕當然是一種示威運動。所以宣宗即位之後，李德裕尋即罷相，代之入相者則為白敏中。

白敏中為白居易的從弟，登進士第，文詞不減其兄，武宗雅聞居易名，欲召用之，宰相李德裕「素惡居易」，乃言居易衰病，不任朝謁，敏中文詞類其兄，而有器識，即日召入翰林為學士，進承旨（資治通鑑卷二百四十六唐武宗會昌二年，參看新唐書卷一百十九白敏中傳）。及武宗崩，德裕失勢，敏中乘上下之怒，竭力排之，凡德裕所薄者皆不次用之（資治通鑑唐宣宗大中元年，參看舊唐書卷一百七十六馬植傳）。敏中不是牛黨，也不是李黨。兩黨要人死亡殆盡，牛李之爭隨之結束。當牛李爭權之際，「閹寺專權，脅君於內，弗能遠也。藩鎮阻兵，陵慢於外，弗能制也。士卒殺逐主帥，拒命自立，弗能詰也」（資治通鑑卷二百四十四唐文宗太和六年臣光曰）。閹寺愈橫，藩鎮愈強，而宦官益與朝士交惡，「南北司如水火」（資治通鑑卷二百四十九唐宣宗大中八年），各挾藩鎮以自重，宦官與朝士之爭變為藩鎮與藩鎮的火拚，於是統一之局又漸次演變為割據。

第七節　軍備廢弛與外敵之患

府兵之制寓兵於農。唐承喪亂之後，戶口銳減，貞觀初年，戶不及三百萬（新唐書卷五十一食貨志一），地廣人寡，乃用均田制度，處理荒地。民年十八以上受田一頃，二十為兵，六十老而免，無事安居田畝，國家有事徵發。全國的人都是有田可受，便是全國的人都是農民；全國的人都是農民，就是全國的人都是兵士。但是全國的人既然都是有田可受，則社會上沒有無田的人，因之勞動力便發生了問題。農民從軍，土地不免荒蕪，為了解決這個困難，於是又有奴隸制度。由此可知府兵之制能夠實行，須有兩個條件：一是國家有過剩的公田可以分配農民，二是社會有許多奴隸能夠代替農民耕墾。這兩個條件缺少其一，府兵之制，在當時生產技術之下，必定破壞。

唐代奴隸以戰爭的俘虜為最大來源，所以戰爭乃是生產奴隸的一個重要方法。但是戰爭須用兵士，而最良的兵士又莫如農民。農民在露天的地方，寒暑交迫，日晒雨淋，不斷的勞苦工作，最能忍受戰爭的苦痛。至於都市的遊民，慣於嬉戲，狎於歡樂，聆敵則懾駭奪氣，聞戰則辛酸動容。臨陣不至脫逃，已經可嘉，而欲令其陷陣殺敵，以攘寇患，自屬難能。所以農民的減少便是軍隊的減少，而軍隊的減少又是奴隸生產的減少。不幸，唐自高宗以後，豪富兼併，農民失去土地者已經不少。

永徽……後，豪富兼併，貧者失業（新唐書卷五十一食貨志一）。

而昇平既久，戶口又不斷的增加起來，開元天寶之間，全國戶口比之高宗時代，約多一倍以上。

> 大唐貞觀戶不滿三百萬……永徽元年……戶三百八十萬……開元二十年戶七百八十六萬一千二百三十六，口四千五百四十三萬一千二百六十五。天寶元年戶八百三十四萬八千三百九十五，口四千五百三十一萬一千二百七十二……十四載，管戶總八百九十一萬四千七百九，管口總五千二百九十一萬九千三百九，此國家之極盛也（通典卷七歷代盛衰戶口）。

前此地廣人寡，現在地狹人眾，均田制度已難維持，許多農民均排斥於農村之外，變為遊民，單單京師一隅之地，遊民已經不少。

> 京師游手數千萬家（新唐書卷五十二食貨志二）。

遊民增加，就是農民減少；農民既然減少，軍隊不免寡弱，而天下承平日久，軍備頗見廢弛。

> 天寶末，天子以中原太平，修文教，廢武備，銷鋒鏑，以弱天下豪傑。於是挾軍器者有辟，蓄圖讖者有誅，習弓矢者有罪，不肖子弟為武官者，父兄擯之不齒。惟邊州置重兵，中原乃包其戈甲，示不復用，人至老不聞戰聲。六軍諸衛之士皆市人白徒。富者販繒綵，食粱肉，壯者角抵拔河，翹木扛鐵，日以寢鬪，有事乃股慄不能授甲（唐會要卷七十二軍雜錄）。

由是戰爭由攻勢變為守勢，奴隸的生產隨之停止，從而唐代兵制便於開元十一年改徵為募，募集都市遊民，以為軍隊。這種軍隊的戰鬥力如何？郭子儀說：

> 六軍之兵素非精練，皆市肆屠沽之人，務掛虛名，苟避征賦，及驅以就戰，百無一堪，亦有潛輸貨財，因以求免（舊唐書卷一百二十郭子儀傳）。

至其軍紀之壞，只看天子的禁軍，就可以知道。

禁軍恃恩驕横，侵暴百姓，陵忽府縣，至詬辱官吏，毀裂案牘。府縣官有不勝忿而刑之者，朝笞一人，夕貶萬里。由是府縣雖有公嚴之官，莫得舉其職。市井富民往往行賂，寄名軍籍，則府縣不能制（資治通鑑卷二百三十三唐德宗貞元七年）。

軍隊如斯腐化，其比較精銳，尚堪一戰者，最初猶有邊兵。安史構亂，塞上精兵皆調入討賊。

塞上精兵皆選入討賊，惟餘老弱守邊（資治通鑑卷二百十八唐紀肅宗至德元年）。

他們既入中原之後，受到薰染，也漸次腐化起來。國家無可用之兵，不能不借胡騎，以靖內難。肅宗用回紇滅安史，德宗用吐蕃討朱泚，僖宗用沙陀平黃巢。而其結果，無不引起外寇馮陵。唐代武功雖然超過秦漢，而蠻夷猾夏卻前後繼續不絕，最初有突厥，其次有吐蕃，其次有回紇，最後有南詔。宋祁曾說：

唐興，蠻夷更盛衰，嘗與中國抗衡者有四，突厥吐蕃回鶻雲南（南詔）是也……凡突厥吐蕃回鶻以盛衰先後為次……終之以南蠻，記唐所由亡焉（新唐書卷二百十五上突厥傳序）。

漢北民族都以遊牧為生，而其人種又不統一，一個民族受了痛擊，而至於不能立國，往往發生分化，一部遠遁，其餘降附。在最初降附之時，尚肯朝貢，而盡外臣之禮。到了休養生聚，勢力稍大，又乘中國多事之秋，頻頻入寇。縱令國家殲滅其種，而其地磧鹵，又非農耕民族所能移住。所以一個種族殲滅了之後，又來一個種族，盤踞其地，漸次發展，終而成為國家之禍。這便是中國自有歷史以來，累受漠北民族馮陵的原因。

當太宗討平突厥之際，吐蕃已經堀起於西方，它是勇敢善戰的民族。

吐蕃者本漢西羌之種也，不知有國之所由……其俗……重兵死，惡病終，以累世戰沒者以為甲門，臨陣

> 奔逃者，懸狐尾於其首，表其似狐之怯（唐會要卷九十七吐蕃）。

其經濟似在半農耕半遊牧之間。

> 其地氣候大寒，不生秔稻，有青麳麥豋豆小麥喬麥，畜多犛牛豬犬羊馬……其人或隨畜牧，而不常厥居，然頗有城郭（舊唐書卷一百九十六上吐蕃傳）。

唐定都長安，西北一帶為國防要地。自突厥滅亡之後，中國最大敵人乃是吐蕃，其次為迴紇。太宗不想躐吐蕃之牙，而欲犁高麗之庭，吐蕃坐大，入寇松州，太宗只能用和親政策，以救安邊境。

> 貞觀十三年八月吐蕃寇松州（新唐書卷二太宗紀）。
>
> 貞觀十五年以文成公主嫁吐蕃贊普弄贊（新唐書卷二百十六吐蕃傳）。

但是太宗對付吐蕃，並不是毫無政策。吐蕃必須收屬西域，然後才成其大。而欲侵略中國，又須越過吐谷渾，方至河西之地。太宗為了隔斷吐蕃與西域的交通，就置安西四鎮。

安西四鎮表㉖

國名	設鎮史略
龜茲	貞觀二十二年阿史那社爾破之，虜其王而還，乃於其地置都督府。
于闐	貞觀二十二年內附，上元二年置都督府。
焉耆	貞觀十八年左衛大將軍郭孝恪滅之，上元中置都督府。
疏勒	貞觀九年內附，上元中置都督府。

㉖ 據舊唐書卷四十地理志三。

又為了斷絕吐蕃入寇之路，就平定吐谷渾，使其臣屬於唐。

貞觀八年吐谷渾伏允可汗老耄，其臣天柱王用事，數入塞侵盜……上以李靖為西海道行軍大總管，節度諸軍討之。九年李靖襲破伏允牙帳，伏允子順殺天柱王來降，伏允為左右所殺，國人立順為可汗，詔以為西平王。後順為國人所殺，上遣侯君集將兵立其子諾曷鉢為可汗（唐會要卷九十四吐谷渾）。

高宗即位，「無遠略」（新唐書卷二百十六上吐蕃傳上），不知當時國際形勢，動師十數萬眾，往討高麗，高麗降服，而吐蕃之禍接踵而來，既失四鎮，又失吐谷渾。

高宗嗣位……吐蕃大入，焉耆以西四鎮城堡並為賊所陷（舊唐書卷一百九十八龜茲傳）。

高宗嗣位……吐谷渾與吐蕃互相攻伐，各遣使請兵救援，高宗皆不許之，吐蕃大怒，率兵以擊吐谷渾……高宗遣右威衛大將軍薛仁貴等救吐谷渾，為吐蕃所敗，於是吐谷渾遂為吐蕃所併（舊唐書卷一百九十八吐谷渾傳）。

武后時，克復四鎮，其地如何重要，可看崔融之言。

武后時……詔右鷹揚衛將軍王孝傑為武威道行軍總管……擊吐蕃，大破其眾，復取四鎮，更置安西都護府於龜茲，以兵鎮守。議者請廢四鎮勿有也。右史崔融獻議曰……太宗文皇帝踐漢舊跡，並南山，抵葱嶺，剖裂府鎮，煙火相望，吐蕃不敢內侮。高宗時，有司無狀，弃四鎮不能有，吐蕃遂張，入焉耆之西，長鼓右驅，踰高昌，歷車師，鈔常樂，絕莫賀延磧，以臨燉煌。今孝傑一舉而取四鎮，還先帝舊封，若又弃之，是自毀成功，而破完策也。夫四鎮無守，胡兵必臨西域，西域震，則威憺南羌，南羌連衡，河西必危。且莫賀延磧袤二千里，無水草，若北接虜，唐兵不可度而北，則伊西北庭安西諸蕃盡亡。議乃格（新唐書卷二百十六上吐蕃傳）。

由此可知唐時西域實和漢時西域一樣，國家能夠控制西域，一可以斷絕吐蕃的財政來源，二可以威脅南羌，使其不敢與吐蕃連衡。惟唐與四鎮，又以小勃律國為門戶。

> 開元十年，吐蕃攻小勃律國，其王詒書北庭節度使張孝嵩曰，勃律唐西門，失之，則西方諸國皆墮吐蕃，都護圖之。孝嵩聽許，遣疏勒使張思禮以步騎四千，晝夜馳與勃律兵夾擊吐蕃……復九城故地……吐蕃每曰，我非利若國，我假道攻四鎮爾（新唐書卷二百十六上吐蕃傳）。

開元末，小勃律與吐蕃和親，於是「西北二十餘國皆為吐蕃所制，貢獻不通」，但是不久之後，玄宗就命高仙芝討平之（舊唐書卷一百四高仙芝傳）。終唐之世，能夠保全勃律，屏蔽四鎮，四鎮未曾淪陷，所以吐蕃雖強，尚不能收用西域，以成其大。只因吐谷渾不能克復，所以連歲寇邊，而唐則每戰輒敗。

> 咸亨元年，吐谷渾全國盡沒……自是吐蕃連歲寇邊（舊唐書卷一百九十六吐蕃傳）。

考其致敗之故，府兵之法寖壞，而從軍者又不能得到恩賞，實為重要原因。

> 貞觀永徽中，士戰歿者皆詔使弔祭，或以贈官推受子弟。顯慶後，討伐恩賞殆絕，及破百濟平壤，有功者皆不甄敘，州縣購募，不願行，身壯家富者，以財參逐，率得避免，所募皆傭劣寒傯無鬪志（新唐書卷一百八劉仁軌傳）。

安史構亂，邊防空虛，吐蕃乘隙暴掠，代宗時，盡取隴右之地，且入長安。

> 安祿山亂，哥舒翰悉河隴兵，東守潼關，而諸將各以所鎮兵討難……邊候空虛，故吐蕃得乘隙暴掠……隴右地悉亡，進圍涇州，入之……又破邠州，入奉天……代宗幸陝……虜入長安，立廣武王承宏為帝，改

元，擅作赦令，署官吏，衣冠皆南奔荊襄，或逋棲山谷，亂兵因相攘鈔，道路梗閉（新唐書卷二百十六上吐蕃傳）。

德宗時，朱泚作亂，吐蕃復劫平涼，破西陲。

朱泚之亂，吐蕃請助討賊……初與虜約，得長安，以涇靈四州畀之。會大疫，虜輒引去。及泚平，責先約求地，天子薄其勞，第賜詔書，償……帛萬匹，於是虜以為怨。貞元二年，虜犯涇隴邠寧，掠人畜，敗田稼，內州皆閉壁（新唐書卷二百十六下吐蕃傳）。

吐蕃之禍迫在京畿，遂由李泌建議，定下環攻之計，使吐蕃所備者多，不攻自困。

李泌曰臣能不用中國之兵，使吐蕃自困。上曰計安出。對曰臣未敢言之。上固問，不對，意欲結迴紇大食雲南，與共圖吐蕃，令吐蕃所備者多，知上素恨迴紇，故不肯言（資治通鑑卷二百三十二唐紀德宗貞元三年七月）。

李泌曰願陛下北和迴紇，南通雲南，西結大食天竺，如此，則吐蕃自困。上曰三國當如卿言，至於迴紇，則不可。泌曰臣固知此，所以不敢早言，為今之計，當以迴紇為先，三國差緩耳。上曰所以招雲南大食天竺奈何。對曰迴紇和，則吐蕃已不敢輕犯塞矣，次招雲南，則是斷匈奴之右臂也，大食在西域為最強，自葱嶺盡西海，地幾半天下，與天竺皆慕中國，代與吐蕃為仇，臣故知其可招也（資治通鑑卷二百三十三唐紀德宗貞元三年九月）。

其實，在李泌建議之時，吐蕃已經受了三國包圍，兵眾寖弱。何以見呢？李泌之計建議於貞元三年九月，貞元二年十一月韓滉入朝，三年二月薨，當其入朝之時，曾說：

韓滉上言，吐蕃盜河湟久，近歲寖弱，而西迫大食，北抗回鶻，東抗南詔，分軍外戰，兵在河隴者不過五六萬。若朝廷命將，以十萬眾城涼鄯洮渭，各置兵二萬為守禦。臣請以本道財富饋軍，給三年費，然後營田積粟，且耕且戰，則河隴之地可翹足而復。帝善其言（新唐書卷一百二十六韓滉傳）。

考之歷史，吐蕃確曾受了大食的牽制，

貞元中，大食與吐蕃為勍敵，蕃軍大半西禦大食，故鮮為邊患，其力不足也（舊唐書卷一百九十八大食傳）。

而南詔脫離吐蕃，則為韋臯招徠之功。

劍南節度使韋臯以雲南蠻眾數十萬，與吐蕃和好，蕃人入寇，必以蠻為前鋒。貞元四年臯遣判官崔佐時入南詔蠻，說令向化，以離吐蕃之助……其王忻然接遇，請絕吐蕃，遣使朝貢……南蠻自嶲州陷沒，臣屬吐蕃，絕朝貢者二十餘年，至是復通（舊唐書卷一百四十韋臯傳）。

吐蕃既受包圍，勢力已經銳減。會昌年間，國內發生天災，加之以內亂，於是奉表歸唐，吐蕃之禍結束。

贊普死，以弟達磨嗣，達磨嗜酒好畋獵，喜內，且凶愎少恩，政益亂……自是國中地震裂，水泉湧，岷山崩，洮水逆流三日，鼠食稼，人饑疫，死者相枕籍……會昌二年贊普死……無子，以妃綝兄之子乞離胡為贊普，始三歲，妃共治其國，大相結都那見乞離胡，不肯拜，曰贊普支屬尚多，何至立綝氏子耶，哭而出，用事者共殺之，別將尚恐熱……與宰相尚與思羅戰……並其眾至十餘萬，擒思羅，縊殺之……三年國人以贊普立非是，皆叛去，恐熱自號宰相……求冊為贊普，奉表歸唐，宣宗詔太僕卿陸耽持節慰勞……不勤一卒，血一刃，而河湟自歸（新唐書卷二百十六下吐蕃傳）。

當吐蕃飛揚於西陲之際，回紇也雄張於漠北。回紇為游牧民族，其初臣屬於突厥，突厥亡，降附於唐，唐以其地為六府七州，置燕然都護府（龍朔三年更名瀚海，總章三年更名安北，至德以後謂之鎮北）以統之。其後漸次強盛，斥地甚廣，東極室韋，西金山，南控大漠，盡得古匈奴地。安史構亂，車駕屢遷，肅宗誘回紇以復京畿，代宗誘回紇以平河朔，回紇恃功，遂有輕唐之心，憑陵不已，朝廷只能忍恥和親。計其為禍之烈，比之吐蕃，似有過而無不及。

肅宗於靈武即位……迴紇遣其太子葉護領……兵馬四千餘眾，助國討逆……初收西京，迴紇欲入城劫掠，廣平王（代宗）固止之。及收東京，迴紇遂入府庫，收財帛於市井村坊，剽掠三日而止，財物不可勝計……寶應元年代宗初即位，以史朝義尚在河洛，遣中使徵兵於迴紇，迴紇……見荒城無戍卒，州縣盡為空壘，有輕唐色……上以雍王适（德宗）為兵馬元帥……迴紇登里可汗營於陝州黃河北，元帥雍王領殿中監藥子昂等從而見之，可汗責雍王不於帳前舞蹈，禮倨。子昂報云，元帥即唐太子也，太子即儲君也，豈有中國儲君向外國可汗前舞蹈。相拒久之，迴紇車鼻將軍遂引藥子昂李進韋少華魏琚各搒捶一百，少華琚因搒捶一宿而死，以王少年未諳事，放歸本營……河北悉平……可汗……遣使……上表，賀收東京……代宗引見於內殿，賜綵二百段。初迴紇至東京，以賊平，恣行殘忍，士女懼之，皆登聖善寺及白馬寺二閣以避之，迴紇縱火焚二閣，傷死者萬計，累旬火焰不止。及是朝賀，又縱橫大辱官吏……東郡再經賊亂……比屋蕩盡，人悉以紙為衣，或有衣經者（舊唐書卷一百九十五迴紇傳）。

回紇與吐蕃不同，吐蕃有領土野心。

貞元二年吐蕃陷我鹽州，初賊之來寇也，刺史杜彥光使以牛酒犒之。吐蕃謂曰我欲州城居之，聽爾率其人而去，彥光乃率眾奔鄜州……吐蕃陷夏州，亦令刺史拓拔乾曜率眾而去，復據其城。自是又寇銀州，銀州素無城壁，居民奔散，吐蕃亦弃之（唐會要卷九十七吐蕃）。

回紇所欲者不是土地，而是貨財。戰時劫掠，平時則用互市之法，以其所產的馬，易唐所產的繒。

迴紇有助收西京功，代宗厚遇之，與中國婚姻，歲送馬十萬匹，酬以縑帛百萬匹（新唐書卷五十一食貨志一）。

互市本來是等價交換，即依同等的價格，以其所有，易其所無。但是回紇是強者，中國是弱者，回紇常用劣馬易唐美繒。

乾元後，迴紇恃功，歲入馬取繒，馬皆病弱不可用（新唐書卷五十兵志）。

而又擅定馬價，強迫中國購買，所以互市於唐有害，於回紇有利。

回紇恃功，自乾元之後，屢遣使以馬和市繒帛，仍歲來市，以馬一匹易絹四十匹，動至數萬馬，其使候遣，繼留於鴻臚寺者非一。蕃得帛無厭，我得馬無用，朝廷甚苦之（舊唐書卷一百九十五迴紇傳）。

其唯一有利於唐者，則為回紇貪中國繒錦，不與吐蕃結約解讎，吐蕃受了牽制，不敢侵略邊境而已。李絳說：

北狄西戎素相攻討，故邊無虞。今回鶻不市馬，若與吐蕃結約解讎，則將臣閉壁憚戰，邊人拱手受禍（新唐書卷二百十七上回鶻傳）。

然而這種經濟剝削又可使中國財力枯竭，由互市變為負債。

回紇歲送馬十萬匹，酬以縑帛百餘萬匹，而中國財力屈竭，歲負馬價（新唐書卷五十一食貨志一）。

德宗初年，中國所欠馬直，達絹一百八十萬匹。

源休奉使迴紇，可汗使謂休曰，所欠吾馬直絹一百八十萬匹，當速歸之（舊唐書卷一百二十七源休傳）。

同時尚有九姓胡者，隨回紇到中國經商。商業的性質本來接近於劫掠，在國際市場，誰勢力大，誰便可獲利。九姓胡依靠回紇之勢，其在中國經商，難免明劫暗掠，所以殖產甚厚。

始回紇至中國，常參以九姓胡，往往留京師，至千人，居貲殖產甚厚（新唐書卷二百十七上回鶻傳）。

回紇以馬易繒，破壞中國的財政，又使九姓胡經商，擾亂中國的市場。中國受了回紇壓迫，而國力薄弱，不能抗拒，於是遂同西漢初年一樣，利用和親政策以救邊境的危急。然而無補於事，中國不斷的和親，回紇不斷的寇邊。

回紇得了繒帛，娶了公主之後，風俗漸次敗壞。

初回紇風俗朴厚，君臣之等不甚異，故眾志專一，勁健無敵。及有功於唐，唐賜遺甚厚，登里可汗始自尊大，築宮殿以居，婦人有粉黛文繡之飾，中國為之虛耗，而虜俗亦壞（資治通鑑卷二百二十六唐紀德宗建中元年）。

賈誼五餌之策果然奏效。這個時候回紇國勢又發生變化，一方九姓胡叛變於內，勸唐屠殺回紇僑民。九姓胡脫離回紇，這是可以減少回紇的財力的。

德宗立……九姓胡勸可汗入寇……宰相頓莫賀達干曰唐大國，無負於我……今舉國遠鬪，有如不捷，將安歸。可汗不聽，頓莫賀怒，因擊殺之，並屠九姓胡幾二千人，即自立為可汗……九姓胡人懼，不敢歸……獻計於張光晟（代州都督），請悉斬回紇……光晟因勒兵盡殺回紇（新唐書卷二百十七上回鶻傳）。

他方黠戛斯興起於外，與回紇拏鬥，二十年不解。黠戛斯與回紇拏鬥，這是可以減少回紇的兵力的。

黠戛斯古堅昆國也……貞觀二十二年遣使者獻方物……帝以其地為堅昆府……乾元中，為回紇所破，自是不能通中國……而回紇授其君長阿熱官……回紇稍衰，阿熱即自稱可汗……回紇遣宰相伐之，不勝，拏鬬二十年不解。阿熱恃勝，乃肆詈曰，爾運盡矣，我將收爾金帳，於爾帳前馳我馬，植我旗。爾能抗，亟來，即不能，當疾去。回紇不能討，其將導阿熱破殺回紇可汗，諸特勒皆潰（新唐書卷二百十七下黠戛斯傳）。

開成年間，回紇天災流行。

開成四年，回紇歲饑，遂疫，又大雪，羊馬多死（新唐書卷二百十七下回鶻傳）。

而又內亂頻生，於是回紇一蹶不振，南來附唐。

太和七年薩特勒立……開成初，其相有安允合者……欲篡薩特勒可汗，薩特勒可汗覺，殺安允合。又有迴鶻相掘羅勿者，擁兵在外，怨誅安允合，又殺薩特勒可汗，以㕎馺特勒為可汗。有將軍句錄末賀恨掘羅勿，走引黠戛斯，領十萬騎，破迴鶻城，殺㕎馺，斬掘羅勿，燒蕩殆盡，迴鶻散奔諸蕃……有近可汗牙十三部，以特勒烏介為可汗，南來附漢（舊唐書卷一百九十五迴紇傳）。

吐蕃回紇雖然衰亡，而南詔之禍又復發生。南詔即古南蠻，蠻謂王為詔，其先渠帥有六，自號六詔，兵力相埒，不能相君長。其中蒙舍詔在諸部之南，故稱南詔。開元末，南詔最強，其王歸義厚賂劍南節度使王昱，求合六詔為一，制可。御戎之法，必須小其國而少其力，賈誼說：「力少則易使以義，國小則亡邪心」（漢書卷四十八賈誼傳）。西漢時，羌人所以易制，以其種各有豪，不相統一。東漢時，羌人所以屢叛，以其解仇詛盟，內部團結。唐許南詔合併群蠻，這是唐的失策。

南詔本烏蠻別種也，夷語王為詔，其先渠帥有六，曰蒙嶲詔，越析詔，浪穹詔，澄睒詔，施浪詔，蒙舍

> 詔，兵埒，不能相君……蒙舍詔在諸部南，故稱南詔……開元末……天子詔賜南詔王名歸義。當是時，五詔微，歸義獨強，乃厚以利啖劍南節度使王昱，求合六詔為一，制可。歸義已並群蠻，遂破吐蕃，寖驕大，入朝，天子亦為加禮……遣中人冊為雲南王（新唐書卷二百二十二上南詔傳）。

而邊境大臣失於綏御，天寶中，南詔叛變，降於吐蕃。

> 天寶七載歸義死，閤羅鳳立，襲王……鮮于仲通領劍南節度使，卞忿少方略。故事，南詔嘗與妻子謁都督，過雲南，太守張虔陀私之，多所求丐，閤羅鳳不應，虔陀數詬靳之，陰表其罪，由是忿怨，反發兵攻虔陀，殺之，取姚州及小夷州凡三十二。明年仲通自將出戎巂州，分二道，進次曲州靖州，閤羅鳳遣使者謝罪，願還所虜，得自新，且城姚州。如不聽，則歸命吐蕃，恐雲南非唐有。仲通怒，囚使者，進薄白崖城，大敗引還。閤羅鳳斂戰胔，築京觀，遂北臣吐蕃（新唐書卷二百二十二上南詔傳）。

南詔投降吐蕃之後，吐蕃入寇，必以南詔為前鋒。

> 雲南蠻與吐蕃和好，蕃人入寇，必以蠻為前鋒（舊唐書卷一百四十韋皋傳）。

平時又向南詔，收稅徵兵。

> 吐蕃責賦重數，悉奪其險，立營候，歲索兵助防（新唐書卷二百二十二上南詔傳）。

所以南詔投降吐蕃，既可以增加吐蕃的兵力，又可以增加吐蕃的財力，其間接有害於中國者甚大。但是吐蕃收稅徵兵，又令南詔厭苦。貞元中，劍南節度使韋皋遣使遊說南詔，南詔復降於唐。

> 劍南節度使韋皋遣判官崔佐時入南詔蠻，說令向化……其王忻然接遇，請絕吐蕃，遣使朝貢（舊唐書卷一百四十韋皋傳）。

吐蕃勢分力散，不能為禍，而南詔卻漸次強盛起來。南詔之能強盛，固然因為中國既衰，吐蕃亦弱，近鄰國家均不足畏，而其肯改革內政，尤為致強之因。南詔改革內政可分兩種，一是文化，這有恃於韋皋之助者甚大。

韋皋在西川……選群蠻子弟聚之成都，教以書數……業成則去，復以它子弟繼之，如是五十年，群蠻子弟學於成都者殆以千數（資治通鑑卷二百四十九唐紀宣宗大中十三年）。

二是經濟，太和中，南詔攻入成都，掠工技數萬而歸，自是南詔工文織，與中國埒。

太和三年南詔悉眾掩邛戎巂三州陷之，入成都……掠子女工技數萬，引而南……南詔自是工文織，與中國埒（新唐書卷二百二十二中南詔傳）。

文化上，經濟上均有進步，而武具又復精利。

初韋皋招南詔以破吐蕃，既而蠻訴以無甲弩，皋使匠教之，數歲，蠻中甲弩皆精利（資治通鑑卷二百五十二唐紀懿宗咸通十一年）。

南詔強盛，寇邊不已，南詔與中原相隔頗遠，其兵力固然不能達到中原，惟蠻夷叛變，軍隊久戍，其間接影響於國家的財政和治安者卻甚大。僖宗時，盧攜豆盧瑑上言：

大中之末，府庫充實。自咸通以來，蠻（南詔）兩陷安南邕管，一入黔中，四犯西川。徵兵運糧，天下疲敝，踰十五年。租賦大半不入京師，三使內庫由茲空竭（胡三省注云，度支戶部監鐵謂之三使）。戰士死於瘴癘，百姓困為盜賊，致中原榛杞，皆蠻故也（資治通鑑卷二百五十三唐僖宗廣明元年，參閱新唐書卷二百二十二中南詔傳）。

但是南詔以區區之地，而乃每歲出兵，自耗國力，所以中國雖疲，而南詔本身也衰弱下去。

南詔兵出無寧歲……屢覆衆，國耗虛，蜀之役，男子十五以上悉發，婦耕以餉軍……蠻益衰（新唐書卷二百二十二中南詔傳）。

我們研究唐代歷史，知道外患雖殷，而異族終亦滅亡。考其致亡之故，雖有三種，一是天災，二是內亂，三是別一個民族興起於其近鄰。而戶口太寡，不能與中國作長期戰爭，實為最大原因。西川節度使牛叢以書責南詔，中云：

今吾有十萬衆，捨其半未用，以千人為軍，十軍為部，驍將主之……我日出以一部與爾戰，部別二番，日中而代，日昃一部至，以夜屯，月明則戰，黑則休，夜半而代，凡我兵五日一殺敵，爾乃晝夜戰，不十日，懵且死矣（新唐書卷二百二十二中南詔傳）。

我眾彼寡，而唐自至德以後，竟然對於外寇，一籌莫展，雖以南詔之小，亦嘗備受其禍。這固然因為內亂不已，予外寇以可乘的機會，而府兵之制敗壞，戍卒無戰鬥精神，亦不失為一個重要原因。開元年間邊將已有虛報邊情，以邀功效之事。王晙說：

近者在邊將士爰及安蕃使人，多作詼辭，不為實對，或言北虜破滅，或言降戶安靜，志欲自言功效，非有以徇邦家（舊唐書卷九十三王晙傳）。

尤其甚者守邊將帥或刻取糧餉。

為將者刻薄自入，給帛則以疏為良，賦粟則以沙參粒，故邊卒怨望（新唐書卷二百十五上突厥傳序）。

或空報虛額。

邊軍徒有其數而無實，虛費衣糧，將帥但緣私役使，聚貨財，以結權倖而已，未嘗訓練以備不虞（資治通鑑卷二百三十九唐紀憲宗元和八年）。

甚至於虐待戍卒，利其死，而沒入其財。

山東戍卒多齎繒帛自隨，邊將誘之，寄於府庫，晝則苦役，夜縶地牢，利其死，而沒入其財，故自天寶以後，山東戍卒還者什無二三，其殘虐如此（資治通鑑卷二百三十二唐紀德宗貞元二年）。

兼以朝廷對於邊軍又失統御之法，德宗時，陸贄曾舉出六失，以為唐師每遇戎寇，無不敗衄之原因，茲舉六失如次。

一是措置乖方，中原之兵不習邊事，令其往戍，人地已經不甚相宜。而旄帥身不臨邊，復選壯銳自隨，其疲羸者方配諸鎮，以守要衝。何怪寇戎每至，勢不能支。

窮邊之地千里蕭條，寒風裂膚，驚沙慘目，與豺狼為鄰伍，以戰鬬為嬉戲，晝則荷戈而耕，夜則倚烽而覘，日有剽害之慮，永無休暇之娛，地惡人勤，於斯為甚，自非生於其域，習於其風，幼而覩焉，長而安焉，不見樂土而不遷焉，則罕能寧其居而狎其敵也。關東之壤，百物阜殷，從軍之徒尤被優養，慣於溫飽，狎於歡康，比諸邊隅，若異天地。聞絕塞荒陬之苦，則辛酸動容，聆強蕃勁虜之名，則懾駭奪氣，而乃使之去親族，捨園廬，甘其所辛酸，抗其所懾駭，將冀為用，不亦疎乎……復有擁旄之帥，身不臨邊，但分偏師，俾守疆埸。大抵軍中壯銳，元戎例選自隨，委其疲羸，乃配諸鎮。節將既居內地，精兵祇備紀綱，遂令守要禦衝，常在寡弱之輩。寇戎每至，力勢不支，入壘者才足閉關，在野者悉遭劫執，恣其芟蹂，盡其搜毆，比及都府聞知，虜已剋獲旋返……理兵若斯，可謂措置乖方矣（陸宣公全集卷九論緣邊守備事宜狀）。

二是課責虧度，人主所恃以治理天下者為刑賞二柄。唐在中葉以後，對於武將，專以姑息為政。有功而不敢賞，因慮無功者反側，有罪而不敢罰，因慮同惡者憂虞。凡有敗衄，將帥以資糧不足為詞，有司復以供給無闕為解，朝廷每為含糊，未嘗窮究曲直，馭眾如斯，何怪士氣不振。

> 夫賞以存勸，罰以示懲，勸以懋有庸，懲以威不恪……自頃權移於下，柄失於朝，將之號令既鮮克行之於軍，國之典章又不能施之於將，務相遵養，苟度歲時。欲賞一有功，翻慮無功者反側，欲罰一有罪，復慮同惡者憂虞。罪以隱忍而不彰，功以嫌疑而不賞，姑息之道乃至於斯。故使忘身效節者獲誚於等夷，率眾先登者取怨於士卒，僨軍蹙國者不懷於愧畏，緩救失期者自以為智能……況又公忠者直己而不求於人，反罹困厄，敗撓者行私而苟媚於眾，例獲優崇，此義士所以痛心，勇夫所以解體也。又有遇敵而所守不固，陳謀而其效靡成，將帥則以資糧不足為詞，有司復以供給無闕為解，既相執證，理合辨明，朝廷每為含糊，未嘗窮究曲直，措理者含聲而靡訴，誣善者罔上而不慙。馭將若斯，可謂課責虧度矣（仝上）。

三是財匱於兵眾，虜來寇邊，常可越境橫行，若涉無人之境，守鎮者欲推諉責任，每虛張賊勢，謂為兵少不敵，朝廷不察，惟務徵發，邊兵日眾，供億日增，國家財政遂竭於事邊矣。

> 屯集雖眾，戰陣莫前，虜每越境橫行，若涉無人之地，遞相推倚，無敢誰何。虛張賊勢上聞，則曰兵少不敵。朝廷莫之省察，惟務徵發益師，無裨備禦之功，重增供億之弊。閭井日耗，徵求日繁，以編戶傾家破產之資，兼有司榷鹽稅酒之利，總其所入，半以事邊。制用若斯，可謂財匱於兵眾矣（仝上）。

四是力分於將多，唐鑒方鎮作亂，乃於沿邊各地，分鎮駐兵，各降中貴監臨，人得抗衡，莫相稟屬，邊書告急，方令計會用兵，統制不一，所以坐失戎機，無以應敵。

開元天寶之間，控制西北兩蕃，惟朔方河西隴右三節度而已，尚慮權分勢散，或使兼而領之。中興已來，未遑外討，僑隸四鎮於安定，權附隴右於扶風，所當西北兩蕃，亦朔方涇原隴右河東四節度而已。關東戍卒至則屬焉，雖委任未盡得人，而措置尚存典制。自頃逆泚誘涇原之眾叛，懷光汙朔方之軍反，割裂誅鋤，所餘無幾。而又分朔方之地，建牙擁節者凡三使焉。其餘鎮軍數且四十，皆承特詔委寄，各降中貴監臨，人得抗衡，莫相稟屬。每俟邊書告急，方令計會用兵，既無軍法下臨，唯以客禮相待。是乃從容拯溺，揖讓救焚，冀無阽危，固亦難矣……建軍若斯，可謂力分於將多矣（仝上）。

五是怨生於不均，禁軍安居無事，而稟賜甚厚，邊境戍卒終年勤苦，而其所得糧餉乃不足供其一家。兩相比較，懸殊太甚，他們忿恨在心，何肯協力同心，共攘寇難。

今者窮邊之地，長鎮之兵，皆百戰傷夷之餘，終年勤苦之劇，角其所能則練習，度其所處則孤危，考其服役則勞，察其臨敵則勇。然衣糧所給，唯止當身，例為妻子所分，常有凍餒之色。而關東戍卒，歲月踐更，不安危城，不習戎備，怯於應敵，懈於服勞，然衣糧所頒，厚踰數等，繼以茶藥之饋，益以蔬醬之資，豐約相形，懸絕斯甚。又有素非禁旅，本是邊軍，將校詭為媚詞，因請遙隸神策，不離舊所，惟改虛名，其於稟賜之饒遂有三倍之益，此則儔類所以忿恨，忠良所以憂嗟，疲人所以流亡，經費所以褊匱。夫事業未異，而給養有殊，人情之所不能甘也。況乎矯佞行而稟賜厚，績藝劣而衣食優，苟未忘懷，孰能無慍，不為戎首，則已可嘉，而欲使其協力同心，以攘寇難，雖有韓白孫吳之將，臣知其必不能焉。養士若斯，可謂怨生於不均矣（仝上）。

六是機失於遙制，朝廷選置戎臣，先求易制，而指揮邊軍去就，又由朝廷裁斷。戎虜來寇，守土者以兵寡不敢抗敵，分鎮者以無詔不肯出師，逗留之間，寇已奔迫，牧馬屯牛鞠椎剽矣，穡夫樵婦罄俘囚矣。

古之遣將帥者，君親推轂而命之曰，自閫以外，將軍裁之，又賜鈇鉞，示令專斷，故軍容不入國，國容不入軍，將在外，君命有所不受，誠謂機宜不可以遠決，號令不可以兩從，未有委任不專，而望其克敵成功者也。自頃邊軍去就，裁斷多出宸衷，選置戎臣，先求易制，多其部以分其力，輕其任以弱其心，雖有所懲，亦有所失，遂令分閫責成之義廢，死綏任咎之志衰。一則聽命，二亦聽命，爽於軍情亦聽命，乖於事宜亦聽命，若所置將帥必取於承順無違，則如斯可矣，若有意乎平凶靖難，則不可也。夫兩境相接，兩軍相持，事機之來，間不容息，蓄謀而俟，猶恐失之，臨時始謀，固已疏矣。況乎千里之遠，九重之深，陳述之難明，聽覽之不一，欲其事無遺策，雖聖者亦有所不能焉。設使謀慮能周，其如權謀無及，戎虜馳突，迅如風飈，驛書上聞，旬月方報。守土者以兵寡不敢抗敵，分鎮者以無詔不肯出師。逗留之間，寇已奔逼，託於救援未至，各且閉壘自全，牧馬屯牛鞠為椎剽，穡夫樵婦罄作俘囚，雖詔諸鎮發兵，唯以虛聲應援，互相瞻顧，莫敢遮邀。賊既縱掠退歸，此乃陳功告捷，其敗喪則減百而為一，其捃獲則張百而成千。將帥既幸於總制在朝，不憂罪累，陛下又以為大權由己，不究事情。用師若斯，可謂機失於遙制矣（仝上）。

理兵而措置乖方，馭將而賞罰虧度，制用而財匱，建軍而力分，養士而怨生，用師而機失，當然遇敵則潰，每戰輒敗。唐在貞觀永徽之時，能夠征服亞洲，建設一個大帝國，到了末年，雖僻處西南的南詔，也使唐疲於奔命，終至於民窮財匱，唐祚因之而亡，考其原因所在，固如陸贄所云。茲再引陸贄之言，以供治軍者之參考。陸贄說：

陛下懲邊鎮之空虛，繕甲益兵，庇人保境……既而統師無律，制事失機，戍卒不隸於守臣，守臣不總於元帥。至有一城之將，一旅之兵，各降中使監臨，皆承別詔委任，分鎮亘千里之地，莫相率從，緣邊列十萬之師，不設謀主。每至犬羊犯境，方馳書奏取裁，行李往來，動踰旬日。比蒙徵發救援，寇已獲勝罷歸，小則蹂藉麥禾，大則驅掠人畜，是乃益兵甲而費財用，竟何補侵軼之患哉。夫將貴專謀，軍尚氣勢，訓齊由乎紀律，制勝在於機權，是以兵法有分閫之詞，有合拳之喻，有進退如一之令，有便宜從事之規，故能動作協變通，制備垂永久，出則同力，居則同心，患難相交，急疾相赴。兵之奉將，若四支之衛頭目，將之守境，若一家之保室廬，然後可扞寇讎，護甿庶，蓄畜牧，闢田疇，天子唯務擇人而任之，則高枕無虞矣。吐蕃之比於中國，眾寡不敵，工拙不侔。然而彼攻有餘，我守不足，蓋彼之號令由將，而我之節制在朝，彼之兵眾合并，而我之部分離析。夫部分離析，則紀律不一，而氣勢不全。節制在朝，則謀議多端，而機權多失。臣故曰措置乖當，此之謂乎（陸宣公全集卷八請減京東水運收腳價於緣邊州鎮儲蓄軍糧事宜狀）。

第八節　民窮財匱與唐之滅亡

唐代財政，收入依靠於租庸調，支出以兵資及官俸為大宗。

計天下財賦耗斁大者唯二事，一兵資，二官俸（新唐書卷一百三十三沈既濟傳）。

最初，採用府兵之制，寓兵於農，兵士不支薪餉，且須自備武器與糧食。

人具弓一，矢三十，胡祿橫刀礪石大觽氈帽氈裝行縢皆一，麥飯九斗，米二斗，皆自備（新唐書卷五十兵志）。

官呢？唐初，士大夫不樂仕進㉗。

唐初，士大夫以亂離之後，不樂仕進，官員不充（資治通鑑卷一百九十二唐紀太宗貞觀元年）。

而官又有一定數目㉘。

初太宗省內外官，定制為七百三十員，曰吾以此待天下賢材足矣（新唐書卷四十六百官志一）。

所以兵資及官俸為數不多。

唐之始時，授人以口分世業田，而取之以租庸調之法，其用之也有節。蓋其畜兵以府衛之制，故兵雖多而無所損。設官有常員之數，故官不濫而易祿。雖不及三代之盛時，然亦可以為經常之法也（新唐書卷五十一食貨志一）。

高宗武后時代，天下久不用兵，府兵之法寖壞，玄宗易徵為募，天寶中，兵數甚多，供億甚大，單單邊軍已有四十九萬，其一年所用經費比之開元以前，約多六倍以上。

又於邊境置節度經略使，式遏四夷，大凡鎮兵四十九萬，戎馬八萬餘疋，每歲經費，衣賜則千二十萬疋段，軍食則百九十萬石，大凡千二百一十萬。開元已前，每年邊用不過二百萬，天寶中至於是數（舊唐書

㉗ 新唐書卷四十五選舉志下亦云：「初武德中，天下兵革新定，士不求祿，官不充員，有司移符州縣，課人赴調，遠方或賜衣續食，猶辭不行，至則授用，無所黜退。不數年求者寖多，亦頗加簡汰」。

㉘ 舊唐書卷一百七十七曹確傳，「確奏曰，臣覽貞觀故事，太宗初定官品，令文武官共六百四十三員，顧謂房玄齡曰朕設此官員，以待賢士」。此數與新志所載不同。新志既云「省內外官」，難道內外官只七百三十員乎。全國縣令已不止此數。

卷三十八地理志一）。

當時，國家每年稅收共有多少？

是時（開元天寶之間），天下歲入之物，租錢二百餘萬緡，粟千九百八十餘萬斛，庸調絹七百四十萬匹，綿百八十餘萬屯，布千三十五萬餘端（新唐書卷五十一食貨志一）。

安史亂後，諸鎮擅地，均以賦稅自私，中央的收入已經減少。而中央為了防止方鎮叛變，又不能不注意軍備。德宗初，天下賦稅與軍隊之數目如次。

天下稅戶三百八萬五千七十六，籍兵七十六萬八千餘人，稅錢一千八十九萬八千餘緡，穀二百一十五萬七千餘斛（資治通鑑卷二百二十六唐紀德宗建中元年）。

至其所用軍資，單單京西戍卒，已經每歲要食粟二百四萬斛。

今歲徵關東卒戍京西者十七萬人，計歲食粟二百四萬斛，今粟斗直百五十，為錢三百六萬緡（資治通鑑卷二百三十二唐紀德宗貞元三年）。

到了憲宗穆宗時代，軍隊愈多，稅收愈少㉙。

㉙ 舊唐書卷一百五十七王彥威傳，彥威說：「元和之初，大都通邑無不有兵，都計中外兵額至八十餘萬。長慶戶口凡三百三十五萬，而兵額約九十九萬，通計三戶資一兵」。「憲宗元和二年李吉甫撰元和國計簿上之。總計天下方鎮四十八，州府二百九十五，縣千四百五十三。除鳳翔等十五道不申戶口外，每歲賦稅倚辦止於浙東西等八道四十九州，一百四十四萬戶，比天寶稅戶四分減三。天下兵仰給縣官（天子）者八十三萬餘人，比天寶三分增一，大率二戶資一兵。其水旱所傷，非時調發，不在此數」（引自丘濬撰大學衍義補卷二十四經制之義下）。

元和中，供歲賦者浙西浙東宣歙淮南江西鄂岳福建湖南八道，戶百四十四萬，比天寶才四之一。兵食於官者八十三萬，加天寶三之一。通以二戶養一兵。京西北河北以屯兵廣，無上供。至長慶，戶三百三十五萬，而兵九十九萬，率三戶以奉一兵（新唐書卷五十二食貨志二）。

軍隊多，不但經常費增加，就是臨時費也增加。凡軍隊出境之時，國家常給與以三倍的餉。

舊制，諸道軍出境，皆仰給度支，上優恤士卒，每出境，加給酒肉，本道糧仍給其家，一人兼三人之給，故將士利之。各出軍才逾境而止，月費錢百三十餘萬緡，常賦不能供（資治通鑑卷二百二十八唐紀德宗建中四年）。

兵如斯浪費，官如何呢？高宗時代，承平日久，士人求官者漸多，已有員外官之設置。

永徽五年八月，蔣孝璋除尚藥奉御，員外特置，仍同正員，員外官自此始也。原注云，又顯慶五年五月，授廖紹文檢校書郎員外，置同正員。又云員外官自此始，未知孰是也（唐會要卷六十七員外官）。

而武后以女主臨朝，又用官職收買人心，因之官吏之數愈益增加。

證聖初，劉子玄言，今郡臣無功，遭過輒遷。至都下有車載斗量杷推椀脫之諺（新唐書卷一百三十二劉子玄傳）。

中宗時代，韋后干預朝政，恩賞愈濫，更多員外置官㉚。韋嗣立說：

補授無限，員闕不供，遂至員外置官，數倍正額（全唐文卷二百三十六韋嗣立陳濫官疏）。

㉚ 舊唐書卷九十四李嶠傳，「嶠在吏部時，志欲曲行私惠，奏置員外官數千人」。又新唐書卷一百六十六杜佑傳，「神龍中，官紀蕩然，有司大集選者，既無闕員，則置員外官二千人，自是以為常」。

又濫封食邑，而致租賦半入私門。韋嗣立說：

皇運之初，功臣共定天下，當時食封才祇三二十家。今以尋常特恩，遂至百家已上。國家租賦大半入私門，私門則資用有餘，國家則支計不足。有餘則或致奢僭，不足則坐致憂危，制國之方豈謂為得（全唐文卷二百三十六韋嗣立請減濫食封邑疏）。

降至開元，全國官吏之數有七八萬之多。

是時官自三師以下，一萬七千六百八十六員，吏自佐史以上，五萬七千四百一十六員，而入仕之途甚多，不可勝紀（資治通鑑卷二百十三唐紀玄宗開元二十一年）。

天寶季年，盜起兵興，而府庫空虛，賞賜懸乏，復用職官以代錢絹，於是胥徒輿皁也復腰金曳紫。

天寶季年，嬖幸當國，爵以情授，賞以寵加，天下蕩然，紀綱始紊。逆羯乘釁，遂亂中原，遣戍歲增，策勳日廣。財賦不足以供賜，而職官之賞興焉，職員不足以容功，而散試之號行焉。青朱雜沓於胥徒，金紫普施於輿皁（陸宣公全集卷四又論進瓜果人擬官狀）。

肅宗以後，冗官更多。憲宗時，李吉甫說：

歛賦日寡，而受祿者漸多。設官有限，而入色者無數。九流安得不雜，萬務安得不煩……今天下三百郡，一千四百餘縣，故有一邑之地虛設群司，一鄉之間徒分縣職，所費至費，所制全輕，凡此之流，並須釐革（唐會要卷六十九州府及縣加減官元和六年六月）。

到了僖昭之世，遂有提船郭使君，看馬李僕射之諺。

唐武后補闕車載，拾遺斗量之諺，皆顯而著見者。中葉以後，尤為泛濫，張巡在雍丘，才領一縣千兵，而大將六人，官皆開府特進，然則大將軍告身博一醉，誠有之矣。德宗避難於奉天，渾瑊之童奴曰黃岑，力戰，即封渤海郡王，至於僖昭之世，遂有捉船郭使君，看馬李僕射（容齋三筆卷七冗濫除官）。

軍隊增多，職官冗濫，兵多則餉多，官多則俸多，所以歐陽修說：

兵冗官濫為之大蠹（新唐書卷五十一食貨志一）。

支出既然增加，收入如何？唐代租稅固然是說，有田則有租，有家則有調，有身則有庸。其實，貴族官僚免除課役，即他們的部曲奴婢也有這個特權（參閱新唐書卷五十一食貨志一，原文已舉在本章第二節）。沙門亦然。武后時狄仁傑說：

逃丁避罪並集沙門（舊唐書卷八十九狄仁傑傳）。

德宗時，彭偃亦說：

況今出家者皆是……苟避征徭（舊唐書卷一百二十七彭偃傳）。

文宗時，李訓復說：

天下浮屠避傜役（新唐書卷一百七十九李訓傳）。

沙門分為兩種，一是受度出家，二是受度而不出家。即如東晉釋慧遠所說：「佛教所明，凡有二科。一者處俗弘教，二者出家傳道」（弘明集卷十二釋慧遠答桓太尉書）。出家的是化外之民，自古就不必負擔國家的課役，不出家的得到度牒，也得免除傜賦。

宋時，凡賑荒興役，動請度牒數十百道濟用，其價值鈔一二百貫至三百貫不等，不知緇流何所利而買之。及觀李德裕傳，而知唐以來度牒之足重也。徐州節度使王智興奏准在淮泗置壇度人為僧，每人納二絹，即給牒令回。李德裕時為浙西觀察使，奏言江淮之人聞之，戶有三丁者必令一丁往落髮，意在規避徭役，影庇資產。今蒜山度日過百餘人，若不禁止，一年之內即當失六十萬丁矣。據此則一得度牒，即可免丁錢，庇家產，因而影射包攬可知，此民所以趨之若鶩也。然國家售賣度牒，雖可得錢，而實暗虧丁田之賦，則亦何所利哉（二十二史劄記卷十九度牒）。

最初度牒大約不由朝廷販賣，所以中宗時魏元忠說：

> 今度人既多，緇衣半道，不行本業，專以重寶附權門，皆有定直。昔之賣官錢入公府，今之賣度錢入私家，以茲入道，徒為游食（新唐書卷一百二十二魏元忠傳）。

到了安史作亂，軍費增加，國家為了解決財政困難，就把度牒收歸國家販賣，其數之多，「不可勝計」。

> 安祿山反，司空楊國忠以為正庫物不可以給士，遣侍御史崔衆至太原納錢度僧尼道士，旬日得百萬緡而已……肅宗即位……以天下用度不充……度道士僧尼，不可勝計……及兩京平，又於關輔諸州，納錢度道士僧尼萬人（新唐書卷五十一食貨志一）。

據明代丘濬言，「此後世鬻僧道之始」（大學衍義補卷三十二鬻算之失）。南北朝時，僧尼雖多，尚未有鬻僧道之事。吾人須知這個方法只能救一時之窮，接著而來者則為丁口減少，傜賦乏匱，中宗時，已經發生問題。李嶠說：

> 國計軍防並仰丁口，今丁皆出家，兵悉入道，征行租賦何以備之（新唐書卷一百二十三李嶠傳）。

何況國家既許官僚沙門免除課役，那末，人民當然想盡方法，求官買職，其不能得到官職者，亦必託足沙門。

中宗時，公主外戚皆奏請度人為僧尼，亦有出私財造寺者。富戶強丁皆經營避役，遠近充滿（舊唐書卷九十六姚崇傳）。

安史亂後，又繼之以藩鎮之亂，干戈雲擾，人民更設法逃避兵役。德宗時，楊炎曾言：

凡富人多丁者率為官為僧，以色役免。貧人所無入，則丁存。故課免於上，而賦增於下，是以天下殘瘁，蕩為浮人，鄉居地著，百不四五（舊唐書卷一百十八楊炎傳）。

敬宗時，李德裕亦說：

泗川……戶有三丁，必令一丁落髮，意在規避王徭，影庇資產，自正月已來，落髮者無算（舊唐書卷一百七十四李德裕傳）。

但是我們必須知道，只惟富人才有擔稅的能力，又只惟富人才有逋稅的資格，辛替否說：

當今出財依勢者，盡度為沙門，避役姦訛者，盡度為沙門，其所未度，唯貧窮與善人（舊唐書卷一百一辛替否傳）。

為官而免除課役，為僧又免除課役，唐代賦稅雖以戶口為基礎，其實，在整個戶口之中，不課者卻佔極大部分。試看天寶中的情形吧！

天寶十四載，管戶總八百九十一萬四千七百九，應不課戶三百五十六萬五千五百一，應課戶五百三十四萬九千二百八。管口總五千二百九十一萬九千三百九，不課口四千四百七十萬九百八十八，課口八百二十萬八千三百二十一（通典卷七歷代盛衰戶口）。

肅宗時代，不課戶反多過課戶。

> 肅宗乾元三年，見到帳百六十九州，應管戶總百九十三萬三千一百七十四，不課戶總百一十七萬四千五百九十二，課戶七十五萬八千五百八十二。管口總千六百九十九萬三百八十六，不課口千四百六十一萬九千五百八十七，課口二百三十七萬七百九十九（通典卷七歷代盛衰戶口）。

課戶減少，賦役便落到貧民身上，貧民受了賦役的壓迫，只有破產。

> 富戶幸免徭役，貧者破產甚眾（新唐書卷五十五食貨志五）。

於是他們也復逃亡，逃出本鄉，變成不著戶籍的浮浪戶。這種現象早在開元年間已經開始了。

> 時天下戶版刓隱，人多去本籍，浮食閭里，詭脫繇賦，豪弱相並，州縣莫能制。融由監察御史陳便宜，請校天下籍，收匿戶羨田，佐用度。玄宗以融為覆田勸農使，鉤檢帳符，得偽勳亡丁甚眾……於是諸道收沒戶八十萬，田亦稱是，歲終羨錢數百萬緡（新唐書卷一百三十四宇文融傳）。

宇文融之檢察偽濫，搜括逃戶，雖見效於一時，而結果卻不理想，蓋如陽翟尉皇甫憬所說：

> 州縣懼罪，據牒即徵，逃亡之家，鄰保代出，鄰保不濟，又便更輸……恐逃逸從此更深（舊唐書卷一百五宇文融傳）。

皇甫憬之言並不誇張，請看寶應元年四月之敕：

> 近日已來，百姓逃散，至於戶口十不半存。今色役殷繁，不減舊數。既無正身可送，又遣鄰保祇承，轉加流亡，日益艱弊（唐會要卷八十五逃戶）。

同年五月又敕：

> 逃戶不歸者，當戶租賦停徵，不得率攤鄰親高戶（唐會要卷八十五逃戶）。

然而何補於事。武宗會昌元年尚有「百姓輸納不辦，多有逃亡，衹於見在戶中，每年攤配，流亡轉多」（唐會要卷八十五逃戶）之事。這便是肅宗以後，戶口銳減的根本原因。換句話說，戶口銳減，並不是因為天下棼亂，人民死於刀兵，而是因為課役不公，貧民不落戶籍。茲將唐代戶口列表如次㉛：

唐戶口盛衰表

年代	戶數	備考
高宗永徽三年	三、八〇〇、〇〇〇	戶部尚書高履行奏，今戶三百八十萬（資治通鑑卷一百九十九）
中宗神龍元年	六、一五六、一四一	是歲戶部奏，天下戶六百一十五萬，口三千七百一十四萬有奇（資治通鑑卷二百八）
玄宗開元十四年	七、〇六九、五六五	戶部奏，今歲戶七百六萬九千五百六十五，口四千一百四十一萬九千七百一十二（資治通鑑卷二百十三）
開元二十年	七、八六一、二三六	天下戶七百八十六萬一千二百三十六，口四千五百四十三萬一千二百六十五（資治通鑑卷二百十三）
開元二十四年	八、〇一八、七一〇	
開元二十八年	八、四一二、八七一	是歲天下戶八百四十一萬二千八百七十一，口四千八百一十四萬三千六百九（資治通鑑卷二百十四）
天寶元年	八、五二五、七六三	是歲天下戶八百五十二萬五千七百六十三，口四千八百九十萬九千八百（資治通鑑卷二百十五）
天寶十三年	九、〇六九、一五四	是歲戶部奏天下戶九百六萬九千一百五十四，口五千二百八十八萬四百八十八（資治通鑑卷二百十七）
肅宗至德元年	八、〇一八、七一〇	
乾元三年	一、九三一、一四五	

㉛ 據唐會要卷八十四戶口數。

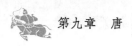

代宗廣德二年	二、九三三、一二五	是歲戶部奏戶二百九十餘萬，口一千六百九十餘萬（資治通鑑卷二百二十三）
德宗建中元年	三、〇八五、〇七六	是歲天下稅戶三百八萬五千七十六（資治通鑑卷二百二十六）
憲宗元和年間	二、四七三、九六三	
穆宗長慶年間	三、九四四、九五九	
敬宗寶歷年間	三、九七八、九八二	
文宗太和年間	四、三五七、五七五	
開成四年	四、九九六、七五二	是歲天下戶口四百九十九萬六千七百五十二（資治通鑑卷二百四十六）
武宗會昌年間	四、九五五、一五一	是歲天下戶四百九十五萬五千一百五十一（資治通鑑卷二百四十八）

而自安史亂後，方鎮相望於各地，大者連州十餘，小者猶兼三四，他們均以賦稅自私，不朝獻於朝廷㉜。

安史亂天下，至肅宗，大難略平，君臣皆幸安，故瓜分河北地，付授叛將，護養孽萌，以成禍根。亂人乘之，遂擅署吏，以賦稅自私，不朝獻於廷（新唐書卷二百十藩鎮傳序）。

迨至德之後，天下兵起……河南山東荊襄劍南有重兵處，皆厚自奉養，王賦所入無幾（舊唐書卷一百十八楊炎傳）。

德宗時，天下入貢者只有一百五十州。案天寶年間，全國凡三百三十一州（唐會要卷七十州縣分望道），即入貢之州不及一半。

戶部奏，今歲入貢者凡百五十州，胡三省註云，時河朔諸鎮及淄青淮西皆不入貢，河隴諸州又沒於吐蕃

㉜ 例如田承嗣在魏博，「稅入皆私有之」（田承嗣傳），王士真在河朔，「私賦入」（王士真傳），劉從諫「自有澤潞，未聞以一縷一蹄為天子壽」（劉從諫傳）。

（資治通鑑卷二百三十二唐德宗貞元元年）。

方鎮既然以賦稅自私，中央財政更須仰給江淮，而跋扈的軍人又百方阻撓漕運，或扣留貢賦。

> 周智光累遷同華二州節度使及潼關防禦使……劫諸節度使進奉貨物，及轉運米二萬石，據州反……時淮南節度使崔圓入覲，方物百萬，智光強留其半（舊唐書卷一百十四周智光傳）。

或斷絕運路[33]。

> 汴州大將李靈耀反，因據州城，絕運路（舊唐書卷一百三十四馬燧傳）。

或強取鹽鐵錢。

> 德宗居奉天，淮南節度使陳少遊強取鹽鐵錢（舊唐書卷一百三十一李皋傳）。

降至憲宗，中央稅收只有仰給於東南。故丘濬說，「東南財賦之淵藪也。自唐宋以來，國計咸仰於是」（大學衍義補卷二十四經制之義下）。據陳傳良說：

> 憲宗時作元和國計錄，天下二十三道，而十五道不申戶口，而歲租賦所倚辦者八道，皆東南也。曰浙江東西路，曰淮南，曰湖南，曰岳鄂，曰宣歙，曰江西，曰福建。故韓愈有言曰，當今賦出天下，而江南居十九（引自大學衍義補仝上）。

這個時候，運河本身的運輸能力又復減低。高祖太宗之時，用物有節而易贍，水陸漕運，歲不過二十萬石。高宗以後，用費增加，漕運不能供給京師之用，所以每遇凶年，天子輒就食洛陽。玄宗時代，漕運

---

[33] 資治通鑑卷二百二十七唐德宗建中三年，「李希烈帥所部三萬，徙鎮許州，遣所親詣李納，與謀共襲汴州……納亦數遣遊兵渡汴，以迎希烈，由是東南轉輸者，皆不敢由汴渠，自蔡水而上」。

經裴耀卿韋堅改革之後，每歲平均能致二百五十萬石，最多者四百萬石。安史構亂，漕運發生困難。代宗時，劉晏加以改革，頗有成效，而每歲所運，亦不過一百一十萬石。

> 先是運關東穀入長安者，以河流湍悍，率一斛得八斗至者，則為成勞，受優賞。劉晏以為江汴河渭，水力不同，各隨便宜，造運船，教漕卒，江船達揚州，汴船達河陰，河船達渭口，渭船達太倉。其間緣水置倉，轉相受給，自是每歲運或至百餘萬斛，無斗升沉覆者。船十艘為一綱，使軍將領之，十運無失，授優勞，官其人，數運之後，無不斑白者。晏於揚子置十場造船，每艘給錢千緡，或言所用實不及半，虛費太多。晏曰不然，論大計者固不可惜小費，凡事必為永久之慮，今始置船場，執事者至多，當先使之私用無窘，則官物堅牢矣。若遽與之屑屑校計錙銖，安能久行乎。異日，必有患吾所給多而減之者，減半以下，猶可也，過此，則不能運矣（資治通鑑卷二百二十六唐紀德宗建中元年）。

太和以後，大紊劉晏之法，每歲漕運只有四十萬石，而官船沉溺者，歲有七十餘隻，所以實際輸入渭河倉者，十不三四。宣宗時，裴休又加改革，每歲可運一百二十萬斛。

> 自太和已來……歲漕江淮米，不過四十萬石，能至渭河倉者，十不三四，漕吏狡蠹，敗溺百端，官船沉溺者歲七十餘隻，緣河姦吏大紊劉晏之法，洎裴休領使（諸道鹽鐵轉運使），分命僚佐，深按其弊……舉新法凡十條，奏行之……初休典使三歲，漕米至渭河倉者，一百二十萬斛，更無沉舟之弊（舊唐書卷一百七十七裴休傳）。

咸通年間，有司愛惜小錢，船脆薄易壞，於是漕運遂廢，而中央財政更覺困難。

> 唐代宗時，劉晏為江淮轉運使，始於揚州造轉運船，每船載一千石，十船為一綱，揚州差軍將押赴河陰，

每造一船，破錢一千貫，而實費不及五百貫。或譏其枉費，晏曰大國不可以小道理，凡所創置須謀經久，船場既興，執事者非一，須有餘剩養活，眾人私用不窘，則官物牢固。乃於揚子縣置十船場，差專知官十人，不數年間皆致富贍，凡五十餘年，船場既無破敗，餽運亦不闕絕。至咸通末，有杜侍御者，始以一千石船，分造五百石船二隻，船始敗壞。而吳堯卿者為揚子院官，始勘會每船合用物料實數，估給其錢，無復寬剩。專知官十家即時凍餒，而船場遂破，餽運不給，不久，遂有黃巢之亂（文獻通考卷二十五漕運引蘇東坡言）。

當中央財政開始困難之際，政府固曾講求增加稅收之法，代宗時有劉晏，晏以為戶口滋多，則賦稅自廣，故其理財以培養稅源為先，不增加稅率，惟改良徵收方法，使一粟一縷均歸國庫，姦吏不得中飽。

初安史之亂，數年間，天下戶口什亡八九。州縣多為藩鎮所據，貢賦不入朝廷，府庫耗竭，中國多故。戎狄每歲犯邊，所在宿重兵，仰給縣官，所費不貲，皆倚辦於晏……晏有精力，多機智，變通有無，曲盡其妙，常以厚直募善走者，置遞相望，覘報四方物價，雖遠方，不數日，皆達使司（使司謂轉運使司），食貨輕重之權，悉制在掌握，國家獲利，而天下無甚貴甚賤之憂……晏又以為戶口滋多，則賦稅自廣，故其理財以愛民為先，諸道各置知院官，每旬月具州縣雨雪豐歉之狀，白使司，豐則貴糴，歉則賤糶，或以穀易雜貨，供官用，及於豐處賣之。知院官始見不稔之端，先申至，某月須如干蠲免，某月須如干救助，及期，晏不俟州縣申請，即奉行之，應民之急，未嘗失時，不待其困弊流亡餓殍，然後賑之也。由是民得安其居業，戶口蕃息。晏始為轉運使，時天下見戶不過二百萬，其季年乃三百餘萬，在晏所統則增，非晏所統，則不增也。其初財賦，歲入不過四百萬緡，季年乃千餘萬緡。晏專用榷鹽法[34]，充軍國之用，時自許汝鄭鄧之西，皆食河東池鹽，度支主之，汴滑唐蔡之東，皆食海鹽，晏主之。晏以為官多則民擾，故但於出鹽之鄉置鹽官，收鹽戶所煮之鹽，轉鬻於商人，任其所之，自餘州縣不復置官。其江嶺間去鹽鄉遠者，轉官鹽於彼貯之。或商絕鹽貴，則減價鬻之，謂之常平鹽，官獲其利，而民不乏鹽。其始江淮鹽利不過四十萬緡，季年乃六百餘萬緡，由是國用充足，而民不困弊。其河東鹽利不過八十萬緡，而價復貴於海鹽（資治通鑑卷二百二十六唐紀德宗建中元年）。

德宗時有楊炎，炎改革稅制，使人民所負擔的租稅與其擔稅能力能夠適合。唐代稅制為租庸調，租庸調之法以人丁為本，有田則有租，有家則有調，有身則有庸。這三者必須戶口調查清楚，土地測量清楚，才得實行。唐自開元以後，戶口久不調查，而丁田變易，亦無登記。

自開元以後，天下戶籍久不更造，丁口轉死，田畝變易，貧富升降不實（新唐書卷五十二食貨志二）。

富者增田而稅不加，貧者失田而稅不減，富者愈富，貧者愈貧，於是楊炎就提議改租庸調之法為兩稅。

開元中，玄宗……不為版籍之書，人戶寖溢，隄防不禁，丁口轉死，非舊名矣，田畝移換，非舊額矣，貧富昇降，非舊第矣……迨至德之後，天下兵起……科斂之名凡數百，廢者不削，重者不去，新舊仍積，不知其涯。百姓受命而供之，瀝膏血，鬻親愛，旬輸月送，無休息。吏因其苛，蠶食於人。凡富人多丁者率為官為僧，以色役免，貧人無所入，則丁存。故課免於上，而賦增於下，是以天下殘瘁，蕩為浮人，鄉居地著者百不四五，如是者殆三十年。楊炎懇言其弊，乃請作兩稅法，以一其名，曰凡百役之費，一錢之

34 資治通鑑卷二百二十五唐代宗大歷十四年，「至德初，第五琦始榷鹽以佐軍用，及劉晏代之，法益精密。初歲入錢六十萬緡，末年所入逾十倍，而人不厭苦。大曆末，計一歲所入，總一千二百萬緡，而鹽利居其大半」。

斂，先度其數，而賦於人。量出以制入，戶無主客，以見居為簿，人無丁中，以貧富為差。不居處而行商者，在所郡府，稅三十之一，度所取與居者均，使無僥利。居人之稅，秋夏兩徵之，俗有不便者正之，其租庸雜徭悉省，而丁額不廢，申報出入如舊式。其田畝之稅，率以大曆十四年墾田之數為準，而均徵之。夏稅無過六月，秋稅無過十一月。逾歲之後，有戶增而稅減輕，及人散而失均者，進退長吏，而尚書度支總統焉，德宗善而行之……天下便之。人不土斷而地著，賦不加斂而增收，版籍不造而得其虛實，貪吏不誡而姦無所取，自是輕重之權始歸於朝廷（舊唐書卷一百十八楊炎傳）。

兩稅是以土地，而不是以戶口為課稅的客體。此種稅制本來無可厚非，其後發生流弊，乃別有原因。明代丘濬曾言：

臣竊以謂土地萬世而不變，丁口有時而盛衰。定稅以丁稽考為難，定稅以畝檢覈為易。兩稅以資產為宗，未必全非也。但立法之初，謂兩稅之外，不許分毫科率。然兵興費廣，不能不於費外，別有徵求耳。此時之弊，非法之弊也。自唐立此法之後，至今行之，遂為百世不易之制（大學衍義補卷二十二貢賦之常）。

但兩稅本身並非毫無缺點，其後發生流弊，即由此缺點而來。茲先說明兩稅的內容。貞觀二年，墾田畝納二升，以為義倉（唐會要卷八十八倉及常平倉）。這種地稅與田租不同，乃以充義倉之用。永徽二年「敕，義倉據地收稅（故吾人稱之為地稅），實是勞煩，宜令率戶出粟（吾人故稱之為戶稅），上上戶五石，餘各有差」（唐會要卷八十八倉及常平倉）。這樣，地稅又變為戶稅了。唐制，「天下之戶量其資產，分為九等」（唐會要卷八十五定戶等第武德六年條）。這個九等之分，在高宗以前，似為嶺南諸州納租（租庸調之租）的標準，通典（卷六賦稅下）云：「武德二年制，每一丁租二石。若嶺南諸州，則稅米，上戶一石二斗，次戶八斗，下戶六斗……六年三月令，天下戶量其資產，定為三等，至九年三月詔天下戶立三等，未盡升降，宜為九等」。到了永徽二年，義倉之米才由據地收稅改為率戶出粟，即由地稅改為戶稅。玄宗時代，義倉所徵收之戶稅與地稅似又並存。唐六典（卷三倉部郎中）云，「畝別收粟二升，以為義倉」，其下注云：「其商賈戶無田及不足者，上上戶稅五石，上中已下，遞減一石，中中戶一石五斗，中下戶一石，下上七斗，下中五斗，下下戶……不在取限」。此文乃注在義倉之下，所以此時人民納於義倉之粟，或以畝計，或以戶計。即義倉所徵收之地稅取於有田之人，義倉所徵收之戶稅取於無田之人。此兩種租稅本來以備凶年之用㉟。到了後來，竟然失去救荒的意義，而與租庸調同供國家財政之用。大歷四年正月敕，「天下及王公以下，自今已後……上上戶四千文，上中戶三千五百文，上下戶三千文。中上戶二千五百文，中中戶二千文，中下戶一千五百文。下上戶一千文，下中戶七百文，下下戶五百文。其現任官一品准上上戶稅，九品准下下戶稅，餘品並准依戶等稅，若一戶數處任官，亦每處依品納稅」（唐會要卷八十三租稅上，舊唐書卷四十八食貨志上）。此時米斗直八百（舊唐書卷十一代宗紀大曆四年）。錢數比之米價，可謂低極。這當然不是將租庸調之租換算為錢，因為租每丁二石，以大歷四年之米價言之，合錢一萬六千，嶺南諸州，上戶一石二斗，合錢九千八百。唐在代宗時代，財政困難，絕不會減少田租。何況官戶有免課的權利，而大曆四年之敕乃令官戶依品納錢。然也不是將納入義倉之戶稅換算為錢。因為在開元年間，人民納入義倉之粟，以地言之，每畝二升（一夫

㉟ 但其數目頗有問題，因為「租」每丁不過二石，一夫口分田八十畝，每畝別收粟二升，以為義倉。即一夫納於義倉之粟為一石六斗，似嫌太重。「商賈戶無田及不足者」，由上上戶稅五石，至下中戶納五斗，此乃依戶納稅，不問戶內丁口多少。

口分田八十畝，應納一石六斗，以大曆四年之米價言之，應為一萬二千八百），以戶言之，上上戶五石（合錢四萬），下中戶五斗（合錢四千），均比上述之數為高。而且下下戶不在取限，而大曆四年之敕，下下戶卻要納錢五百文。由這數點，我們認為代宗因要解決財政困難，乃另設一種新的戶稅。此時稅制混亂極了，而戶稅與地稅又復成為正式的租稅。楊炎所設計的兩稅是把租庸調及各種雜稅合併於地稅與戶稅之中，於夏秋二季徵收之。夏稅無過六月，秋稅無過十一月。兩稅法初行之際，甚覺便利，因為「戶無主客，以見居為簿，人無丁中，以貧富為差」，所以「人不土斷而地著，賦不加斂而增收，版籍不造而得其虛實，貪吏不誡而姦無所取」。但是不久之後，又發生了弊端。

第一、兩稅是令各州各府依照大曆十四年的舊額徵稅，其稅額是固定的，分攤於每戶每畝之上。但是稅額既然固定，則天災流行，租稅便落在無法耕種的土地之上，戶口逃隱，租稅便落在未曾逃亡的人身之上。這樣一來，戶口流亡的地方，稅率漸漸提高，驅人不得不流亡。土地開闢的地方，稅率漸漸減低，使人更來歸附，這是一種不公平的稅制。陸贄說：

> 復以創制之首，不務齊平，但令本道本州各依舊額徵稅……所在徭賦輕重相懸……舊重之處，流亡益多，舊輕之鄉，歸附益眾。有流亡，則已重者攤徵轉重，有歸附，則已輕者散出轉輕。高下相傾，勢何終止（陸宣公全集卷十二論均節賦稅恤百姓疏第一）。

對於陸贄之言，丘濬曾說明云：

> 中人一家之產僅足以供一戶之稅，遇有水旱疾厲，不免舉貸逋欠，況使代他人倍出乎。試以一里論之，一里百戶，一歲之中，一戶惟出一戶稅可也。假定今年逃二十戶，乃以二十戶稅攤於八十戶中，是四戶而

出五戶稅也。明年逃三十戶（即此年逃十戶，合前逃二十戶，共逃三十戶），又以三十戶稅攤於七十戶中，是五戶而出七戶稅也。又明年逃五十戶（即此年又逃二十戶，合前兩年，共逃五十戶），又以五十戶稅攤於五十戶中，是一戶而出二戶稅也。逃而去者遺下之數日增，存而居者攤與之數日積。存者不堪，又相率以俱逃。一歲加於一歲，積壓日甚，小民何以堪哉。非但民不可以為生，而國亦不可以為國矣（大學衍義補卷二十二貢賦之常）。

所以到了元和年間，逃戶日益加多，李渤說：

渭南縣長源鄉本有四百戶，今才百餘戶。閿鄉縣本有三千戶，今才有一千戶。其他州縣大約相似，訪尋積弊，始自均攤逃戶。凡十家之內大半逃亡，亦須五家攤稅，似投石井中，非到底不止（舊唐書卷一百七十一李渤傳）。

各州刺史又不欲戶口減少，害到考課之成績，乃強令人民析戶。

自定兩稅以來，刺史以戶口增減為其殿最，故有析戶以張虛數，或分產以繫戶名（唐會要卷八十四戶口數雜錄）。

第二、定稅之時，乃照當時物價，折為緡錢，而使納稅者計錢而輸貨物，最初錢輕物貴，輸錢一百者只要納絹一匹，其後錢貴物輕，納絹二匹，才抵輸錢一百，所以租稅雖未加重，而人民已經倍輸[36]。

---

[36] 資治通鑑卷二百四十二唐穆宗長慶元年，「自定兩稅以來，錢日重，物日輕，民所輸三倍其初，詔百官議革其弊。戶部尚書楊於陵以為……今稅百姓錢，藏之公府……錢焉得不重，物焉得不輕。今宜使天下輸稅課者，皆用穀帛……朝廷從之，始令兩稅皆輸布絲纊，獨鹽酒課用錢」。

> 建中初，定兩稅，時貨重錢輕，是後貨輕錢重，齊人所出，固已倍其初征（舊唐書卷一百四十八裴垍傳）。

關此，陸贄亦有所陳。

> 定稅之數皆計緡錢，納稅之時多配綾絹，往者納絹一疋，當錢三千二三百文，今者納絹一疋，當錢一千五六百文，往輸其一者，今過於二矣，雖官非增賦，而稅已倍輸（陸宣公全集仝上）。

但是唐代財政困難，固然因為收入減少，而收入減少又因為不課戶太多，國家必須取消為官為僧者的特權，而後財政上才有解決之法。然而官僚為自己利益打算，誰肯放棄特權，因之國家所能壓迫者，只有沙門，於是就發生了武宗滅佛之事。

> 會昌五年秋七月，上惡僧尼耗蠹天下，欲去之……乃先毀山野招提蘭若，敕上都東都兩街各留二寺，每寺留僧三十人，天下節度觀察使治所及同華商汝州各留一寺，分為三等，上等留僧二十人，中等留十人，下等五人。餘僧及尼並大秦穆護祆僧皆勒歸俗。寺非應留者，立期令所在毀撤，仍遣御史分道督之。財貨田產並沒官，寺材以葺公廨驛舍，銅像鐘磬以鑄錢……八月，詔陳釋教之弊，宣告中外，凡天下所毀寺四千六百餘區，歸俗僧尼二十六萬五百人，大秦穆護祆僧二千餘人，毀招提蘭若四萬餘區，收良田數千萬頃，奴婢十五萬人……尋又詔東都止留僧二十人，諸道留二十人者減其半。留十人者減三人，留五人者更不留（資治通鑑卷二百四十八唐紀武宗會昌五年）。

武宗滅佛，除財政原因之外，尚有信仰原因。「上好神仙，道士趙歸真得幸」（資治通鑑卷二百四十七唐武宗會昌四年），其毀寺宇，敕僧尼歸俗，實由於道士趙歸真之勸（資治通鑑卷二百四十八唐武宗會昌五年）。信仰是唯心的，因人而殊，武宗信道而排佛，當然有人信佛而排道。果然，宣宗即位，杖殺道士趙歸真（資治通

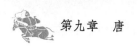

鑑卷二百四十八唐武宗會昌六年)，「修復廢寺，度僧幾復其舊」(資治通鑑卷二百四十九唐宣宗大中五年)，於是滅佛以增加稅收的目的也隨之無法達到。

開源失敗，結果只有節流。唐代經費以兵資與官俸為大宗。要想節流，須從銷兵裁員著手。但是吾國古代的軍隊組織與官僚制度乃另有一種特殊的意義，即社會政策的意義。前者所以養活流民，把流民編為軍隊，使其不至擾亂社會。後者所以養活遊士，使其不至因為生存問題，鋌而走險。唐因兵資太多，不能不罷兵，但是罷兵必有所歸，兵罷而無所歸，則為盜為亂，玄宗時代已有罷兵之事。

> 先是緣邊鎮兵常六十餘萬，張說以時無強寇，不假師眾，奏罷二十餘萬，勒還營農，玄宗……從之(舊唐書卷九十七張說傳)。

當時所罷者府兵也，府兵故農人也，歸而田其田，廬其廬，父子夫婦相保於穹窒栗薪之間，故能帖然無事。到了府兵變為彍騎之後，改徵為募，然所募者皆市井庸保，他們目的在於取得糧餉，以解決生活問題，一旦罷出，何恃而生[37]。

> 穆宗初，兩河底定，蕭俛與段文昌當國，謂四方無虞，遂議太平事，以為武不可黷，勸帝偃革尚文，乃密詔天下鎮兵十之，歲限一為逃死不補，謂之銷兵(舊唐書蕭俛傳云，密詔天下軍鎮有兵處，每年百人之中，限八人逃死，謂之銷兵)，既而籍卒逋亡無生業，曹聚山林間為盜賊(新唐書卷一百一蕭俛傳)。

---

[37] 資治通鑑卷二百二十六唐德宗建中元年，「先是魏博節度使田悅事朝廷猶恭順，河北黜陟使洪經綸不曉時務，聞悅軍七萬人，符下罷其四萬，令還農，悅陽順命，如符罷之。既而集應罷者激怒之曰，汝曹久在軍中，有父母妻子，今一旦為黜陟使所罷，將何資以自衣食乎，眾大哭，悅乃出家財以賜之，使各還部伍，於是軍士皆德悅而怨朝廷」。

同樣，唐因官俸太多，不能不裁員。貞元初，張延賞為相，曾減天下吏員一次，弄到人情愁怨，遂從李泌之議，只罷冗官㊳。

初張延賞減天下吏員，人情愁怨，至流離死道路者。泌請復之，帝未從……泌曰所謂省官者，去其冗員，非常員也……自至德以來有之，比正員三之一，可悉罷。帝乃許復吏員，而罷冗官（新唐書卷一百三十九李泌傳，參閱卷一百二十七張延賞傳）。

中央財政困難，不能不罷兵裁員。而方鎮均以賦稅自私，不朝獻於朝廷。他們有豐富的財賦，可以畜兵養士，所以朝廷所罷的兵，方鎮悉收用之。

蕭俛與段文昌當國，勸帝……銷兵，既而籍兵逋亡無生業，曹聚山林間為盜賊，會朱克融王廷湊亂燕趙，一日悉收用之，朝廷調兵不充，乃召募市人烏合，戰輒北，遂復失河朔矣（新唐書卷一百一蕭俛傳）。

而朝廷不用之士，方鎮亦競引之，以為謀主。德宗時，趙憬已經說到：

大凡才能之士，名位未達，多在方鎮（舊唐書卷一百三十八趙憬傳）。

文宗時，李石亦說：

仕進之途塞……兩河諸侯競引豪英，士之喜利者多趨之，用為謀主，故藩鎮日橫，天子為旰食（新唐書卷一百三十一李石傳）。

方鎮畜兵養士，以作爪牙，人非端正，必懷祿以為恩，一切藩臣皆有盡心推戴之士，朝廷孤立，無與為謀，當然不能鄣橫流，而支已顛。宋祁說：

㊳ 其後，裴延齡為戶部侍郎，判度支，「請自今已後，內外百司官闕，未須補置，收其闕官祿俸以實帑藏」。

> 懿僖以來，王道日失厥序，腐尹塞朝，賢人遁逃，四方豪英各附所合而奮，天子塊然，所與者惟佞愎庸奴，乃欲鄣橫流，支已顛，寧不殆哉（新唐書卷一百八十三畢諴傳贊）。

方鎮跋扈，朝廷力不能制，結果又復擴軍，擴軍必須加稅，於是財政困難又漸次轉變為經濟破產。乾元年間，安史之亂未平，肅宗依鑄錢使第五琦之議，鑄造新幣，以贍國用。按唐在武德四年，廢隋之五銖錢，行開元通寶錢，「徑八分，重二銖四絫，十文重一兩，一千文重六斤四兩，以輕重大小最為折衷，遠近甚便之」（唐會要卷八十九泉貨）。高宗之時雖鑄乾封泉寶錢（徑一寸，重二銖六分，新錢一文當舊錢之十），然而周年之後，又廢新錢而用舊錢。此後雖時有盜鑄之事，而其為害並不甚烈（參閱新唐書卷五十四食貨志四）。到了乾元元年鑄造新幣，遂由通貨膨脹，引起物價騰貴，飢餓死亡，枕藉道路。

> 肅宗乾元元年，經費不給，鑄錢使第五琦鑄乾元重寶錢，徑一寸，每緡重十斤，與開元通寶參用，以一當十，亦號乾元十當錢……第五琦為相（乾元二年）復……鑄重輪乾元錢，徑一寸二分，其文亦曰乾元重寶，背之外郭為重輪，每緡重十二斤（舊唐書卷四十八云，二十斤成貫），與開元通寶錢並行，以一當五十……法既屢易，物價騰踊，米斗錢至七千，餓死者滿道（新唐書卷五十四食貨志四，參閱舊唐書卷一百二十三第五琦傳）。

第五琦所鑄錢幣乃犯王莽幣制的同一錯誤。開元通寶一貫重六斤四兩，乾元重寶一貫重十斤，重輪乾元一貫重十二斤，即三者之比為 $6\frac{4}{16}:10:12$，而三者所表示之價格之比乃為 $1:10:50$，「盜鑄爭起」（舊唐書卷一百二十三第五琦傳），當然是意中之事。所以代宗即位，乾元重寶及重輪乾元皆以一當一，「人甚便之」

（新唐書卷五十四食貨志四）。然而自此錢幣亂矣。

錢幣政策既不能解決財政困難，反而引起物價騰貴。德宗時代盧杞為相，乃用苛捐繁斂，以贍國用。

> 河南河北連兵不息，度支使杜佑計諸道用軍，月費一百餘萬貫，京師帑廩不支數月，且得五百萬貫，可支半歲，則用兵濟矣。宰相盧杞乃以戶部侍郎趙贊判度支，贊亦計無所施，乃與其黨太常博士韋都賓等，謀行括索，以為泉貨所聚在於富商，錢出萬貫者，留萬貫為業，有餘，官借以給軍，冀得五百萬貫。上許之，約以罷兵後，以公錢還。敕既下，京兆少尹韋禎督責頗峻，長安尉薛萃荷校乘軍，搜人財貨，意其不實，即行搒箠，人不勝冤痛，或有自縊而死者，京師囂然，如被賊盜。都計富戶田宅奴婢等估纔及八十八萬貫。又以僦櫃納質積錢貨貯粟麥等，一切借四分之一，封其櫃窖，長安為之罷市……計僦質與借商才二百萬貫。德宗知下民流怨，詔皆罷之，然宿師在野，日須供饋……趙贊又請稅間架，算除陌。凡屋兩架為一間，分為三等，上等每間二千，中等一千，下等五百，所由吏秉筆執籌，入人第舍而計之，凡沒一間，杖六十，告者賞錢五十貫文。除陌法，天下公私給與貿易，率一貫舊算二十，益加算為五十，給與物或兩換者，約錢為率算之，市主人牙子各給印紙，人有買賣，隨自署記，翌日合算之，有自貿易不用市牙子者，驗其私簿投狀，自其有私簿投狀，其有隱錢百沒入二千，杖六十，告者賞錢十千，出於其家。法既行，主人市牙得專其柄，率多隱盜，公家所入，百不得半，怨讟之聲囂然，滿於天下。及涇師犯闕，亂兵呼於市曰，不奪汝商戶僦質矣，不稅汝間架除陌矣。是時人心愁怨，涇師乘間謀亂，奉天之奔播，職杞之由，故天下無賢不肖，視杞如讎（舊唐書卷一百三十五盧杞傳）。

豐富的財政須以健全的國民經濟為基礎，苛捐雜稅只能破壞國民經濟，不能解決財政困難。此後聚兵日眾，徵稅日繁，從而經濟破產便日益劇烈，而如陸贄所說：

> 聚兵日廣，供費日博，常賦不給，乃議蹙限而加斂焉。加斂既殫，乃別配之。別配不足，於是榷算之科設，率貸之法興。禁防滋章，吏不堪命，農桑廢於追呼，膏血竭於笞捶，兆庶嗷然，而郡邑不寧矣（新唐書卷一百五十七陸贄傳）。

按唐代農業生產力甚為幼稚，一頃出米不過五十餘斛㊴。

> 田以高下肥瘠豐耗為率，一頃出米五十餘斛（新唐書卷五十四食貨志四）。

消費力如何？

> 少壯相均，人（日）食米二升……而衣倍之，吉凶之禮再倍（新唐書卷五十四食貨志四）。

每人一日食米二升，一年食米七斛二斗，一家平均五口，一年食米三十六斛。唐在開元之際，天下戶口及墾田之數如次：

> 自貞觀至於開元，將及九百萬戶，五千三百萬口，墾田一千四百萬頃（文獻通考卷三田賦考三）。

就整個社會說，社會所生產的食糧供給社會全體的需要，固然裕裕有餘（$14000000 \times 50 > 53000000 \times 7.2$）。就每戶說，每戶得田一百五十五畝，每年可收七十八斛。就每口說，每口得田二十六畝，每年可收十三斛。食的問題可以解決，但若顧到「衣倍之，吉凶之禮再倍」，則每戶之七十八斛，每口之十三斛，亦不能用以養生送死。何況均田制度早已破壞，一般平民無田可耕，只有淪為奴客，耕豪富之地，而納極大的

㊴ 文獻通考卷七田賦考，「唐開軍府，以扞要衝，因隙地，置營田，墾田三千八百餘頃，歲收粟二十萬石」，是每頃出米，亦以五十餘斛計算。

佃租。肅宗時：

百姓田地，比者多被殷富之家官吏吞併，所以逃散莫不由玆（唐會要卷八十五逃戶寶應元年四月勅）。

德宗時陸贄又謂[40]：

今富者萬畝，貧者無容足之居，依託強家，為其私屬，終歲服勞，常患不充，有田之家坐食租稅，京畿田畝稅五升，而私家收租畝一石，官取一，私其十，穡者安得足食（新唐書卷五十二食貨志二）。

安史亂後，戶口銳減，消費力固然減少，而生產力亦見破壞，例如洛陽，唐時為東都，經過大盜焚掠，幾如丘墟。郭子儀說：

東周之地久陷賊中，宮室焚燒，十不存一，百曹荒廢，曾無尺椽。中間畿內不滿千戶，井邑榛棘，豺狼所嘷，既乏軍儲，又鮮人力。東至鄭汴，達於徐方，北自覃懷，經於相土，人烟斷絕，千里蕭條（舊唐書卷一百二十郭子儀傳）。

劉晏亦說：

函陝凋殘，東周尤甚，過宜陽熊耳，至武牢成皋，五百里中編戶千餘而已。居無尺椽，人無烟爨，蕭條悽慘，獸遊鬼哭（舊唐書卷一百二十三劉晏傳）。

襄漢一帶之地，破壞亦甚。

---

[40] 陸贄此言不盡可信，唐時一頃出米五十餘斛，一畝出米不過五斗，「私家收租」，何能「畝一石」。田賦每畝五升，佃租每畝一石，亦非「官取一，私取十」。按唐時，官吏有額外永業田，「凡給田而無地者，畝給粟二斗」（新唐書食貨志五），此二斗之數也許可以視為佃租之平均數。

> 襄漢數百里，鄉聚蕩然，舉無樵烟（新唐書卷一百四十七魯炅傳）。

大盜雖然削平，繼之又有方鎮之亂。縱是畿甸之內，亦赤地不能耕種。

> 畿甸之內，大率赤地而無所望，轉徙之人斃踣道路，慮種麥時，種不能下（新唐書卷一百六十五權德輿傳）。

社會生產力大見萎縮，貧窮便成為普遍的現象。固然唐代有和糴之制，和糴就是常平（唐會要卷九十和糴，參閱舊唐書卷四十九食貨志下）。豐年加價糴穀，以勸稼穡。荒年減價糶米，以救凶災。然其結果徒供豪家貪吏之漁利。陸贄在德宗時，曾謂「當稔而願糶者，則務裁其價，不時斂藏。遇災而艱食者，則莫揆乏糧，抑使收糴。遂使豪家貪吏反操利權，賤取於人，以俟公私之乏困，乘時所急，十倍其贏」（陸宣公全集卷八請減京東水運收腳價於緣邊州鎮儲蓄軍糧事宜狀）。而政治又極腐化，德宗時，天下稍安，群小便因之佞諛。「貪權竊柄者則曰德如堯舜矣，焉用勞神，承意趣媚者，則曰時已太平矣，胡不為樂。議曹以頌美為奉職，法吏以識旨為當官，司府以厚斂為公忠，權門以多賄為問望」（陸宣公全集卷二奉天論前所答奏未施行狀）。文宗時，劉蕡說：「居上無清惠之政，而有饕餮之害，居下無忠誠之節，而有姦欺之罪……貪臣聚斂以固寵，姦吏因緣而弄法，冤痛之聲上達於九天，下流於九泉」（舊唐書卷一百九十下劉蕡傳）。復又加之以軍旅之事，官司所儲，唯給軍食，何能施行社會政策，賑救凶荒。

> 師旅亟興，官司所儲，唯給軍食，凶荒不能賑救。人小乏則取息利，大乏則鬻田廬，斂穫始畢，執契行貸，饑歲家家相弃，乞為奴僕，猶莫之售，或縊死道途（新唐書卷五十二食貨志二）。

何況朝綱廢弛，權豪兼併，甚至有占奪河渠以為私有之事。吾人觀僖宗之詔，即可知之。

> 關中鄭白兩渠，古今同利，四萬頃沃饒之業，億兆人衣食之源，比者權豪競相占奪，堰高磑下，足明弃

水之由，稻浸秷澆，乃見侵田之害（全唐文卷八十八命相度河渠詔）。

於是政治問題便轉變為社會問題，其表現出來的現象，一是米價昂貴，二是大眾貧窮。茲將唐代米價及大眾生活狀況列表如次。

唐代米價及人民生活表

年代	米價	人民生活	備考
高祖武德年間			唐興，承隋之弊，物價昂貴，民不聊生。武德四年「鑄開元通寶錢，徑八分，重二銖四分，積十錢，重一兩，得輕重大小之中」（新唐書卷五十四食貨志），用此以救隋末貨賤物貴之弊。武德七年行租庸調法，「每丁歲入租粟二石，調隨土地所宜，綾絹絁布。歲役二旬，不役，則收其庸，日三尺。有事而加役者旬又五日，免其調，三旬租調俱免」（資治通鑑卷一百九十），用此以救隋末賦役繁重之弊。
太宗貞觀元年	關中飢，米斗直絹一匹。見資治通鑑卷一百九十三。		天寶五載，海內富實，絹一匹，錢二百。見新唐書卷五十一食貨志一。可知此時米斗二百文。
貞觀三年	米斗三四錢。	行旅自京師至於嶺表，自山東至於滄海，皆不賚糧，取給於路。見貞觀政要卷一政體說。	
貞觀四年	米斗四五錢。	外戶不閉者數月，馬牛被野，人行數千里不齎糧，民物蕃息。見新唐書卷五十一食貨志一。	

貞觀十一年	一匹絹得十餘石粟。見舊唐書卷七十四馬周傳。		
貞觀十五年	長安斗粟直三四錢。見資治通鑑卷一百九十六。		
高宗永徽五年	洛州粟米斗兩錢半，秔米斗十一錢。見資治通鑑卷一百九十九。		大稔。
麟德二年	米斗五錢，麰麥不列市。見舊唐書卷四高宗紀。		比歲大稔。
乾封年間			鑄乾封泉寶錢，徑寸，重二銖六分，以一當舊錢之十，俟期年盡廢舊錢。明年以商賈不通，米帛踊貴，詔罷之，復行開元通寶錢。見新唐書卷五十四食貨志五。
儀鳳四年			是時鑄多錢賤，米粟踊貴，乃罷少府鑄，尋復舊。見新唐書卷五十四食貨志四。
永淳元年	夏四月關中饑饉，米斗三百，五月東都霖雨，洛水溢，關中先水，後旱蝗，繼以疾疫，米斗四百。資治通鑑卷二百三。	兩京間死者相枕於路，人相食。見資治通鑑卷二百三。	
中宗神龍元年	夏大旱，穀價騰踊。見新唐書卷一百九紀處訥傳。		
神龍二年	都城穀貴，盜竊甚眾。		

	見舊唐書卷九十三張仁愿傳。		
景龍三年	關中饑米斗百錢。見資治通鑑卷二百九。	粒食踊貴，百姓不足，宿衛兵至有三日不得食者。見舊唐書卷八十八蘇瓌傳。	
睿宗先天元年	京中用錢惡，貨物踊貴。見唐會要卷八十九泉貨。		
玄宗開元六年			敕禁惡錢，二銖四分以上乃得行，斂人間惡錢鎔之，更鑄如式錢。見資治通鑑卷二百十二。
開元十三年	東都斗米十五錢，青齊五錢，粟三錢。見資治通鑑卷二百十二。		累年豐稔。見舊唐書卷八玄宗紀。
開元廿八年	西京東都米斛直錢不滿二百，絹匹亦如之。見資治通鑑二百十四。	海內富安，行者雖萬里不持寸兵。見資治通鑑卷二百十四。	
天寶五年	米斗之價錢十三，青齊間斗才三錢，絹一匹錢二百。見新唐書卷五十一食貨志一。	海內富實，道路列肆，具酒食以待行人。店有驛驢，行千里，不持尺兵。見新唐書卷五十一食貨志一。	至天寶之初，兩京用錢稍好，米價豐賤。見舊唐書卷四十八食貨志上。
天寶十四年			安祿山反於范陽。
肅宗乾元元年			經費不給，鑄錢使第五琦鑄乾元重寶錢，徑一寸，每緡重十斤，與開元通寶參用，以一當十，亦號乾元十當錢。見新唐書卷五十四食貨志四。

乾元二年	米斗至七千。見舊唐書卷四十八食貨志上。	第五琦作乾元錢重輪錢，與開元錢三品並行，民爭盜鑄，穀價騰貴，餓殍相望。見資治通鑑卷二百二十一。	第五琦入為相，又請更鑄重輪乾元錢，一當五十，二十斤成貫（新志云，每緡重十二斤），詔可之。於是新錢與乾元開元通寶錢三品並行。見舊唐書卷四十八食貨志上。
上元元年	米斗直數千。見舊唐書卷一百三十一李皋傳。	民行乞食者屬路。見新唐書卷五十一食貨志。	減重輪錢，以一當三十，開元舊錢與乾元十當錢皆以一當一。見新唐書卷五十四食貨志四。據舊唐書卷十肅宗紀，乾元三年（即上元元年）米斗至一千五百文。而據卷三十七五行志，京師米斗八百文，人相食，殍骸蔽地。
代宗廣德年間	米斗千錢。見舊唐書卷三十七五行志，新唐書卷三十五五行志二。		代宗即位，乾元重寶錢以一當二，重輪錢以一當三，凡三日而大小錢皆以一當一，至是人甚便之。其後民間鎔乾元重稜二錢鑄為器（大而重稜者又號重稜錢），不復出矣。見新唐書卷五十四食貨志四。
永泰元年	米斗千錢，諸穀皆貴。見舊唐書卷十一代宗紀。		
大曆四年	米斗直八百。見舊唐書卷十一代宗紀。		
大曆五年	米斗千文。見舊唐書卷十一代宗紀。		
大曆六年	米斛至萬錢。見舊唐書卷十一代宗紀。		
德宗建中元年			改租庸調為兩稅法，人民輸錢於官，不用穀帛。
興元元年	五月關中米斗直錢五百，十一月關中米斗千		

	錢。見資治通鑑卷二百三十一。		
貞元元年	東都河南河北米斗千錢。見新唐書卷三十五五行志二。		
貞元二年		時比歲饑饉，兵民率皆瘦黑，至是麥始熟，市有醉人，當時以為嘉瑞，人乍飽食死者復伍之一，數月人膚色乃復故。見資治通鑑卷二百三十二。	
貞元三年	自興元以來，是歲為豐稔，錢斗直錢百五十，粟八十。見資治通鑑卷二百三十三。		自此以後，一直到宣宗大中年間，物價有長期的低落，這不是因為生產豐富，而是因為錢重物輕。按租庸調之法輸物於官府，物輸於官府，民間之物少而物遂貴，兩稅之法輸錢於官府，錢輸於官府，民間之錢少，而物遂賤。即如陸贄說：「穀帛者人之所為也，錢貨者官之所為也。人之所為者，故租稅取焉，官之所為者，故賦斂捨焉。……國朝著令，租取穀，庸出絹，雜調出繒纊布麻……今之兩稅獨異舊章……所徵非所業，所業非所徵，遂或增價以買其所無，減價以賣其所有。一增一減，耗損已多」（陸宣公全集卷十二均節賦稅恤百姓第二）。白居易亦說：「今則穀帛之外，又責之以錢。錢者桑地不生銅，私家不敢鑄，業於農者何從得之……當豐年，則賤糶半價，不足以充緡錢，遇凶年，則利息倍稱，不足以償逋債。豐凶既如此，為農者何所望焉」（白氏長慶集卷四十六息游惰）。總之，即如韓愈所說：「人不能鑄錢，

			而使之賣布帛穀米，以輸錢於官，是以物愈賤而錢愈貴也」（韓昌黎文集卷八錢重物輕狀）。
憲宗元和六年	天下大稔，米斗有直二錢者。見資治通鑑卷二百三十八。		錢重物輕，為弊頗甚。見舊唐書卷十五憲宗紀元和七年。
穆宗長慶元年			自定兩稅以來，錢日重，物日輕，詔百官議革其弊。戶部尚書楊於陵以為錢宜流散，不宜蓄聚。今稅百姓錢，藏之公府，又開元中天下鑄錢七十餘爐，歲入百萬，今才十餘爐，歲入十五萬，又積於商賈之室及流入四夷。又大曆以前，淄青太原魏博，貿易雜用鉛鐵，嶺南雜用金銀丹砂象齒。今一用錢，如此則錢焉得不重，物焉得不輕。今宜使天下輸稅課者，皆用穀帛，廣鑄錢，而禁滯積及出塞者，則錢日滋矣。朝廷從之，始令兩稅皆輸布絲纊，獨鹽酒課用錢。見資治通鑑卷二百四十二。
文宗時代		時豪民侵噬，產業不移戶，州縣不敢徭役，而征稅皆出下貧，至於依富為奴客。見新唐書卷五十二食貨志二。 海內困窮，處處流散，饑者不得食，寒者不得衣，鰥寡孤獨不得存，老幼疾病不得養。見新唐書卷一百七十八劉蕡傳。	是時銅貴於錢，「市井逐利者銷錢一緡，可為數器，售利三四倍」，因之錢之數量仍不斷的減少。見舊唐書卷一百七十六楊嗣復傳。
武宗會昌五年			因銅少錢貴，下滅佛之令，中書又奏「天下廢寺銅像鐘磬，委鹽鐵使鑄錢……所有金銀銅鐵之像，敕出後，限

			一月納官，如違，委鹽鐵使依禁銅法處分」。見舊唐書卷十八上武宗紀。
宣宗大中九年		淮南旱，道路流亡藉藉，民至漉漕渠遺米自給，呼為聖米，取陂澤茭蒲實皆盡。見新唐書卷一百六十六杜悰傳。	據資治通鑑為大中九年之事。
懿宗時代			自懿宗以來，奢侈日甚，用兵不息，賦斂愈急，關東連年水旱，州縣不以實聞。上下相蒙，百姓流殍，無所控訴，相聚為盜，所在蜂起。見資治通鑑卷二百五十二僖宗乾符元年。
僖宗乾符元年			是歲王仙芝始聚眾數千，起於長垣。見資治通鑑卷二百五十二。
乾符二年			黃巢亦聚眾數千人應王仙芝，民之困於重斂者爭歸之。見資治通鑑卷二百五十二。
乾符五年		連歲旱蝗，寇盜充斥，耕桑半廢。見資治通鑑卷二百五十三。	王仙芝兵敗伏誅，而黃巢之勢轉盛。
廣明元年			黃巢攻陷長安。
中和二年	穀價騰踊，米斗三十千。見舊唐書卷二百下黃巢傳。		黃巢將朱溫降。
中和三年			秦宗權叛附於黃巢。
中和四年		關中大飢，人相食。新唐書卷三十五五行志二。	李克用破黃巢軍，黃巢伏誅。

光啟二年	光啟三年	昭宗
荊襄大饑，米斗三千，人相食。見新唐書卷三十五五行志二。	揚州大饑，米斗萬錢。見新唐書卷三十五五行志二。	
比歲不稔，食物踊貴，道殣相望，饑骸蔽地。見舊唐書卷一百八十二高駢傳。		
		朱全忠俘秦宗權以獻。秦宗權既平，而朱全忠連兵十萬，吞噬河南，兗鄆青徐之間，血戰不解，唐祚以至於亡。見舊唐書卷二十上昭宗龍紀元年。

人類都有生存慾望，人類要解決生活問題，須有生活資料，而要得到生活資料，須有生產工具。土地已給豪族兼併，細民何法謀生。當貧窮問題剛剛開始之際，固然可用社會政策賑救貧民。到了貧窮問題成為普遍現象之後，國家不但沒有方法養活大眾，並且沒有能力養活大眾。這個時候若再加以苛捐雜稅，則百姓流亡，勢必轉為盜賊。例如穆宗時，李愿歷鳳翔宣武河中三鎮，「結託權幸，厚行賂遺」（舊唐書卷一百三十三李愿傳）。王智興為武寧節度使，「掔索財賂，交權幸，以賈虛名」（新唐書卷一百七十二王智興傳）。鄭權因鄭注，得廣州節度，權至鎮，盡以公家珍寶赴京師，以酬恩地」（舊唐書卷一百五十三薛存誠傳）。豈但方鎮，就是一般文官也莫不然。他們以賂獵官，當然取償於民。史謂「選人官成後，皆於城中舉債，到任填還，致其貪求，罔不由此」（唐會要卷九十二內外官料錢下，會昌元年）。其實，當時朝廷一因財政困難，二因奢侈無度，亦希望方鎮於法定賦稅之外，進貢羨餘。代宗時「諸道節度使觀察使競削下厚斂，製奇錦異綾，以進

奉為名。又貴人宣命，必竭公藏，以買其歡」（舊唐書卷一百二十二裴冑傳）。德宗時，劉贊為宣歙觀察使，「厚斂殖貨，務貢奉以希恩」（舊唐書卷一百三十六劉贊傳）。韋皋為劍南節度使，「重賦斂以事月進，卒致蜀土虛竭」（舊唐書卷一百四十韋皋傳）。穆宗時，杜元穎為西川節度使，「求蜀中珍異玩好之具，貢奉相繼，以固恩寵，以致箕斂刻削，工作無虛日，軍民嗟怨」（舊唐書卷一百六十三杜元穎傳），此不過略舉數例而已。其實，方鎮聚斂，中飽者四分之三，進奉者不過四分之一。即如李翺所說：

今受進獻，則節度使團練使皆多方刻下為蓄聚，其自為私者三分，其所進獻者一分耳（全唐文卷一百三十四李翺疏絕進獻）。

上下交侵利，百姓生活安得不窮。德宗時，陸贄已謂「朝廷取之於方鎮，方鎮復取之於州，州取之於縣，縣取之於鄉，鄉將安取哉。是皆出於疲民之肝腦筋髓耳」（陸宣公全集卷七謝密旨因論所宣事狀）。

涇原叛徒乘人怨咨，白晝犯闕，都邑甿庶恬然不驚，反與賊眾相從，比肩而入宮殿（舊唐書卷一百三十三裴延齡傳）。

史謂貞元三年：

上畋於新店，入民趙光奇家，問百姓樂乎。對曰，不樂。上曰今歲頗稔，何為不樂。對曰詔令不信，前云兩稅之外，悉無它傜，今非稅而誅求者，殆過於稅。後又云和糴，而實強取之，曾不識一錢。始云所糴粟麥，納於道次，今則遣致京西行營，動數百里，車摧馬斃，破產不能支，愁苦如此，何樂之有。每有詔書優恤，徒空文耳（資治通鑑卷二百三十三唐德宗貞元三年十二月）。

懿宗以後，群盜蠭起。

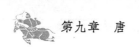

兵興以來，賦斂無度，所在群盜，半是逃戶（資治通鑑卷二百五十唐懿宗咸通元年）。

自懿宗以來，奢侈日甚，用兵不息，賦斂愈急，關東年年水旱，州縣不以實聞，上下相蒙，百姓流殍，無所控訴，相聚為盜，所在蜂起（資治通鑑卷二百五十二唐僖宗乾符元年）。

乾符中，仍歲凶荒，人饑為盜，河南尤甚（舊唐書卷二百下黃巢傳）。

到了僖宗，百姓更見困乏。京師首善之地，竟然是襤褸滿路，希望宰相之行小惠。

時宰相有好施者，常使人以布囊貯錢自隨，行施匄者。每出，襤褸盈路。有朝士以書規之曰，今百姓疲弊，寇盜充斥。相公宜舉賢任能，紀綱庶務，捐不急之費，杜私謁之門，使萬物各得其所，則家給人足，自無貧者，何必如此行小惠乎。宰相大怒（資治通鑑卷二百五十三唐僖宗乾符五年）。

大眾受了生活的壓迫，社會已經動搖，所以王仙芝黃巢一旦起事，就可蔓延天下。

黃巢之亂本於饑，故興江淮，根蔓天下（新唐書卷一百八十五鄭畋傳）。

天下盜賊蜂起，皆出於饑寒（資治通鑑卷二百五十三唐僖宗廣明元年）。

唐僖宗乾符中，關東薦饑，群賊嘯聚，黃巢因之，起於曹濮，饑民願附者凡數萬（舊五代史卷一梁太祖紀）。

固然各地軍閥擁兵自雄，但是他們的軍隊雖可供為方鎮割據之用，而卻沒有戰鬥的能力。文宗時，劉蕡已經痛言：

夏官不知兵籍，止於奉朝請，六軍不主兵事，止於養勳階。軍容合中宮之政，戎律附內臣之職。首一戴武弁，嫉文吏如仇讎，足一蹈軍門，視農夫如草芥。謀不足以翦除凶逆，而詐足以抑揚威福。勇不足以鎮衛社稷，而暴足以侵軼里閭。羈紲藩臣，干凌宰輔，隳裂王度，汩亂朝經。張武夫之威，上以制君父，假

> 天子之命，下以御英豪。有藏姦觀釁之心，無伏節死難之義，豈先王經文緯武之旨耶（舊唐書卷一百九十下劉蕡傳）。

僖宗時，鄭畋亦說：

> 國家久不用兵，士皆忘戰，所在節將閉門自守，尚不能支（舊唐書卷一百七十八鄭畋傳）。

至於天子的禁軍更不能戰。

> 神策軍士皆長安富家子，賂宦官竄名軍籍，厚得稟賜，但華衣怒馬，憑勢使氣，未嘗更戰陳，聞當出征，父子聚泣，多以金帛雇病坊貧人代行，往往不能操兵（資治通鑑卷二百五十四唐僖宗廣明元年）。

而各地勤王之師又因為待遇不平等，不但不戰，且為賊鄉導，以趣長安。

> 博野鳳翔軍還至渭橋，見所募新軍衣裘溫鮮（胡三省註云，新軍即（宦官）田令孜所募坊市人以補（神策）兩軍者也），怒曰此輩何功而然，我曹反凍餒，遂掠之，更為賊鄉導，以趣長安（資治通鑑卷二百五十四唐僖宗廣明元年）。

當黃巢起事之際，固曾馳檄四方，指斥時弊[41]，所以「人士從而附之」。

> 僖宗以幼主臨朝，號令出於臣下，南衙北司迭相矛楯，以至九流濁亂，時多朋黨，小人讒勝，君子道消，賢豪忌憤，退之草澤，既一朝有變，天下離心。巢之起也，人士從而附之，或巢馳檄四方，章奏論列，皆指目朝政之弊，蓋士不逞者之辭也（舊唐書卷二百下黃巢傳）。

---

[41] 新唐書（卷二百二十五下）黃巢傳，「王仙芝檄諸道，言吏貪沓，賦重，賞罰不平……黃巢詆宦豎柄朝，垢蠹紀綱，指諸臣與中人賂遺交構狀，銓貢失才。禁刺史殖財產，縣令犯贓者族，皆當時極敝」。

而賊眾對於窮民，又爭行施遺。

十二月五日賊陷京師，時巢眾累年為盜，行伍不勝其富，遇窮民於路，爭行施遺，既入春明門，坊市聚觀，尚讓（巢黨）慰曉市人曰，黃王為生靈，不似李家不恤汝輩，但各安家，巢賊眾競投物遺人（舊唐書卷二百下黃巢傳）。

所以黃巢之眾雖然不受富者歡迎，最初也不受貧者反抗，其能橫行天下，州郡不能制，聽其直驅長安，不是沒有原因的。只因黃巢所統率者乃是饑餓的群盜，他們平素受了貪官汙吏的壓迫，受了土豪劣紳的魚肉，積以成忿，一旦起事，便大肆焚掠。黃巢之亂蔓延天下，黃巢之禍也蔓延天下，其終歸滅亡，可以說是理之當然。

江右海南，瘡痍既甚，湖湘荊漢，耕織屢空……東南州府遭賊之處，農桑失業，耕種不時，就中廣州荊南湖南盜賊留駐，人戶逃亡，傷夷最甚（舊唐書卷十九下僖宗紀乾符六年）。

黃巢雖然滅亡，接著又來個秦宗權的大屠殺。

巢賊雖平，而宗權之兇徒大集，西至金商陝虢，南極荊襄，東過淮甸，北侵徐兗汴鄭，幅員數十州，五六年間，民無耕織，千室之邑不存一二，歲既凶荒，皆膾人而食，喪亂之酷，未之前聞（舊唐書卷二十上昭宗紀龍紀元年）。

秦宗權所至，屠殘人物，燔燒郡邑，西至關內，東極青齊，南出江淮，北至衛滑，魚爛鳥散，人烟斷絕，荊榛蔽野（舊唐書卷二百下秦宗權傳）。

城市為經濟的中心，經黃巢秦宗權焚掠之後，無不殘破。長安殘破，京畿百姓皆砦於山谷，累年廢耕耘，賊坐空城，賦輸無入，穀食騰踊，米斗三十千。官軍皆執山砦百姓鬻於賊為食，人獲數十萬。朝士皆往來同華，或以賣餅為業……賊怒坊市百姓迎王師，乃下令洗城，丈夫丁壯殺戮殆盡，流血成渠（舊唐書卷二百下黃巢傳）。

洛陽殘破，

東都經黃巢之亂……繼以秦宗權孫儒殘暴，僅存壞垣而已……白骨蔽野，荊棘彌望，居民不滿百戶……四野俱無耕者（資治通鑑卷二百五十七唐僖宗光啟三年）。

三河殘破，

李罕之保於澤州（漢上黨河東等郡地）。自是罕之日以兵寇鈔，懷孟（二州漢河內郡地）晉絳（二州漢河東郡地）數百里內，郡邑無長吏，閭里無居民……荊棘被野，煙火斷絕，凡十餘年（舊五代史卷十五李罕之傳）。

荊州殘破，

荊州經巨盜之後，居民才一十七家，汭撫輯凋殘，勵精為理，通商訓農，勤於惠養，比及末年，僅及萬戶（舊五代史卷十五成汭傳）。

江淮也遍罹兵燹之災。

唐乾符中，關東群盜並起，江淮間遍罹其苦（舊五代史卷二十一劉康義傳）。

刀兵遍地，農民無法耕種，賊眾缺乏糧食，就以人肉充飢。

關東仍歲無耕稼，人餓倚牆壁間，賊俘人而食，日殺數千，賊有舂磨砦，為巨碓數百，生納人於臼碎之，合骨而食（舊唐書卷二百下黃巢傳）。

秦宗權所至……人烟斷絕，荊榛蔽野，賊既乏食，啖人為儲，軍士四出，則鹽屍而從（舊唐書卷二百下秦宗權傳）。

社會生產力完全破壞，因之流寇愈益橫行。這個時候，政府軍隊既不能戰，又不願戰，於是討伐責任便付之沙陀軍隊。所以唐末大亂，一方固然是土匪與政府鬥爭，同時又是流民與異族鬥爭。最後代表流民者為朱全忠，代表異族者為李克用。他們兩人力醜德齊，誰都不能打倒誰，於是方鎮便乘機奪取地盤，而使中央集權變為地方割據。

唐定都長安，而關中所出，不足以給京師，備水旱，方鎮割據，諸道常賦常不上供。

是時唐室微弱，諸道常賦多不上供（舊五代史卷十七趙匡凝傳）。

而運河失去作用，政治中心的長安與經濟中心的江淮失去聯絡，不能轉漕東南之粟，以濟關中。凡割據江淮者，例如高駢，則以貢賦自私，不朝獻於朝廷。

淮南節度使高駢，臣節既虧，自是貢賦遂絕（資治通鑑卷二百五十五唐紀僖宗中和二年）。

而割汴州者，例如朱全忠，又扣留江淮的貢賦。

田頵移書曰，東南揚為大，刀布金玉積如阜，願公上天子常賦……楊行密答曰，貢賦由汴而達，適足資敵爾（新唐書卷一百八十九田頵傳）。

江淮為財富之區，軍閥均感覺財用匱竭，而皆欲奪取江淮。江淮成為戰區，江淮的經濟也完全破壞。

江淮之間，廣陵大鎮，富甲天下。自畢師鐸秦彥之後，孫儒楊行密繼踵相攻，四五年間，連兵不息，廬舍焚蕩，民戶喪亡，廣陵之雄富掃地矣（舊唐書卷一百八十二秦彥傳）。

先是揚州富庶甲天下，時人稱揚一益二，及經秦（彥）畢（師鐸）孫（儒）楊（行密）兵火之餘，江淮之間，東西千里，掃地盡矣（資治通鑑卷二百五十九唐紀昭宗景福元年）。

全國經濟破產，不論那一個軍閥，割據那一個地方，其力均不足撲滅群雄，於是統一局面又告結束，代之而起者則為五代的割據與混亂。

這個時期又出現了悲觀論，早在肅代之時元結（新唐書卷一百四十三有元結傳）已經發出憤世之辭，以為時勢所趨，風俗頹弊是必然的，先之為道德的破壞，次之為政教的破壞，又次之為家庭倫理的破壞，最後則為國家紀綱的破壞。於是「情性為風俗所化，無不作狙狡詐誑之心。聲呼為風俗所化，無不作諂媚僻淫之辭。容顏為風俗所化，無不作奸邪蹙促之色」（全唐文卷三百八十三元結撰時化），而國家遂大亂了（參閱全上書元結撰世化），「忿爭之源，流而日廣。慘毒之根，植而彌長。用苛酷以威服，用諂諛以順欲。是故皆恣昏虐，必生亂惡」（全上書元結撰演謨）。到了僖宗之末，果然發生了黃巢之亂，黃巢既滅，又有秦宗權的屠殺。唐祚覆亡，繼之則為五代之亂。唐末而至五代，喪亂相承，而喪亂之發生則由於軍閥爭奪帝位。人士看到此種現象，遂謂政府為致亂之原，光啟中有无能子（新唐書卷五十九藝文志載有「无能子」三卷，注云不著人名氏，光啟中隱民間）者，他謂人非萬物之靈，只是裸蟲之一。太古之時，裸虫雜處，「任其自然，遂其天真，無所司牧，濛濛淳淳」。「無何裸虫中繁其智慮者，其名曰人」，教播種，結網羅，作宮室，設婚嫁，「然猶自強自弱，無所制焉」。嗣後，人群之中又發生了君臣，「名一為君，名眾為臣，一可役眾，眾不可凌一」，名分既立，尊卑有別，於是貴賤之等分，貧富之差生。而「賤慕貴，貧慕富，而人之爭心生焉」。

而所謂聖人也者，又為之制禮作樂，立仁義忠信之教。固然社會由於規範的拘束，暫時可以相安無事。到了後來，人類又欲毀壞道德的防壁，於是聖人又設刑兵以制之，「小則刑之，大則兵之」，然亦無能為力（无能子卷上第一篇聖過）。故欲致至治之世，只有「任其自然」（无能子卷上第七篇真修）。他既主張自然，故其結論又歸到老莊的無為思想。他說：「夫天下自然之時，君臣無分乎其間。為之君臣以別尊卑，謂之聖人者，以智欺愚也。以智欺愚，妄也……夫无為則淳正而當天理，父子君臣何有哉。有為則嗜欲而亂人性，孝不孝，忠不忠，何異哉」（无能子卷中第二篇首陽子說）。同時又有羅隱（舊五代史卷二十四有羅隱傳）者，以為「益莫大於主儉，損莫大於君奢……爾其儉主之理，則天下無為。天下無為，則百姓受其賜……爾其奢君之理，則天下多事。天下多事，則萬姓受其毒」（兩同書卷上第三篇損益）。「益一人之愛好，損萬人之性命，故使天下困窮，不畏其死矣。夫死且不畏，豈可畏其亂乎。生且是悅，豈不悅其安乎。故人安者，天子所以得其安也。人亂者，天子所以罹其亂也。人主欲其己安，而不念其人安；恐其人亂，而不思其己亂，此不可謂智也」（兩同書卷上第三篇損益）。他又說：「視玉帛而取之者，則曰牽於寒餓。視家國而取之者，則曰救彼塗炭。牽於寒餓者無得而言矣，救彼塗炭者則宜以百姓心為心。而西劉則曰居宜如此，楚籍則曰可取而代，意彼未必無退遜之心，正廉之節，蓋以視其靡曼驕崇，然後生其謀耳。為英雄者猶若是，況常人乎」（讒書卷二英雄之言）。此言也實本於莊子（第十篇胠篋）所說：「彼竊鉤者誅，竊國者為諸侯。諸侯之門，而仁義存焉」。觀上三子之言，唐末學者已經離開儒家，而傾向於老莊了。

第九節　唐的政治制度

第一項　中央官制

吾國政制由魏晉而至南北朝，日益紊亂，隋文肇興，稍加整理，煬帝嗣位，又有釐定。唐興，仍循隋制，茲將唐之中央政制列表於次，而後再加說明㊷。

唐中央官制表

種類	官名	官品	職掌	組織
三師	太師	正一品	三師訓導之官也，大抵無所統職。	三師三公皆無官屬。
	太傅	正一品		
	太保	正一品		
三公	太尉	正一品	三公論道之官也，蓋以佐天子，理陰陽，平邦國，無所不統，故不以一職名其官。	
	司徒	正一品		
	司空	正一品		
三省	尚書省 尚書令	正二品	掌總領百官，儀刑端揆。	其屬除六部外，尚有左右丞各一人，左丞正四品上，右丞正四品下，掌管轄省事，糾舉憲章，以辨六官之儀制，而正百僚之文法，分而視焉。
	尚書省 左右僕射	從二品	掌總領六官，紀綱百揆，以貳令之職。	

㊷ 據唐六典，十六衛據新唐書卷四十九上百官志。

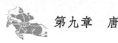

機構	官名	品秩	職掌	員額及屬官
六尚書	吏部尚書	正三品	吏部尚書，掌天下文選勳封考課之政令。	吏部尚書一人，正三品，侍郎二人，正四品上，其屬有四，一曰吏部，二曰司封，三曰司勳，四曰考功，吏部郎中二人，其餘三司各置郎中一人，均從五品上。
	戶部尚書	正三品	戶部尚書，掌天下土地戶口錢穀之政令。	戶部尚書一人，正三品，侍郎二人，正四品下，其屬有四，一曰戶部，二曰度支，三曰金部，四曰倉部，戶部郎中二人，其餘三司各置郎中一人，均從五品上。
	禮部尚書	正三品	掌天下禮儀祭祀貢舉之政令。	禮部尚書一人，正三品，侍郎一人，正四品下，其屬有四，一曰禮部，二曰祠部，三曰膳部，四曰主客，各置郎中一人，從五品上。
	兵部尚書	正三品	掌天下武選地圖車馬甲械之政令。	兵部尚書一人，正三品，侍郎二人，正四品下，其屬有四，一曰兵部，二曰職方，三曰駕部，四曰庫部，兵部郎中二人，其餘三司各置郎中一人，從五品上。
	刑部尚書	正三品	掌天下刑法徒隸按覆讞禁之政令。	刑部尚書一人，正三品，侍郎二人，正四品下，其屬有四，一曰刑部，二曰都官，三曰比部，四曰司門，刑部郎中二人，其餘三司各置一人，從五品上。
	工部尚書	正三品	掌天下百工屯田山澤之政令。	工部尚書一人，正三品，侍郎一人，正四品下，其屬有四，一曰工部，二曰屯田，三曰虞部，四曰水部，各置郎中一人，從五品上。
門下省	侍中	正三品	掌出納王命，緝熙皇極，總典吏職，贊相禮儀，以和萬邦，以弼庶務，所謂佐天子而統大政者也，凡軍國之務，與中書令參而總焉。	侍中二人，正三品（大曆二年升為正二品），黃門侍郎二人，正四品上（大曆二年改為正三品）。給事中四人，正五品上，掌侍奉左右，分判省事，凡百司奏抄，侍中審定，則先讀而署之，以駁正違失。若官非其人，理失其事，則白侍中而退量焉。左散騎常侍二人，從三品，掌侍奉規諷，備顧問應對。左諫議大夫四人，正五品上，掌侍從贊相，規諫諷諭。左補闕二人，從七品上，左拾遺二人，從八品上，掌供奉
	黃門侍郎	正四品上	掌貳侍中之職，凡政之弛張，事之與奪，皆參議焉。	

					諷諫，扈從乘輿。弘文館屬焉。
中書省	中書令	正三品	掌軍國之政令，緝熙帝載，統和天人，入則告之，出則從之，以釐萬邦，以度百揆，蓋以佐天子而執大政者也。	中書令二人，正三品（大曆二年升為正二品），中書侍郎二人，正四品上（大曆二年升為正三品）。中書舍人六人，正五品上，掌侍從進奏，參議表章，凡詔旨制敕及璽書冊命，皆按典故，起草進畫，既下則署而行之。右散騎常侍二人，從三品，右補闕二人，從七品上，右拾遺二人，從八品上，掌如左散騎常侍補闕拾遺之職。集賢殿屬焉。
	中書侍郎	正四品上	掌貳令之職，凡邦國之庶務，朝廷之大政，皆參議焉。	

此外機關以省名者尚有下列三種。

㈠祕書省，監一人，從三品，少監二人，從四品上，丞一人，從五品上，監掌邦國經籍圖書之事，有二局，一曰著作，二曰太史，皆率其屬而修其職，少監為之貳。丞掌判省事。而司天臺亦隸焉。

㈡殿中省，監一人，從三品，少監二人，從四品上，丞二人，從五品上，監掌乘輿服御之政令，總尚食尚藥尚衣尚乘尚舍尚輦六局之官屬，少監為之貳。丞掌判省事。

㈢此外尚有內侍省，內侍四人，從四品上，內常侍六人，正五品下。內侍常在內侍奉，出入宮掖，宣傳制令，總掖庭，宮闈，奚官，內僕，內府五局之官屬，內常侍為之貳。

一臺	御史臺	御史大夫	正三品	掌邦國刑憲典章之政令，以肅正朝列，中丞為之貳。	御史大夫一人，正三品，中丞二人，正五品，為大夫之貳，其屬有三院，一曰臺院，侍御史四人，從六品下，掌糾舉百僚，推鞫獄訟。二曰殿院，殿中侍御史六人，從七品下，掌殿廷供從之儀式。三曰察院，監察御史十人，正八品上，掌分察百僚，巡按州縣。
九寺	太常寺	卿	正三品	掌邦國禮樂郊廟社稷之事。以八署分而理焉。少卿為之貳。	卿一人正三品。少卿二人，正四品上，為卿之貳。總郊社，太廟，諸陵，太樂，鼓吹，太醫，太卜，廩犧八署。
	光祿寺	卿	從三品	掌邦國酒醴膳羞之事，總四署之官屬，修其儲備，謹其出納，少卿為之貳。	卿一人，從三品。少卿二人，從四品上，為卿之貳。總大官，珍羞，良醞，掌醢四署。

衛尉寺	卿	從三品	掌邦國器械文物之政令，總三署之官屬，少卿為之貳。	卿一人，從三品。少卿二人，從四品上，為卿之貳。總武庫，武器，守宮三署。
宗正寺	卿	從三品	掌皇九族六親之屬籍，以別昭穆之序，紀親疏之列。少卿為之貳。	卿一人，從三品。少卿二人，從四品上，為卿之貳。領崇玄署。
太僕寺	卿	從三品	掌邦國廄牧車輿之政令，總四署及諸監牧之官屬，少卿為之貳。	卿一人，從三品。少卿二人，從四品上，為卿之貳。總乘黃，典廄，典牧，車府四署及諸監牧之官屬。
大理寺	卿	從三品	掌邦國折獄詳刑之事，少卿為之貳。	卿一人，從三品。少卿二人，從四品上，為卿之貳。其屬有正二人，從五品下，丞六人，從六品上，司直六人，從六品上，評事十二人，從八品下。
鴻臚寺	卿	從三品	掌賓客及凶儀之事，領二署，以率其官屬，而供其職務。少卿為之貳。	卿一人，從三品。少卿二人，從四品下，為卿之貳。領典客，司儀二署。
司農卿	卿	從三品	掌邦國倉儲委積之政令，總四署與諸監之官屬，謹其出納，而修其職務，少卿為之貳。	卿一人，從三品。少卿二人，從四品上，為卿之貳。總上林，太倉，鈎盾，導官四署與諸監之官屬。
太府寺	卿	從三品	掌邦國財貨之政令，總八署之官屬，舉其綱目，修其職務，少卿為之貳。	卿一人，從三品。少卿二人，從四品上，為卿之貳。總京都四市，平準，左右藏，常平八署之官屬。
四監				
國子監	祭酒	從三品	掌邦國儒學訓導之政令。	祭酒一人，從三品，司業二人，從四品下。有六學焉，一曰國子，二曰太學，三曰四門，四曰律學，五曰書學，六曰算學。

類別	官署	長官	品秩	職掌	備註
	少府監	監	從三品	掌百工伎巧之政令，總五署之官屬，庀其工徒，謹其繕作，少監為之貳。	監一人，從三品，少監二人，從四品下，總中尚，左尚，右尚，織染，掌治五署之官屬及諸鑄錢監，諸互市監。
	將作監	大匠	從三品	掌供邦國修建土木工匠之政令，總四署百工等監之官屬，以供其職事，少匠貳焉。	大匠一人，從三品，少匠二人，從四品下，總左校，右校，中校，甄官四署。百工，就谷，庫谷，斜谷，太陰，伊陽等監。
	都水監	使者	正五品上	掌川澤津梁之政，總二署之官屬，凡漁捕之禁，衡虞之守，皆由其屬而總制之。	使者二人，正五品上，總舟檝，河梁二署之官屬。
十六衛	左右衛	大將軍	正三品	掌宮廷宿衛，凡五府三衛及折衝府驍騎番上者受其名簿而配以職。	十六衛大將軍各一人正三品，將軍各二人從三品，此外尚有長史各一人，從六品上，錄事參軍各一人，正八品上，倉曹兵曹參軍各二人正八品下，騎曹冑曹參軍各一人正八品下。貞元二年初置十六衛上將軍從二品。
	左右驍衛	大將軍	正三品	掌同左右衛，凡翊府之翊衛，外府豹騎番上者分配之。	
	左右武衛	大將軍	正三品	掌同左右衛，凡翊府之翊衛，外府熊渠番上者分配之。	
	左右威衛	大將軍	正三品	掌同左右衛，凡翊府之翊衛，外府羽林番上者分配之。	
	左右領軍衛	大將軍	正三品	掌同左右衛，凡翊府之翊衛外府射聲番上者分配之。	

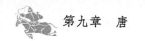

左右金吾衛	大將軍	正三品	掌宮中京城巡警烽候道路水草之宜，凡翊府之翊衛及外府佽飛番上皆屬焉。
左右監門衛	大將軍	正三品	掌諸門禁衛及門籍。
左右千牛衛	大將軍	正三品	掌侍衛及供給兵仗。

所謂五府，新志（十六衛）云，「親衛之府一，曰親府。勳衛之府二，一曰勳一府，二曰勳二府。翊衛之府二，一曰翊一府，二曰翊二府，凡五府」。

所謂三衛，舊志（兵部尚書）云，「凡左右衛親衛勳衛翊衛，及左右率府親勳翊衛，及諸衛之翊府，通謂之三衛」。

所謂驍騎者，舊志（兵部尚書）云，「凡兵士隸衛各有其名，左右衛曰驍騎，左右驍衛曰豹騎，左右武衛曰熊渠，左右威衛曰羽林，左右領軍衛曰射聲，左右領金吾衛曰佽飛」。

東漢政歸尚書，魏晉政歸中書，南北朝尤其北朝政歸門下。隋興，雖置三省，而宰相則為內史（內史令即中書令）與納言（即侍中），而尤以納言之權為大，此乃循北朝之制。有唐受命，亦置三省，至於孰為宰相之職？新唐書（卷四十六）百官志云：

> 初唐因隋制，以三省之長：中書令、侍中、尚書令共議國政，此宰相職也。其後以太宗嘗為尚書令，臣下避不敢居其職，由是僕射為尚書省長官，與侍中中書令號為宰相。

舊唐書（卷四十三）職官志不言孰為宰相，唯於門下省侍中之下，說明云：

侍中之職掌出納帝命，緝熙皇極，總典吏職，贊相禮儀，以和萬邦，以弼庶務，所謂佐天子而統大政者也。凡軍國之務，與中書令參而總焉，坐而論之，舉而行之，此其大較也。

又於中書省中書令之下，說明云：

中書令之職掌軍國之政令，緝熙帝載，統和天人，入則告之，出則奉之，以釐萬邦，以度百揆，蓋佐天子而執大政也。

其於尚書省尚書令之下，無「佐天子而統（或執）大政」之語。只謂：

尚書令總領百官，儀刑端揆。左右僕射掌統理六官，綱紀庶務，以貳令之職。自不置令，僕射總判省事。御史糺劾不當，兼得彈之。

案舊唐書為後晉劉昫所撰。新唐書各志為宋歐陽修所撰，列傳為宋祁所撰。以著作的前後言，也許舊唐書所述者較合於實際政制。但新唐書（卷四十七）百官志，於門下省侍中之下，亦有「凡國家之務，與中書令參總」，於中書省中書令之下，復有「掌佐天子執大政」，是則歐陽修亦只明認侍中中書令為宰相之職。

現在再看唐人而曾為宰相者之言，杜佑所撰通典（卷二十一宰相）云：

大唐侍中中書令是真宰相，其餘以他官參掌者亦有之。

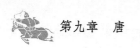

是則杜佑固謂真宰相乃是侍中與中書令。但通典（卷二十二僕射）又云：

大唐左右二僕射固前代本副尚書令，自尚書令廢闕，二僕射則為宰相。故太宗謂房玄齡杜如晦曰，公為僕射，當廣開耳目，訪求才賢，是為宰相弘益之道。今以決辭聽訟不暇，豈助朕求賢之意。乃令尚書細務悉委於兩丞，其寬濫大故當奏聞者，則關於僕射。及貞觀末，除拜僕射，必加同中書門下平章事及參知機務等，方為宰相。不然，則否。然為僕射者亦無不加焉。至開元以來，則罕有加者（原注，自開元以來，始有單為僕射，不兼宰相者）。

太宗對房杜之言，據唐會要（卷五十七左右僕射），是在貞觀三年。如是在貞觀年間，左右僕射又是宰相了。左右僕射既是宰相，則武德年間尚書令亦必為宰相，所以新唐書所說：「初唐……以三省之長共議國政，此宰相職也」，未必有誤。但吾人閱新唐書（卷六十一）宰相表，高祖時代只唯李世民（太宗）一人為尚書令。

茲宜注意的，太宗責房玄齡杜如晦以求賢，而不欲其親理細務，可謂知任相之道。其後，陸贄對德宗說：「臣伏以任總百揆者與一職之守不同。富有萬國者與百揆之體復異。蓋尊領其要，卑主其詳。尊尚恢宏，卑務近細……以卑而僭用尊道，則職廢於下；以尊而降代卑職，則德喪於上。職廢則事不舉，德喪則人不歸。事不舉者，弊雖切而患輕，人不歸者，釁似微而禍重。茲道得失，所關興亡」（陸宣公全集卷五興元論續從賊中赴行在官等狀）。宋時，司馬光亦對神宗說：「夫人智有分，而力有涯，以一人之智力，兼天下之眾務，欲物物而知之，日亦不給矣。是故尊者治眾，卑者治寡，治眾者事不得不約，治寡者事不得不詳。約則舉其大，詳則盡其細，此自然之勢也……是故王者之職在於量材任人賞功罰罪而已……今陛下好使大臣奪小臣之事，小臣侵大臣之職，是以大臣解體，不肯竭忠，小臣諉上，不肯盡力，此百官所以弛廢，而萬事所以隳頹者也」（司馬文正公傳家集卷四十三上體要疏）。陸贄及司馬光之言可以借以警戒後世人主之喜親吏職者。魏徵云：「夫委大臣以大體，責小臣以小事，為國之常也，為理之道也」（貞觀政要第六篇君臣鑒戒）。

大臣尚不可管理細事，何況以天子之尊，豈可總攬威柄，權不借下。依政制原理，位愈高者責愈重，責愈重者事愈少；位愈卑者責愈輕，責愈輕者事愈繁。宰相若理細務，那有時間顧到國家宜興宜革之事。但是宰相亦應本清靜無為之意，不要大事更張，而須顧到財力與人力。三代以後，漢唐為盛，漢之制度一仍秦舊，唐之制度亦沿隋制。漢之蕭曹，唐之房杜，皆為賢相。蕭規曹隨，曹乏可書之事；而房杜亦無可載之功。此實可以證明為政之道不貴輕舉妄動，像王莽王安石那樣，好大喜功，欲將一切弊政，一舉而盡革除之，結果必致失敗。

唐代初年關於三省，採分權制度，即中書出命，門下審駁，而尚書奉行。胡致堂說：

> 中書出令，門下審駁，而尚書受成，須之有司（文獻通考卷五十門下省）。

王鏊亦說：

> 唐初，始合三省，中書主出命，門下主封駁，尚書主奉行㊸。

依法家思想，人主應高拱於上。中書出令，在理應有制定詔命的權，唯在專制時代，一切行政往往決定於人主，因之中書出令不過稟承天子之意。然既有出納王命之權，就不免上下其手。例如高宗時，劉仁軌為洮河道行軍鎮守大使，每有奏請，多被中書令李敬玄抑之（舊唐書卷八十四劉仁軌傳）。玄宗時，張說為中書令，宇文融等每有奏請，輒為說所抑（舊唐書卷九十七張說傳）。高祖時，蕭瑀為中書令，對於天子所發之敕，亦不時奏行。

> 高祖常有勅，而中書不時宣行，高祖責其遲。瑀（蕭瑀，時為內史令，即中書令）曰臣大業之日，見內

㊸ 其後合中書門下為一，明王鏊撰震澤長語上官制

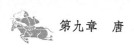

史宣勅，或前後相乖者，百司行之，不知何所承用。所謂易必在前，難必在後。臣在中書日久，備見其事。今皇基初構，事涉安危，遠方有疑，恐失機會。比每受一勅，臣必勘審，使與前勅不相乖背者，始敢宣行。遲晚之事實由於此（舊唐書卷六十三蕭瑀傳）。

門下封駁，目的在於審查詔命是否合理。門下省有給事中之官，以「駁正違失」為職（唐六典卷八給事中），他有封還詔書的權。

開成元年五月乙未以給事中郭承嘏為華州防禦使。給事中盧載以承嘏公正守道，屢有封駁，不宜置之外郡，乃封還詔書。翊日復以承嘏為給事中（舊唐書卷十七下文宗紀）。

舉實例言之，德宗時，以齊總為衢州刺史，總以橫賦進奉希恩，給事中許孟容封還制書（舊唐書卷十三德宗紀貞元十八年），此因用人不當而封還詔書之例也。憲宗時，戶部侍郎平章事皇甫鎛奏請減內外官俸錢，以贍國用，敕下，給事中崔祐封還詔書，其事方罷（舊唐書卷一百三十五皇甫鎛傳），此因行政不妥而封還詔書之例也。

尚書「總領百官」（唐六典卷一尚書省），而司詔命之奉行，故在行政上乃如唐太宗所言：「尚書省天下綱維，百司所稟」（舊唐書卷七十戴冑傳），而劉洎亦說：「尚書萬機，實為政本」（舊唐書卷七十四劉洎傳）。但決定之權既操於中書，所以政治上又如六典（卷一尚書令）所云：「其國政樞密皆委中書，八座之官但受其成事而已」。

這是唐代初年的制度。但是權力分立徹底施行之後，往往發生流弊。審查法令者與制定法令者不是同一的人，則審查者因為法令不是自己制定，不免吹毛求疵；而制定者畏懼別人批評，又常委曲求全，不敢貫徹。制定法令者與執行法令者不是同一的人，則制定者因為法令不由自己執行，難免好高騖遠；而執行者因為法令不是自己制定，往往陽奉陰違，敷衍了事。太宗時代，中書與門下已有爭端，因為一司出命，一司封駮，必須雙方胸無成見，均有捨己從人之心，而後由正反意見之中，才會產生一種公正的意見。倘令雙方俱有成見，則論爭之後，必由感情作用，而成怨隙。這在太宗時代，已經發生了。

上謂黃門侍郎王珪曰，國家本置中書、門下，以相檢察，中書詔敕或有差失，則門下當行駮正。人心所見，互有不同，苟論難往來，務求至當，捨己從人，亦復何傷。比來或護己之短，遂成怨隙，或苟避私心，知非不正，順一人之顏情，為兆民之深患，此乃亡國之政也（資治通鑑卷一百九十二唐紀太宗貞觀元年）。

所以不久就設政事堂以作議政機關。

其後又置政事堂，蓋以中書出詔令，門下封駁，日有爭論，故兩者先於政事堂議定，然後奏聞（王鏊撰澤震長語上官制）。

政事堂之設置是在高祖時代。

政事堂者，自武德以來，已常於門下省議事，即以議事之所，謂之政事堂（全唐文卷三百十六李華撰中書政事堂記）。

其所以設在門下省者，蓋唐初，尚承北朝及隋之制，門下省權力較大，舊唐書（卷四十三職官志二侍中）云：「舊制，宰相常於門下省議事，謂之政事堂」，由是可知唐代初年，門下省的地位如何。但宰相雖在門下省議事，而筆擬詔令之責乃屬於中書。而且貞觀以後，中書地位日益提高，這樣，政事堂自應設置於中書省。高宗末，裴炎由侍中遷中書令，遂徙政事堂於中書省。

> 舊宰相議事門下省，號政事堂。長孫無忌以司空，房玄齡以僕射，魏徵以太子太師，皆知門下省事。至炎以中書令，執政事筆，故徙政事堂於中書省（新唐書卷一百十七裴炎傳）。

玄宗時，張說為相（中書令），改政事堂為中書門下，所謂中書門下實即政事堂，仍設於中書省，為宰相議政之所。故司馬光說：「開元中，張說奏改政事堂為中書門下……向日所謂中書者，乃中書門下政事堂也」（文獻通考卷五十門下省引司馬光言）。由此名稱的改變，不但表示中書之權力已在門下之上，且又暗示尚書僕射苟不加「同品」或「平章」之號者不是宰相。中書門下列五房以主眾務。

> 初三省長官議事於門下省之政事堂，其後裴炎自侍中遷中書令，乃徙政事堂於中書省。開元中，張說為相，又改政事堂號中書門下，列五房於其後，一曰吏房，二曰樞機房，三曰兵房，四曰戶房，五曰刑禮房，分曹以主眾務焉（新唐書卷四十六百官志一）。

中書門下兩省已經合而為一。唯中書省權力較大，此與隋制不同之點。德宗時，「軍國無大小，一付中書」（舊唐書卷一百四十八權德輿傳）。武宗時給事中韋弘質亦上疏論「中書權重」（舊唐書卷十八上武宗紀會昌五年）。蓋中書起草詔令，常承天子之意旨，而在專制時代，門下雖欲封駁，亦必有所顧忌之故。

尚書令一職，因「太宗昔居藩邸，嘗踐此官，累聖相承，曠而不置」（舊唐書卷一百二十郭子儀傳）。於是左右僕射就為宰相，然而僕射又常兼任侍中或中書令之職，例如開元年間張說為右丞相（右僕射）兼中書令，源乾曜為左丞相（左僕射）兼侍中（見舊唐書卷九十七張說傳）。而中書令侍中又於政事堂議政，於是三省更合而為一，從而唐代初年之分權制度就見破壞。

分權制度是令中書出令，門下審查，尚書奉行，現在三省長官互兼其職，則政有闕失之時，自難糾正。

但是唐時尚有諫官，諫官與御史不同，御史乃彈擊官邪，諫官則匡正朝政之闕失。臺諫分職由來已久，但說明最顯著的，則為宋代之洪邁及胡致堂。洪邁說：「御史掌糾察官邪，肅正綱紀。諫官掌規諫諷諭，凡朝政闕失，大臣至百官任非其人，三省至百司事有正當，皆得諫正」（容齋四筆卷十四臺諫分職）。胡致堂說：「御史臺只合彈擊官邪與夫敗壞已成憲度者。至於政事得失，專責大臣與諫者」（文獻通考卷五十諫議大夫引胡致堂寄政府書）。簡單言之，御史所察者為法律問題，諫官所察者為政治問題。秦漢時代有大夫，掌論議，文屬於光祿勳（秦為郎中令）。武帝時又置諫大夫，漸次發展，到了唐代，則有散騎常侍，諫議大夫，補闕，拾遺及給事中。散騎及給事中在漢為加官，加者均兼為內朝官（漢書卷十九上百官公卿表），補闕拾遺為唐所置。隋時，給事中[44]，散騎常侍，諫議大夫屬於門下省（隋書卷二十八百官志下，唐六典卷八給事中）。至唐，給事中諫議大夫仍屬於門下省，散騎常侍補闕拾遺則分為左右，分屬於門下中書二省。在許多諫官之中，給事中一職在宋明兩代甚為重要，不能不稍加說明，杜佑云：

> 武德三年改給事郎為給事中，常侍從讀署奏抄，駁違失，分判省事……前代雖有給事中之名，非今任也。今之給事中蓋因古之名，用隋之職（通典卷二十一給事中）。

所以新志關於給事中之職，則云：

> 凡百司奏抄，侍中既審，則駁正違失。詔勅不便者，塗竄而奏還，謂之塗歸（新唐書卷四十七百官志二給事中）。

茲將唐代諫官列表如次[45]：

---

[44] 稱為給中郎，本屬於吏部，煬帝改制，移吏部給事郎為門下之職，省讀奏案，其職已有似於諫官。

唐諫官表

機關	官名	員數	品秩	職掌	備考
門下省	給事中	四	正五品上	掌駁正違失	
	左散騎常侍	二	從三品	掌侍奉規諷，備顧問應對	武德初，以為加官，貞觀初，置二員屬門下省。顯慶二年又置二員，隸中書省，始有左右之號
	諫議大夫	四	正五品上	掌規諫諷諭	
	左補闕	二	從七品上	掌供從諷諫	垂拱中，創立四員，左右各二員
	左拾遺	二	從八品上		
中書省	右散騎常侍	二	從三品	掌如左散騎常侍	
	右補闕	二	從七品上	掌如左補闕	
	右拾遺	二	從九品上	掌如左拾遺	

一切用人行政如有不當之處，諫官都得諷諫，甚者且得封駁制敕，例如：

陽城遷諫議大夫，時德宗在位，多不假宰相權，而左右得以因緣用事，於是裴延齡以姦佞進用，誣譖時宰，毀詆大臣，陸贄等咸遭枉黜，無敢救者。陽城乃伏闕上疏，與拾遺王仲舒共論延齡姦佞，贄等無罪……時朝夕欲相延齡，城曰脫以延齡為相，城當取白麻壞之（舊唐書卷一百九十二陽城傳）46。

又如：

貞觀十六年刑部奏請反叛者兄弟並坐，給事中崔仁師駮之曰，誅其父子，足警其心，此而不恤，何憂兄

45 據唐六典卷八門下省，卷九中書省。

46 新唐書陽城傳云，「帝不相延齡，城力也」。

弟，議遂寢（唐會要卷五十四給事中）。

凡事與其事後糾正，不如事前防止㊼，所以宰相討論國事之際，諫官可以參加，這種制度是由貞觀元年開始的。

中書門下及三品以上，入內平章國計，必使諫官隨入，得聞政事，有所開說（唐會要卷五十五諫議大夫貞觀元年條）。

惟在專制時代，一切用人行政的權均屬於天子，諫官與議會不同，議會代表人民，它有財政同意權，可用拒絕通過預算之法，壓迫政府，使政府接受議會的主張。諫官如何呢？他只是天子的臣僚，不是任誰的代表，賢君在位，諫官固然可以暢所欲言，暴君在位，諫官今日直諫，明日左遷。所以監察失策者雖有諫官，而諫官的效用卻不多覯。

諫官乃矯正朝政闕失，其彈擊官邪的則為御史。諫官與御史之分職，自古已然。魏晉以後，均有諫官，又有御史。二者均不能發生作用，不是因為職權不分，而是因為朝寡謇諤之士，居此二職者均不敢行志。唐代諫官制度已述於上。至於御史，唐仍置御史臺，並廢隋之司隸臺，將司隸臺所掌職務移歸於御史臺的監察御史。御史臺置三院，各有專職，於是醞釀已久的三院便見成立。茲將唐御史臺之組織列表如次㊽。

㊼ 資治通鑑卷二百三十七憲宗元和四年，給事中李藩在門下，制敕有不可者，即於黃紙後批之，吏請更連素紙，藩曰如此乃狀也，何名批敕。

㊽ 據舊唐書卷四十四職官志三御史臺，並參考新唐書卷四十八百官志三御史臺及唐六典卷十三御史臺。

唐御史臺組織表

	官名	員數	官品	職掌	備考
	御史大夫	一人	正三品	掌持邦國刑憲典章，以肅正朝廷	新志，御史大夫一人，正三品。唐六典，御史大夫一人從三品。隋御史大夫二人，唐減少為一人
	御史中丞	二人	正四品下	為大夫之貳	新志，中丞三人，正四品下。唐六典，中丞二人，正五品。隋以國諱，不置中丞，唐永徽初，高宗即位，以國諱改治書侍御史為御史中丞
臺院	侍御史	四人	從六品下	掌糾舉百僚，推鞫獄訟	新志，侍御史六人，從六品下。唐六典，侍御史四人，從六品下
殿院	殿中侍御史	六人	從七品下	掌殿廷供奉之儀式	新志，殿中侍御史九人，從七品下。唐六典，殿中侍御史六人，從七品下
察院	監察御史	十人	正八品上	掌分察巡按州縣	新志，監察御史十五人，正八品下。唐六典，監察御史十人，正八品上

據上表所示，除大夫中丞之外，三院御史官品皆卑，而其權卻甚大，官卑則愛惜身家之念輕，權大則整飭吏治之威重，此乃漢代部刺史以六百石之吏監察二千石的郡守之遺意。御史臺雖有四種職權，一是彈劾，二是巡按，三是推鞫，四是知班（肅靜朝儀），其最重要者則為彈劾與巡按。唐制，御史要提出彈劾案，須言於大夫。

> 凡中外百僚之事應彈劾者，御史言於大夫，大事則方幅奏彈之，小事則署名而已（舊唐書卷四十四職官志三御史台）。

這種制度可以減少監察權的效力，惟在則天時代，已經成為具文。

> 長安四年御史大夫李承嘉嘗召諸御史責之曰，近日彈事，不諮大夫，禮乎？眾不敢對。監察御史蕭至忠進曰，故事台中無長官，御史人君耳目，比肩事主，得各彈事，不相關白，若先白大夫，而許彈則可，如不許彈，則如之何（唐會要卷六十一彈劾）。

玄宗末年，奸臣當國，又厲行關白之制，不但要關白大夫中丞，且須通狀中書門下。

> 其後宰相以御史權重，建議彈奏先白中丞大夫，復通狀中書門下，然後得奏，自是御史之任輕矣（新唐書卷四十八百官志三）。

德宗建中元年，復明令撤銷關白之制。

> 建中元年三月令御史得專彈劾，不復關白於中丞大夫（唐會要卷六十一彈劾）。

唐代御史得風聞奏事。風聞為傳聞之意。風聞奏事似開始於東晉，晉書（卷八十三）顧和傳，和謂王導曰，「明公作輔，寧使網漏吞舟，何緣採聽風聞，以察察為明」。所以文獻通考（卷五十三監察侍御史）引洪邁之言如次：

> 容齋洪氏隨筆曰，御史許風聞論事，相承有此言，而不究所從來。以予考之，蓋自晉宋以下，齊沈約為御史中丞，奏彈王源曰，風聞東海王源。蘇冕會要云：故事御史臺無受詞訟之例，有詞狀在門，御史採狀有可彈者，即略其姓名，皆云風聞訪知。其後（御史）疾惡公方者少，遞相推倚，通狀人頗壅滯。開元十四年始定受事御史一人，知其日劾狀，遂題告事人姓名，乖自古風聞之義。然則向之所行，今日之短卷是也。二字（風聞）本見尉佗傳（原文在容齋四筆卷十一御史風聞）。

明人丘濬以為風聞言事乃始於唐武后之世，「武后以法制群下，許諫官御史得以風聞言事」，以為此非治世盛德之事㊾。他說：

臣按後世臺諫聞風言事始此，前此未有也。有之，始自武氏。宋人因按以為故事，而說者遂以此為委任臺諫之專。嗟乎，此豈治朝盛德之事哉。夫泛論事情，風聞可也，若乃訐人陰私，不究其實，而輒加以惡聲，是豈忠厚誠實之道哉。夫有其實，而後可加以是名，有是罪而後可施以是刑，苟不察其有無虛實，一聞人言，即形之奏牘，寘於憲典。嗚呼，莫斯有何以服天下哉（大學衍義補卷八重臺諫之官）。

兩說未知孰是，唐代有此制度，則為事實。御史得以風聞奏事，可見糾彈非難。但洪邁又說：「案唐世臺官雖職在抨擊，然進退從違，皆出宰相」（容齋四筆卷十一唐御史遷轉定限）。御史地位不能獨立，這就是唐代御史不能發揮作用的原因。

彈劾不過起訴而已，起訴之後必有審判，即折獄詳刑。這種折獄詳刑之權則屬於大理寺。因為同一機關，既得起訴，又得審判，往往不能公平。唐會要（卷六十御史臺）云：「故事，臺中無獄，須留問，寄繫於大理寺……以後，恐罪人於大理寺隔街來往，致有漏洩獄情，遂於臺中諸院（臺中有三院）寄禁，至今不改」。此乃羈押，並非審判。舊志云：

若尋常之獄，推（推鞫，即查明事實）訖，斷於大理（舊唐書卷四十四職官志三御史台，參閱唐六典卷十三御史台）。

凡案情重大者，亦同漢世之雜治一樣（見漢書卷八十四翟方進傳，卷八十六王嘉傳），使刑部、御史臺及大

㊾ 元代如何，著者未曾考究。明時似已禁止，故丘濬謂「我祖宗著為憲綱，許御史糾劾百司不公不法事，須要明著年月，指陳實跡，不許虛文泛言，搜求細事。蓋恐言事者假此以報復私讎，中傷善類，汙衊正人」（大學衍義補仝上）。

理寺共同理之，以表示慎重之意。

其事有大者，則詔下尚書刑部、御史臺、大理寺同案之，亦謂此為三司推事（通典卷二十四侍御史）❺⓪。

彈劾是監察違法，原則上自應由違法的人負責。但長官有監督屬僚之權，屬僚因職為姦，長官知情而不舉發，不但有失職之過，且有狼狽為姦之嫌，所以唐制對此，另有規定，舉一例說：

京兆尹魏少遊奏，令長職在親民，丞簿尉有犯，無不委悉，比來各相蒙蔽，恐徇人情，百姓艱辛，職由於此。今以後，丞簿尉有犯贓私，連坐縣令，其罪減所犯官二等，冀遞相管轄，不得為非，勅旨依，天下諸州准此（唐會要卷四十一雜記）。

唐代有監察御史，以六條巡按州縣，即唐之監察御史有似於漢之部刺史，又有似於隋司隸臺之刺史。唐代六條如次：

其一、察官人善惡，
其二、察戶口流散，籍帳隱沒，賦役不均，
其三、察農桑不勤，倉庫減耗，
其四、察妖猾盜賊，不事生產，為私蠹害，
其五、察德行孝悌茂才異等藏器晦迹，堪應時用者，
其六、察黠吏豪宗兼併縱暴，貧弱冤苦不能自申者（新唐書卷四十八百官志三）。

---

❺⓪「三司推事」之外，又有「三司受事」。即推鞫不由侍御史單獨為之，而由分直的侍御史與給事中、中書舍人共同為之（見通典仝上）。

唐代六條不但比漢之六條，且比隋之六條，範圍較廣。就所察之人說，漢六條所察者為強宗豪右及二千石，而以二千石為主，黃綬以下不察。隋則察及一切品官。唐制，第一條謂「察官人善惡」，不但「官人」二字意義甚廣，而且「善惡」二字，又包括消極的惡與積極的善。就所察的事說，漢六條除一條察強宗豪右之不法外，其餘五條均察二千石之違法失職。隋代六條亦只消極的察地方品官之違失。唐代六條，其第一條既察官人之善及惡，第五條似代州縣長官舉賢。這樣，監察官將有似於行政官，御史之職下侵，守令始不可為[51]。

唐代的臺諫不過如上所述，現再回頭說明中央官制，唐因隋舊，常以他官參知政事。太宗時，杜淹以吏部尚書參議朝政，他官參與朝政，自此始。此後，任何職官苟有參議朝政，參知政事，參議得失，參知機務，平章國計，平章政事，平章軍國重事，同中書門下三品，同中書門下平章事之號者，皆為宰相。

自太宗時，杜淹以吏部尚書參議朝政，魏徵以祕書監參預朝政，其後或曰參議得失，參知政事之類，其名非一，皆宰相職也（新唐書卷四十六百官志一）。

[51] 舊唐書卷九十四李嶠傳，則天時，「初置右御史臺，巡按天下（舊唐書卷四十四職官志三御史臺，原注云，光宅元年分臺為左右，號曰左右肅政臺，左臺專知京百司，右臺按察諸州。神龍復為左右御史臺，延和元年廢右臺）。嶠上疏陳其得失曰，夫禁網尚疎，法令宜簡，簡則法易行而不煩雜，疎則所羅廣而無苛碎。竊見垂拱二年諸道巡察使所奏科目凡有四十四件，至於別準格勅令察訪者又有三十餘條。而巡察使率是三月已後出都，十一月終奏事。時限迫促，簿書填委，晝夜奔逐，以赴限期。而每道所察文武官多至二千餘人，少者一千已下，皆須品量才行，褒貶得失，欲令曲盡行能，則皆不暇。此非敢墮於職而慢於官也，實才有限而力不及耳」。

名號過多，其後逐漸確定為「同中書門下三品」及「同中書門下平章事」二個名稱。

> 唐因隋舊，以三省長官為宰相，已而又以他官參議，而稱號不一，出於臨時，最後乃有同品平章之名，然其為職業則一也（新唐書卷六十一宰相表序）。

所謂「同中書門下三品」，本來因為中書令侍中都是三品官[52]，現在欲使秩卑的人參知政事，故立此號，令其與中書令侍中相同。沿用既久，竟然失去本來意義，縱是二品以上的官，亦加「同中書門下三品」之號。

> 李勣以太子詹事同中書門下三品，謂同侍中中書令也，而同三品之名，蓋起於此（新唐書卷四十六百官志一）。

關此，蘇冕說：

> 同中書門下三品是李勣除太子詹事，創有此號。原夫立號之意，以侍中中書令是中書門下正三品官，而令同者，以本官品卑，恐位及望雜不等，故立此號，與之同等也。勣至二十三年七月遷開府儀同三司，八月又改尚書左僕射，並同中書門下三品。且開府是從一品，僕射是從二品，又令同者，豈不與立號之意乖乎……永隆二年閏七月，崔知溫薛元超除中書令，並云同中書門下三品，又大乖也（唐會要卷五十一名稱蘇氏曰）。

所謂同中書門下平章事，是令他官與中書令侍中共同平章政事，高宗以後，凡外司四品以下參與朝政者，

---

[52] 舊唐書職官志云，「武德定令，侍中正三品，大曆二年十一月九日升為正二品」，又云「中書令本正三品，大曆二年十一月九日與侍中同昇正二品，自後不改也」。

均以平章為名。據新志說：

貞觀八年僕射李靖以疾辭位，詔疾小瘳，三兩日一至中書門下平章事，而平章事之名蓋起於此（新唐書卷四十六百官志一）。

但舊唐書又謂：

郭正一與魏玄同郭侍舉並同中書門下平章事，宰相以平章事為名，自正一始也（舊唐書卷一百九十中郭正一傳）。

按郭正一等之同中書門下平章事乃在高宗永淳元年。新志之言為然，則平章之名不是自正一始。舊書之言為然，則平章之名不是自李靖始。我們以為李靖本任僕射之職，在貞觀八年，僕射雖不帶平章之號，亦為宰相。李靖以疾辭位，即辭去宰相之職。太宗為尊重功臣，乃許其三兩日一至中書門下，參加論政。至以平章為宰相之號者大率是由永淳元年始。唐會要云：

高宗欲用黃門侍郎郭侍舉等，謂參知政事崔知溫曰，侍舉等歷任尚淺，未可與卿等同名稱。自是外司四品以下知政事者，以平章事為名稱（唐會要卷五十一名稱，永淳元年）。

即亦以平章事之名始於永淳元年。至謂「自是外司四品以下知政事者，以平章事為名稱」，卻未必合於實際情形。案自有「同品」、「平章」之名之後，政治制度反漸次顛倒起來了。不問那一種職官，苟有「同品」、「平章」之號，均為宰相之職，三省長官本是宰相，而不加「同品」、「平章」之號者，反不得入政事堂議政，而失其宰相的地位。

自高宗以後，為宰相者必加同中書門下三品，雖品高者亦然，惟三公三師中書令則否（新唐書卷四十六百官志一）。

尚書左右僕射，自武德至長安四年以前，並為正宰相。初豆盧欽望自開府儀同三司拜左僕射，既不言同中書門下三品，不敢參議政事，數日後，始有詔加知軍國重事。至景雲二年十月，韋安石除左僕射東都留守，不帶同三品，自後空除僕射，不是宰相，遂為故事（唐會要卷五十七左右僕射）。

唯據唐書本紀所載，自開元二十五年牛仙客為工部尚書同中書門下三品之後[53]，同品之名已經不見。此後為宰相者均加平章之號，而加平章之號者則以中書侍郎與門下侍郎為多，吾人讀新舊唐書本紀及列傳，即可知之。蓋武后以女主臨朝，大臣未附，乃委政侍郎，自此遂成慣例。安史亂後，不但中書令侍中，就是僕射尚書也漸次失職，而供為酬勳之用。任何職官苟有平章之銜，均得參預政事，成為宰相之職。天寶以後，宰相愈濫，有如歐陽修所說：

時方用兵，則為節度使，時崇儒學，則為大學士，時急財用，則為鹽鐵轉運使，又其甚，則為延資庫使，至於國史太清宮之類，其名頗多，皆不足取法（新唐書卷四十六百官志一）。

歐陽修之言實有語病。節度使兼中書門下平章事，稱為使相。

唐制，以節度使兼中書令或侍中或中書門下平章事，皆謂之使相（文獻通考卷五十九節度使）。

使相之職始於開元年間，玄宗以河西節度使蕭嵩有破吐蕃之功，加嵩同中書門下三品（舊唐書卷七十九蕭嵩傳）。肅宗以後，漸次猥濫。權德輿說：

---

[53] 舊唐書卷八玄宗紀，新唐書卷五玄宗紀，但新唐書卷六憲宗紀及卷六十二宰相表，至德二載尚有李麟為憲部尚書（即刑部尚書）同中書門下三品之事，舊唐書失載。

國朝方鎮帶宰相者，蓋有大忠大勳，大曆以來，又有跋扈難制者，不得已而與之（舊唐書卷一百四十八權德輿傳）。

例如郭子儀李光弼以大勳而為使相，田承嗣朱泚以跋扈難制而為使相。使相多坐鎮在外，國家政事不能直接過問，所以使相雖有宰相之銜，而無宰相之權，其與在朝宰相固有差別。大臣為鹽鐵轉運使而因國家急於財用，同時平章國事者固不乏其人。王播於長慶元年七月拜刑部尚書，領鹽鐵轉運等使，十月兼中書侍郎，平章事，領使如故。歷史云：「播因銅鹽，擢居輔弼」（舊唐書卷一百六十四王播傳）。又如裴耀卿為轉運使，以黃門侍郎，同平章事（舊唐書卷九十八裴耀卿傳），劉晏為鹽鐵轉運租庸使，以吏部尚書同平章事（舊唐書卷一百二十三劉晏傳），第五琦為鹽鐵轉運使，以戶部侍郎同平章事（舊唐書卷一百二十三第五琦傳），此皆急於財用，而使鹽鐵轉運使為宰相之例。然亦非以轉運使之名平章國事，乃以尚書或侍郎之職，平章國事。至於大學士、延資庫使、國史、太清宮之類不過兼職而已。例如憲宗時，裴垍為中書侍郎同平章事，加集賢院大學士，監修國史（舊唐書卷一百四十八裴垍傳），舊志云：「貞觀已後，多以宰相監修國史，遂成故事也」（舊唐書卷四十三職官志二，史官，原註）。昭宗時，孔緯拜司空，兼門下侍郎，同平章事，太清宮使，弘文館大學士，延資庫使（舊唐書卷一百七十九孔緯傳），即平章國事還是以侍郎之資格為之。

宰相過多，「先天末，宰相至十七人」[54]，無異於內閣會議。有時天子特於諸相之中，信任一人，使其負起內閣總理的責任，如天寶年間的李林甫，會昌年間的李德裕等是。然此不過一時的現象，不是法律上的制度。仲長統說，「任一人，則政專，任數人，則相倚。政專則和諧，相倚則違戾。和諧則太平之所見也，

---

54 新唐書卷一百二十四姚崇傳，按先天末，宰相並不多，宰相最多者恐是景龍末。

違戾則荒亂之所起也」（後漢書卷七十九仲長統傳）。文宗時每「議政之際，是非鋒起，上不能決也」（資治通鑑卷二百四十六唐文宗開成三年），宰相為要實行自己的主張，不能不結朋集黨，於是朋黨之禍就發生了。抑有進者，朝廷之內既有許多宰相，地位平等，職權相同，一旦遇到困難問題，又難免互相推諉。國家為了矯正這種流弊，遂有分直制度。

> 至德二載三月，宰相分直主政事，執筆，每一人知十日。至貞元十年五月八日，又分每日一人執筆（唐會要卷五十一中書令）。

分直制度乃以矯推諉之弊，吾人觀下列之例，即可知之。

> 贄與賈耽盧邁趙憬同知政事，百司有所申覆，皆更讓不言可否。舊制宰臣當旬秉筆決事，每十日一易，贄請準故事，令秉筆者以應之（舊唐書卷一百三十九陸贄傳）。

但分直之制亦有流弊。例如：

> 初肅宗時，天下事殷，而宰相不減三四員，更直掌事，若休沐各在第，有詔旨出入，非大事，不欲歷抵諸第，許令直事者一人假署同列之事以進，遂為故事。是時中書令郭子儀，檢校司空平章事朱泚，名是宰臣，當署制敕，至於密勿之議則莫得聞[55]。時德宗踐祚未旬日，居不言之際。袞（常袞，門下侍郎同中書門下平章事）循舊事，代署二人之名進，貶祐甫敕出，子儀及泚皆表明祐甫不當貶謫。上曰向言可謫，今言非罪，何也。二人皆奏實未嘗有可謫之言。德宗大駭，謂袞誣罔……立貶袞為河南少尹，以祐甫為門下侍郎平章事，兩換其職（舊唐書卷一百十九崔祐甫傳）。

55 德宗於大曆十四年五月即位，是時宰相只有常袞一人。郭子儀朱泚皆係使相。

此時又產生了一個新的機關。魏晉以來，中書主出命，成為機衡之任，齊梁以降，中書舍人專掌詔誥，權傾天下，唐在玄宗以前，中書舍人權任尚重。

> 自永淳已來，天下文章道盛，臺閣髦彥無不以文章達，故中書舍人為文士之極任，朝廷之盛選，諸官莫比焉（通典卷二十一職官三中書令）。

玄宗以後，詔誥之任逐漸歸於翰林學士。翰林院設置於開元初年，本為各種藝能技術之士，如文詞經學及僧道卜祝等待詔之所，漸次演變，遂代替中書舍人之職。其初也批答四方表疏，其次也，又掌制誥書敕，到了至德年間，天下用兵，翰林學士因在天子左右，謀猷參決多出於翰林，而翰林學士遂有內相之稱。

新志云：

> 翰林院者待詔之所也。唐制，乘輿所在，必有文詞經學之士，下至卜醫伎術之流，皆直於別院，以備宴見。而文書詔令則中書舍人掌之。自太宗時，名儒學士時時召以草制，然猶未有名號。乾封以後，始號北門學士。玄宗初置翰林待詔，以張說陸堅張九齡等為之，掌四方表疏批答應和文章。既而又以中書務劇，文書多壅滯，乃選文學之士，號翰林供奉，與集賢院學士分掌制詔書敕。開元二十六年又改翰林供奉為學士，別置學士院，專掌內命，凡拜免將相，號令征伐，皆用白麻。其後選用益重，而禮遇益親，至號為內相，又以為天子私人。凡充其職者無定員，自諸曹尚書下至校書郎，皆得與選。入院一歲，則遷知制誥，未知制誥者不作文書……憲宗時又置學士承旨。唐之學士弘文集賢分隸中書門下省，而翰林學士獨無所屬（新唐書卷四十六百官志一）。

舊志云：

> 翰林院……待詔之所，其待詔者有詞學經術合練僧道卜祝術藝書弈……其所重者詞學。武德貞觀時……未有名。自乾封中，劉懿之等皆以文詞召入待詔，常於北門侯進止，時號北門學士……玄宗即位，張說陸堅張九齡徐安貞張洎等召入禁中，謂之翰林待詔。王者尊極，一日萬機，四方進奏，中外表疏批答，或詔從中出，宸翰所揮，亦資其檢討，謂之視草，故嘗簡當代士人以備顧問。至德已後，天下用兵，軍國多務，深謀密旨皆從中出，尤擇名士，翰林學士得充選者，文士為榮，亦如中書舍人例，置學士六人，內擇年深德重者一人為承旨，所以獨承密命故也。德宗好文，尤難其選，貞元以後，為學士承旨者多至宰相焉（舊唐書卷四十三職官志二翰林院）。

吾人觀陸贄之事，即可知之。

> 贄初入翰林，特承德宗異顧，歌詩戲狎，朝夕陪遊。及出居艱阻之中，雖有宰相，而謀猷參決多出於贄，故當時目為內相……贄嘗以詞詔所出，中書舍人之職。軍興之際，促迫應務，權令學士代之。朝野乂寧，合歸職分。其命將相制詔，卻付中書行遣。又言學士私臣，玄宗初令待詔，止於唱和文章而已（舊唐書卷一百三十九陸贄傳）。

陸贄雖然不欲侵奪中書舍人之權，然而「學士私臣」，日侍左右，其便於參預政事，自和前代之尚書中書侍中一樣。所以王叔文轉為尚書戶部侍郎，而因削去學士之職，不禁大駭。

> 王叔文居於翰林為學士……轉尚書戶部侍郎……內官俱文珍惡其弄權，乃削去學士之職。制出，叔文大駭，謂人曰叔文須時至此商量公事，若不帶此職，無由入內……竟削內職（舊唐書卷一百三十五王叔文傳）。

這又和晉代荀勗由中書監遷尚書令，乃惘惘悵悵，以為失去鳳凰池（晉書卷三十九荀勗傳）相同了。胡致堂闢於翰林院有所評論，茲特抄錄如次，而後再加批評。

致堂胡氏曰國家陟降多士，當出於中書。中書有私徇，小則詰責，大則黜削，可也。不當疑其專而分其權。翰林初置，人才與雜流並處。其後雜流不入，職清而地禁，專以處忠賢文學之士。然有天子私人之迹跡為異同也。進退輔弼既與之謀，安知無請託之嫌；小人處之，附下罔上，安知無賣主之事，故君道公而已矣。或曰文章之用至眾，中書門下之職至重，勢有不得兼也。故必委之翰林，不可廢也。曰自太宗高宗時尚未有此，不聞乏事。武氏聚華藻輕薄之人於北門，而中宗以宮婢主文柄，是何足法者。不必遠稽兩漢，上法三王，直取則於貞觀，則所損益可知矣（引自文獻通考卷五十四學士院）。

胡致堂之言固有理由。然吾國自昔，歷代天子無不親近臣而疏大臣，而為大臣者又復拱默，聽自己職權之被剝削，不予反對，豈徒唐代而已。唐代以後，政制還是如斯轉變，官與職不相吻合，這是吾國政制之大弊。誰先啟之？一是漢武帝之託孤於內朝官大司馬大將軍，二是漢光武之信任尚書，而致三公無權，事歸臺閣。翰林為天子之私人而有內相之稱，察其源流，由來久矣。

最後尚須一言者，唐代既有六部，又有寺監，六部與寺監之關係如何？杜佑曾謂隋代既有六尚書，又復別立寺監，官職重設，庶務煩滯（通典卷二十五總論諸卿）。唐承隋制，所以杜佑又云：

昔皋繇作士，正五刑，今刑部尚書大理卿是二皋繇也。垂作共工，利器用，今工部尚書將作監是二垂也。契作司徒，敷五教，今司徒戶部尚書是二契也。伯夷秩宗，典邦禮，今禮部尚書禮儀使是二伯夷也。伯益作虞，掌山澤，今虞部郎中都水使者是二伯益也。伯冏太僕，掌車馬，今太僕卿駕部郎中尚輦奉御閑廄使者是四伯冏也（通典卷四十大唐官品）。

案尚書與九寺重複，早在西晉，荀勗已說：「九寺可并於尚書」（晉書卷三十九荀勗傳）。今人有謂尚書與寺監並不重複，尚書為制定政令之機關，寺監為執行政令之機關，尚書為政務機關，寺監為事務機關，六部長官為政務官，寺監長官為事務官。但尚書既然制定政令，則中書門下所議者又為何事。若謂中書門下只議要旨，而將要旨制成政令者則為尚書，如是，中書門下何必設置五房。按政務與事務的區別，在於前者決定政策，後者執行政策（有時為執行便利起見，亦得發布命令），唐時「國政樞密皆委中書，八座之官但受其成事而已」（唐六典卷一尚書令）。決定政策既為中書（門下），則尚書省不宜視為政務機關，而六部尚書更不宜與政務官同視。

我們以為六部與寺監均是執行機關，而尚書省則為行政總機。新志（新唐書卷四十六百官志一尚書省）云：「大事不決者皆上尚書省」，固然唐六典及舊志關於六部尚書之職權，皆有「凡中外百司之事，由於所屬，皆質正焉」之語。蓋同是國家機關，其間不會絕無關係。陸贄曾言：「凡是太府出納，皆稟度支文符，太府依符以奉行，度支憑案以勘覆，互相關鍵，用絕姦欺。其出納之數，則每旬申聞，見在之數，每月計奏，皆經度支勾覆」（舊唐書卷一百三十五裴延齡傳）。此言戶部與太府之關係也。又如大理寺司審判，「凡犯至流死，皆詳而質之，以申刑部，仍於中書門下詳覆」（舊唐書卷四十四職官志三大理寺，參閱唐六典卷十八大理寺），此乃出於慎刑，猶今日再審三審之意。又如國子監掌教化，總六學，凡生徒業成登第者則上於禮部（舊唐書卷四十四職官志三國子監，參閱唐六典卷二十一國子監），蓋禮部司貢舉（舊唐書卷四十三職官志二禮部尚書，參閱唐六典卷四禮部尚書），而學館生徒之業成者則有受考試的資格（新唐書卷四十四選舉志一），豈但國子監學生，即門下省的弘文館，東宮的崇文館兩處學生之有成者，亦送之尚書省（禮部）考試，即它們之間行政上雖有協助關係，而系統上卻無隸屬關係。何況各司職掌確有重複之事。例如倉部郎中（屬戶部）「掌出給祿廩之事」（舊唐書卷四十三職官志二倉部郎中，唐六典卷三倉部郎中），司農寺「凡京百司官吏祿給及常料皆仰給之」（舊唐書卷四十四職官志三司農寺，唐六典卷十九司農寺），太府寺「凡百官之俸秩謹其出納，而為之節制焉」（舊唐書卷四十四職官志四太府寺，唐六典卷二十太府寺），關於百官祿給，三司均有權管理，而其職權如何劃分，文獻上又無資料可供參考。若云尚書（戶部）所掌者為決定百官祿廩之高低，然而百官祿廩乃與其階品有關，而文官之班秩階品又由吏部掌之（舊唐書卷四十三職官志二）。何況倉部郎中之職權是用「出給」二字。倉部郎中既然出給祿廩，何以凡京百司祿給又仰給於司農，而太府寺又復出納百官之俸秩，而為之節制。其他如禮部的主客郎中「掌諸蕃朝聘之事」（舊唐書卷四十三職官志二，唐六典卷四主客郎中），而鴻臚寺的典客署令又復「凡朝貢宴享送迎皆預焉」（舊唐書卷四十四職官志三，唐六典卷十八鴻臚寺）。兵部的庫部郎中「掌邦國軍州戎器儀仗」（舊唐書卷四十三職官志二，唐六典卷五庫部郎中），而衛尉寺的武庫令亦「掌藏邦國之兵仗器械」（舊唐書卷四十四職官志三，唐六典卷十六武庫令）。工部的水部郎中「掌天下川瀆陂池之政令」（舊唐書卷四十三職官志二，唐六典卷七水部郎中），而都水監使者亦「掌川澤津梁之政令」（舊唐書卷四十四職官志三，唐六典卷二十三都水使者）。這種職權重複如何解決，吾人亦難了解。按唐承大亂之後，武德貞觀年間朝廷所致力者為經濟的復興與四夷的討伐，關於國家政制只能因陋就簡，不能大事改革，於是六朝制度遂為唐代所繼承，成為定制。迄至武后臨朝，因為不欲委任大臣，由是政制更見棼亂。杜佑為唐代宰相，對於官司關係，不能毫無所知。又「性嗜學，該涉古今」，「雖位極將相，手不釋卷」（舊唐書卷一百四十七杜佑傳）。順宗時，佑「奏營繕歸之將作（據唐六典卷二十三將作大匠之職，掌供邦國修建土木工匠之政令），木炭歸之司農（依唐六典卷七虞部郎中及舊唐書卷四十三職官志二，木炭之管理及供給應屬於工部的虞部郎中），染練歸之少府（據唐六典卷二十二少府監有織染署），綱條頗整，公議多之，朝廷允其議」（舊唐書卷一百四十七杜佑傳）。唐時木炭有使，木炭使置於天寶五載（參閱唐會要卷六十六木炭使），由這小事可知唐在玄宗時代，雖然發布六典，確定國家的政治制度，而發布不久，復加以破壞，終至「廣署吏員，繁而難理」（舊唐書卷一百四十七杜佑傳）。推杜佑之意，唐應裁撤職權重複之機關，擴大六部之組織，將寺監納入六部之內。其不能裁撤者，法律上亦應隸屬於尚書省，使尚書省有直接指揮監督之權。如是，官司職權方能統一，國家庶務不致煩滯。

第二項　地方官制

唐的地方政制採州（郡）縣二級，所謂府，所謂都督府，都是州之別稱。州數太多，乃分道以司監察，如漢刺史之職。安史亂後，武夫悍將據要險，專方面，大者連州十餘，小者猶兼三四。道之制度完全破壞，而在道與州之間，另外產生一種區域，由節度使管轄之，終而演變為藩鎮之亂。現在先把地方政制列表如次[56]。

地方官制表

區域名稱	主管長官	品秩	職權	備考
道	採訪使			唐代於諸道置按察使，後改為採訪處置

[56] 除已註明出處者外，據唐六典卷三十府，都督府、州、縣及卷三戶部郎中。舊唐書卷四十四職官志三州縣官員及卷四十三職官志二戶部郎中。

	府	都督府 大	都督府 中	都督府 下	州 上	州 中	州 下	縣 京縣	縣 畿縣	縣 上縣	縣 中縣
	牧	都督	都督	都督	刺史	刺史	刺史	令	令	令	令
	從二品	從二品	正三品	從三品	從三品	正四品上	正四品下	正五品上	正六品上	從六品上	正七品上
	牧及都督刺史掌清肅邦畿，考覈官吏，宣布德化，撫和齊人，勸課農桑，教諭五教。每歲一巡屬縣，觀風俗，問百姓，錄囚徒，恤鰥寡，閱丁口，務知百姓之疾苦，內有篤學異能聞於鄉閭者，舉而進之。有不孝弟，悖禮亂常，不率法令者，糾而繩之。其吏在官，公廉正己，清直守節者必察之。其貪穢諂諛，求名徇私者亦謹而察之，皆附於考課，以為褒貶。若善惡殊尤者，隨即奏聞。若獄訟之枉疑，甲兵之徵遣，興造之便宜，符瑞之尤異，亦以上聞。其常則申於尚書省而已。若孝子順孫，義夫節婦，志行聞於鄉閭者，亦隨實申奏，表其門閭，若精誠感通則加優賞。其孝悌力田者，考使集日，具以名聞。其所部有須改更，得以便宜從事。							京畿及天下諸縣令之職，皆掌導揚風化，撫字黎民，敦四民之業，崇五土之利，養鰥寡，恤孤貧，審理冤屈，躬親獄訟，務知百姓之疾苦。			
使，治於所部之大郡。既又改為觀察使，其有戎旅之地即置節度使，分天下為四十餘道，大者十餘州，小者二三州，但令訪察善惡，舉其大綱。然甲兵財賦民俗之事無所不領，謂之都府。權勢不勝其重，能生殺人，或專私其所領州，而虐視支郡。見文獻通考卷六十一採訪處置使。	京兆（即雍州）為西都，河南（即洛州）為東都，太原（即并州）乃李唐發祥之地，故建為北都，通名為府，牧各一人，置尹（從三品）以貳之。親王宰州則稱牧，但親王為牧，皆不知事，職務總歸於尹。	武德初，邊要之地置總管以統軍，加號使持節，蓋漢刺史之任。七年改總管曰都督。都督於軍政方面雖都督諸州軍事，而於民政方面，只兼所治州刺史。						長安萬年河南洛陽太原晉陽六縣。	京兆河南太原所管諸縣。		

縣以下組織			
中下縣	令	從七品上	
下縣	令	從七品下	
鄉	耆老		大唐凡百戶為一里，里置正一人，五里為一鄉，鄉置耆老一人，以耆年平謹者，縣補之，亦曰父老，見通典卷三十鄉官。百戶為里，五里為鄉，兩京及州縣之郭內分為坊，郊外為村，里及村皆有正以司督察（里正兼勸課農桑，催驅賦役）。四家為鄰，五鄰為保，保有長，以相禁約。
里	正		
坊（村）	正		
保	長		
鄰	長		

歷代職官表（卷五十三知府直隸州知州，唐）云：

謹案，唐自武德承隋代之制，改郡為州。凡天下之為郡守者皆以刺史名之。天寶初，改州為郡，而刺史仍為太守。自此以後，刺史太守不常厥稱。其以郡著者則稱太守，以州著者則稱刺史，名殊而實則一耳。考舊唐書地理志所載，諸縣以上皆稱為州，蓋據武德初年之制。而新唐書地理志則併而稱之曰某州某郡，其無郡名者皆注郡缺二字於其下（有注，有不注，如關內道之渭州不注，但說明云：「凡乾元後所置州皆無郡名。」威州則注郡闕）。蓋據開元元年之制（案改州為郡，在天寶元年），要其以之領縣，而上屬於諸道採訪使，則無異也。又考二志所載，州郡而外，有都、有府、有都督府、都護府及節度使、觀察使、團練使諸稱。其曰都者東都西都北都，以京邑所在而言之也。其曰府者，舊書則曰京兆、河南、太原，新書則曰鳳翔、成都、河中、江陵、興元、興德，以京邑首府，故從而尊稱之（案稱府或因其地與天子有特殊

> 關係，或因其為襟帶之地）。其散州郡則未有以府稱者，然即此為後世以府稱郡之所由始。至於都督，節度等稱，又以府使所治，因以著其地域，猶今（清代）之稱某布政司也（查二志，似無稱地域為節度使等者，節度使只是官名，舊志雖有安西節度使……福建觀察使……邕管經略使等等，亦是官名）。唐自京邑稱府，而諸州名目又各為列郡總號，則如今之各府各直隸州固盡在列郡之中，無他區別，不容執其所稱為州者，而即擬之以直隸州之名……自漢以州刺史領郡縣，至隋而易為總管府，至唐而改為諸道採訪使，自是而州與郡同塗。既而郡名漸易為府，而州又漸為諸府之屬，惟不屬於府者，始有直隸之稱。其沿革相仍，總由唐代而漸變也。

唐之地方制度乃以州縣為骨幹。府只是州之別名，凡首都及陪都所在之州均稱為府。唐定都長安，故以雍州（京兆府）為西都。又因洛州（河南府）於地理上為襟帶之地，故以為東都。復因高祖發祥於并州（太原府），故定為北都。三府各置牧一人，以代刺史之職，尹一人，通判府事，牧缺，則行其事。武后垂拱元年改華州（華陰郡）為興德府。安史亂後，設府更多。肅宗至德元年改岐州（扶風郡）為鳳翔府。二年改益州（蜀郡）為成都府。乾元三年改蒲州（河東郡）為河中府。上元元年改荊州（江陵郡）為江陵府。德宗興元元年改梁州（漢中郡）為興元府。此六府大率置尹而不置牧。新志云：

> 西都東都北都牧各一人，從二品。西都東都北都鳳翔成都河中江陵興元興德府尹各一人，從三品。原注云，尹通判府事，牧缺，則行其事（新唐書卷四十九下百官志四下）。

次就都督府言之，都督府設於緣邊鎮守及襟帶之地。都督之制創於魏黃初三年，乃都督諸州軍事之意，後代因之，後周改為總管，隋初亦置總管府，唐武德七年改為都督府[57]。

高祖受命之初，改郡為州，太守並稱刺史，其緣邊鎮守及襟帶之地，置總管府，以統軍戎，至武德七年改總管府為都督府（舊唐書卷三十八地理志上）。

都督府分為大中下三等，各置都督一人。唐六典云：

大都督府都督一人，從二品。中都督府都督一人，正三品。下都督府都督一人，從三品（唐六典卷三十大中下都督府官吏）。

舊志云：

大都督府督一員，從二品，中都督府督一員，正三品，下都督府督一員，從三品（舊唐書卷四十四職官志三）。

新志云：

大都督府都督一人，從二品。中都督府都督一人，正三品，下都督府都督一人，從三品（新唐書卷四十九下百官志四下）。

都督府分為大中下三等，各書所同。但唐六典（卷三十）於大都督府之下又註云：「貞觀中，始改為上中下都督府」，而新舊唐書地理志於都督府下，又注有大上中下四等，例如揚州大都督府，兗州上都督府，福州中都督府，黔州下都督府。地理志上的四等，職官志何以減為三等。是否上都督府之組織乃與大都督

57 據歷代職官表（卷五十六提督，唐）云：「謹案，唐初，緣邊鎮守及襟帶之地，沿隋舊制，置總管府，以統軍戎，至德七年改總管府為都督府」。是則都督府乃是隋總管府之改稱。至德七年當係武德七年之誤。商務國學基本叢書版一五七五頁。

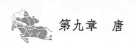

府相同。當考。

都督有兩種職務，一理民政，即行使駐在州刺史之職權，上表所引「牧及都督刺史掌清肅邦畿」云云，即其明證。二統軍戎，新志云：

都督掌督諸州兵馬甲械城隍鎮戍糧廩，總判府事（新唐書卷四十九下百官志下）。

所以三等之別很可能的有兩個標準。其注重軍政者，以督州多寡為標準。唐六典與舊志關於各級都督府管州多寡均未說到。新志云：

武德七年改總管曰都督，總十州者為大都督，貞觀二年去大字（新唐書卷五十九下百官志四下）。

唐會要云：

武德七年二月十二日改大總管府為大都督府，管十州以上為上都督府，不滿十州只為都督府（唐會要卷六十八都督府）。

武德七年之改制，唐會要與新唐書所載不同，據新唐書，都督府只分大都督府與都督府兩級，總十州者曰大，不及十州者單曰都督府。貞觀二年去大字，則都督府沒有分級了。據唐會要，都督府分為大都督府上都督府及都督府三種，管十州以上者曰上，不滿十州者單曰都督府。至於大都督府管州多寡，史闕其文。又舊唐書（卷四十四職官志三）於大都督府之下注云：「貞觀中分為上中下都督府也」。若是，上中下之分當在貞觀時代，而新志所謂「貞觀二年去大字」，不是說都督府沒有分級，而是說沒有大都督府。固然舊唐書（卷三十九地理志二）於潞州大都督府之下，說道：「貞觀八年置潞州大都督府」，但是下文又云：「十年又改為都督府，開元十七年以玄宗歷職此州，置大都督府，管慈儀石沁四州」。是則唐時都督府確如地理志所述，有大上中下四級之別。唯其分級似與督州多寡沒有關係。尤其大都督府常因天子與該地有特別關係，故昇為大[58]。茲將舊唐書地理志所列五大都督府，三上都督府之管州數目列表如次。

都督府等級與管州多寡關係表

等級	都督府名稱	題州數	備考
大都督府	靈州	六	至德元年肅宗即位於靈武，昇為大。
	陝州	六	廣德元年吐蕃犯京師，代宗幸陝州，乃以陝為大。
	潞州	四	開元十七年以玄宗歷職此州，故改為大。
	幽州	六	開元十三年昇為大。
	揚州	七	龍朔二年昇為大。
上都督府	兗州	三	
	營州	二	
	洪州	八	

然則四級之分是否注重民政，以所治州之戶數多寡為標準？唐六典云：

戶不滿二萬為下都督府（唐六典卷三十下都督府）。

---

[58] 唐六典（卷三戶部郎中）云：「潞揚益荊幽為大都督府」。六典制定於開元年間，當時益荊二州尚未昇為府，而只置大都督府，其所管州數，固然前後不同，在六典公佈之時，益管州八，荊管州四。參閱舊唐書地理志。宋史（卷二百六十七）張洎傳，洎言「唐有天下，以揚益潞幽荊五郡為大都督，署長史司馬為上佐，即前代內史之類也。其大都督之號，非親王不授。其揚益等郡或有親王遙領，朝廷命大臣臨郡者，即皆長史副大使知節度事也」。

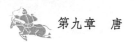

未曾說到上中二級戶數。唐會要云：

至開元元年著令，戶滿二萬已上為中都督府，不滿二萬為下都督府（唐會要卷六十八都督府）。

即大上二級戶數多寡，亦未提及。不過吾人若觀舊唐書地理志所載，都督府的等級似與駐在州戶數多寡，沒有關係。茲將其最顯明的例列表如次。

都督府等級與駐在州戶數關係表

等級	都督府名稱	領縣數	所駐州戶數	所駐州口數	督州數	備考
大	潞州	一〇	六八、三九一	三八八、六六〇	四	開元十七年以玄宗歷職此州，置大都督府。
	靈州	六	一一、四五六	五三、一六三	六	至德元年肅宗即位於靈武，升為大都督府。
上	兗州	一一	八八、九八七	五八〇、六〇八	三	
	營州	一	九九七	三、七八九	七	
中	越州	六	九〇、二七九	五二九、五八九	六	
	戎州	五	四、三五九	一六、三七五	三六	都督羈縻三十六州。
下	瀘州	六	一六、五九四	六五、七一一	一〇	
	瓜州	二	四七七	四、九八七	三	

由我們看來，都督府既設置於緣邊鎮守及襟帶之地，自宜由軍事上的價值，定其等第。營州為古柳城之地，戶數雖寡，舊唐書（卷三十九）地理志云，「室韋靺鞨諸部並在東北，西北與奚接界，北與契丹接界」，國防上甚為重要，故列之為上。瀘州為古犍為郡之地，戶數雖多，舊唐書（卷四十一）地理志云，「瀘州都督十州，皆招撫夷獠，置無戶口道里羈縻州」，地近異域，固然有設置都督府之必要，而接境比鄰者乃是弱

小夷獠，故又列之為下。

三就州言之，唐承隋制，地方行政採二級制度，武德元年改郡為州（隋開皇三年罷郡，以州統縣，大業二年改州為郡），天寶元年改州為郡，乾元元年又改郡為州。稱郡則置太守，稱州則置刺史，名號雖殊，其實則一。

> 武德改郡為州，州置刺史，天寶改州為郡，置太守，乾元元年改郡為州，州置刺史（舊唐書卷四十四職官志三刺史原註）。

州也同都督府一樣，有等級之分。唐六典云：

> 上州刺史一人，從三品，中州刺史一人，正四品上，下州刺史一人，正四品下（唐六典卷三十上中下州官吏）。

舊志云：

> 上州刺史一員，從三品，中州刺史一員，正四品上，下州刺史一員，正四品下（舊唐書卷四十四職官志三）。

新志云：

> 上州刺史一人，從三品，中州刺史一人，正四品上，下州刺史一人，正四品下（新唐書卷四十九下百官志下）。

即州分上中下三級，各書所同。但三級之分以什麼為標準？唐六典云：

> 凡戶滿四萬以上為上州[59]，中州戶三萬以上，戶不滿三萬者為下州（唐六典卷三十上中下州官吏）。

---

[59] 唐六典卷三戶部郎中，亦云：「四萬戶已上為上州」（原注云陝汝虢仙澤邠隴涇寧鄜，坊戶雖不足，亦為上州。三

舊志云：

> 戶滿四萬以上為上州[60]，戶滿二萬以上為中州，戶不滿二萬為下州（舊唐書卷五十四職官志三）。

新志未載各級戶數多寡。而唐六典與舊志雖均以四萬戶以上為上州，至於中州下州之戶數，兩書所載又不相同。唐會要云：

> 武德令，三萬戶以上為上州。永徽令，二萬戶以上為上州。至顯慶元年九月十二日敕，戶滿三萬已上為上州，二萬以上為中州，先已定為上州中州者仍舊。至開元十八年三月十七日敕，太平日久，戶口日殷，宜以四萬戶以上為上州，二萬五千戶（以上）為中州，不滿二萬戶為下州，其六雄十望州三輔等及別敕同上州都督，及畿內州並同上州。緣邊州三萬戶以上為上州，二萬戶以上為中州，其親王任中州下州刺史者亦為上州，王去任後，仍舊（唐會要卷七十量戶口定州縣等第例）。

是則四萬以上為上州，乃定於開元十八年。但開元十八年之敕既謂「二萬五千戶為中州，不滿二萬戶為下州」，則二萬戶以上，二萬五千戶以下，又為那一等州，是否和縣一樣，尚有「中下州」一級。何以新志與舊志，刺史只分上中下三級呢？吾人觀舊唐書地理志，州之等級似與戶數沒有絕對的關係。

州之等級與該州戶數關係表

等級	州名	戶數	口數	備考
上	坊州	二二、四五八	一二〇、二〇八	戶不及四萬為上州。

萬戶已上為中州，不滿為下州。）

[60] 舊唐書卷四十三戶部郎中，亦云「四萬戶已上為上州，二萬戶以上為中州，不滿為下州」。

等級	州名	戶	口	
	邠州	二二、九七一	一三五、二五〇	
	鄂州	一九、一〇〇	八四、五六二	
中	易州	四四、二三〇	二五八、七七九	戶四萬以上為中州。
	合州	六六、八一四	一〇七、二二〇	
	滎州	五、六三九	一八、〇二四	戶不及二萬為中州。
下	隋州	二三、九一七	一〇五、七二二	戶二萬以上為下州。
	滁州	二六、四八六	一五二、三七四	
	舒州	三五、三五三	一八六、三九八	
	饒州	四〇、八九九	二四四、三五〇	

除上中下三等之外，尚有輔雄望緊之分。京師之地稱為輔，即漢三輔之輔，其餘則依資地美惡險要，分為雄望緊。

開元中，定天下州府自京都及都督都護府之外，以近畿之州為四輔（同華岐蒲四州謂之四輔），其餘為六雄（鄭陝汴絳懷魏六州為六雄）十望（宋亳滑許汝晉洛虢衛相十州為十望）十緊（初有十緊州，後入緊者甚多，不復具列）及上中下之差（通典卷三十三職官十五郡太守）。

新唐書地理志，於州名之下，均載有上述七等之名，舊志不載州之等級者甚多。兩書關於同一的州所載等級又未必相同，且新志所載者，雄不只六，望不只十，而緊又不及十，這大約因為各書根據之時代不同。唐會要（卷七十量戶口定州縣等第例）云：「其六雄十望州三輔等同上州」，即輔雄望不限戶數，並為上州。緊屬那一等州，依舊志所載，襄州緊上，光州緊中，則緊不盡屬上州，明矣。開元中所謂四輔，是同州馮翊郡，華州華陰郡，岐州扶風郡，蒲州河東郡。開元八年改蒲州為河中府，其年罷府，依舊為蒲州，十二年昇為四輔，乾元三年復為府，故各書或稱四輔（通典），或稱三輔（唐會要）。岐州扶風郡於至德元年改為鳳翔府，故又有兩輔之稱（新唐書百官志四上州刺史）。

總計上述三種府、都督府、州，全國總數多少，各書所載不同。唐六典云：

> 凡天下之州府三百一十有五，而羈縻之州蓋八百焉（唐六典卷三戶部郎中）。

唐會要云：

> 凡天下三百六十州，自後併省，迄於天寶，凡三百三十一州存焉，而羈縻之州八百（唐會要卷七十州縣分望道）。

舊志云：

> 開元二十八年，戶部計帳，凡郡府三百二十有八……羈縻州郡不在此數（舊唐書卷三十八地理志一）。

新志云：

> 開元二十八年，戶部帳，凡郡府三百二十有八（新唐書卷三十七地理志一）。

唐六典制定於玄宗時，由兵部尚書兼中書令李林甫等奉敕注上。李林甫為兵部尚書兼中書令在開元二十四年（新唐書卷六十二宰相表中）。天寶元年改中書令為右相（舊唐書卷四十二職官志二中書令注），書中稱州府，不稱郡府，改州為郡，亦為天寶元年之事（唐會要卷七十刺史上）。由這兩點，可以證明唐六典必發表於開元二十四年以後，天寶元年以前。開元紀元共二十九年，然則此書成於那一年呢？唐會要（卷三十六修撰）云：「二十七年二月中書令張九齡等撰六典三十卷成，上之，百官稱賀」。新志（卷五十八藝文志職官類）云：「李林甫代九齡……二十六年書成」。按張九齡之罷中書令在開元二十四年（新唐書卷六十二宰相表中），繼任之者則為李林甫，所以唐會要所載似有錯誤。但是唐六典「謂凡天下之州府」，用「州」不用「郡」，蓋天寶元年才改州為郡（唐會要卷七十刺史上），而新舊兩志既謂「開元二十八年戶部帳，凡郡府三百二十有八」，用郡不用州，而其所載三百二十八之數又與唐六典所載三百十五不同，區區一年之間，州數相差十三，理由何在，當考。

府、都督府及州之下為縣，三都（京兆河南太原）之縣在內曰京縣（又曰赤縣），城外曰畿縣[61]，又依資地美惡，有望緊之別，復依戶數多寡，分上、中、中下、下四等。每縣置令一人。唐六典云：

萬年長安河南洛陽太原晉陽令一人，正五品上（原注，開元十七年巡陵，又以奉先同京縣）。京兆河南太原諸縣，令各一人，正六品上。諸州上縣令一人，從六品上。諸州中縣令一人，正七品上。諸州中下縣令一人，從七品上。諸州下縣令一人，從七品下（唐六典卷三十京縣畿縣天下諸縣官吏）。

舊志云：

長安萬年河南洛陽太原晉陽六縣謂之京縣，令各一人，正五品上。京兆河南太原所管諸縣謂之畿縣，令各一人，正六品下（？）……諸州中縣令一人，正七品上……諸州中下縣令一人，從七品上……諸州下縣令一人，從七品下（舊唐書卷四十四職官志三）。

新志云：

京縣令各一人，正五品上……畿縣令各一人，正六品上……上縣令一人，從六品上……中縣令一人，正

61 唐六典卷三戶部郎中云：「凡三都之縣在城內曰京縣，城外曰畿縣」。

七品上……中下縣令一人，從七品上……下縣令一人，從七品下（新唐書卷四十九下百官志四）。

即各書所載縣令品秩及縣有京、畿、上、中、中下、下六等之別大體相同。但據通典，唐時，縣分下列七等。

大唐縣有赤（即京）畿望緊上中下七等之差（通典卷三十三縣令）。

即通典增加望緊而缺少中下縣一級，京畿望緊「不限戶數，並為上縣」（唐會要卷七十量戶口定州縣等第例），至於上、中、中下、下四等之別乃以戶數為標準，而戶數多寡，各書所載不同。唐六典云：

六千戶已上為上縣，二千戶已上為中縣，一千戶已上為中下縣，不滿一千戶皆為下縣（唐六典卷三戶部郎中）。

舊志亦云：

六千戶以上為上縣，二千戶已上為中縣，一千戶已上為中下縣，不滿一千戶皆為下縣（舊唐書卷四十三職官志二戶部郎中）。

唐六典及舊志均以二千戶以上六千戶以下為中縣，其間相差與中下縣及下縣之戶數不能相稱。通典云：

開元十八年二月敕，太平日久，戶口日殷，宜以六千戶以上為上縣，三千戶以上為中縣，不滿二千戶為下縣（通典卷三十三職官十五郡太守）。

唐會要云：

武德令，戶五千以上為上縣，二千戶以上為中縣，一千戶已上為中下縣。至開元十八年三月七日，以六千戶以上為上縣，三千戶以上為中縣，不滿三千戶為中下縣。其望緊等縣不限戶數，並為上縣。去京五百

> 里內並緣邊州縣，戶五千以上亦為上縣，二千以上為中縣，一千已上為中下縣（唐會要卷七十量戶口定州縣等第例）。

開元十八年之改制，通典未提中下縣，唐會要未提下縣，若合二書觀之，我們可以推定三千戶以下二千戶以上為中下縣，不滿二千戶為下縣。

總計全國縣數共計一千五百七十三。舊志云：

> 開元二十八年戶部計帳，縣千五百七十有三（舊唐書卷三十八地理志一）。

新志云：

> 開元二十八年戶部帳，縣千五百七十三（新唐書卷三十七地理志一）。

通典亦云：

> 大唐縣有赤（三府共有六縣）畿（八十二）望（七十八）緊（百一十一）上（四百四十六）中（二百九十六）下（五百五十四）七等之差，凡一千五百七十三（通典卷三十三縣令）。

即三書關於全國縣數完全相同。

縣以下為鄉里保鄰。四家為鄰，五鄰為保，百戶為里，五里為鄉。鄉置耆老，里置正，保置長。

> 百戶為里，五里為鄉，兩京及州縣之郭內分為坊，郊外為村，里及坊村皆有正，以司督察。四家為鄰，五鄰為保，保有長以相禁約（舊唐書卷四十三職官志二戶部尚書）。
>
> 大唐凡百戶為一里，里置正一人，五里為一鄉，鄉置耆老一人，以耆年平謹者，縣補之，亦曰父老（通典卷三十三職官十五鄉官）。

唐的地方政制略如上述，末年藩鎮構禍，釀成五代之亂，推原其故，地方政制之不健全，不失為一個原因。所謂藩鎮，其來源有二，一是節度使，二是採訪使，前者可歸因於都督府，後者可歸因於道之制度，現在試分別說明如次。

先就都督府言之，都督府置於緣邊鎮守及襟帶之地，都督內親民事，外領兵馬，權任之大已經有似於漢末州牧之職。其與州牧不同者，州牧於軍政方面及民政方面，可以管理十數郡國，都督於軍政方面，固然可以管理諸州軍事，而於民政方面，則只能治其所領州。但是都督若帶「使持節」之號，又得「顯誅殺」（新唐書卷四十九百官志四下），其力足以控制傍郡。凡都督帶「使持節」之號者叫做節度使❻❷。

景雲二年四月，賀拔延嗣除涼州都督，充河西節度使，自此始有節度之號（唐會要卷七十八節度使）。

據資治通鑑所載：

景雲元年冬十月丁酉以幽州鎮守經略節度大使薛訥為左武衛大將軍，兼幽州都督，節度使之名自訥始（資治通鑑卷二百十唐睿宗紀）。

關此，胡三省注云：

考異曰統紀景雲二年四月以賀拔延秀為河西節度使，節度之名自此始。會要云，景雲二年賀拔延嗣為涼州都督，充河西節度，始有節度之號。又云范陽節度自先天二年始除甄道一。新表景雲元年置河西諸軍州節度、支度、營田大使，按訥先已為節度大使，則節度之名不始於延嗣也，今從太上皇實錄。

資治通鑑之言有三種含義，節度使之職，一創始於景雲元年，二最初設置於幽州，三最先任命為節度使者

❻❷ 同卷貞觀三年八月條云：「除都督帶使持節，即為節度使，不帶節者不是節度使」。

為薛訥。但同書卷二百十一，開元二年「是歲置幽州節度經略鎮守大使，領幽易平檀媯燕六州」，新唐書卷六十六方鎮表亦謂：「開元二年置幽州節度經略鎮守大使，領幽易平檀媯燕六州」，是則幽州節度使固創設於開元二年也。又比較新唐書方鎮表，節度使之職最初設置者，確是河西節度使。但不是置於景雲二年，而是置於景雲元年，此又與唐會要稍有不同矣。

節度使乃設置於緣邊禦戎之地。天寶初，天下有十節度使，前已引過：

> 天寶元年，是時天下聲教所被之州三百二十一，羈縻之州八百，置十節度經略使以備邊。安西節度撫寧西域，統龜茲焉耆于闐疏勒四鎮，治龜茲城，兵二萬四千。北庭節度防制突騎施堅昆，統瀚海、天山、伊吾三軍，屯伊西二州之境，治北庭都護府，兵二萬人。河西節度斷隔吐蕃突厥，統赤水、大斗、建康、寧寇、玉門、墨離、豆盧、新泉八軍，張掖、交城、白亭三守捉，屯涼肅瓜沙會五州之境，治涼州，兵七萬三千人。朔方節度捍禦突厥，統經略、豐安、定遠三軍，三受降城，安北、單于二都護府，屯靈夏豐三州之境，治靈州，兵六萬四千七百人。河東節度與朔方掎角，以禦突厥，統天兵、大同、橫野、岢嵐四軍，雲中守捉，屯太原府、忻、代、嵐、三州之境，治太原府，兵五萬五千人。范陽節度臨制奚契丹，統經略、威武、清夷、靜塞、恆陽、北平、高陽、唐興、橫海九軍，屯幽薊媯檀易恆定漠滄九州之境，治幽州，兵九萬一千四百人。平盧節度鎮撫室韋靺鞨，統平盧盧龍二軍，榆關守捉，安東都護府，屯營平二州之境，治營州，兵三萬七千五百人。隴右節度備禦吐蕃，統臨洮、河源、白水、安人、振威、威戎、漠門、寧塞、積石、鎮西十軍，綏和、合川、平夷三守捉，屯鄯、廓、洮、河之境，治鄯州，兵七萬五千人。劍南節度西抗吐蕃，南撫蠻獠，統天寶、平戎、昆明、寧遠、澄川、南江六軍，屯益、翼、茂、當、巂、柘、松、

維、恭、雅、黎、姚、悉十三州之境，治益州，兵三萬九百人。嶺南五府經略綏靜夷獠，統經略清海二軍，桂、容、邕、交四管，治廣州，兵萬五千四百人（資治通鑑卷二百十五唐紀玄宗天寶元年）[63]。

至德以後，中原用兵，刺史皆治軍戎，而帶節度使之號，於是節度使之官遂由邊境移入內地。

> 至德之後，中原用兵，大將為刺史者，兼治軍旅，遂依天寶邊將故事，加節度使之號，連制數郡（舊唐書卷四十四職官志三刺史註）。

節度使既治軍旅，乃乘政局混亂之際，「連制數郡」，中央政府為羈縻他們，又不惜採取姑息政策，既使其兼採訪使觀察使之職，於是監察之權歸於節度使了，又使其兼營田使轉運使等職，於是財政的權又歸於節度使了，復使其兼防禦使招討使等職，於是節度使的兵權愈大了。節度使在其管內，既有其土地，又有其人民，又有其甲兵，又有其財富，尾大不掉，便釀成唐代藩鎮之亂。

次就道之制度言之，唐的州府在三百以上，比之兩漢郡國約多三倍。單位太多，所以又於州府之上設道，以司監察。唐之設道創始於太宗貞觀元年。

> 太宗元年，又因山川形便，分天下為十道，一曰關內，二曰河南，三曰河東，四曰河北，五曰山南，六曰隴右，七曰淮南，八曰江南，九曰劍南，十曰嶺南（新唐書卷三十七地理志一）。

但是貞觀八年曾發十六道黜陟大使（唐會要卷七十八黜陟使）[64]，十八年又遣十七道巡察（唐會要卷七十七

---

[63] 參看舊唐書卷三十八地理志一。各地節度使何時設置，其變遷如何，可參閱新唐書方鎮表，唐會要卷七十八節度使，資治通鑑唐睿宗玄宗二帝紀。但各書所載不盡相同。

[64] 貞觀八年之十六道黜陟大使，資治通鑑但曰「諸道」（卷一百九十四），所派人員為蕭瑀李靖等十三人。關此，胡三

巡察使），二十年又遣大理卿孫伏伽等二十二人，以六條巡察四方（資治通鑑卷一百九十八唐太宗貞觀二十年），由此可知十道之設乃「因山川形便」，與三代的九州一樣，祇是地理上的劃分，而非政治上的區域，所以巡察之區既不限為十，而所派巡察之官亦不是十之倍數。武后天授二年發十道存撫使（唐會要卷七十七巡撫使），自是而後，十道漸次成為政治區域，中宗神龍二年有十道巡察使（唐會要卷七十七巡察使），睿宗景雲二年又有十道按察使（資治通鑑卷二百十唐睿宗景雲二年）。

這樣，十道更變成政治區域，而有似於漢代十三州[65]。但是巡察使及按察使又與漢世刺史不同，刺史

省註：「考異曰實錄舊本紀但云遣蕭瑀等巡省天下。按時只有十道，而會要統紀皆云發十六道黜陟大使，據姓名止有十三人，皆所未詳，故但云諸道」。貞觀十八年之十七道巡察，資治通鑑不載。貞觀二十年孫伏伽等以六條巡察四方，唐會要（卷七十八黜陟使）亦載之，但未言及人數。武后天授二年之十道存撫使，資治通鑑不載。中宗神龍二年，遣內外五品以上官二十人為十道巡察使，二年一代，資治通鑑（二百十）亦載之。睿宗景雲二年之十道按察使，唐會要（卷七十七按察使）以之為中宗景龍三年的事，查資治通鑑及新舊本紀，景龍三年固未曾派遣十道按察使。以上是唐會要與資治通鑑兩書不同之點。但資治通鑑卷二百十睿宗景雲二年，「時遣使按察十道」，胡三省註曰：「貞觀十八年遣十七道巡察，武后垂拱初亦嘗遣九道巡察，天授二年又遣十道存撫使」，即資治通鑑本文所無者，胡註補之。按垂拱元年九道巡察，唐會要亦不載，但兩書（唐會要卷七十七巡察使，資治通鑑卷二百三則天皇后垂拱元年）均有陳子昂疏論朝廷遣使巡察四方之事。

65 睿宗景雲二年六月，制勅天下分置都督府二十四，令都督糾察所管州刺史以下官人善惡，議者以為權重難制，尋亦罷之。

景雲二年六月，分天下，置汴、齊、兗、魏、冀、并、蒲、鄜、涇、秦、益、綿、遂、荊、岐、通、梁、襄、揚、

有常官，巡察使及按察使無常官，而皆臨時遴選朝臣為之。其稍相似者，刺史是中央官，巡察使及按察使既然是臨時遴選朝臣為之，所以也是中央官，不是地方官。

唐代分道監察，漸次接近於漢世分部監察，開元二十一年遂依部刺史之制，分天下為十五道，各置採訪使一人[66]。

> 開元二十一年又因十道，分山南江南為東西道，增置黔中道及京畿都畿，置十五採訪使，檢察如漢刺史之職（新唐書卷三十七地理志一）。

其實，開元二十一年的十五道，不過因貞觀元年的十道，關內分京畿，河南分都畿，山南分東西，江南分東西及黔中而已。自是而後，採訪使均有常官，「檢察如漢刺史之職」，然兩者之間尚有不同之點。第一、部刺史是中央官，每歲八月出巡，歲盡詣京師奏事，採訪使是地方官，常川駐在治所，三年一奏。

安、閩、越、洪、潭二十四都督，各糾察所部刺史以下善惡，惟洛及近畿州不隸都督府。太子右庶子李景伯舍人盧俌等上言，都督專殺生之柄，權任太重，或用非其人，為害不細。今御史秩卑望重，以時巡察，姦宄自禁。其後竟罷都督，但置十道按察使而已（資治通鑑卷二百十唐睿宗景雲二年，參看唐會要卷六十八都督府）。景雲二年之都督府與前述的都督府不同，前述的都督府管軍旅，景雲二年之都督府司糾舉，有似於按察使之職。當時兩種都督府是否併置，其關係如何，待考。

66 舊唐書卷三十八地理志一，「開元二十一年分天下為十五道，每道置採訪使，檢察非法，如漢刺史之職」。資治通鑑卷二百十三唐紀玄宗開元二十一年，「是歲分天下為京畿、都畿、關內、河南、河東、河北、隴右、山南東道、山南西道、劍南、淮南、江南東道、江南西道、黔中、嶺南凡十五道，各置採訪使，以六條檢察非法。兩畿以中丞領之，餘皆擇置賢刺史領之。非官有遷免，則使無廢更。惟變革舊章，乃須報可，自餘聽便宜從事，先行後聞」。

開元二十五年十二月二十四日命諸道採訪使考課官人善績，三年一奏，永為常式（唐會要卷七十八採訪處置使）。

第二、部刺史居無常治，吏不成臣，採訪使既有治所，又有僚佐。

京畿採訪使治京城內……關內採訪使以京官領……都畿採訪使治東都城內……河南採訪使治汴州……河東採訪使治蒲州（河中府）……河北採訪使治魏州……山南東道採訪使治襄州……山南西道採訪使治梁州（興元府）……隴右採訪使治鄯州……淮南採訪使治揚州……江南東道採訪使治蘇州……江南西道採訪使治洪州……黔中採訪使治黔州……劍南採訪使治益州（成都府）……嶺南採訪使治廣州（新唐書卷三十七至卷四十三上地理志，參看舊唐書卷三十八地理志一）。

採訪使有判官二人，支使二人，推官一人，皆使自辟召，然後上聞，其未奉報者稱攝（通典卷三十二職官十四總論州佐）。

第三、刺史以六條問事[67]，不察黃綬以下，採訪使檢察非法，似無限制，所以天寶九載的敕才說：

天寶九載三月敕，本置採訪使，令舉大綱，若大小必由一人，豈能兼理數郡。自今已後，採訪使但察訪

[67] 資治通鑑卷二百十三唐玄宗開元二十一年，「是歲分天下為……十五道，各置採訪使，以六條檢察非法」，所謂六條不知其內容如何。新唐書卷四十八百官志三列舉監察御史巡按州縣時所奉的六條，「其一察官人善惡。其二察戶口流散，籍帳隱沒，賦役不均。其三察農桑不勤，倉庫減耗。其四察妖猾盜賊不事生產，為私蠹害。其五察德行孝悌茂才異等藏器晦跡，應時用者。其六察黠吏豪宗兼并縱暴，貧弱冤苦不能自申者」。不知採訪使所依的六條是否即此六條。

善惡，舉其綱，自餘郡務所有奏請，並委郡守，不須干及（唐會要卷七十八採訪處置使）。

第四、部刺史檢舉二千石長吏不法，須經公府案驗，然後黜退。採訪使不但可以檢舉州官，且得停其職務，差人權攝。

大歷十二年五月中書門下奏，開元末，置諸採訪使，許其專停刺史務，廢置由己。請自今已後，刺史有犯贓等色，本道但具狀聞奏，不得輒追赴使，及專擅停務，差人權攝（唐會要卷七十八採訪處置使）。

由此可知唐代採訪使的職權實比部刺史為大。唐既分道，置採訪使，檢察非法，其與御史臺之監察御史如何分職，吾人實難了解。至德以後，改採訪使為觀察使[68]。

至德之後，改採訪使為觀察使，分天下為四十餘道，大者十餘州，小者二三州，各因其山川區域為制，諸道增減不恆，使名沿革不一，舉其職例，則皆古之刺史云（通典卷三十二職官十四州牧刺史）。

觀察使又和節度使一樣，常兼刺史之職。

大率節度，觀察，防禦，團練使皆兼所治州刺史（新唐書卷四十九下百官志四都督原註）。

刺史復治軍戎，而帶防禦使或團練使之號[69]。

---

[68] 據唐會要（卷七十八採訪處置使）及資治通鑑（卷二百二十唐肅宗乾元元年），採訪使改為觀察使，乃肅宗乾元元年之事。

[69] 舊唐書卷四十四職官志三防禦團練使註，「至德後，中原置節度使，又大郡要害之地置防禦使，以治軍事，刺史兼之……上元後，改防禦使為團練守捉使，又與團練兼置」。新唐書卷四十九下百官志四都督註：「安祿山反，諸郡當賊衝者，皆置防禦守捉使，乾元元年置團練守捉使，都團練守捉使，大者領州十餘，小者二三州。代宗即位，廢

至德之後，中原用兵，刺史皆治軍戎，遂有防禦團練制置之名（舊唐書卷三十八地理志一）。

觀察使既掌監察，又治軍戎，又理民事，實質上已與節度使沒有區別。考之新唐書方鎮表，節度使之兼觀察使，觀察使改稱節度使者，其例之多不勝枚舉。這樣，觀察使便與節度使合流，成為藩鎮之亂的淵源。

第三項　文官制度

官僚政治的目的在使「賢者在位，能者在職」，要達到這個目的，尚須應用各種制度。一是如何培養賢能，於是有學校；二是如何選用賢能，於是有考選；三是如何保障官吏生活，於是有祿俸；四是如何防止官吏犯法，於是有監察；五是如何考較官吏功過，於是有考績；六是如何使官吏無後顧之憂，於是有養老。現在試分別說明如次。

㈠**學校**　唐代育才之法，京師設六學二館，六學均隸於國子監，一曰國子學，二曰太學，三曰四門學，四曰律學，五曰書學，六曰算學。所謂二館乃門下省置弘文館，東宮置崇文館[70]。茲依舊唐書（卷四十四職

防禦使，唯山南西道如故。元載秉政，思結人心，刺史皆得兼團練守捉使」。

[70] 據新唐書卷四十四選舉志，四門學生千三百人，其五百人以勳官三品以上無封，四品有封及文武七品以上子為之。八百人以庶人之俊異者為之。

弘文崇文館學士直學士員數不定，五品以上稱學士，六品以上為直學士，見舊唐書職官志二及三。

唐除二館外，不止六學，尚有廣文學。據歷代職官表（卷三十四國子監，唐）云：「又案，唐國子監所隸凡七學，

官志三，唐六典及新唐書所載不詳）所載，將其組織列表如次。

六學二館表

種類		博士	助教	學生	備考
六學	國子學	二人正五品上	一人從六品上	三百人	文武官三品以上子孫，國公子孫二品以上之曾孫。
	太學	三人從六品上	三人從七品上	五百人	文武官五品以上子孫，郡縣公子孫，從三品之曾孫。
	四門學	三人從七品上	三人從八品上	五百人	文武官七品以上之子，侯伯子男之子，庶人子之俊異者。
	律學	一人從八品下	一人從九品上	五十人	文武官八品以上之子及庶人之子。
	書學	二人從九品下		三十人	文武官八品以下之子及庶人之子。
	算學	二人從九品下		三十人	文武官八品以下之子及庶人之子。
二館	弘文館	學士直學士		三十人	兩館學生皆貴冑子孫（唐會要卷七十七弘文崇文生舉，其詳見新唐書卷四十四選舉志上）。
	崇文館	學士直學士		二十人	

地方亦有學校，茲亦依舊唐書（卷四十四職官志三）所載，將其組織列表如次。

韓愈昌黎集請上尊號表稱，臣所管國子、太學、廣文、四門及書、算、律等七館學生，此自是當時定制。唐六典祇稱國子監掌六學者，蓋書成於開元之時，廣文學尚未置也。然考中葉以後，他書所載，如何蕃傳稱，六館之士百餘人，言於司業陽城。李觀書稱，學有六館，生有三千，亦皆不數廣文在內。據鄭虔傳，元宗置廣文館，以虔為博士。久之，雨壞廡舍，有司不復修完，寓治國子館，自是遂廢。當時殆因廣文國子併在一館，故言學制者仍通稱為六館歟」。

地方學校表 ⑺

	經學博士	經學助教	經學學生	醫學博士	醫學助教	醫學學生
京兆河南太原府	一人從八品上	二人	八十人	一人	一人	二十人
大都督府	一人從八品上	二人	六十人	一人從八品下	一人	十五人
中都督府	一人從八品下	二人	六十人	一人	一人	十五人
下都督府	一人從八品下	一人	五十人	一人	一人	十二人
上州	一人從八品下	二人	六十人	一人正九品下	一人	十五人
中州	一人正九品上	一人	五十人	一人從九品下	一人	十二人
下州	一人正九品下	一人	四十人	一人從九品下		十人
京縣	一人	一人	五十人			
畿縣	一人	一人	四十人			
上縣	一人	一人	四十人			
中縣	一人	一人	二十五人			
中下縣	一人	一人	二十五人			
下縣	一人	一人	二十人			

各種學生「限年十四以上十九以下，律學十八以上，二十五以下」（新唐書卷四十四選舉志上）。他們入學，不是依競爭考試，新志（新唐書卷四十四選舉志上）云：「國子監生尚書省補，州縣學生州縣長官補」，如是，

⑺ 依舊志，中都督府醫學無助教，而下都督府有之，唐六典（卷三十）所載亦然。新唐書卷四十九下百官志，注云：「三都督府各有助教一人」。茲依新志改。又者舊志，中州醫學博士從九品下，而下州反是從九品上，唐六典（卷三十）及新唐書（卷四十九下）均作從九品下，依唐六典及新志改。

弘文館學生當由門下省補，崇文館學生當由東宮補。每年考試一次，成績分上中下三等，三考皆列下等，或在學九歲（律生六歲），認為不能貢舉於朝廷者，除名。

> 歲終，通一年之業，口問大義十條，通八為上，六為中，五為下，併三下，與在學九歲律生六歲不堪貢者罷歸（新唐書卷四十四選舉志上）。

成績優良者，州縣學生補四門學，四門學生補太學，太學生補國子學。

> 諸學生通二經，俊士通三經，已及第而願留者，四門學生補太學，太學生補國子學……又敕（據唐會要卷三十五學校，係開元二十一年五月勅）……州縣學生年二十五以下，八品子（唐會要學校，八品九品子），若庶人年二十一以下，通一經，及未通經而聰悟有文辭史學者，入四門學為俊士，即諸州貢舉，省試不第，願入學者亦聽。（新唐書卷四十四選舉志上）

由此可知唐代學校雖有貴賤之分，而庶人之有才學者，亦得昇入四門，而太學，而國子學。庶人有求學機會，這也是官僚政治的特質。

㈡**考選**　唐以前，舉士與舉官沒有區別。至唐，舉士由禮部為之，舉官由吏部為之。凡試於禮部及第者，只能得到任官資格，真正授官，尚須待吏部銓選。

> 唐士之及第者未能便解褐入仕，尚有試吏部一關。韓文公三試於吏部無成，則十年猶布衣，且有出身二十年不獲祿者（文獻通考卷二十九舉士）。

唐之舉士由學館者曰生徒，由州縣者曰鄉貢，這是經常制度，每歲行之。其天子自詔者曰制舉，這是天子臨時下詔行之。

唐制，取士之科……有三，由學館者曰生徒，由州縣者曰鄉貢，皆升於有司而進退之。其科之目，有秀才，有明經，有俊士，有進士，有明法，有明字，有明算，有一史，有三史，有開元禮，有道舉，有童子。而明經之別有五經，有三經，有二經，有學究（唐會要卷四禮部尚書，未載學究一科）。一經有三禮，有三傳，有史科，此歲舉之常選也。其天子自詔者曰制舉，所以待非常之才焉（新唐書卷四十四選舉志上）。

中央的學館，州縣的學校之貢生徒，不消說是經過數次考試的。其未曾入館學者，亦得向州縣報名，經考試後，認為合格者——這稱為鄉貢——同生徒一同送於尚書省，最初由吏部考功員外郎試之，開元二十四年以後，由禮部試之[72]。

每歲仲冬，州縣館監舉其成者，送之尚書省[73]。而舉選不由館學者，謂之鄉貢[74]，皆懷牒自列於州縣，

---

[72] 唐六典卷二於考功員外郎處雖云「掌天下貢舉之職」，同時又注云：「開元二十四年敕以為權輕，專令禮部侍郎一人知貢舉。然以舊職，故復敍於此云」。

[73] 國子監舉人，令博士薦於祭酒，祭酒試通者升之於省，如鄉貢法。胡三省註曰，唐取士之科，由學館者曰生徒，由州縣者曰鄉貢。凡明經秀才俊士進士明於理體，為鄉里稱者，縣考試，州長重覆，送之尚書省，既至省，皆疏名列到，結款通保及所居，始由戶部集閱而關於禮部試之，國子監舉人略如鄉貢法（資治通鑑卷二百二十三唐紀代宗廣德元年）。

[74] 「天寶十二載乃敕天下罷鄉貢，舉人不由國子及郡縣學者勿舉送」。見新唐書卷四十四選舉志上。而唐會要卷三十五學校，「太和七年八月赦節文，應公卿士族子弟，取來年正月以後，不先入國學習業者，不在應明經進士之限」，又「會昌五年正月制，公卿百官子弟及京畿內士人寄籍，脩明經進士業者，並宜隸於太學。外州縣寄學及士人並宜

試已，長吏以鄉飲食禮，會屬僚，設賓主，陳俎豆，備管絃，牲用少牢，歌鹿鳴之詩，因與耆艾敘長幼焉。既至省，皆疏名列到，結款通保及所居，始由戶部集閱，而關於考功員外郎（屬吏部）試之。凡秀才試方略策五道，以文理通粗為上上，上中，上下，中上凡四等為及第，凡明經[75]……凡開元禮……凡三傳科……凡史科……凡童子科……凡進士……凡明法……凡書學……凡算學……凡弘文崇文生……大略如此……開元二十四年考功員外郎李昂為舉人詆訶，帝以員外郎望輕，遂移貢舉於禮部，以侍郎主之，禮部選士自此始（新唐書卷四十四選舉志上）。

州縣舉人，即所謂鄉貢，與漢之郡國選舉不同。三國以後，喪亂相承，鄉黨組織完全破壞。歷代雖有其制，皆名存實亡，因之鄉舉里選，採毀譽於眾多之論，便無法實行。賈至說：

士居鄉土，百無一二……而身皆東西南北之人焉。今欲依古制，鄉舉里選，猶恐取士之未盡也（舊唐書卷一百十九楊綰傳）。

隸各所在官學。」

[75] 唐六典卷四禮部尚書侍郎，「凡明經先帖經，然後口試並答策，取粗有文性者為通。凡進士先帖經，然後試雜文及策，文取華實兼茂，策須義理愜當者為通。凡明法試律令，取識達義理，問無疑滯者為通。凡明書試說文字林，取通訓詁，兼會雜體者為通。凡明算，試九章，海島、孫子、五曹、張邱建、夏侯陽、周髀、五經、綴術、緝古，取明數造術辨明術理者為通」。所謂帖經，據杜佑說，「帖經者以所習經，掩其兩端，中間開唯一行，裁紙為帖。凡帖三字，隨時增損，可否不一，或得四得五得六者為通。後舉人積多，故其法益難，務欲落之。至有帖孤章絕句，疑似參互者以惑之。甚者或上抵其注，下餘一二字，使尋之。難知謂之倒拔，既甚難矣，而舉人則有驅懸孤絕，索幽隱為詩賦而誦習之，不過十數篇，則難者悉詳矣。其於平文大義或多面牆焉」。見通典卷十五歷代選舉制下。

於是考試便成為舉士的唯一方法，凡士子明於理體，皆得懷牒向州縣報名。據韓愈說：

> 天下之以明二經舉於禮部者，歲至三千人，始自縣考試，定其可舉者，然後升於州若府，其不能中科者，不與是數焉。州若府總其屬之所升，又考試之如縣，加察詳焉，舉其可舉者，然後貢於天子，而升之有司，其不能中科者，不與是數焉，謂之鄉貢。有司（禮部）總州府之所升而考試之，加詳察焉，第其可進者，以名上於天子而藏之，屬之吏部，歲不及二百人，謂之出身（文獻通考卷三十七舉官）。

禮部之試，科目雖多，而「士族所趨嚮，惟明經進士二科」（通典卷十五歷代選舉制下），進士更見矜貴，縉紳雖位極人臣，不由進士者終不為美。

> 唐衆科之目，進士為尤貴，而得人亦最為盛，歲貢常不減八九百人。搢紳雖位極人臣，而不由進士者，終不為美。其推重謂之白衣公卿，又曰一品白衫，其艱難謂之三十老明經，五十少進士（文獻通考卷二十九舉士）。

而進士所考者又是文詞詩賦。隋煬帝置進士科，最初不過試策（舊唐書卷一百十九楊綰傳）。唐則自始就試詩賦，詩賦之外，又加試帖經及時務策。

> 太和八年十月禮部奏，進士舉人，自國初以來，試詩賦、帖經、時務策五道。中間或暫改更，旋即仍舊，蓋以成格可守，所取得人故也（唐會要卷七十六進士）。

所謂「成格可守，所取得人」，未免言過其實。早在寶應年間就有人反對這種試法，賈至說：

> 間者禮部取人……試學者以帖字為精通，而不窮旨意……考文者以聲病為是非，唯擇浮豔……取士試之小道，不以遠者大者，使干祿之徒趨馳末術，是誘導之差也（舊唐書卷一百九十中賈曾傳）。

何況主司褒貶乃以詩賦為標準。士人習不急之業，一旦從政，當然措手無策。趙匡舉說：

進士者時共貴之，主司褒貶，實在詩賦，務求巧麗，以此為賢……士林……習不急之業，而當代禮法無不面牆，及臨人決事，取辦胥吏之口而已。所謂所習非所用，所用非所習者也，故當官少稱職之吏（引自文獻通考卷二十九舉士）。

開元年間禮部考試畢，尚須送中書門下詳覆。

初開元中，禮部考試畢，送中書門下詳覆。其後中廢，是歲（元和十三年）……復送中書門下。長慶三年侍郎王起言，故事禮部已放榜，而中書門下始詳覆，今請先詳覆，而後放榜（新唐書卷四十四選舉志上，參閱舊唐書卷一百六十四王起傳及卷一百六十八錢徽傳）。

到了太和八年，王涯為相，乃奏罷之[76]。

太和八年，宰相王涯以為禮部取士，乃先以榜示中書，非至公之道。自今一委有司，以所試雜文鄉貫三代名諱送中書門下（新唐書卷四十四選舉志上）。

凡試於禮部及第者，只得任官的資格，尚須再試於吏部，吏部擇人之法有四，一觀其身，取其體貌豐偉，二觀其言，取其言辭辯正，三觀其書，取其楷法遒美，四觀其判，取其文理優良。入第者經過門下省審核，始得授之以官。

---

[76] 但是吾人觀唐會要卷七十六「進士」，會昌四年二月，五年三月，大中元年正月條，似尚有偶爾舉行宰相覆試之事。而昭宗時代，亦有「覆試進士敕」，結果，及第者十五人，不及第者九人，其中五人許後再舉，四人不許再舉。見全唐文卷九十一「覆試進士敕」。

凡選有文武，文選吏部主之，武選兵部主之，皆為三銓，尚書侍郎分主之……凡擇人之法有四，一曰身，體貌豐偉，二曰言，言辭辯正，三曰書，楷法遒美，四曰判，文理優良。四事皆可取，則先德行，德均以才，才均以勞，得者為留，不得者為放。五品以上不試，上其名中書門下。六品以下，始集而試，觀其書判。已試而銓，察其身言。已銓而注，詢其便利而擬。已注而唱，不厭者得反通其辭。三唱而不厭，聽冬集。厭者為甲，上於僕射，乃上門下省，給事中讀之，黃門侍郎省之，侍中審之，然後以聞，主者受旨而奉行焉，謂之奏受。視品及流外則判補，皆給以符，謂之告身。凡官已受成，皆廷謝。凡試判登科謂之入等，甚拙者謂之藍縷，選未滿而試文三篇，謂之宏辭，試判三條，謂之拔萃，中者即授官（新唐書卷四十五選舉志下）。

由此可知唐代考選，除學館舉其成者，直接送於尚書省，參加會試（禮部之試與吏部之試，見新唐書卷四十四選舉志上）之外，其他的人須經三個階段，一是縣試，二是州（府）試（見上引韓愈之言），三是禮部之試。此三個階段與宋元明之(1)鄉試，(2)會試（即禮部之試），(3)廷試（這是唐代常選所沒有的）稍不相同。

關於吏部選人，應注意的有三點。第一、不是任何職官均由吏部選之，至於那一品以下的官方由吏部注擬，則各書所載不同，唐會要云：

自隋已降，職事五品已上官，中書門下訪擇奏聞，然後下制授之。唐承隋制，初則尚書銓掌六品七品選，侍郎銓掌八品（九品）選……其後，尚書侍郎通掌六品以下選（唐會要卷七十四論選事）。

舊志亦云：

五品以上，舊制，吏部尚書進用。自隋已後，則中書門下知政事官（宰相）訪擇奏聞，然後下制授之。

三品已上，德高委重者，亦有臨軒冊授。自神龍之後，冊授廢而不用，朝廷命官，制勅而已。六品已上（已下），吏部選擬錄奏，書旨授之（舊唐書卷四十二職官志一）。

兩書均以五品以上由宰相訪擇奏聞，六品以下才由吏部注擬，但唐會要又分吏部銓選為二，尚書掌六品七品選，侍郎掌八品九品選（新唐書卷四十五選舉志下則云：「尚書銓掌七品以上選，侍即銓掌八品以下選。至是——謂宋璟為吏部尚書時——通其品而掌焉」）。尚書所掌稱為尚書銓，侍郎二人，一稱中銓，一稱東銓[77]，唐六典云：

吏部尚書侍郎以三銓分其選，一曰尚書銓，二曰中銓，三曰東銓（唐六典卷二吏部尚書）。

關於尚書銓掌六品七品選，蘇氏駁云：

至德二載十二月十五日（文部尚書）復為吏部尚書，掌銓六品七品選，侍郎掌銓八品九品選——蘇氏駁曰，貞觀二十二年二月，民部侍郎盧承慶兼檢校兵郎侍郎，乃知五品選事。承慶辭曰五品選事，職在尚書，

[77] 舊唐書（卷四十三職官志二吏部尚書）亦云：「尚書侍郎分為三銓，尚書為尚書銓，侍郎二人分為中銓東銓也」。但唐會要（卷五十八吏部尚書）則云：「尚書侍郎分為三銓，侍郎二人分為東銓西銓也」。西銓即中銓，與尚書銓同在首都長安。東銓在洛陽，亦稱東選。其創立之原因如次。

東銓者，貞觀元年京師穀貴，始分人於雒州置選。至開耀元年，以關外道里迢遞，河雒之邑，天下之中，始詔東西二曹兩部分簡留放，既畢，同赴京師，謂之東選（冊府元龜卷六百二十九銓選部）。

此外尚有南選。

其黔中嶺南閩中郡縣之官，不由吏部，以京官五品以上一人充使就補，御史一人監之，四歲一往，謂之南選（通典卷十五選舉三）。

臣今掌之，便是越局。太宗不許曰朕今信卿，卿何不自信也。由此言之，即尚書兼知五品選事明矣（唐會要卷五十八吏部尚書）。

所謂民部尚書即戶部尚書，戶部尚書無銓選之權。盧承慶所以得掌銓選，因其兼檢校兵部侍郎，而又由於太宗的特許，故得掌銓五品選事。武選兵部主之，武官五品雖由兵部尚書注擬，亦不能因此而即類推文官五品亦由吏部尚書注擬。蘇氏之言若可作為根據，尚有另一暗示。即六品以下當由侍郎注擬。吾人以為唐代吏部所得銓選之官，前後屢有變更，忽而五品亦由尚書注擬，忽而尚書掌銓六品七品選，忽而六品以下均由侍郎注擬，忽而尚書侍郎通掌六品以下選。唐會要云：「其後尚書侍郎通掌六品以下選」（唐會要卷七十四論選事，參閱新唐書卷四十五選舉志下），即其證也。唯行之最普遍的，大率是五品以上，宰相商議，六品以下尚書侍郎通掌。吾人觀杜佑之言，即可知之。他說：

> 文選舊制，尚書掌六品七品選，侍郎掌八品九品選。景雲初，宋璟為吏部尚書，始通其品員而分典之，遂以為常（通典卷十五唐選舉制）。

德宗時陸贄亦說：

> 國朝之制，庶官五品以上制敕命之，六品以下則並旨授。制敕所命者，蓋宰相商議奏可而除拜之也。旨授者蓋吏部銓材授職，然後上言，詔旨但畫聞以從之，而不可否者也（引自文獻通考卷三十七舉官）。

唯在五品以上又分兩級，三品以上冊授，五品以上制授，六品以下則並旨授[78]。通典云：

[78] 所謂冊授、制授、敕授、旨授乃從官之高低而異其任命方式。前已引過舊志之言，「自神龍之後，冊授廢而不用，朝廷命官，制勅而已」。據明人丘濬說：「臣按制敕所命者，蓋宰相商議奏可而除拜之也。旨授者蓋吏部銓材授職，

凡諸王及職事官正三品以上，若文武散官二品以上……冊授。五品以上皆制授……守五品以上及視五品以上皆勅授……自六品以下旨授（通典卷十五唐選舉制）。

通考亦云：

唐制，二品三品冊授，五品以上制授，守五品以上敕授，六品以下旨授（文獻通考卷三十九辟舉）。

但是吏部選人尚有一種限制，伎術之官均由本司銓注，送吏部附甲。

凡伎術之官皆本司銓注訖，吏部承以附甲焉。原注，謂祕書殿中太僕寺等伎術之官唯得本司遷轉，不得外敘。若本司無闕者，聽授散官，有闕先授。若再考滿者，亦聽外敘（唐六典卷二吏部尚書，參閱舊唐書卷四十三職官志二吏部尚書）。

而法官之補署，吏部須與刑部尚書侍郎議其人可否，然後注擬⑲。

凡吏曹補署法官，則與刑部尚書侍郎議其人可否，然後注擬（唐六典卷十八大理寺，參閱舊唐書卷四十四職官志三大理寺）。

建中元年更申此制，除大理法官外，太常博士之任命，吏部亦須與太常商擬。蓋律學與經學均係專家之學之故。

建中元年正月五日，大理法官太常博士，委吏部擇才，與本司同商量注擬（唐會要卷六十五太常寺）。

⑲然後上言，詔旨但畫聞以從之，而不可否者也」（大學衍義補卷十公銓選之法）。

冊府元龜卷六百四十貢舉部，「廣德元年七月禮部侍郎楊綰上貢舉條目……明法舉人，望付刑部考試。疏入，帝問翰林學士，勅與舊法兼行」。觀「兼行」二字，似明法舉人之考試是由禮部與刑部共同辦理。

吏部以一個機關而欲銓選全國人才，自非易事，所以早在高宗之末，就有人出來反對。

永淳元年魏玄同上疏言選舉法弊曰，漢制，諸侯自置吏四百石以下，其傳相大官則漢為置之，州郡掾吏督郵從事悉任之牧守。自魏晉以後，始歸吏部，而迄於今……天下之大，士類之眾，可委數人手乎。又尸厥任者，間非其選，至為人擇官，為身擇利，下筆繫親疏，措情觀勢要，悠悠風塵，此焉奔競，使百行折之一面，九能斷之數言，不亦難乎（新唐書卷一百十七魏玄同傳）。

第二吏部擇人，雖有身言書判四法，而其所注重者乃是書判，兼以考試之時，先觀書判，而後察其身言，所以書判不能及第者，根本不能入第。書是楷法，判是文理，非讀書善文不可。

唐銓選擇人之法有四，一曰身……二曰言……三曰書……四曰判……既以書為藝，故唐人無不工楷法，以判為貴，故無不習熟，而判語必駢儷。今所傳龍筋鳳髓判，及白樂天集甲乙判是也。自朝廷至縣邑莫不皆然，非讀書善文不可也（容齋隨筆卷十唐書判）。

何謂判？據容齋隨筆所載：

如白樂天甲乙判，則讀之愈多，使人不厭，聊載數端於此。甲去妻，後妻犯罪，請用子蔭贖罪，甲不許。判云，不安爾室，盡孝猶慰母心，薄送我畿，贖罪寧辭子蔭，縱下山之有怨，曷陟屺之無情。辛夫遇盜而死，求殺盜者而為之妻，或責其失節，不伏。判云，夫讎不報，未足為非。婦道有虧，誠宜自恥。詩著靡它之誓，百代可知，禮垂不嫁之文，一言以蔽（下略）。若此之類不背人情，合於法意，援經引史，比喻甚明，非青錢學士所能及也（容齋續筆卷十二龍筋鳳髓判）。

凡人皆有一技之長，長於文詞者固然未必沒有實才，而有實才者亦未必長於文詞。書判成為舉官的標準，倜儻之士不顧埋首寒窗，而致文墨小技不能精通者，將無法表現其才智，而見用於世。唐代天子固曾下詔批評。

天寶九載三月十二日勅，比來選司取人，必限書判，且文學政事本是異科，求備一人，百中無有（唐會要卷六十九縣令）。

而朝臣亦嘗反對書判。

天寶十載，選人劉迺獻議曰，知人……官人……唐虞舉以為難……近代主司……察言於一幅之判，觀行於一揖之內……夫判者以狹辭短韻，語有定規為體，猶以小冶而鼓眾金，雖欲為鼎為鏞，不可得也。故曰判之在文，至局促者。夫銓者必以崇文冠首，媒耀為賢，斯固士之醜行，君子所病。若引周公尼父於銓庭，則雖圖書易象之大訓，以判體措之，曾不及徐庾。雖有淵默罕言之至德，以喋喋取之，曾不若嗇夫……能不悲乎（唐會要卷七十四論選事）。

但是積重難反，書判之試竟永久成為吏部選人的重要標準。

第三、吏部對於選人所注擬之官並不能片面決定，而須徵求選人的同意，所謂「已銓而注，詢其便利而擬其官」（通典卷十五選舉三）是也。這種徵求選人同意，以三次為限，所謂「已注而唱示之，不厭者得反通其辭，他日更其官而告之如初，又不厭者亦如之，三唱而不厭，聽冬集」（通典卷十五選舉三）是也。唐書云：

吏部銓注，常三注三唱，自春止夏乃訖（新唐書卷二百六楊國忠傳）。

所謂「冬集」乃冬季注擬之意。唐六典（卷二吏部尚書侍郎）云：「三注不服，至冬檢舊判注擬」是也。國家用人，本來須求人與地相宜，才與職相宜。然而職官之數有限，吏部所注擬之職未必符合選人之意。半年之後，也許職事官有的死亡，有的辭職，所以無妨冬集一次。按吏部所注擬之官，以地言，常由遠者始，以職言，常由劣者始，一唱而諾，這是希有之事。所以賢明的長官為了獎勵謙讓起見，或即改授較好之職。例如：

宣平鄭相之銓衡也，選人相賀得其入銓，劉禹錫弟某為鄭銓注潮州尉，一唱唯唯而出。鄭呼入，卻迴，鄭曰，如此所試場中，無五六人，一唱便受，亦無五六人，此而不獎，何以銓衡。公要何官，去家穩便。曰家住常州，乃注武進縣尉。選人翕然，畏而愛之（唐語林卷一政事上）。

冬集之時若仍不能授以適當的職官，則如何解決。此際大率先授予散官。唐會要（卷七十五冬集）云：「禮部送進士明經明法……等，准式，據書判資蔭，量定冬集授散」，其一例也。按唐之官制有職有階，有職者必有階，這稱為職事官，有階而無職者稱為散官。階又與品不同，品分三十等，即「凡文官九品，有正有從，自正四品以下有上下，為三十等」（新唐書卷四十六百官志一吏部郎中）。階由從一品始，只有二十九級，即：

凡敘階二十九，從一品曰開府儀同三司。正二品曰特進，從二品曰光祿大夫。正三品曰金紫光祿大夫，從三品曰銀青光祿大夫。正四品上曰正議大夫，正四品下曰通議大夫。從四品上曰太中大夫，從四品下曰中大夫。正五品上曰中散大夫，正五品下曰朝議大夫。從五品上曰朝請大夫，從五品下曰朝散大夫。正六品上曰朝議郎，正六品下曰承議郎。從六品上曰奉議郎，從六品下曰通直郎。正七品上曰朝請郎，正七品下曰宣德郎。從七品上曰朝散郎，從七品下曰宣議郎。正八品上曰給事郎，正八品下曰徵事郎。從八品上曰承奉郎，從八品下曰承務郎。正九品上曰儒林郎，正九品下曰登仕郎。從九品上曰文林郎，從九品下曰將仕郎……凡敘階之法，有以封爵，有以親戚，有以勳庸，有以資蔭，有以秀孝，有以勞考，有除免而復敘者，皆循法以申之，無或枉冒。凡應入三品五品者皆待別制而進之，不然則否（唐六典卷二吏部郎中）。

官與階未必一致，有官高而階低者，例如盧坦為戶部侍郎（正四品下），時階朝議大夫（正五品下）（新唐書卷一百五十九盧坦傳）。又有官低而階高者，唐會要（卷八十一階）云：「其中或官是九品，階稱朝議郎（正六品上），或官是六品，階稱正議大夫（正四品）」是也。散官沒有職事，其有無祿俸，文獻上無可稽考。通典（卷三十四文散官）云：「其散官自五品依本官衣服，而無祿俸」，此言是謂散官五品以上，依本官衣服，而無祿俸乎，或謂散官五品以下，依本官衣服，而無祿俸乎。前者為是，則五品以下當有祿俸，後者為是，則五品以上當有祿俸。抑或是謂散官五品以上，其階已貴，可穿其本官衣服，而一切散官均無祿俸乎。其應如何解釋，當考。總之，唐代任命職官，必須徵求被任命人之同意。被任命人三唱而不肯接受，自可視為放棄權利，其不能得到祿俸，理之當然。唯唐代永業田之制，官人所得乃比平民為多，而「散官五品以上，同職事官給」（唐六典卷三戶部郎中員外郎，新唐書卷五十五食貨志五）。這樣，便是五品以下，除以平民身分受田之外，似無較多的永業田。五品以上既有較多的永業田，則為公平起見，上述「自五品依本官衣服，而無祿俸」，當指五品以上。換言之，五品以下雖然不穿本官衣服而有祿俸。這種解釋是否妥善，當考。

制舉沒有常科，隨天子臨時所欲，定其科目，考試或在殿廷，天子親臨觀之[80]，策高者可以一躍而得美官，其次亦與以「出身」，由吏部依法銓選。

---

[80] 資治通鑑卷二百四唐紀則天皇后天授元年，「二月辛酉，太后策貢士於洛城殿，貢士殿試自此始」。

其制詔舉人，不有常科，皆標其目而搜揚之，試之日或在殿廷，天子親臨觀之。試已，糊其名於中考之文，策高者特授以美官，其次與出身（通典卷十五唐選舉制）。

由此可知制舉與鄉貢不同，鄉貢是每歲由州縣依常科舉人，由禮部依常科考試，及第者必須再由吏部銓選，而後才可以得官。制舉是臨時由天子自定科目，由天子親自策試，高第者可得美官。其制固然有似於漢的對策，然而又與對策不同，一因對策所問者皆當世大事，而唐的制舉除少數例外，如元和元年牛僧孺以賢良方正對策，條指失政，不避宰相（新唐書卷一百七十四牛僧孺傳），大和二年劉蕡以賢良方正對策，指陳時事，不避貴近（新唐書卷一百七十八劉蕡傳）者外，亦多以空言取人。胡致堂說：

制策亦以空言取人……應科者既未必英才，而發問之目往往摘抉細隱，窮所難知，務求博洽之士，而直言極諫之風替矣。要必深詔中外精求，方聞有學行者，勿令先獻所業，直召至殿廷，而親策以當世之急務與夫政事之闕失，使舉古治宜於今者，如其可采，則就加任使，以合於堯舜奏言試功之舉，則瑰瑋傑特之才不困於簸揚淘汰，而國家收多士之實用矣（文獻通考卷三十三賢良方正引胡致堂語）。

二因對策由天子親第其優劣，制舉有時也由天子親試，例如：

開元二十六年八月甲申，親試文詞雅麗舉人……有郭納姚子彥等二十四人升第，皆量資授官（冊府元龜卷六百四十三貢舉部）。

大曆六年四月戊午，御宣政殿，親試諷諫主文，茂才異等，智謀經武，博學專門等四科舉人……時方炎暑，帝具朝衣，永日危坐，讀太宗貞觀政要。及舉人策成，悉皆觀覽一百餘道。將夕，有策未成者，命大官給燭，令盡其才思，夜分而罷。時登科者凡一十五人（冊府元龜卷六百四十三貢舉部）。

> 德宗每年徵四方學術直言極諫之士，至者萃於闕下，上親自考試，絕請託之路……上試制科於宣德殿，或下等者，即以筆抹之至尾（唐語林卷三賞譽）。

但是「開元以後……應詔而舉者，多則二千人，少猶不減千人」（通典卷十五選舉三）。天子一日萬機，那有時間細閱考卷，於是評閱之權遂委之朝臣。人士雖有鯁直之言，倘或不利於當時貴倖，亦不能見知於天子。因之選人就不免阿世取容，而不敢直言極諫。馬端臨說：

> 按既曰制科，則天子親策之，親覽之，升黜之權當一出於上，漢武帝之於董仲舒也，意有未盡，則再策之，三策之，晉武帝之於摯虞阮种亦然。公孫弘所對，太常奏為下第，而帝擢為第一。蓋漢世人主於試賢良，皆親第其優劣，臣下所不可得而軒輊也。唐之制科則全以付之有司矣。故牛僧孺輩以直言忤權倖，則考官坐其累。而劉蕡所陳尤為忠憤鯁切，則自宰相而下皆不敢為之明白。雖是當時閹宦之勢可畏，亦由素無親覽之事，故此輩得以劫制衡鑑之人也（文獻通考卷三十三賢良方正）。

三因對策優者每待以不次之位，劣者亦不罷歸。制舉則有黜落法，中者得美官，其次與出身，不中者罷歸。

> 漢舉賢良，文帝二年對策者百人，晁錯為高第。武帝元光五年對策者亦百餘人，公孫弘第一。當時未有黜落法，對者皆預選，但有高下耳。至唐始對策一道，而有中否（文獻通考卷三十三賢良方正引石林葉氏曰）。

有這三種區別，所以漢代對策，對者皆敢讜論直言，朝廷由此可以得到真才。唐代制舉不過上下姑相應以義理之浮文，劉蕡下第之時，登科者二十三人，「所言皆冗齪常務」（新唐書卷一百七十八劉蕡傳），難怪王夫之對於制舉尤其直言極諫科，極力詆毀。他說：

> 牛僧孺李宗閔皇甫湜皆以直言極諫而居顯要。當其極陳時政之得失，無所避忌，致觸李吉甫之怒，上累

楊於陵韋貫之以坐貶，而三人不遷。豈不人擬為屈賈，代之悲憤，望其大用，以濟時艱乎，乃其後竟如之何也。故標直言極諫之名，以設科試士，不足以得忠直之效；而登進浮薄，激成朋黨，撓亂國政，皆緣此而興……夫惟言是求，無所擇而但獎其競，抑又委取捨於考官，則僉人辯士揣摩主司之好惡，以恣其排擊。若將忘禍福，以抒忠實，則迎合希求，為登科之捷徑，端人正士固恥為之……上之所以求諫者不以其道，則下之應之也，言直而心固曲也（讀通鑑論卷二十五唐憲宗）。

何況天寶年間，制舉亦試詩賦。

天寶十三載，御勤政樓，試四科舉人，其詞藻宏麗，問策外，更試詩賦各一道，制舉試詩賦，自此始（文獻通考卷三十三賢良方正）。

唐以文藝取人，士之精華果銳者皆盡瘁於記問詞章聲病帖括之中，其不能得到人才，是理之當然的。唐代選舉除上述三種之外，尚有薦舉與辟舉。所謂薦舉是使公卿百官推薦人才。公卿百官既有舉官的權，難保他們不依阿所好，引用私人，所以唐代又使薦舉人對被薦舉人負完全責任。被薦舉人若有犯法溺職，薦舉人與之連坐。例如：

大歷元年二月，勅許吏部選人自相舉，如任官有犯，坐舉主（唐會要卷七十五雜處置）。

大曆十四年六月詔，中書門下御史臺五品以上諸司，三品已上長官，各舉可任刺史縣令者一人，中書門下量才進擬，有犯，坐舉主（舊唐書卷十二德宗紀上）。

薦舉之後，立即任用者固然不少，而再加考試，定其等第，而後任用者也有其例。

貞觀中，李大亮巡察劍南，表李義府才，對策中第，補門下省典儀（新唐書卷二百二十三上李義府傳）。

所謂辟舉是使長官對其僚屬，自薦舉而自試用之。隋時，海內一命之官皆出於朝廷，州郡無復有辟署之事，唐以科舉為取士之法，而辟舉尚時有之。馬端臨說：

按自隋時海內一命之官並出於朝廷，州郡無復有辟署之事，士之才智可效一官者，苟非宿登仕版，則雖見知於方鎮岳牧，亦不能稍振拔之，以收其用。至唐，則仕者多由科目矣，然辟署亦時有之。而其法亦不一，有既為王官而被辟者，如張建封之辟許孟容，李德裕之辟鄭畋，白敏中之辟王鐸是也。有登第未釋褐入仕而被辟者，若董晉之於韓退之是也。有強起隱逸之士者，若烏重允之於石洪溫造，張博之於陸龜蒙是也。有特招智略之士者，如裴度之於栢耆，杜悰之於辛讜是也。而所謂隱逸智略之士多起自白衣，劉貢甫言，唐有天下，諸侯自辟幕府之士，唯其才能，不問所從來，而朝廷常收其俊偉以補王官之缺，是以號稱得人。蓋必許其辟置，則可破拘攣，以得度外之士，而士之偶見遺於科目者，亦未嘗不可自效於幕府，取人之道所以廣也（文獻通考卷三十九辟舉）。

到了末季，朝綱紊亂，方牧皆自選列校，以掌牙兵，四方豪傑不能以科舉自達者，皆爭為之，名臣賢將出於其中者為數不少，於是科舉一途雖不能網羅人才，而士尚可以借徑於辟舉以發身。蘇軾說：

漢法，郡縣秀民推擇為吏，考行察廉，以次遷補，或至二千石，入為公卿。古者不專以文詞取人，故得士為多……唐自中葉以後，方鎮皆選列校，以掌牙兵。是時四方豪傑不能以科舉自達者，皆爭為之，往往積功以取旄鉞，雖老姦巨盜或出其中，而名卿賢將如高仙芝封常清李光弼來瑱李抱玉段秀實之流，所得亦已多矣（文獻通考卷三十五吏道）。

㈢**薪俸**　官吏為國服務，國家自應給與他們以薪俸，薪俸不但使官吏維持一家的生活，且使官吏維持其身分相等的生活。唐代官吏的薪俸共有四種：

(1)**是較多的永業田**　「解免者追田，除名者受口分之田……凡給田而無地者，畝給粟二斗」（新唐書卷五十五食貨志五），這在上文已經說明過了，不再贅言。

(2)**是職分田**

武德元年十二月制，內外官各給職分田，京官一品十二頃，二品十頃，三品九頃，四品七頃，五品六頃，六品四頃，七品三頃五十畝，八品二頃五十畝，九品二頃。雍州及州官，二品十二頃，三品十頃，四品八頃，五品七頃，六品五頃，七品四頃，八品三頃，九品二頃五十畝（唐會要卷九十二內外官職田）。

既云職分田，自與永業田不同，職事官才有，不論那一種散官都無之。但是職事官對此職田只有收益權，而無所有權，即由農戶耕種，而由官吏收租。至於田租多少，則依田之肥瘠而殊。開元年間規定如次。

開元十九年四月勅，諸州縣並府鎮戍官等職田頃畝籍帳，仍依允租價對定，無過六斗。地不毛者，畝給二斗（唐會要卷九十二內外官職田）。

但依新志（新唐書卷五十四食貨志四）所述，唐代一畝出米平均不過五斗多，上述六斗之數未免太高。以常理測之，應同永業田一樣，以二斗為當。這種田租不由官吏自行催收，而由官府受納，而後分付於各職官。

開元二十九年二月敕，外官職田，委所司準例倉中受納，納畢，一時分付，縣官亦準此（唐會要卷九十二內外官職田）。

開元二十九年之敕雖然只對外官職田而言，然以內官人數之多，京師土地之狹，不難推定內官職田收租形式必與外官相同。不過外官職田先由官府統收而後再行分付之制，也許是由開元二十九年開始。

(3)**是歲祿**　唐代官階有三十等，而祿則分十八級。

> 武德元年文武官給祿，一品七百石，從一品六百石。二品五百石，從二品四百六十石。三品四百石，從三品三百六十石。四品三百石，從四品二百六十石。五品二百石，從五品百六十石。六品百石，從六品九十石。七品八十石，從七品七十石。八品六十石，從八品五十石。九品四十石，從九品三十石。皆以歲給之，外官則否（新唐書卷五十五食貨志五）。

外官無祿[81]，何能不侵漁百姓。貞觀中，始班外官的祿，然而猶降京官一等。

> 中書舍人高季輔言，外官卑品貧匱，宜給祿養親。自後以地租春秋給京官，歲凡五十萬一千五百餘斛，外官降京官一等。一品以五十石為一等，二品三品以三十石為一等，四品五品以二十石為一等，六品七品以五石為一等，八品九品以二石五斗為一等，無粟則以鹽為祿（新唐書卷五十五食貨志五）。

武德元年所頒之祿乃以年計，貞觀中所頒外官之祿，文字簡單，不易理解，以意測之，文中既有「外官降京官一等」，則外官一品之祿等於內官從一品，因之外官從一品則為 600 – 50 = 550石，外官二品之祿等於內官從二品，因之外官從二品則為 460 – 30 = 430石。茲試依此算法列表如次。

---

81 資治通鑑卷二百唐紀玄宗開元六年，「唐初州縣官俸皆令富戶掌錢（公廨本錢）出息以給之，息至倍稱，多破產者」。唐會要卷九十一內外官料錢上，開元六年七月祕書少監崔沔說：「且五千之本，七分生利，一年所輸且四千二百，兼算勞費，不啻五千」。關於公廨本錢，可參閱新唐書卷五十五食貨志五。又通典卷三十五祿秩，「大唐祿俸之制，其春夏二季春給，秋冬二季秋給」。

貞觀中所頒外官歲祿表（單位：石）

官階	歲祿	官階	歲祿
一品	六○○・○	從一品	五五○・○
二品	四六○・○	從二品	四三○・○
三品	三六○・○	從三品	三三○・○
四品	二六○・○	從四品	二四○・○
五品	一六○・○	從五品	一四○・○
六品	一○○・○	從六品	九五・○
七品	八○・○	從七品	七五・○
八品	六○・○	從八品	五七・五
九品	三○・○	從九品	二七・五

開元二十四年又釐定歲祿如次：

祿米則歲再給之，一品七百斛，從一品六百斛。二品五百斛，從二品四百六十斛。三品四百斛，從三品三百六十斛。四品三百斛，從四品二百五十斛。五品二百斛，從五品百六十斛。六品百斛，自此十斛為率，至從七品七十斛。八品六十七斛，自此五斛為率，至從九品五十二斛。外官降一等（新唐書卷五十五食貨志五）。

吾人比較武德與開元的歲祿，即知其中有不同之點二，一是開元所頒布之歲祿，除從四品之數目比武德少外，八品以下均比武德為多。二是武德以石權，開元以斛量。唐六典（卷三金部郎中）及舊唐書（卷四十三職官志二金部郎中及卷四十八食貨志上）敘述唐之權衡，均至斤而止，未曾說到鈞與石，是否唐代石與斛沒有區別。

⑷是各種津貼　各種津貼之給與乃開始在高宗永徽初年。其內容如次：

一品月俸八千，食料一千八百，雜用一千二百。二品月俸六千五百，食料一千五百，雜用一千。三品月俸五千一百，雜用九百[82]。四品月俸三千五百，食料雜用六百。五品月俸三千，食料雜用六百。六品月俸二千，食料雜用四百。七品月俸一千七百五十，食料雜用三百五十。八品月俸一千三百，食料三百，雜用二百五十。九品月俸一千五十，食料二百五十，雜用二百……職事官又有防閤庶僕[83]，一品防閤九十六人，二品七十二人，三品四十八人，四品三十二人，五品二十四人。六品庶僕十五人，七品四人，八品三人，九品二人（新唐書卷五十五食貨志五）。

文中「職事官又有防閤庶僕」，可知月俸食料雜用三項津貼不是職事官才有，散官亦當有之。開元二十四年又釐定津貼如次：

開元二十四年令，百官防閤庶僕俸食雜用以月給之，總稱月俸。一品錢三萬一千，二品二萬四千，三品萬七千，四品萬一千五百六十七，五品九千二百，六品五千三百，七品四千一百，八品二千四百七十五，九品千九百一十七（新唐書卷五十一食貨志五）。

即防閤庶僕也用錢代之，而總稱為月俸。據唐會要（卷九十一內外官料錢上）所載，內容如次。

---

82 少食料一項，據資治通鑑卷二百五則天皇后延載元年，胡三省註，三品月俸五千一百，食料一千一百，雜用九百。

83 通典卷三十五祿秩，防閤庶僕分為三番，每周而代，初以民丁中男為之，後皆捨其身而收其課。唐會要卷九十一內外官料錢上，儀鳳三年八月二日詔，令王公已下，百姓已上，率口出錢，以充防閤庶僕。

開元二十四年百官月俸表

官品	俸錢	食料	雜用	防閤或庶僕	總計	備考
一品	八、○○○	一、八○○	一、二○○	二○、○○○	三一、○○○	總數與新志（新唐書卷五十五食貨志五）同。通典（卷三十五祿秩），月俸料六千，食料千八百，雜用千二百，防閤十五千，通計二十四千。
二品	六、○○○	一、五○○	一、○○○	一五、○○○	二四、○○○	總數與新志同。但四者之和不能為二十四千。通典，二品三品，均是月俸五千，食料千一百，雜用九百，防閤十千，通計十七千。
三品	五、○○○	一、一○○	九○○	一○、○○○	一七、○○○	總數與新志同，通典作十七千，見上。
四品	四、五○○	七○○	六○○	六、六○○	一一、八六七	總數與新志之數（萬一千五百六十七）不同，而四項之和，又與總數不同。通典為月俸料三千五百，食料七百，雜用七百，防閤六千六百六十七，通計十一千五百六十七。
五品	三、○○○	六○○	五○○	五、○○○	九、二○○	總數與新志同，但四項之和不是九千二百。通典為月俸料三千，食料六百，雜用六百，防閤五千。通計九千二百。
六品	二、三○○	四○○	四○○	二、二○○	五、三○○	總數與新志同。通典為月俸料二千，食料四百，雜用四百，庶僕二千五百，通計五千三百。
七品	一、七五○	三五○	三五○	一、六○○	四、五○○	總數與新志之數（四千一百）不同，而四項之和又與總數不同。通典為月俸料千七百五十，食料三百五十，雜用三百五十，庶僕千六百，通計四千五十。
八品	一、三○○	三○○	二五○	六二五	二、四七五	總數與新志同。通典為月俸料千三百五十，食料三百，雜用三百，庶僕六百，通計二千五百五十。
九品	一、○五○	二五○	二○○	四一七	一、九一七	總數與新志同。通典為月俸料千五十，食料二百五十，雜用二百，庶僕四百，通計千九百。

唐代的祿能否維持一家生計。古人制祿，雖下士猶食上農，現在試以開元二十四年所頒布的內官從九品的祿為基礎，進行討論。內官從九品之一切收入如次：

(1)歲　祿　米五十二斛。

(2)永業田　二頃，「給田而無地者，畝給粟二斗」（新唐書卷五十五食貨志五），即共四十斛，依九章算術，折為米，$40 \times \frac{3}{5} = 24$ 斛。

(3)職分田　二頃五十畝，「地不毛者畝給二斗」（唐會要卷九十二內外官職田），即最少可得五十斛，折為米，$50 \times \frac{3}{5} = 30$ 斛。

(4)月　俸　一千九百十七，開元年間乃物價最低廉的時代，以米價較高之時言之，每斛米值錢不滿二百。

> 其時頻歲豐稔，京師米斛不滿二百（舊唐書卷九玄宗紀下開元二十八年）。

> 是歲，西京東都斗斛直錢不滿二百，絹匹亦如之（資治通鑑卷二百十四唐玄宗開元二十八年）。

米斛二百，則九品所得之月俸可以購買十斛，一年為一百二十斛[84]。

綜合上述四項，一年得米二百二十六斛。農民的收入如何呢？

> 田以高下肥瘠豐耗為率，一頃出米五十餘斛（新唐書卷五十四食貨志四）。

---

84 生產力這樣低，我們不能無疑。固然漢代的度量權衡比之唐代，「尺當六之五，量衡皆三之一」（新唐書卷二十一禮樂志十一），但是唐代的畝亦比漢時為大。

這樣，百畝農夫一年所收之米，只有五十餘斛，這比之從九品之收入相差多了。

但是從九品一年所得，能否維持一家生計。唐時最低生活費，據歐陽修說，乃如次：

> 自天寶至今，戶九百餘萬。王制，上農夫食九人，中農夫七人，以中農夫計之，為六千三百萬人。少壯相均，人食米二升，日費米百二十六萬斛，歲費四萬五千三百六十萬斛。而衣倍之，吉凶之禮再倍（新唐書卷五十四食貨志四）。

一人一日食米二升[85]，一家平均五口，一日食米一斗，一月三斛，一年三十六斛。「衣倍之」，為七十二斛，「吉凶之禮再倍」，為一百四十四斛。合此三項，共計二百五十二斛，即從九品一年之收入比之支出，尚少二十六斛。固然歐陽修之計算，所謂「衣倍之，吉凶之禮再倍」，未必合於實際情況。唯一年支出，單單米之一項，約占全部收入之六分之一，則其生活未必優裕，可想而知。

天寶以後，政治漸亂，秉鈞當軸之士，身兼官以十數，其所得月俸有超過百萬者。

> 宰相楊國忠身兼數官，堂封外，月給錢百萬。幽州平盧節度使安祿山隴右節度使哥舒翰兼使所給，亦不下百萬（新唐書卷五十五食貨志五）。

安史作亂，人民奔迸流移，糧食的生產發生問題，從而祿米之制似已破壞，而漸次代之以錢。唐代官

---

[85] 資治通鑑卷二百三十二德宗貞元三年七月，「上復問泌（李泌）以復府兵之策。對曰今歲徵關東卒戍京西者十七萬人。計歲食粟二百四萬斛，今粟斗直百五十，為錢三百六萬緡」。十七萬人一年食粟二百四萬斛，即每人一年食粟十二斛，每月一斛，每日三升三合。折之為米，$3.3\times\frac{3}{5}=1.98$，亦係一日二升。

祿本來是外官降京官一等，仕進者多樂京師。代宗初，元載當國，顛倒其制，厚外官而薄京官。元載以仕進者多樂京師，惡其逼己，乃制俸祿，厚外官而薄京官，京官不能自給，常從外官乞貸（資治通鑑卷二百二十五唐代宗大歷十二年）。大曆十二年楊綰代元載為相，奏京官俸太薄，詔加京官俸，多者至一百二十貫（資治通鑑卷二百二十五唐代宗大歷十二年），但是顏魯公為刑部尚書，當時尚書月俸六十貫，而竟舉家食粥。顏魯公為刑部尚書，有舉家食粥之帖（魯公乞米帖云，拙於生事，舉家食粥來已數月，今又罄矣，實用憂煎）。蓋自元載制祿，厚外官而薄京官，京官不能自給，常從外官乞貸。楊綰既相，奏加京官俸，魯公以綰薦，自湖州召還，意者俸雖加而猶薄歟（困學紀聞卷十四魯公乞米帖言食粥）。因此，德宗貞元四年，又從李泌之言，京官自三師以下，悉倍其俸（資治通鑑卷二百三十三唐德宗貞元四年，其詳可參看唐會要卷九十一內外官料錢上），多者至二百貫。比方刑部尚書大曆十二年月俸六十貫，至此則為一百貫，然而生產萎縮，物價飛漲，月俸雖然增加，而仍趕不上物價。一般官吏外不足以奉公忘私，內不足以養親施惠，各因官職為姦，受取賕賂，以自供給。唐自中葉以後，政治不能納上軌道，薄俸不失為原因之一。

㈣**監察**　關於御史制度，本書已有說明，其法則為彈劾。秦漢之制，御史大夫掌副丞相，漢時有副相之稱。所以當時御史行使監察權，不過為人君耳目，輔佐丞相，肅清官邪而已。魏晉以後，御史臺漸次獨立，不置大夫，而以中丞為臺主，但是機關的獨立並不使監察權發揮效用，吾人只看魏晉南北朝的官紀，即可知之。

唐代御史臺分置三院，殿院之殿中侍御史掌殿廷供奉之儀式，即如叔孫通傳（漢書卷四十三）所說：「御史執法，舉不如儀者，輒引去」。除此之外，並無重要職務。至於臺院之侍御史乃以糾舉內官為職，察院之監察御史則以巡按州縣為職。唐代初年重內輕外，所以監察御史銜命出使，往往擅作威福。高宗時，韋思謙為監察御史，嘗對人說：

御史出都，若不動搖山嶽，震懾州縣，誠曠職耳（舊唐書卷八十八韋思謙傳）。

其如何擅作威福，觀下列之例，即可知之。

貞觀四年監察御史王凝，使至益州。刺史高士廉勳戚自重，從眾僚候之昇僊停，凝不為禮，呵卻之，士廉甚恥恚（唐會要卷六十二出使）。

開元十三年玄宗發布詔令，禁止御史擅作威福。

開元十三年三月十三日勅，御史出使，舉正不法，身苟不正，焉得正人。如聞州縣祇迎，相望道路，牧宰祇候，僮僕不若，作此威福，其如禮何。今後申明格敕，不得更示威權（唐會要卷六十二出使）。

到了開元二十一年設置十五道採訪使之後，監察御史之權漸為採訪使所侵奪，政府為了調和兩者職權，就使御史中丞為採訪使，或使採訪使帶御史中丞之職。

開元二十二年置京畿採訪處，置使以中丞為之，自是不改（唐會要卷六十御史中丞）。

據柳宗元撰「諸使兼御史中丞壁記」（柳河東全集卷二十六）之註，謂「唐初，諸使未嘗加御史之名，自明皇開元以來，使之制愈重，故……兼御史中丞為使者不一。嘗自開元初考之，至貞元二十年間，其有兼中丞為節度使者……有為節度觀察處置使者……有為團練觀察使者……有為節度觀察使者……有為觀察使者……有為都團練使者……有為經略使者……有為節度留後者……是皆兼中丞者也。外又有自為中丞出為使者……又有兼御史大夫而使者」。歷代職官表（卷十八都察院上唐）云：「謹案，唐自開元置採訪使，始以中丞兼之，其後為節度、觀察、刺史者多兼大夫中丞之職……謂之外臺，此即後世行臺之制所自昉也」。

案御史中丞為風霜之任，採訪使則以監察地方官為職，兩者相兼，乃欲加重採訪使之權。但吾人須知監察御史實漢代刺史之職，其所以為善者，在於「傳車周流，匪有定鎮」。顧炎武說：「夫守令之官不可以不久也，監臨之任不可以久也，久則情親而弊生，望輕而法玩」（日知錄卷九部刺史）。今使中丞兼採訪使之職，採訪使帶中丞之號，豈但行政系統因之紊亂，而中丞久居一地，既然監糾非法，便有賦政之實，若再委之牧守之任，假之都督之威，則末壯披心，尾大不掉，誠非強幹弱枝之策。

㈤**考課**　唐制，每年一小考，志謂「凡百司之長歲較其屬功過是也」（新唐書卷四十六百官志一考功郎中），四年一大考，志謂「凡居官必四考」（新唐書卷四十五選舉志下）是也。吏部置考功郎中，辦理考課事宜。其考法，凡百司之長歲較其屬功過，以四善二十七最，別為九等，善是百官共同應有的善，最是各官依其職事特有的最。一最四善為上上，一最三善（舊志云，或無最而有四善）為上中，一最二善（舊志云，或無最而有三善）為上下，其末至於居位諂詐，貪濁有狀為下下，均具狀申報於吏部考功郎中。考時，皇帝簡派望高者二人，一人校京官考，一人校外官考；又定給事中中書舍人各一人，其一人監京官考，一人監外官考；考功郎中判京官考，考功員外郎判外官考。

考功郎中員外郎各一人，掌文武百官功過善惡之考法及其行狀……其考法，凡百司之長歲較其屬功過，差以九等，大合眾而讀之。流內之官敘以四善，一曰德義有聞，二曰清慎明著，三曰公平可稱，四曰恪勤匪懈。善狀之外，有二十七最，一曰獻可替否拾遺補闕為近侍之最，二曰銓衡人物擢盡才良為選司之最，三曰揚清激濁褒貶必當為考校之最，四曰禮制儀式動合經典為禮官之最，五曰音律克諧不失節奏為樂官之最，六曰決斷不滯與奪合理為判事之最，七曰部統有方警守無失為宿衛之最，八曰兵士調習戎裝充備為督領之最，九曰推鞫得情處斷平允為法官之最，十曰讎校精審明於刊定為校正之最，十一曰承旨敷奏吐納明敏為宣納之最，十二曰訓導有方生徒克業為學官之最。十三曰賞罰嚴明攻戰必勝為軍將之最，十四曰禮義興行肅清所部為政教之最，十五曰詳錄典正詞理兼舉為文史之最，十六曰訪察精審彈舉必當為糾正之最，十七曰明於勘覆稽失無隱為勾檢之最，十八曰職事修理供承彊濟為監掌之最，十九曰功課皆充工匠無怨為役使之最，二十曰耕耨以時收穫成課為屯官之最，二十一曰謹於蓋藏明於出納為倉庫之最，二十二曰推步盈虛究理精密為曆官之最，二十三曰占候醫卜效驗多者為方術之最，二十四曰檢察有方行旅無壅為關津之最，二十五曰市廛弗擾姦濫不行為市司之最，二十六曰牧養肥碩蕃息孳多為牧官之最，二十七曰邊境清肅城隍修理為鎮防之最。一最四善為上上，一最三善為上中（舊志云，一最以上有三善或無最而有四善為上中），一最二善為上下（舊志云，一最以上有二善或無最而有三善為上下），無最而有二善為中上（舊志云，一最以上而有一善或無最而有二善為中上），無最而有一善為中中（舊志云，一最以上或無最而有一善為中中），職事精理，善最不聞為中下，愛憎任情，處斷乖理為下上，背公向私，職務廢闕為下中，居官飾詐，貪濁有狀為下下。凡定考皆集於尚書省，唱第然後奏……流外官以行能功過為四等，清謹勤功為上，執事無私為中，不勤其職為下，貪濁有狀為下下……貞觀初，歲定京官望高者二人，分校京官外官考，給事中中書舍人各一人蒞之，號監中外官考使（舊志云，又定給事中中書舍人各一人，其一人監京官考，一人監外官考），考功郎中判京官考，員外郎判外官考，其後屢置監考校考知考使（新唐書卷四十六百官志一考功郎中，參閱舊唐書職官志一考功郎中）。

以上標準太過空泛，似難適用於地方官，因之地方官除依四善二十七最外，又依戶口與農田之增減，定其等第。即如次：

諸州縣官人，撫育有方，戶口增益者，各準見戶為十分論，每加一分，刺史縣令各進考一等（原注云，增戶口謂課丁，率一丁同一戶法，增不課丁者，每五口同一丁例。其有破除者得相折）。其州戶口不滿五千，縣戶不滿五百者，各準五千五百戶法為分，若撫養乖方，戶口減損者，各準增戶法，亦每減一分，降一級（原注云，課及不課並準上文）。其勸課農田，能使豐實者，亦準見地為十分論，每加二分，各進考一等（原注云，此謂永業口分之外，別能墾起公私荒田者）。其有不加勸課以致減損者（原注云，謂永業口分之外，有荒廢者），每損一分，降考一等。若數處有功，並應進考者，並聽累加（通典卷十五考績）。

同樣，地方之節度使，觀察使，團練使，防禦使及經略使等之考課，亦另有其他標準。

歲以八月考其治否。（節度使以）銷兵為上考，足食為中考，邊功為下考。觀察使以豐稔為上考，省刑為中考，辦稅為下考。團練使以安民為上考，懲奸為中考，得情為下考。防禦使以無虞為上考，清苦為中考，政成為下考。經略使以計度為上考，集事為中考，修造為下考（新唐書卷四十九下百官志四節度使）。

至於考課機關可以分別為中央與地方兩部分言之。

在中央，臺省長官對其屬僚有考課之權，故云「臺省官考，各委長官」（冊府元龜卷六百三十六銓選部）。但三品官以上則由皇帝考課。

由三品上為清望官，歲進名聽內考，非有司所得專（新唐書卷一百十八李渤傳）。

縱是三品以下，苟有「同品」、「平章」之號而為宰相者，亦由皇帝考課。

元和十五年刑部郎中權判考功馮宿奏，宰相及三品已上官，故事內校，遂別封以進（唐會要卷八十一考上）。

所以李渤考課宰相，議者以為越職釣名。

穆宗即位，召李渤為考功員外郎。十一月定京官考，不避權幸……皆行升黜。奏曰其宰臣蕭俛段文昌崔植三人並翰林學士杜元穎等並請考中下。御史大夫李絳左散騎常侍張惟素右散騎常侍李益等……請賜上下考外，特與遷官……其崔元略冠供奉之首……請賜考中中。大理卿許季同……請賜考中中。少府監裴通……請考中下……奏狀入，留中不下。議者以宰輔曠官，自宜上疏論列，而渤越職釣名，非盡事君之道（舊唐書卷一百七十一李渤傳）。

其於地方，刺史歲巡屬縣，考課縣令。

刺史每歲一巡屬縣……其吏在官公廉正己，清直守節者必謹而察之，其貪穢諂諛，求名狥私者亦謹而察之，皆附於考課，以為褒貶，其善惡殊尤者，隨即奏聞（舊唐書卷四十四職官志三刺史）。

刺史由誰考課呢？

大中六年考功奏，近年以來，刺史皆自錄課績申省，矜衒者則張皇其事，謙退者則緘默不言。自今已後，其巡內刺史請並委本道觀察使定其考第，然後錄申本州，不得自錄課績申省（唐會要卷八十二考下）。

既云「近年以來」，自是大中年間的事。按唐置監察御史、掌巡按州縣（舊唐書卷四十四職官志三御史臺），其後又置採訪使觀察使，「掌察所部善惡」（新唐書卷四十九下百官志四外官），則刺史的功過當然是由採訪使或觀察使考之。

採訪使觀察使如何呢？

貞元七年十二月，校外官考使奏，准考課令，三品以上官及同中書門下平章事考，並奏取裁，注云親王及大都督亦同。伏詳此文，則職位崇重，考績褒貶不在有司，皆合上奏。今緣諸州觀察刺史，大都督府長史及上中下都督都護等有帶節度使者，方鎮既崇，名禮當異，每歲考績亦請奏裁，其非節度觀察等州府長官，有帶臺省官者，請不在此限（唐會要卷八十一考上）。

是即觀察使採訪使職位崇重，所以也和京官三品以上一樣，由天子裁定其考績。

唐代考績取公開形式，新志云「大合眾而讀之」（新唐書卷四十六職官志一考功郎中），舊志云，「京官則集應考之人對讀注定，外官對朝集使注定」（舊唐書卷四十三職官志二考功郎中）。大中時，考功郎中奏請採用榜懸之法，任便披訴，雖未實行，而唐代考績比較公開，也可以知道。

大中六年七月考功奏，近來諸州府及百司官長所書考第，寮屬並不得知，升黜之間，莫辨當否。自今已後，書考後，但請勒名牒於本司本州，縣於本司本州之門三日。其外縣官，則當日下縣。如有升黜不當，便任披陳，其考第便須改正，然後得申省。如勘覆之後，事無乖謬，則論告之人亦必懲殿……勅考功所條……雖便允從，近日俗尚矜能，人少廉恥，若牒門許其論告，則自此必長紛爭，當否之間，固有公議（唐會要卷八十二考下）。

考課之後，必須繼之以賞罰。唐制，小考賞為加祿，罰為奪祿，大考賞為進階，罰為降職，其最重者免官。

> 凡考中上以上，每進一等，加祿一季。中中守本祿。中下以下，每退一等，奪祿一季。中品以下，四考皆中中者進一階，一中上考復進一階，一上下考進二階。計當進而參有下考者，以一中上覆一中下，以一上下覆二中下，上中以上雖有下考，從上第，有下下考者解任（新唐書卷四十六百官志一考功郎中）。

百官志之言有兩點不甚明瞭，一是考上中以上者如何？二是所謂中品是那一品，中品以上之進階如何？關此，選舉志云：

> 凡居官必四考……上中以上及計考應至五品以上，奏而別敘（新唐書卷四十五選舉志下）。

由此可知上中以上如何進階以及五品以上如何進階，均須奏請天子裁決。前曾說過：「五品以上制敕命之，六品以下則並旨授」，這與「五品以上，奏而別敘」之言相符。舊志云：

> 凡敘階……應入三品五品者皆待別制而進之，不然則否（舊唐書卷四十三職官志二吏部郎中）。

志不云「應入五品者」，而云「應入三品五品者」，其意何在？這不但因為唐制：三品以上冊授，五品以上制授，三品以上與五品以上固有區別，抑亦因為五品以上雖可進階，三品以上，其階已貴，應講求別的褒獎方法，其法則為賜爵。

> 三品已上，其階已貴，故賜爵，四品以下，其階未貴，故加階（唐會要卷八十一階）。

唐代考課制度固然精細，其實自始就有名無實，玄宗以前，失之過嚴。

> 貞觀六年監察御史馬周上疏曰，自比年，入多者不過中上，未有得上下以上考者（唐會要卷八十一考上）。

肅宗以後，失之過寬。

> 自至德以來，考績之司，事多失實，常參官及諸州刺史未嘗分其善惡，悉以中上考褒之（唐會要卷五十

八考功郎中）。

而進階之法又太過呆板，小考只能加祿，大考方得進階，而大考又復四年一次。唐之官階凡三十等，縱令孜孜慎修，九品之吏亦難昇為三品以上之官。固然唐時士人釋褐入仕，不是都由從九品下開始。唐六典云：

凡敘階之法有以封爵（諸嗣王郡王出身從四品下，親王子封郡公者從五品上，國公正六品上，郡公正六品下，縣公從六品上，侯正七品上，伯正七品下，子從七品上，男從七品下，引自舊唐書卷四十二職官志一），或以親戚（皇帝緦麻以上親皇太后周親出身正六品上，皇太后大功親皇后周親從六品上，皇帝袒免親皇太后小功緦麻親皇后大功親正七品上，皇后小功緦麻親皇太子妃周親從七品上，其外戚各依服屬降宗親二階敘。諸娶郡主者出身正六品上，娶縣主者正七品上，郡主子出身從七品下，縣主子從八品上，引自舊志），有以勳庸（原注，謂上柱國正六品上敘，柱國以下每降一等，至騎都尉從七品下，驍騎尉飛騎尉正九品上，雲騎尉武騎尉從九品上），有以資蔭（一品子正七品上，二品子正七品下，三品子從七品上，從三品子從七品下，正四品子正八品上，從四品子正八品下，正五品子從八品上，從五品子從八品下。三品以上蔭曾孫，五品以上蔭孫，孫降子一等，曾孫降孫一等，引自舊志），有以秀孝（凡秀才出身上上第正八品上，上中第正八品下，上下第從八品上，中上第從八品下。明經上上第從八品下，上中第正九品上，上下第正九品下，中上第從九品下。進士明法甲第從九品上，乙第從九品下。弘文崇文館生及第亦如之。書算學生從九品下敘，引自新唐書卷四十五選舉志下）……皆循法以申之，無或枉冒（唐六典卷二吏部郎中員外郎）。

且考績加階又得超等，例如文宗時，李石自朝議郎加朝議大夫（舊唐書卷一百七十二李石傳），此加三階之例也。德宗時裴延齡自朝議大夫加銀青光祿大夫（唐會要卷八十一階），此加七階之例也。代宗時，常兗由朝議郎加銀青光祿大夫（唐會要卷八十一階），此加九階之例也。不過尚有一種限制，武后萬歲通天元年七月四日制，「文武官加階應入五品者，並取出身歷十三考以上無私犯……應入三品，取出身二十五考以上，亦無私犯」。玄宗開元十一年二月五日敕，「自今以後，泛階應入五品，以十六考為定，及三品以三十考為定……永為常式」（唐會要卷八十一階），這種制度經安史之亂，大約破壞。到了德宗貞元六年六月，「吏部奏，准格，內外官承泛階應入五品者，制出日，須經一十六考……應入三品者，制出日，經三十考」（唐會要卷八十一階）。這樣，不問出身那一階，要入五品，須經十六考，一年一考，即須經十六年，才得昇為五品。而由五品昇至三品，歷考更多，須經 30 – 16 = 14 考。漢時，官階只十五級，而其昇遷之法又不以官階為標準，而以官職為標準。例如部刺史秩六百石，郡守秩二千石，其間尚有比千石，千石，比二千石三級，但刺史高第者即遷為郡守，而其昇遷又不以年月為限，蕭望之為謁者，歲中三遷，官至二千石，蓋必如此，而後政界才有新陳代謝的現象。陸贄說：

> 虞書，三載考績，三考黜陟幽明，是則必俟九年，方有進退。然其所進者或自側微而納於百揆，雖久其任，復何病降哉。漢制，部刺史秩六百石，郡守秩二千石，刺史高第者即遷為郡守，郡守高第者即入為九卿，從九卿即遷為亞相相國，是乃從六百石吏而至台輔，其間所歷者三四轉耳，久在其任，亦未失宜。近代建官漸多，列級逾密，今縣邑有七等之異，州府有九等之差，同為省郎，即有前中後行郎中員外五等之殊，並稱諫官，則有諫議大夫補闕拾遺三等之別。洎諸臺寺，率類於斯，悉有常資，各須循守。若依唐虞故事，咸以九載為期，是宜高位常苦於乏人，下寮每嗟於白首……夫長吏數遷，固非理道，居官過久，亦有弊生。何者，時俗常情，樂新厭舊，有始卒者，其唯聖人。降至中才，罕能無變。其始也，砥礪之心必

切，其久也，因遁之念必萌……遷轉甚速，則人心苟而職業不固，甚遲，則人心怠而事守浸衰，然則甚速與甚遲，其弊一也（陸宣公全集卷十一論朝官闕員及刺史等改轉倫序狀）。

按考績與年勞不同，考績是以日月驗其職業的修廢，年勞是以日月計其資格的深淺。賢者當舉，若以資淺而抑之，不肖者當黜，若以年深而升之，這是年勞，不是考績。考績之法行，則庸愚畏之，年勞之法行，則庸愚便之。唐代考績之制，必限四考，才得躡級而進，這已經接近於年勞了。到了開元十八年裴光庭為吏部尚書，就學後魏崔亮，定下了一個循資格之制。

開元十八年侍中裴光庭兼吏部尚書。先是選司注官，惟視其人之能否，或不次超遷，或老於下位，有出身二十年不得祿者……光庭始奏用循資格，各以罷官若干選而集[86]，官高者選少，卑者選多，無問能否，選滿則注，限年躡級，毋得踰越，非負譴者皆有升無降。庸愚沉滯者皆喜，謂之聖書，而才俊之士無不怨歎（文獻通考卷三十七舉官）。

這個制度既立之後，庸碌者便於歷級而升，不至沉廢，挺特者不能脫穎而出，遂至邅迴。固然裴光庭死後，就下詔罷之。但是守文之事庸愚皆能之，知人之明，則賢哲亦不敢以此自稱，所以結果有司仍守文奉式，循資格而已。

及光庭卒，中書令蕭嵩以為非求才之方，奏罷之。詔曰，凡人年三十而出身，四十乃得從事，更造格以分寸為差，若循新格，則六十未離一尉，自今有異材高行，聽擢不次。然有其制，而無其事，有司但守文

[86] 所謂「各以罷官若干選而集」，據資治通鑑卷二百十三唐玄宗開元十八年，胡三省註云：「謂罷官之後，經選凡幾，各以多少為次，而集於吏部」。

> 奉式，循資例而已（文獻通考卷三十七舉官）。

㈥**養老**　官吏年七十以上，就應退職，這叫做致仕，若齒力未衰，亦得服務。

> 凡職事官年七十以上，應致仕，若齒力未衰，亦聽釐務（舊唐書卷四十三職官志二吏部郎中）。

年未七十，而形容衰老者亦聽致仕。

> 年雖少，形容衰老者亦聽致仕（通典卷三十三致仕官）。

所謂「少」，到底最低是若干歲，唐制，「六十為老」（唐六典卷三戶部郎中），吾人由於上文，固然可以推定，五十九以下，形容衰老，許其致仕，至若干歲以上才得享此優典，文獻上無可稽考。

五品以上致仕，可以得到半祿。

> 致仕五品以上給半祿，解官充侍亦如之（新唐書卷五十五食貨志五）。

致仕官原則上只得半祿，若蒙天子特恩，亦可得到全祿。

> 宋璟（時為尚書右丞相，即尚書右僕射）請致仕，許之，仍賜全祿（新唐書卷一百二十四宋璟傳）。

祿乃祿米之意，至於職分田與月俸當然沒有。所以歷史又說：

> 貞元五年三月，蕭昕（太子少師）鮑防（工部尚書）韋建（祕書監）並致仕，仍給半祿及賜帛，其俸料悉絕。上念舊老，特命賜其半焉。致仕官給半祿料，自昕等始也（唐會要卷六十七致仕官）。

有時天子對於致仕官，特為加階，以示優崇之意。

> 楊恭仁遷洛州都督……重病，乞骸骨，詔以特進歸第（新唐書卷一百楊恭仁傳）。

按洛州即河南府，武德九年置洛州都督府，貞觀十八年廢都督府，開元元年改洛州為河南府（舊唐書卷三十八地理志一）。洛州都督不知屬於那一級，若由地理之重要性觀之，當為大都督府，大都督從二品，而特進則為正二品。外官之祿降京官一等，所以楊恭仁致仕之時，所得的祿當加二級。致仕官所得祿俸由居住地官廳支給。

建中三年九月十二日敕，致仕官所請半祿料及賜物等，並宜從敕出日，於本貫及寄住處州府支給（唐會要卷六十七致仕官）。

據上所言，是則五品以上致仕，才可以得到半祿或兼得半俸，六品以下不能享這恩典。但是我們若看太和元年九月的敕，又可知道文宗以前，必有一個時期，不問官之大小，均可以致仕受祿。

太和元年九月勅請致仕官近日不限品秩高卑，一例致仕，酌法循舊，頗越典章，自今以後，常參官五品外官四品者，然後許致仕，餘停（唐會要卷六十七致仕官）。

京官必須五品以上，外官必須四品以上，才有致仕受祿的權利。那末，京官六品以下，外官五品以下，年老退職，怎樣維持生活呢？唐代一命以上之官均有額外永業田，「凡給田而無地者，畝給粟二斗」（新唐書卷五十五食貨志五），所以在均田制度尚未破壞，國家財政尚覺充足之時，官吏致仕，縱是從九品官之收入亦不比平民為少。均田破壞，財政困難，情形又不同了。

附錄　唐建元表

高祖李淵　武德九
太宗世民　貞觀二十三
高　宗　治　永徽六　顯慶五　龍朔三　麟德三　乾封二　總章二　咸亨四　上元二
　　　　　　儀鳳三　調露一　永隆一　開耀一　永淳一　宏道一
則天武后　文明　光宅一　垂拱四　永昌一　載初　天授二　如意　長壽二
　　　　　　延載一　證聖　天冊萬歲一　萬歲登封　萬歲通天一　神功一　聖歷二
　　　　　　久視一　大足　長安四
中　宗　顯　神龍　景龍四
睿　宗　旦　景雲二　太極一　延和
玄宗隆基　先天一　開元二十九　天寶十五
肅　宗　亨　至德二　乾元二　上元二　寶應一
代　宗　豫　廣德二　永泰一　大曆十四
德　宗　适　建中四　興元一　貞元二十
順　宗　誦　永貞一
憲　宗　純　元和十五

穆宗恆　長慶四

敬宗湛　寶曆二

文宗昂　大和九　開成五

武宗瀍　會昌六

宣宗忱　大中十三

懿宗漼　咸通十四

僖宗儇　乾符六　廣明一　中和四　光啟三　文德一

昭宗曄　龍紀一　大順二　景福二　乾寧四　光化三　天復三　天祐一

唐二十帝，共二百九十年。

第十章 五代

第一節　政局的紛亂與軍閥的割據

唐自肅代以後，方鎮跋扈，天子顧力不能制，則忍辱含垢，因而撫之，謂之姑息之政。但是姑息愈甚，而方鎮愈跋扈，弄到結果，兵驕將悍，天子受制於藩臣，藩臣受制於將校，將校受制於士兵，逐帥立帥，有如兒戲。黃巢作亂，四方鼎沸，武夫戰卒均趁這個機會，擅易主帥。

巢賊犯長安，諸藩擅易主帥（舊五代史卷十三王師範傳）。

黃巢犯闕輔，州郡易帥，有同博奕（舊五代史卷六十二孟方立傳）。

而各地藩臣又半出群盜。他們強弱相噬，朝廷不能制止。

光啟初，王綱不振，是時天下諸侯半出群盜，強弱相噬，怙眾邀寵，國法莫能制（舊唐書卷一百七十九蕭遘傳）。

中央政權已經顛覆，唐祚所以不即滅亡者，乃是因為方鎮遍布於天下，勢均力敵，互相牽制。這個時候，汴州之地甚為重要，汴州控制運河的交通，江淮物資必須經過汴州，而後方能輸至洛陽，轉運長安。朱全忠割據汴州，在方鎮之中，勢力最為雄厚。天祐元年朱全忠迫昭帝遷都洛陽，於是中央政權更受汴州的脅制。只因李克用雄張於太原，羅紹威割據於魏博，自古為河南之禍者大率來自河北。五代之世，魏博六州頗為繁富。

魏博六州戶口天下之半（舊五代史卷六十九王正言傳）。

鄴都尤見其然。

鄴都繁富，為天下之冠（舊五代史卷七十五晉高祖紀）。

而形勢雄偉，乃河朔之名藩，河南之巨屏。桑維翰說：

鄴都襟帶山河，表裡形勢，原田沃衍，戶賦殷繁，乃河朔之名藩，實國家之巨屏（舊五代史卷八十九桑維翰傳）。

其距離汴州，不過十驛。桑維翰說：

大梁距魏，不過十驛。胡三省注云：唐制，三十里一驛，十驛三百里（資治通鑑卷二百八十一晉高祖天福二年）。

其後羅紹威引朱全忠為援，盡殺牙兵，內偪雖除，而勢力已衰，魏博之地變為朱全忠的勢力範圍。

初至德中，田承嗣盜據相魏澶博衛貝等六州，召募軍中子弟，置之部下，號曰牙軍，皆豐給厚賜，不勝驕寵。年代寖遠，父子相襲，親黨膠固。其凶戾者強賈豪奪，踰法犯令，長吏不能禁。變易主帥，有同兒戲。自田氏已後，垂二百年，主帥廢置，出於其手，如史憲誠何全皥韓君雄樂彥貞皆為其所立。優獎小不如意，則舉族被誅。紹威懲其往弊……每慮牙軍變易，心不自安……乃定計圖牙軍，遣使告太祖（朱溫），求為外援，太祖許之……天祐三年正月五日太祖親率大軍濟河……是月十六日紹威率奴客數百……同攻之。時宿於牙城者千餘人，遲明盡誅之。凡八千家皆赤其族，州城為之一空。翼日太祖自內黃馳至鄴……自是紹威雖除其偪，然尋有自弱之悔（舊五代史卷十四羅紹威傳）。

朱全忠篡唐，國號曰梁，定都於汴。梁亦不能撲滅群雄，完成統一之業。而方鎮割據，魏博之地尚可以威脅中央的政權。例如：

庶人友珪篡位……以楊師厚為魏博節度使……師厚握河朔兵，威望震主……及末帝將圖友珪，遣使謀於師厚，深陳款效……友珪既誅，末帝即位於東京，首封師厚為鄴王……事無巨細，必先謀於師厚（舊五代史卷二十二楊師厚傳）。

梁貞明元年，魏軍作亂，魏博之地歸屬於李存勗。

楊師厚卒於魏州，梁王乃割相衛澶三州，別為一鎮，以賀德倫為魏博節度使，以張筠為相州節度使，魏人不從……魏軍作亂，囚德倫於牙署，三軍大掠，軍士有張彥者素實凶暴，為亂軍之首，迫德倫上章，請卻復六州之地。梁主不從，遂迫德倫歸於帝（李存勗），且乞師為援……帝入魏州，賀德倫上符印，請帝兼領魏州，帝從之（舊五代史卷二十八唐莊宗紀）。

李存勗遂依高屋建瓴之勢，剪滅朱梁，改國號曰唐，徙都洛陽。皇甫暉說：

唐能破梁而得天下者，以先得魏，而盡有河北之兵也（新五代史卷四十九皇甫暉傳）。

但是河南之禍不但來自魏博，太原之地甚為險固。石敬瑭說：

太原險固之地，積粟甚多（舊五代史卷七十五晉高祖紀）。

郭威亦說：

河東山川險固，風俗尚武，士多戰馬，靜則勤稼穡，動則習軍旅，此霸王之資也（資治通鑑卷二百八十四晉齊王開運元年）。

由太原，下澤潞，甚勢亦足以脅河南，石敬瑭為河東節度使，依契丹之援，滅唐稱晉。

石敬瑭為河東節度使，北京（太原）留守……清泰三年五月移授鄆州節度使……降詔促帝（石敬瑭）赴任，帝心疑之……朝廷以帝不奉詔，降制削奪官爵。帝尋命桑維翰詣諸道求援，契丹遣人復書諾之……契丹主會帝於營中，曰我……欲徇蕃漢群議，冊爾為天子。帝飾讓久之，既而諸軍勸進相繼，乃命築壇於晉陽城南，冊帝為大晉皇帝，契丹主解衣冠授焉……唐末帝……登元武樓縱火自焚而死。至晚，車駕入洛，唐兵解甲待罪，皆慰而捨之（舊五代史卷七十五及卷七十六晉高祖紀）。

自晉以後，均以汴州為首都，但是篡位奪祚的人無不來自太原，或是來自魏博。劉知遠為河東節度使，滅晉為漢。

劉知遠為河東節度使，北京（太原）留守……高祖（石敬瑭）崩，出帝立，與契丹絕盟，用兵北方……開運四年契丹犯京師，出帝北遷……王（劉知遠封為太原王）遣牙將王峻奉表契丹……峻還，為王言契丹必不能有中國，乃議建國，二月戊辰河東行軍司馬張彥威等上牋勸進，辛未皇帝即位……契丹遯……六月甲子至自太原（據舊五代史卷一百漢高祖紀，六月丙辰車駕至洛，甲子車駕至東京，所謂至自太原者，謂由太原下洛陽，至汴州也）……改國號漢（新五代史卷十漢高祖紀）。

郭威為魏博節度使，滅漢為周。

郭威為鄴都留守……漢隱帝遣心腹賫密詔……令護聖左廂都指揮使郭崇等害帝（郭威）於鄴城……帝即集三軍將校諭之曰……今有詔來取予首級，爾等宜奉行詔旨，斷予首以報天子，各圖功業，且不累諸君也。郭崇等與諸將校泣於前，言曰此事必非聖意，崇等願從明君入朝，面自洗雪，除君側之惡，共安天下。眾然之，遂請帝南行……郭允明弒漢帝於北郊……諸軍將士……請帝為天子……或有裂黃旗以被帝體，以代赭袍，山呼震地……時文武百官內外將帥藩臣郡守相繼上表勸進……帝御崇元殿即皇帝位（舊五代史卷一百十周太祖紀）。

歐陽修說：「開平顯德五十年間，天下五代，而實八姓」（新五代史卷三十六義兒傳序），而每次易代，又由地方發生叛亂，這是可以證明中樞微弱，不能控制地方。而且五代之外，尚有獨立的十國。茲試用表簡單述之如次。

十國表

國名	姓名	史略
吳	楊行密	廬州合肥人，唐乾符中為群盜，據廬州。光啟二年淮南軍亂，行密入據廣陵，詔以為淮南節度使，遂乘大亂之際，盡收淮南之地。天復二年進爵吳王。大祐二年行密卒，子渥嗣。朱梁開平三年徐溫弒渥，而立其弟隆演。六年隆演卒，弟溥立，後唐天成二年稱帝，國號吳。石晉天福二年為徐知誥所簒，傳四世國亡。參閱新五代史卷六十一吳世家。
南唐	李昪	李昪即徐知誥，本李氏子。初楊行密攻濠州，得之，賜徐溫為養子。朱梁貞明三年知誥入江都輔政，後唐天成二年徐溫卒，知誥遂督中外諸軍，而秉朝政。石晉天福二年簒位，國號唐，都金陵。自知誥至李煜，傳三世，宋開寶三年國亡。參閱新五代史卷六十二南唐世家。
前蜀	王建	許州舞陽人，少無賴，以屠牛盜驢販私鹽為事，里人謂之賊王八。後為忠武軍卒，稍遷隊長。黃巢陷長安，建迎僖宗於蜀。光啟二年以建為利州刺史。三年田令孜召建詣西川，西川帥陳敬瑄拒之，建怒，拔漢州，進兵攻成都，略取蜀中各地。天復三年進爵蜀王。朱梁開平初，稱帝，國號蜀。貞明四年卒，子衍嗣位，後唐同光三年為唐所滅。參閱新五代史卷六十三前蜀世家。
後蜀	孟知祥	邢州龍岡人，同光初，為太原府尹。郭從韜伐蜀，薦為西川節度使，以朝廷多故，乃訓練兵甲，陰有王蜀之志。長興初，略取前蜀諸州，四年冊為蜀王。會唐主殂，遂僭稱帝，國號蜀，是年子昶嗣位。自孟知祥得蜀，傳二世，宋乾德三年國亡。參閱新五代史卷六十四後蜀世家。
南漢	劉隱	上蔡人，後徙閩中，父謙為廣州牙將，累功授封州刺史，謙卒，嶺南節度使劉崇龜復表隱為刺史。

		乾寧中，劉崇龜死，廣州亂，軍人推隱為留後。天祐二年拜隱節度使，梁開平三年討南平王。乾化初卒，子巖嗣，貞明二年稱帝，國號越，明年改稱漢。由劉隱至鋹，傳五世，宋開寶四年國亡。參閱新五代史卷六十五南漢世家。
楚	馬殷	許州鄢陵人，初為秦宗權將，光啟三年從孫儒掠江淮以南。儒死，收其餘眾，南走洪州，比至江西，眾十餘萬。乾寧五年詔以殷為武安留後，悉定湖南地。天祐四年朱全忠篡位，封楚王。周廣順初，國亂，其地為南唐及南漢所得。自馬殷至希萼，傳五世國亡。參閱新五代史卷六十六楚世家。
吳越	錢鏐	杭州臨安人，壯無賴，不喜事生業，以販鹽為盜。後事杭州刺史董昌，昌遣鏐取婺州，又取越州，昌因移鎮越州，以鏐知杭州事，朝廷因授之。景福初，詔以鏐為成勝軍防禦使，二年授鎮海節度使。乾寧二年董昌叛，稱帝，鏐討平之。天復二年進爵越王，天祐初改封吳王，四年朱全忠篡位，改封吳越王。自錢鏐至宏俶，傳五世，宋太平興國三年國亡。參閱新五代史卷六十七吳越世家。
閩	王審知	光州固始人，兄潮為群盜。光啟初，轉掠入閩，尋陷泉州，詔授泉州刺史。景福二年入福州，據有全閩之地。乾寧四年卒，弟審知嗣。後唐同光三年，子延翰嗣。天成初，稱閩國王，未幾為其下所殺，弟延鈞代立。長興四年稱帝，國號閩。清泰二年，其下殺之，而立其子繼鵬。石晉天福三年又為其下所殺，而立延鈞之兄延熹。四年其弟延政據建州，亦僭稱帝，國號殷。九年延熹為其臣所殺，國亂，延政因舉兵略取全閩之地。未幾，南唐攻建州，延政降，福州為吳越所取。自潮至延政，傳六世國亡。參閱新五代史卷六十八閩世家。
南平	高季興	陝州硤石人，少為汴州富人李讓家僮，李讓為梁太祖養子，易其姓名曰朱友讓，季興以友讓故，得進見，太祖奇其材，累功至宋州刺史。開平元年拜荊南節度使。太祖崩，季興見梁日以衰弱，乃謀阻兵自固，治城隍，設樓櫓，後唐同光三年封南平王。天成三年卒，子從誨嗣，傳五世至繼沖，宋建隆三年國亡。參閱新五代史卷六十九南平世家。
北漢	劉旻	漢高祖弟，天福十二年，為河東節度使。及郭威篡位，崇遂自立於晉陽，國號漢。傳五世至繼元，宋太平興國四年為宋所滅。參閱新五代史卷七十北漢世家。

吾國的統一大率由於一個地方形勢險固，而該地的經濟力與軍事力又甚雄厚。就形勢說，五代或定都

於洛陽（唐），或定都於汴州（梁晉漢周）。洛陽四面受敵，張良說：

洛陽四面受敵（史記卷五十五留侯世家）。

劉敬亦說：

洛陽天下之中……有道則易以王，無道則易以亡（史記卷九十九劉敬傳）。

汴州雖然是舟車所會，便於漕運。桑維翰說：

大梁北控燕趙，南通江淮，水陸都會，資用豐饒（資治通鑑卷二百八十一晉高祖天福二年）。

五代定都於汴，就是取其漕運便利。

天福三年十月庚辰御札曰，建都之法，務要利民……當數朝戰伐之餘，是兆庶傷殘之後，車徒既廣，帑廩咸虛。經年之輓粟飛芻，繼日而勞民動眾，常煩漕運不給供須。今汴州水陸要衝，山河形勝，乃萬庾千箱之地，是四通八達之郊。爰自按巡，益觀宜便，俾升都邑，以利兵民。汴州宜升為東京，置開封府……其洛京改為西京，其雍京改為晉昌軍……依舊為京兆府（舊五代史卷七十七晉高祖紀）。

唐雖定都洛陽，而饑饉之年也有遷都汴州之議。

是時兩河大水，戶口流亡者十四五，都下供饋不充，軍士乏食，乃有鬻子去妻，老弱採拾於野，殍踣於行路者……帝深憂之，問所司濟贍之術……中官李紹宏奏曰……請且幸汴州，以便漕輓（舊五代史卷三十三唐莊宗紀同光三年）。

汴州即漢陳留之地，形勢渙散，防維為難。酈食其說：

夫陳留天下之衝，四通五達之郊也（史記卷九十七酈食其傳）。

陳宮亦說：

陳留四戰之地（魏志卷七張邈傳）。

在群雄割據之時，而以洛陽或汴州為國都，比之關中「阻三面而守，獨以一面專制諸侯」（史記卷五十五留侯世家），自不可同日而語。

就經濟說，隋唐以後，經濟中心移於東南，中央政權所能支配者不過汝洛鄭汴懷孟晉絳數州而已。此數州者屢遭兵燹，經濟完全破壞。

巢賊東走關東……自唐鄧許汝孟洛鄭汴曹濮徐兗數十州，畢罹其毒（舊唐書卷二百下黃巢傳）。

秦宗權連陷汝洛懷孟唐鄧許鄭，圜幅數千里殆絕人烟（舊五代史卷一梁太祖紀）。

李罕之專以寇鈔為事，自懷孟晉絳數百里內，州無刺史，縣無令長，田無麥禾，邑無烟火者，殆將十年（資治通鑑卷二百五十七唐僖宗文德元年）。

以中央領地之稅收，供給中央各種費用已經不夠。而淮南財富之區又為楊行密（吳）——徐知誥（南唐）所據。楊行密割據廣陵，盡收淮南之地，隋唐以來溝通南北的運河切為兩段，吾人觀下列之事，即可知之。

閩王審知歲自海道登萊入貢，溺死者什四五。胡三省注云：自福建入貢大梁，陸行當由衢信，取饒池界。渡江，取舒廬壽度淮，而後入梁境。然自信饒至廬壽皆屬楊氏。而朱楊為世仇，不可得而假道，故航海入貢。今自福州洋過溫州洋，取台州洋，過天門山，入明州象山洋，過涔江，掠洌港，直東北，度大洋抵登萊岸，風濤至險，故沒溺者眾（資治通鑑卷二百六十七梁太祖開平三年）。

五代除唐之外，均定都於汴州，本欲因利乘便，收復淮南，利用運河，轉輸江南之粟。但是楊行密竟然潰決汴水，使運河失去效用，以斷絕敵人打通運河的計劃。

唐末，楊氏……決汴，匯為汙澤（宋史卷二百五十二武行德傳）。

中原經濟崩潰，而江南之粟又不能漕運至京，於是國家財政也發生了困難。

五代財政窮匱表

朝代	財政情況
梁	府藏殫竭，斂箕百姓，供軍不暇。見舊五代史卷九梁末帝紀貞明三年。
唐	莊宗平定梁室，任吏人孔謙為租庸使，峻法以剝下，厚斂以奉上。民產雖竭，軍食尚虧，加之以兵革，因之以饑饉，不三四年，以致顛隕。見舊五代史卷一百四十六食貨志。 軍儲官俸常汲汲於供須，夏稅秋租每懸懸於繼續，內外倉庫多是罄空，遠近生民或聞饑歉。見舊五代史卷六十九張延朗傳。按此係唐末帝時事。
晉	當數朝戰伐之餘，是兆庶傷殘之後，車徒既廣，帑廩咸虛。見舊五代史卷七十七晉高祖紀天福三年。 干戈尚興，邊陲多事，倉廩不足，則輟人之饌食，帑藏不足，則率人之資財，兵士不足，則取人之丁口，戰騎不足，則假人之乘馬。見舊五代史卷八十二晉少帝紀開運元年。
漢	今天下戎馬之後，四方兇盜之餘，杼柚空而賦斂繁，人民稀而倉廩匱。見舊五代史卷一百六劉審交傳。
周	貧乏者困於供須，豪富者幸於影庇。見舊五代史卷一百十一周太祖紀廣順元年。

政府為了解決財政困難，只有預借民租。

同光四年三月戊午，詔河南府預借今年夏秋租稅，時年饑民困，百姓不勝其酷，京畿之民多號泣於路，議者以為劉盆子復生矣（舊五代史卷三十四唐莊宗紀）。

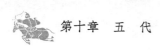

預借不足以供費用，就用重斂之法。

金部郎中張鑄奏，竊見鄉村浮戶非不勤稼穡，非不樂安居，但以種木未盈十年，墾田未及三項，似已生業，已為縣司收供徭役，責之重賦，威以嚴刑，故不免捐功捨業，更思他適（資治通鑑卷二百八十一晉高祖天福三年）。

在古代，政權是需要軍隊支持的。而欲組織精銳的軍隊，又需要豐富的財政。中央政權沒有經濟的基礎，當然財政窮匱，軍隊寡弱，而政府則衰微無力，不能控制諸侯。何況時值喪亂，兵猶在野，民未息肩，急賦繁徵，則愁嘆之聲盈於道路，輕傜薄斂，則六軍勁士又無以為贍。張延朗說：

將欲養四海之貧民，無過薄賦，贍六軍之勁士，又籍豐儲，利害相隨，取與難酌（舊五代史卷六十九張延朗傳）。

這是五代政府所感覺的煩悶，而喪亂相承，莫能統一，亦此之故。

就軍事說，自府兵制度破壞之後，只有軍閥的私兵，而無國家的軍隊。楊師厚有銀槍效節軍（舊五代史卷二十二楊師厚傳），安重霸有龍武都（舊五代史卷六十一安重霸傳），朱溫有廳子都（舊五代史卷六十四王晏球傳），朱瑾有鴈子都（舊五代史卷六十四朱漢賓傳），楊行密有黑雲都（舊五代史卷一百三十四楊行密傳），劉仁恭有定霸都（舊五代史卷一百三十五劉守光傳）。唐末五代的私兵與魏晉南北朝的部曲不同，部曲對其主帥是封建的隸屬關係，私兵對其主帥則只有雇傭關係，誰能出最高價錢，誰就能收買他們。例如：

護國節度使李守貞與永興（趙思綰）鳳翔（王景崇）同反……帝以郭威為西面軍前招慰安撫使，諸軍皆受威節制。威將行，問策於太師馮道。道曰，守貞自謂舊將，為士卒所附，願公勿愛官物，以賜士卒，則奪其所恃矣。威從之……始李守貞以禁軍皆嘗在麾下，受其恩施……，謂其至則叩城奉迎，可以坐而待之。既而士卒新受賜於郭威，皆忘守貞舊恩（資治通鑑卷二百八十八漢高祖乾祐元年）。

因此之故，魏晉南北朝有叛將，無叛兵。至唐中葉以後，方鎮兵變比比皆是。降至五代，其風更熾。五代之世，喪亂相承，五十餘年之間，易代五次，朝為藩臣，暮為天子，君臣之分未曾確定，當然容易引起人們覬覦帝位之心，尤以晉高祖之時為然。

晉高祖取天下不順，常以此慙藩鎮，多務過為姑息，而藩鎮之臣或不自安，或心慕高祖所為，謂舉可成事，故在位七年，而反者六起（新五代史卷五十一安從進傳）。

此蓋梁太祖唐莊宗均以力戰，取得天下。晉高祖外恃契丹之援，內由軍士勸進，既無特殊功勳，只因一時僥倖而登帝位，當然容易引起群下覬覦。況復臣事契丹，歲貢金帛，安重榮「指斥高祖稱臣奉表，罄中國珍異，貢獻契丹，陵虐漢人，竟無厭足」（舊五代史卷九十八安重榮傳）。在位七年反者六起，實屬理之當然。由當時的人看來，欲取帝位，不須倚靠什麼，只要兵強馬壯。

安重榮起於軍伍，暴得富貴，復覩累朝自節鎮遽登大位，每謂人曰，天子兵強馬壯者當為之，寧有種耶……自謂天下可以一箭而定也（舊五代史卷九十八安重榮傳）。

兵強馬壯者得為天子，然在傭兵制度之下，一般士卒均準備賣給出價最高的人。因之，誰賞賚最厚，誰就能兵強馬壯，朱瑄懸金帛以誘朱溫之兵。

朱瑄駐於大梁，覩太祖（朱溫）軍士驍勇，私心愛之，及歸，厚懸金帛於界上，以誘焉。諸軍貪其厚利，私遁者甚眾（舊五代史卷十三朱瑄傳）。

馮暉以犒給稍薄，乃背晉（唐莊宗）而投梁軍，

> 馮暉始為效節軍士……初事楊師厚為隊長。唐莊宗入魏，以銀槍效節為親軍，與梁人對壘河上。暉以犒給稍薄，因竄入南軍（舊五代史卷一百二十五馮暉傳）

均其例也。帝位是用金帛買來的，所以要維持帝位，不能吝惜金帛，唐莊宗不能平定李嗣源之亂，就是因為不肯優給將士。

> 同光四年二月貝州軍士……作亂，劫……裨將趙在禮……為帥……甲辰命藩漢總管李嗣源統親軍，赴鄴都，以討趙在禮……三月壬子李嗣源領軍至鄴都，營於西南隅……甲寅城下軍亂，迫嗣源為帝……壬戌宰相豆盧革率百官上表，以魏博軍變，請出內府金帛，優給將士，不報……癸亥出錢帛給賜諸軍……是時軍士之家乏食，婦女掇蔬於野。及優給軍人，皆負物而詬曰吾妻子已殍矣，用此奚為……帝聞諸軍離散，精神沮喪……每遇衛士執兵仗者，皆善言撫之曰，適報魏王繼岌（莊宗子）又進納西川金銀五十萬到京，當盡給爾等。軍士對曰陛下賜與太晚，人亦不感聖恩，帝流涕而已（舊五代史卷三十四莊宗紀）。

厚賞，可以得到帝位，不厚賞，便要失去帝位，於是為人君者縱在財政困難之際，亦須竭其府藏，以賞兵士。

> 清泰元年二月己卯，徙潞王從珂（鳳翔節度使）為河東節度使兼北都留守……又命洋王從璋權知鳳翔……潞王拒命……朝廷……討鳳翔……三月乙卯諸道軍大集於鳳翔城下……丙辰諸軍解甲投兵，請降於潞王……潞王悉斂城中將吏士民之財以犒軍，至於鼎釜皆估直以給之……庚申潞王至長安……中外大駭……帝乃召將士慰諭，空府庫以勞之，許以平鳳翔，人更賞二百緡，府庫不足，當以宮中服玩繼之。軍士益驕，

無所畏忌，負賜物揚言於路曰，至鳳翔更請一分……甲子潞王至華州，乙丑……潞王至靈寶……丁卯潞王至陝……夏四月壬申潞王至蔣橋，百官班迎於路……馮道等皆上牋勸進……癸酉太后下令廢少帝為鄂王，以潞王知軍國事……乙亥潞王即位……帝之發鳳翔也，許軍士以入洛，人賞錢百緡。既至，問三司使王玫以府庫之實，對有數百萬，既而閱實，金帛不過三萬兩匹，而賞軍之費計應用五十萬緡。帝怒，玫請率京城民財以足之。數日，僅得數萬緡。帝謂執政曰，軍不可不賞，人不可不恤，今將奈何。執政請據屋為率，無問士庶自居及僦者，預借五月僦直，從之……有司百方斂民財，僅得六萬……是時竭左藏舊物及諸道貢獻，乃至太后太妃器服簪珥皆出之，才及二十萬緡……壬辰詔禁軍在鳳翔歸命者，自楊思權尹暉等，各賜二馬一駝，錢七十緡，下至軍人錢二十緡，其在京者各十緡。軍士無厭，猶怨望，為謠言曰，除去菩薩，扶立生鐵，以閔帝仁弱，帝剛嚴，有悔心故也（資治通鑑卷二百七十九唐潞王清泰元年）。

軍紀如斯腐化，當然不能完成統一之業。五代之世，政變相承，而每次政變，原因又是兵變。唐時軍士只能擁立藩帥，五代軍士又得擁立天子。楊光遠對亂軍說：

天子蓋公輩販弄之物（舊五代史卷九十七楊光遠傳）。

軍士擅廢立之權，唐明宗唐廢帝周太祖宋太祖都是由軍士擁立的，其擁立未成者尚不知多少。

宋太祖由陳橋兵變，遂登帝位，查初白詩云，千秋疑案陳橋驛，一著黃袍便罷兵，蓋以為世所稀有之異事也。不知五代諸帝多由軍士擁立，相沿為故事，至宋祖已第四帝矣。宋祖之前有周太祖郭威，郭威之前有唐廢帝潞王從珂，從珂之前有唐明宗李嗣源，如一轍也。趙在禮為軍士皇甫暉等所迫，據鄴城叛，莊宗遣嗣源討之，方下令攻城，軍吏張破敗忽縱火躁呼，嗣源叱之，對曰城中之人何罪，但思歸不得耳，今宜與城中合勢，請天子帝河南，令公帝河北。嗣源涕泣諭之，亂兵呼曰令公不欲，則他人有之，我輩狼虎，豈識尊卑。安重誨霍彥威等勸嗣源許之，乃擁嗣源入城，與在禮合，率兵而南，遂得為帝（見霍彥威等傳），此唐明宗之由軍士擁立也。潞王從珂為鳳翔節度使，因朝命移鎮，心懷疑懼，遂據城拒命。愍帝命王思同等討之，張虔釗會諸鎮兵皆集，楊思權攻城西，尹暉攻城東，從珂登城呼外兵曰，我從先帝二十年，大小數百戰，士卒固嘗從我矣，今先帝新弃天下，我實何罪而見伐乎，因慟哭，外兵聞者皆哀之。思權呼其眾曰潞王真吾主也，即擁軍士入城，暉聞之，亦解甲降。從珂由是率眾而東，遂得為帝（見王思同楊思權等傳），此廢帝之由軍士擁立也。郭威以漢隱帝欲誅己，遂起兵犯闕，隱帝遇弒。威請太后臨朝，又迎立湘陰公，會契丹兵入滑州，威率兵北伐，至澶州，軍校何福進等與軍士大呼，越屋而入，請威為天子，或有裂黃旗以加其身者，山呼震地，擁威南還，遂得為帝（見漢周各本紀），此周祖之由軍士擁立也。尚有擁立而未成者，石敬瑭為河東節度使時，因出獵，軍中忽有擁之呼萬歲者，敬瑭惶惑，不知所為，段希堯勸其斬倡亂者李暉等三十餘人，乃止（段希堯傳）。石敬瑭為帝後，命楊光遠討范延光，至滑州，軍士推光遠為主，光遠曰天子豈汝等販弄之物，乃止（楊光遠傳）。符彥饒率兵戍瓦橋關，裨將張諫等迎彥饒為帥，彥饒偽許之，約明日以軍禮見於南衙，遂伏甲盡殺亂者（符彥饒傳）。郭威自澶州入京，有步軍校因醉揚言，昨澶州馬軍扶策，今我步軍亦欲扶策，威聞，急擒其人斬之，令步軍皆納甲仗，始不為亂（周本紀）。此皆擁立未成，故其事未甚著，然亦可見是時軍士策立天子，竟習以為常。推原其故，蓋由唐中葉以後，河朔諸鎮各自分據，每一節度使卒，朝廷必遣中使往察軍情所欲立者。即授以旌節。至五代，其風益甚，由是軍士擅廢立之權，往往害一帥，立一帥，有同兒戲。今就唐末及五代計之……計諸鎮由朝命除拜者十之五六，由軍中擁戴者十之三四。藩鎮既由兵士擁立，其勢遂及於帝王，亦風會所必至也。乃其所以好為擁立者亦自有故。擁立藩鎮，則主帥德之畏之，旬犒月宴，若奉驕子，雖有犯法，亦不敢問……擁立天子，則將校皆得超遷，軍士又得賞賜剽掠……王政不綱，權反在下，下凌上替，禍亂相尋，藩鎮既蔑視朝廷，軍士亦脅制主帥，古來僭亂之極，未有如五代者，開闢以來，一大刧運也（二十二史劄記卷二十一五代諸帝多由軍士擁立）。

五代之世，天子親軍不過京師之兵而已。

是時方鎮各自有兵，天子親軍猶不過京師之兵而已（新五代史卷二十七康思立傳論）。

然而不論方鎮之兵或天子之軍，無不軍紀蕩然，毫無作戰能力，尤以天子之兵為甚。

宿衛之士累朝相承，務求姑息，不欲簡閱，恐傷人情，由是羸弱者居多。但驕蹇不用命，實不可用，每遇大敵，不走即降，其所以失國，亦多由此（資治通鑑卷二百九十九周太祖顯德元年）。

他們每遇大敵，不走即降，最初軍閥為了防止他們逃降，不惜採取各種殘酷方法。

初帝（朱溫）在藩鎮，用法嚴，將校有戰沒者，所部兵悉斬之，謂之拔隊斬。士卒失主將者，多亡逸不敢歸，帝乃命凡軍士皆文其面以記軍號。軍士或思鄉里逃去，關津輒執之，送所屬，無不死者，其鄉里亦不敢容。由是亡者皆聚山谷為盜，大為州縣之患（資治通鑑卷二百六十六梁太祖開平元年）。

這種文面以記軍號，不獨梁祖用之，其他軍閥用之者亦多，例如朱瑾黥雙鴈於軍士之頰。

朱瑾募驍勇數百人，黥双鴈於其頰，立為鴈子都（舊五代史卷六十四朱漢賓傳）。

劉仁恭亦黥部內男子之面，文曰定霸都。

天祐三年梁祖自將兵攻滄州……劉仁恭師徒屢喪，乃酷法盡發部內男子十五已上，七十以下，各自備兵糧以從軍，閭里為之一空。部內男子無貴賤，並黥其面，文曰定霸都。士人黥其臂，文曰一心事主，由是燕薊人民例多黥涅，或伏竄而免（舊五代史卷一百三十五劉守光傳）。

其實，黥面制度未必就有效用，在傭兵制度之下，當兵的人大率都是遊民，他們沒有業產，又未必均有家庭，又何慮逃亡與投降之禍。梁末，固曾改募為徵。

梁末，每七戶出一兵（舊五代史卷一百七史宏肇傳）。

唐末帝時亦曾徵召民夫為兵。

清泰三年十月壬戌，詔民十戶出兵一人，器甲自衛（舊五代史卷四十八唐末帝紀）。

然其結果，「無益於用，而民間大擾」。

唐發民為兵，每七戶出征夫一人（胡三省注，考異曰薛史云十戶，今從廢帝實錄），自備鎧仗，謂之義軍，凡得……征夫五千人，實無益於用，而民間大擾（資治通鑑卷二百八十晉高祖天福元年）。

晉少帝時，也曾設置鄉兵。

開運元年三月癸巳，詔天下抽點鄉兵，凡七戶出一兵，六戶資之，仍自具兵仗，以武定為軍號（舊五代史卷八十二晉少帝紀）。

兵士既不可恃，將校更反覆無常，所以五代就同唐朝一樣，有監軍之制。

梁主每一發軍，即令近臣監護，進退可否，悉取監軍處分（舊五代史卷二十九唐莊宗紀同光元年）。

後唐亦然，且以宦官為之。

莊宗用唐朝故事，以黃門為監軍，皆恃恩暴橫，節將不能制。明宗鄴城之變，諸鎮多殺監軍（舊五代史卷一百二十五孔知濬傳）。

鎮將痛恨監軍，由此可見一斑。何況將在外，君命有所不受。六韜（第二十一篇立將）云：「軍中之事，不聞君命，皆由將出」。三略（中略）云：「出軍行師，將在自專，進退內御，則功難成」。唐太宗「每有任將，必使之便宜行事」（武經七書，李衛公問對卷下）。那可派宦者為監軍，掣肘於其側。

若進一步言之，兵荒之餘，最重要者乃是經濟復興，而欲復興經濟，不但須把勞動力留在農村，且須許百姓蓄積資本，多用肥料，有牛馬以深耕，使生產能夠增加。現既濫用民力，又復奪取民財，所以百姓「均不聊生」。

開運元年三月，勑天下籍鄉兵，每七戶共出兵械資一卒……四月丙戌，詔諸州所籍鄉兵，號武定軍，凡得七萬餘人。時兵荒之餘，復有此擾，民不聊生（資治通鑑卷二百八十四晉齊王開運元年）。

卒至民苦兵役，或逃亡出境，例如唐明宗時：

階州刺史王宏贄上言，一州主客戶才及千戶（舊五代史卷四十一唐明宗長興元年九月乙丑）。

晉少帝時，

華州陝府奏逃戶凡一萬二千三百（舊五代史卷八十二晉少帝天福八年十二月甲寅）。

甚至有割股醫親或割乳廬墓，以求免者。

五代之際，民苦於兵，往往因親疾以割股，或既喪而割乳廬墓，以規免州縣賦役（新五代史卷五十六何澤傳）。

然而吾人須知逃避兵役之人還是國之良民，其願投身軍旅者率是無賴之輩，他們動違紀律，而各地軍閥均懸重賞以募勇士，卒至主帥不敢繩之以法。

是時親軍萬眾皆邊部人，動違紀律，人甚苦之，左右或以為言。武皇（李克用）曰此輩膽略過人，數十年從吾征伐。比年以來，國藏空竭，諸軍之家賣馬自給。今四方諸侯皆懸重賞以募勇士，吾若束之以法，急則棄吾，吾安能獨保此乎。俟時開運泰，吾固自能處置矣（舊五代史卷二十六唐武皇紀下）。

何況政治腐化，國家一切施設往往與預期者相反。徵民為兵，而教習年餘，竟不可用。當時軍紀蕩然，良民當兵，受了燻染，常變成無賴，所以罷兵之後，他們不肯歸田，而乃聚為盜匪。

初晉置鄉兵，號天威軍，教習歲餘，村民不閑軍旅，竟不可用，悉罷之。但令七戶輸錢十千，其鎧仗悉輸官，而無賴子弟不復肯復農業，山林之盜自是而繁（資治通鑑卷二百八十六漢高祖天福十二年）。

就首都的形勢說，就中央的經濟說，就軍隊的作戰能力說，中央政府均不足大有為於天下。而政治又甚腐化。推其腐化之故，用人不當可以說是最大原因。當時朝官雖多，不論武將或文臣，大率都是碌碌無能之輩。

朝廷用人，率多濫進，稱武士者不閑計策，雖披堅執銳，戰則棄甲，窮則背軍。稱文士者鮮有藝能，多無士行，問策謀則杜口，作文學則倩人，所謂虛設具員，枉耗國力（舊五代史卷四十七唐末帝紀清泰二年）。

五代之世，政局變化有甚弈棋，君臣之分始終不能確定。在專制政治之下，政局能夠安定，完全懸於君臣之分。而君臣之分能夠確定，又完全依靠於物質力與精神力。物質力以軍隊為基礎，精神力則需要傳祚長久，社會對於皇室有一種尊敬之念。五代傳祚無不短促，朝為天子，暮為囚徒，在這種政局之下，人們對於皇室無從發生尊崇之念。歐陽修說：

當此之時，為國長者不過十餘年，短者三四年至一二年，天下之人視其上易君代國，如更戍長無異。蓋其輕如此，況其下者乎（新五代史卷四十九王進傳論）。

宋史亦載：

五季為國，不四三傳，輒易姓，其臣子視事君，猶傭者焉。主易則他役，習以為常，故唐方滅，即北面於晉，漢甫稱禪，已相率下拜於周矣（宋史卷二百六十二李穀傳論）。

天子既知帝位之不安定，遂不能不預防別人篡奪，於是用人方面，只求其易制，不求其有材，排抑秀異，寵用庸兒，有鋒芒者往往伏誅，善韜晦者得以善終，政界彌漫著「庸庸多後福」的觀念。馮道事四姓十君，當世之人無賢愚，皆仰道為元老而喜為之稱譽，只因馮道「依違兩可，無所操決」（資治通鑑卷二百八十四晉齊王開運元年），以此為保身固位之術。

用人如此，政治那裡會有革新的希望。「五代帝王，唐莊宗周世宗皆稱英武」（資治通鑑卷二百九十四周世宗顯德六年司馬光曰），即五代中唐周最強，周世宗固不失為英武，唐莊宗以弱晉勝強梁，諸侯皆懼，多來朝貢，顧他們來朝之後，見朝政多失，又堅其割據之心。茲舉數例證明之。

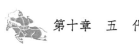

荊南節度使高季興（南平王）入朝……帝左右伶官求貨無厭，季興忿之。帝欲留季興，郭崇韜諫曰棄信虧義，沮四海之心，非計也，乃遣之。季興倍道而去……至江陵……謂將佐曰新朝百戰，方得河南，乃對功臣舉手云，吾於十指上得天下，矜伐如是，則他人皆無功矣，其誰不解體。又荒於禽色，何能長久，吾無憂矣，乃繕城積粟，招納梁舊兵，為戰守之備（資治通鑑卷二百七十二唐莊宗同光元年）。

帝（唐莊宗）遣使以滅梁告吳蜀，二國皆懼……嚴可求（吳臣）曰聞唐主始得中原，志氣驕滿，御下無法，不出數年，將有內變，吾卑辭厚體，保境安民，以待之耳……吳王復遣司農卿盧蘋來奉使……蘋還言唐主荒於游畋，嗇財拒諫，內外皆怨（資治通鑑卷二百七十二唐莊宗同光元年）。

唐莊宗入汴，劉龑（南漢）懼，遣宮苑使何詞入詢中國虛實……詞還，言唐必亂，不足憂，龑大喜（新五代史卷六十五南漢世家）。

地方諸侯又如何呢？他們或出身於強盜，或發跡於行伍，一旦驟得富貴，往往驕奢淫逸，虐用其民。如燕的劉守光，「淫虐滋甚，每刑人必以鐵籠盛之，薪火四逼，又為鐵刷，剭剔人面」（舊五代史卷一百三十五劉守光傳）。南漢的劉陟，「窮奢極侈，好行苛虐，至有炮烙刳剔截舌灌鼻之刑，一方之民若據爐炭，惟厚自奉養，務廣華靡，末年起玉堂珠殿，飾以金碧翠羽」（舊五代史卷一百三十五劉陟傳）。北漢的劉崇，「宰相月俸止百緡，節度使止三十緡，自餘薄有資給而已，故其國中少廉吏」（資治通鑑卷二百九十周太祖廣順元年）。而能安拊其民者亦不少，如吳的楊行密，「招合遺散，與民休息，政事寬簡，百姓便之」（舊五代史卷一百三十四楊行密傳）。南唐的徐知誥，「性節儉，常躡蒲屨，盥頮用鐵盎，暑則寢於青葛帷，左右使令惟老醜宮人，服飾粗略。死國事者皆給祿三年。分遣使者按行民田，以肥瘠定其稅，民間稱其平允」（資治通鑑卷二百八十二晉高祖天福六年）。蜀的王建，「時唐衣冠族多避亂在蜀，蜀主禮而用之，使修舉故事，故其典章文物有唐之遺風」（資治通鑑卷二百六十六梁太祖開平元年）。南平的高季興，「招輯離散，流民歸復」（舊五代史卷一百三十三高季興傳）。吳越的錢鏐，「愛人下士，留心理道，數十年間，時甚歸美」（舊五代史卷一百三十三錢鏐傳）。閩的王審知，「選任賢良，省刑惜費，輕傜薄斂，與民休息，三十年間，一境晏然」（舊五代史卷一百三十四王審知傳）。楚的馬殷，「養士息民」（資治通鑑卷二百六十七梁太祖開平二年），又「能以境內所餘之物，易天下百貨，國以富饒」（資治通鑑卷二百七十四唐莊宗同光三年）。但是他們均無大志，惟以保境安民為事，而一傳再傳之後，子孫驕逸，又流於淫奢，虐用其民。一方中央不能剪滅群雄，他方僭偽不能併吞別國，於是中央則皇室更興迭仆，地方則軍閥此興彼亡，中央與地方無不疲憊，這就是五代十國割據的原因。

第二節　民族意識的銷沉與契丹之禍

唐人所建設的國家乃是世界帝國。當其進行建設之時，固然有強烈的民族意識，唐太宗說：

> 往國家初定，太上皇以百姓故，奉突厥，詭而臣之，朕嘗痛心疾首，思一刷恥於天下（新唐書卷二百十五突厥傳上）。

又說：

> 遼東本中國之地，隋氏四出師而不能得，朕今東征，欲為中國報子弟之仇（資治通鑑卷一百九十七唐太宗貞觀十八年）。

到了建設成功之後，民族意識漸次銷沉。何以故呢？萬方來朝，則唐對於蠻夷，當然不能再予仇視，而須採用懷柔政策。社會上許他們與漢人雜居，政治上許他們為國家官吏，漢胡之別漸次消滅。吾國自五胡亂華之後，北方人種已是「虜漢相雜」，換句話說，魏晉以後的漢族已經不是秦漢時代的漢族，而是亞洲許多民族同化而成的中華民族。這種民族另成為一個系統，而與漠北新來民族，如突厥回紇沙陀等相對立。自唐建設世界帝國之後，中華民族與漠北民族的界限又復泯滅。唐太宗曾對李靖說：「自古皆貴中華，賤夷狄，朕獨愛之如一，故其種落皆依朕如父母」（資治通鑑卷一百九十八唐太宗貞觀二十一年五月）。李靖亦說：「天之生人，本無番漢之別。然地遠荒漠，必以射獵為生，由此常習戰鬪，若我恩信撫之，衣食周之，則皆漢人矣」（武經七書，李衛公問對卷中）。其實吾國自西漢以後，當國力薄弱之時，常倡華夷之別，以喚醒民氣。而征服四裔之後，又倡天下一家，以消滅異族敵愾之念。固然尚有華夷觀念，然此觀念非以血統為基礎，而以文化為區別。陳黯在其「華心」（全唐文卷七百六十七）一文中，說「苟以地言，則有華夷，以教言，亦有華夷乎。夫華夷者辨在心，辨心在察其趣嚮，有生於中州而行戾乎禮義，是形華而心夷也。生於夷域而行合乎禮義，是形夷而心華也」。安史作亂，出師勤王者除郭子儀外，尚有契丹人李光弼。黃巢作亂，收復京師者不是中華之兵，而是李克用所引率的沙陀軍隊。在這種局面之下，中華民族便完全失去獨立的精神。五代易國五次，三朝皇帝均是沙陀人種。

莊宗其先本號朱邪，蓋出於西突厥，至其後世，別自號為沙陀，而以朱邪為姓（新五代史卷四唐莊宗紀）。

高祖，其父臬捩雞本出於西夷，自朱邪歸唐，從朱邪入居陰山。臬捩雞生敬瑭，其姓石氏，不知其得姓之始也（新五代史卷八晉高祖紀）。

高祖姓劉氏，初名知遠，其先沙陀人也，其後世居於太原（新五代史卷十漢高祖紀）。

兼以天寶以後，中國內亂垂百餘年，洎至五代，更見劇烈。歐陽修說：

五代之亂，其來遠矣。自唐之衰，干戈饑饉，父不得育其子，子不得養其親。其始也，骨肉不能相保，蓋出於不幸。因之禮義日以廢，恩愛日以薄，其習久而遂以大壞，至於父子之間自相賊害。五代之際，其禍亂不可勝道也（新五代史卷五十一范延光傳論）。

人類都有生存慾望，太平時代道德觀念可以控制人類之行為。喪亂之世，道德有時反而成為人類生存的障礙，所以亂世之人往往沒有道德觀念。道德觀念一旦淪亡，求生便成為人類的最高目的。一切活動的目的既然集中於求生，則求生又變成亂世道德的最高標準。一個方法可以使人達到求生的目的，縱令違反道德，人們也視之為道德，一個方法不能使人達到求生的目的，縱令合於道德，人們也視之為罪惡。馮道事四姓十君，視喪君亡國未嘗屑意，而當世之士均喜為之稱譽。

> 馮道事四姓十君……當世之士皆仰道為元老，而喜為之稱譽……然道視喪君亡國，亦未嘗以屑意……道卒，年七十三……時人皆共稱歎，以為與孔子同壽，其喜為之稱譽皆如此（新五代史卷五十四馮道傳）。

甚至名聞異國。

> 契丹遣使加徽號於晉祖，晉祖亦獻徽號於契丹，謂道曰此行，非卿不可……及行，將達西樓，契丹主欲郊迎，其臣曰天子無迎宰相之禮，因止焉。其名動遠俗也如此（舊五代史卷一百二十六馮道傳）。

為什麼呢？馮道之流正是亂世求生的模範。馮道不過保身而已，其尤甚者，且見利忘義，因利乘便，以求富貴。

> 契丹主留高唐英為相州節度使，唐英善待繼宏，每候其第，則升堂拜繼宏之母，贈遺甚厚，倚若親戚……會契丹主死……繼宏……殺唐英，自稱留後……人或責以見利忘義。繼宏曰吾儕小人也，若不因利乘便，以求富貴，畢世以來，未可得志也（舊五代史卷一百二十五王繼宏傳）。

禮義廉恥已如敝屣，「傳所謂天地閉，賢人隱之時歟」，「君不君，臣不臣，父不父，子不子，至於兄弟夫婦人倫之際，無不大壞，而天理幾乎其滅矣」（新五代史卷三十四一行傳序），即生命能夠保全，禮義可以犧

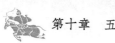

牲，廉恥可以不顧。張全義之不殺朱溫，可以視為一例。

> 梁太祖還洛，幸張全義會節園避暑，留旬日，全義妻子皆迫淫之。其子繼祚憤恥不自勝，欲刺刃太祖。全義止之曰吾為李罕之兵圍河陽，啖木屑以為食。惟有一馬，欲殺以餉軍，死在朝夕，而梁兵出之，得至今日，此恩不可忘也。繼祚乃止（新五代史卷四十五張全義傳）。

民族意識既已銷沉，而道德觀念又復淪亡，胡騎南侵，一般官兵只有保身之念，而無殉國之情，官則簞食壺漿，兵則鼠竄鳥散。當時北狄之中，契丹最強，它本是游牧民族，分為八部，平時各自為生，戰時八部才聯合起來。

> 契丹居……鮮卑之故地……逐獵往來，居無常處……分為八部，若有徵發，諸部皆須議合，不得獨舉，獵則別部，戰則同行（舊唐書卷一百九十九下契丹傳）。

每部均有酋長，又共推一酋長，以統八部。

> 契丹分為八部……部之長號大人，而常推一大人，建旗鼓以統八部。至其歲久，或其國有災疾而畜牧衰，則八部聚議，以旗鼓立其次而代之。被代者以為約本如此，不敢爭（新五代史卷七十二契丹傳）。

這位共同酋長乃三年一代。

> 契丹分為八部，每部皆號大人，內推一人為主，建旗鼓以尊之，每三年第其名以代之（舊五代史卷一百三十七契丹傳）。

是則契丹乃由八個部落集合而成，本來只是戰時部落聯盟，其後有阿保機者，以力統一八部。

> 阿保機為人多智勇而善騎射，是時劉守光暴虐，幽涿之人多亡入契丹……漢人教阿保機曰，中國之王無

> 代立者，由是阿保機益以威制諸部，而不肯代……使人告諸部大人曰，我有鹽池，諸部所食。然諸部知食鹽之利，而不知鹽有主人可乎，當來犒我。諸部以為然，共以牛酒會鹽池。阿保機伏兵其傍，酒酣伏發，盡殺諸部大人，遂立不復代（新五代史卷七十二契丹傳）。

時值中國多故，契丹遂雄張於漠北。

> 契丹自中國多故，強於北方，北方諸夷無大小，皆畏伏（新五代史卷四十六王晏球傳）。

並南侵燕幽，俘華人以為部民，築城邑以居之，令其耕種。

> 阿保機人間入塞，攻陷城邑，俘其人民，依唐州縣，置城以居之……阿保機率漢人耕種，為治城郭邑屋廛市，如幽州制度。漢人安之，不復思歸（新五代史卷七十二契丹傳）。

阿保機多用華人，華人教之以隸書之半，作契丹文字，以代刻木之約，於是契丹始接受中華文化，制婚嫁，置官號，漸由部落生活改變為國家組織。

> 阿保機多用漢人，教之以隸書之半，增損之，作文字數千，以代刻木之約，又制婚嫁，置官號，乃僭稱皇帝，自號天皇王，以其所居橫帳地名為姓曰世里，世里譯者謂之耶律（新五代史卷七十二契丹傳）。

由此可知阿保機所組織的國家，不是胡人單獨組織的，而是胡人與胡化的漢人共同組織的。漢人為農民，勤耕於內，胡人為武士，作戰於外。農民解放於兵役之外，武士解放於耕耘之外，各有專業，故生產豐而國勢強。梁末，壽州刺史盧文進奔於契丹，又教契丹以中國紡織之術，於是契丹愈強。

> 盧文進奔於契丹，數引契丹攻掠幽薊之間，虜其人民，教契丹以中國織紝工作無不備，契丹由是益強（新五代史卷四十八盧文進傳）。

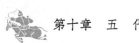

歐陽修說：「其地環列於九州之外，而西北常強，為中國患，三代獫狁見於詩書，秦漢以來，匈奴著矣，隋唐之間，突厥為大，其後有吐蕃回紇之強，五代之際，契丹最盛」（新五代史契丹傳）。西北常強，為中國患，這是有原因的。吾國西方與北方，地近寒帶，難於耕稼，漢人雖得其地，而不能移民以居之，所以征服了之後，不能改為版圖，不久又為別個遊牧民族所盤據。遊牧民族與農耕民族鬥爭，農耕民族常處於敗北的地位。桑維翰說：

引弓之民遷徙鳥舉，行逐水草，軍無饋運，居無竈幕，住無營柵，便苦澁，任勞役，不畏風雷，不顧飢渴，皆華人之所不能……契丹皆騎士，利在坦途，中國用徒兵，喜於隘險，趙魏之北，燕薊之南，千里之間，地平如砥，步騎之便，較然可知。國家若與契丹相持，則為屯兵邊上，少則懼強敵之眾，固須堅壁以自全，多則患飛輓之勞，必須逐寇而速返。我歸而彼至，我出而彼迴，則禁衛之驍雄疲於奔命，鎮定之封境略無遺民（舊五代史卷八十九桑維翰傳）。

平時中華民族已經不易抵抗遊牧民族的侵略，何況喪亂相承，國力消耗於內戰。五代傳祚無不短促，而後唐一代，政變竟然發生了兩次，政變的結果都是節鎮遽升大位。這種現象當然可以引起軍閥覬覦帝位之心。每個軍閥要取得帝位，無不畜聚亡命，收市戰馬，勢均力敵，遂使中央政府得以苟延生命。當時民族意識頗見銷沉，漢胡之間殊少差別，而後唐皇帝又是沙陀人種，那末一般軍閥欲借夷狄的兵力，以奪取夷狄的帝位，當然不認為恥辱了。實行這個政策者為後晉高祖石敬瑭。

清泰元年五月復授帝（石敬瑭）太原節度使，北京留守……清泰三年五月移授鄆州節度使……降詔促帝赴任，帝心疑之……朝廷以帝不奉詔，降詔削奪官爵。帝尋命桑維翰詣諸道求援，契丹遣人復書諾之，約

> 以中秋赴義……九月契丹主率眾自雁門而南，旌騎不絕五十里餘……帝出北門見契丹主。契丹主執帝手曰恨會面之晚，因論父子之義……十一月契丹主會帝於營中，曰我……欲徇蕃漢群議，冊爾為天子。帝飾讓久之，既而諸軍勸進相繼，乃命築壇於晉陽城南，冊帝為大晉皇帝，契丹主解衣冠授焉，文曰……予視爾若子，爾待予猶父……是日帝言於契丹主，願以雁門已北及幽州之地為壽，仍約歲輸帛三十萬，契丹主許之（舊五代史卷七十五晉高祖紀）。

石敬瑭也是沙陀人種，由石敬瑭看來，不過夷狄用夷狄之兵，奪取夷狄的帝位。然其對於中國卻有很大的影響。一是銷沉的民族意識更見銷沉，石敬瑭既依契丹之力，奪取帝位，對於契丹，稱子稱臣，所以石晉不是獨立的國家，而是契丹的附庸。晉祖對於契丹甚為恭謹，故終晉祖之世，略無釁隙。

> 晉祖奉契丹甚至，歲時問遺，慶弔之禮必令優厚。每北使至，即於北殿致敬。德光（契丹主，阿保機之子）每有邀請，小不如意，則來譴責，晉祖每屈己以從之。終晉祖世，略無釁隙（舊五代史卷一百三十七契丹傳）。

但是契丹並不是特別愛護晉祖的。吾人觀安重榮之事，即可知之。

> 高祖即位，拜重榮成德軍節度使……是時高祖與契丹約為父子，契丹驕甚，高祖奉之愈謹。重榮憤然，以為詘中國以尊夷狄，困已弊之民，而充無厭之欲，此晉萬世恥也，數以此非誚高祖。契丹使者往來過鎮州，重榮箕踞慢罵，不為之禮，或執殺之……重榮謂晉無如我何，反意乃決……契丹亦利晉多事，幸重榮之亂，期兩敝之，欲因以窺中國，故不加怒於重榮（新五代史卷五十一安重榮傳）。

到了少帝即位，竟與契丹生釁，契丹連歲入寇，晉氏疲於奔命，而邊民受苦，歲無寧日。

> 及少帝嗣位，遣使入契丹，德光以少帝不先稟承，擅即尊位，所賚文字略去臣禮，大怒，形於責讓，朝廷使去，即加譴責。會契丹迴國使喬榮北歸，侍衛親軍都指揮使景延廣謂榮曰，先朝是契丹所立，嗣君乃中國自冊，稱孫可矣，稱臣未可。中國自有十萬口橫磨劍，要戰即來。榮至本國，具言其事，德光大怒……連歲入寇，晉氏疲於奔命，邊民被苦，幾無寧日（舊五代史卷一百三十七契丹傳）。

稱孫不過表示少帝個人之卑，稱臣則表示整個中國之卑。唯在國力尚未雄厚之時，而竟誇口十萬橫磨劍，謂「要戰即來」，又未免太過刺激契丹。何況時值四方饑饉，糧食發生困難，朝廷常遣使者強征民糧。

> 是歲春夏旱，秋冬水，蝗大起，東自海壖，西距隴坻，南踰江淮，北抵幽薊，原野山谷城郭廬舍皆滿，竹木葉俱盡。重以官括民穀，使者督責嚴急，至封碓磑，不留其食，有坐匿穀抵罪者。縣令往往以督趣不辦，納印自劾去。民餒死者數十萬口，流亡不可勝數（資治通鑑卷二百八十三晉齊王天福八年）。

而契丹乘機入寇，國用匱竭，少帝又遣使括索民財。

> 朝廷因契丹入寇，國用愈竭，復遣使者三十六人分道括索民財，各封劍以授之。使者多從吏卒，攜鎖械刀杖入民家，小大驚懼，求死無地。州縣吏復因緣為姦（資治通鑑卷二百八十四晉齊王開運元年）。

於是外患又引起了內亂，盜賊蠭起，所在屯聚剽劫，縣邑不能制止。

> 北方賦役煩重，寇盜充斥，民不安其業……河北大饑，民餓死者所在以萬數，兗鄆滄貝之間，盜賊蠭起，吏不能禁（資治通鑑卷二百八十五晉齊王開運三年）。

契丹遂乘中國多難之際，率騎南下，所過之地如入無人之境，方鎮不敢抵抗。

> 少帝即位，與契丹絕好，契丹主連歲伐晉。成德節度使杜重威但閉壘自守，部內城邑相繼破陷，一境生

靈受屠戮。重威任居方面，未嘗以一士一騎救之。每敵騎數十驅漢人千萬，過城下，如入無人之境，重威但登陴注目，略無邀取之意（舊五代史卷一百九杜重威傳）。

契丹南至開封，建國於中原，稱大遼。

天福十二年春正月丁亥朔，契丹主入東京。癸巳晉少帝蒙塵於封禪寺。癸卯少帝北遷。二月丁巳朔契丹主具漢法服，御崇元殿，受朝制，改晉國為大遼國，大赦天下（舊五代史卷九十九漢高祖紀）。

這個時候中外群官對於契丹採取如何態度呢？只有保家之念，而無殉國之情。

天福十二年春正月丁亥朔，百官易素服紗帽，迎契丹主，伏路側請罪……契丹主分遣使者以詔書賜晉之藩鎮，晉之藩鎮爭上表稱臣，被召者無不奔馳而至（資治通鑑卷二百八十六漢高祖天福十二年）。

民族意識銷沉到這個地步，所以契丹主才說：

契丹謂胡嶠曰，夷狄之人豈能勝中國。然晉所以敗者，主暗而臣不忠（新五代史卷七十三契丹傳論）。

然而吾人須知軍士尚有愛國之心，願與契丹決戰。

杜重威乃陰遣人詣契丹請降，契丹大悅，許以中國與重威為帝。重威信以為然，乃伏甲士召諸將告以降虜，諸將愕然，以上將先降，乃皆聽命。重威出降表，使諸將書名，乃令軍士陣於柵外。軍士猶喜躍以為決戰，重威告以糧盡出降，軍士解甲大哭，聲震原野（新五代史卷五十二杜重威傳）。

反之軍閥則想利用契丹兵力，以取帝位，上述杜重威請降，即其一例。此外尚有趙延壽之事。

契丹主以延壽為幽州節度使，封燕王……天福末，契丹與少帝絕好，契丹委延壽以圖南之事，許以中原帝之，延壽乃導誘蕃軍，蠶食河朔……延壽在汴，久之，知契丹主無踐言之意，乃遣李崧達語契丹主，求立為皇太子，嵇達不得已言之。契丹主曰，我於燕王無所愛惜，但我皮肉堪與燕王使用，亦可割也，何況他事。我聞皇太子天子之子合作，燕王豈得為之也（舊五代史卷九十八趙延壽傳）。

契丹既許杜重威為帝，又許趙延壽為帝，即用帝位以餌中國軍閥，使他們互相猜貳，藉以侵吞中國。豈但中原軍閥而已，甚至淮南的吳也想勾結契丹，以取中國。

吳徐知誥用宋齊丘策，欲結契丹以取中國，遣使以美女珍玩浮海修好，契丹主亦遣使報之（資治通鑑卷二百八十一晉高祖天福二年）。

而北漢建國，得力於契丹之聲援者尤多。

周廣順元年正月劉崇僭號於河東，稱漢……崇自僭號之後，以重幣求援於契丹，仍稱侄以事之，契丹偽冊為英武皇帝（舊五代史卷一百三十五劉崇傳）。

北漢主（劉崇）疾病，命其子承鈞監國，尋殂，遣使告喪於契丹。契丹……冊命承鈞為帝……北漢孝和帝每上表於契丹，稱男，契丹主賜之詔，謂之兒皇帝（資治通鑑卷二百九十二周太祖顯德元年）。

各地軍閥均想利用契丹，或貢美女，或賣厚幣，或稱子，或稱臣，於是契丹益有輕視中華之心。德光母說：

自古及今，惟聞漢來和蕃，不聞蕃去和漢（舊五代史卷一百三十七契丹傳）。

此言確實不錯。自劉敬發明和親政策之後，只見漢去和蕃，不聞蕃來和漢。其實，兩國媾和，兩國尚處於平等的地位。蕃漢不能平等，這是古人的成見。中華衰弱，雖受外族壓迫，而尚可用和親政策，以求暫時的苟安。中華強盛，勢必犁庭掃穴，令外族稱臣進貢而後已。這就是漢有和蕃，蕃無和漢的理由。唯在五代，例如後晉，其對契丹，稱子稱臣，則已捨去平等的地位，這不是和，而只是降。

石敬瑭既依契丹之力，取得帝位，遂割燕雲十六州以畀契丹。

天福元年十一月丁酉，皇帝即位，國號晉，以幽涿薊檀順瀛莫蔚朔雲應新嬀儒武寰州入於契丹（新五代史卷八晉高祖紀）。

燕雲十六州表

州名	沿革	漢地
幽州	隋置，唐亦曰范陽郡。	漢燕國地。
涿州	唐大曆四年析幽州置。	漢涿郡地。
薊州	唐開元十八年析幽州置，亦曰漁陽郡。	漢漁陽郡地。
檀州	隋置，唐亦曰密雲郡。	漢漁陽郡地。
順州	唐天寶初，析檀州置，亦曰歸德郡。	漢漁陽郡地。
瀛州	後魏置，唐亦曰河間郡。	漢涿郡地。
莫州	唐景雲二年析瀛州置，亦曰文安郡。	漢涿郡地。
蔚州	北周置，唐亦曰安邊郡。	漢代郡地。
朔州	後魏置，唐亦曰馬邑郡。	漢定襄鴈門二郡地。
雲州	唐武德六年置北恆州，七年廢，貞觀十四年改置雲州，亦曰雲中郡。	漢雲中鴈門等郡地。
應州	唐末析雲州置。	漢雲中鴈門二郡地。
新州	唐末析嬀州置。	漢上谷郡地。
嬀州	唐武德七年置北燕州，貞觀八年改嬀州，亦曰嬀川郡。	漢上谷郡地。
儒州	唐末析嬀州置。	漢上谷郡地。
武州	唐末，析嬀州置。	漢上谷郡地。
寰州	後唐明宗置。	漢右北平及遼西等郡地。

古代外患大率來自西北。漢唐建都長安，就是天子自臨險地，寓臥薪嘗膽之意。而對於西北邊陲，內自平城，西至玉門關，戒備未曾稍懈。漢置朔方之郡，列障戍於河南，又開河西五郡，以隔絕胡羌。唐人築三受降城，又置安西北庭都護，亦為鞏固西北的國防。唐末，契丹勃興，東北之患漸次猖狂。案燕雲十六州約當今河北山西兩省之北部及察哈爾省南部地。五代定都開封，而河北之地遂同漢代河西一樣，甚為重要。古來為河南之患者，大率來自河北，欲保河南，須固河北，欲固河北，又須保全東北。後唐同光天成之間，營（漢右北平及遼西等郡地）平（漢燕國地）二州淪陷於契丹，藩籬已撤，幽薊的人已經苦於寇抄。

> 自唐末，幽薊割據，戍兵廢散，契丹因得出陷平營，而幽薊之人歲苦寇鈔。自涿州至幽州百里人跡斷絕，轉餉常以兵護送，契丹多伏兵於鹽溝以擊奪之（新五代史卷七十二契丹傳）。

這個時候，中國所恃以隔閡北狄，藩屏中夏者，乃是燕雲十六州。契丹得到燕幽，可以控制河北，南壓區夏，得到雲朔，可以控制河東，蠶食河南。昔者劉淵倡亂於離石，關河以南悉被其荼毒。拓拔魏起於北荒，奄有恆代，卒能規取河北，底定中原。石晉以邊陲要鎮，悉畀敵人，此後周世宗雖於顯德六年親征契丹，取瀛莫二州，而敵人已經進據腹心，宋世遼金之禍可以說是淵源於後唐之失營平，石晉之送燕雲十六州。明代丘濬說：

> 臣按自周以來，北狄之寇止及邊境而已。至五代石敬塘以燕雲十六州賂契丹，始據中國地，立城郭，大為中國害。前此如春秋之吳楚是中國之人居邊夷地。晉宋之五胡乃夷狄之種居中國地。他如匈奴烏桓鮮卑蠕蠕突厥回紇吐蕃皆是夷狄居夷狄地，時或為邊境患耳。至契丹始效中國，稱大號，與宋為敵國，女直又

奄中州而有之，蒙古遂混一南北，盡有中國帝王所自立之函夏。嗚呼，作俑者其契丹之阿保機乎。所以肇其端，基其禍者，則石敬塘也，豈非萬世之罪人乎（大學衍義補卷一百五十四四方夷落之情，中）。

燕雲十六州失去之後，果然晉漢之際，契丹曾一度建國於中原，號曰大遼。雖然不及一年，就率眾北歸，而中原遺黎已經備受其苦。

德光已滅晉，遣其部族酋豪及其通事為諸州鎮刺史節度使，括借天下錢帛以賞軍。胡兵人馬不給糧草，日遣數千騎分出四野，劫掠人民，號為打草穀。東西二三千里之間，民被其毒，遠近怨嗟（新五代史卷七十二契丹傳）。

吾國人民久受專制政治的壓迫，他們所希望者只是安居樂業，平時蠢然很像毫無抵抗能力，然壓迫過度，他們往往鋌而走險，群起暴動。

契丹縱胡騎四出，以牧馬為名，分番剽掠，謂之打草穀。丁壯斃於鋒刃，老弱委於溝壑，自東西兩畿及鄭滑曹濮數百里間，財畜殆盡……於是內外怨憤，始患苦契丹，皆思逐之矣（資治通鑑卷二百八十漢高祖天福十二年）。

但是民眾沒有組織，不能作大規模的民族革命，而只能投身於群盜之中，擾亂社會秩序，使契丹政權無法建立起來。

東方群盜大起……契丹主謂左右曰，我不知中國之人難制如此（資治通鑑卷二百八十六漢高祖天福十二年）。

這個時候能夠乘機起事，驅逐契丹者不是中華的武將，而是漢化胡人（沙陀種）的劉知遠。這對於中原遺黎，不失為良好的消息。於是各地人民均殺契丹守將，而使契丹主不能不急急北歸。

> 漢高祖起太原，所在州鎮多殺契丹守將，降漢。德光大懼，乃北歸（新五代史卷七十二契丹傳）。

契丹主北歸之時，尚到處殘殺，例如相州城中髑髏有十數萬枚。

> 相州梁暉（滏陽賊帥）殺契丹守將，閉城距守，德光引兵攻破之，城中男子無少長皆屠之，婦女悉驅以北。後漢以王繼弘鎮相州，得髑髏十數萬枚，為大塚葬之（新五代史卷七十二契丹傳）。

按中華民族有一種極強烈的同化力。中華民族的文化比塞外民族高，物質上有許多生活工具令人舒適。塞外民族接受中華文化，苟無其他方法以為調劑，很容易由文弱而至腐化。當契丹未入中原以前，固然模倣漢制，治城廓，作文字，制婚嫁，置官號，至於風俗習慣則極力防其漢化。甚至漢語也不欲出之於口，以為一說漢語，兵士就要怯弱。

> 明宗初纂嗣，遣供奉官姚坤告哀……安巴堅（阿保機）善漢語，謂坤曰吾解漢語，歷口不敢言，懼部人效我，令兵士怯弱故也（舊五代史卷一百三十七契丹傳）。

到了建國於中原之上，就不能不用夏變夷，改服中國衣冠，從中國法制，受大臣朝賀。這個改制竟然使契丹主感覺舒適。

> 三月丙辰朔，德光服靴袍，御崇元殿，百官入閣，德光大悅，顧見左右曰漢家儀物，其盛如此，我得於此殿坐，豈非真天子耶（新五代史卷七十二契丹傳）。

漠北民族所恃以征服中華者，在其雄武的精神，而雄武的精神又產生於遊牧生活之中，捨「行圍食肉」的生活，而行雍容揖讓之禮，雄武精神一旦消滅，試問有何技能足以憑陵中國。契丹主決心北歸，這固然是一個原因。

> 德光謂其宣徽使高勳曰，我在上國，以打圍食肉為樂，自入中國，心常不快，若得復吾本土，死亦無恨（新五代史卷七十二契丹傳）。

但是迫使契丹主不能不急急北歸者，民眾暴動實為最大原因。當契丹主入汴之際，百官雖然素服紗帽，伏路側請罪，百姓則驚呼而走，保聚山谷。

> 天福十二年春正月丁亥朔，百官易素服紗帽，迎契丹主，伏路側請罪……契丹主入門，民皆驚呼而走。契丹主登城樓，遣通事諭之曰，我亦人也，汝曹勿懼，會當使汝曹蘇息，我無心而來，漢兵引我至此耳……農民保聚山谷，避契丹之患（資治通鑑卷二百八十六漢高祖天福十二年）。

當時情況實如契丹主所說：「猶雛飛之後，徒有空巢」。計契丹所得之地共七十六處，而戶不過一百九萬百一十八。

> 皇太弟遣使問軍前事，上報曰……猶雛飛之後，徒有空巢……今所歸順凡七十六處，得戶一百九萬百一十八（遼史卷四太宗紀大同元年）。

官僚無恥，而百姓則不與契丹合作。韓愈說：「君者出令者也。臣者行君之令，而致之民者也。民者出粟米麻絲，作器皿，通貨財，以事其上者也」（原道）。這是專制政治的寫實。沒有百姓，何必設官，又那裡得到租稅，以養官吏。百官無祿，侵漁百姓，結果歸順的百姓也復暴動起來。

> 契丹多以其子弟及親信左右為節度使刺史，不通政事。華人之狡獪者多依其麾下，教之妄作威福，掊斂貨財，民不堪命。於是所在相聚為盜，多者數萬人，少者不減千百，攻陷州縣，殺掠吏民（資治通鑑卷二百八十六漢高祖天福十二年）。

百姓不與契丹合作，契丹在中原不能建立鞏固的政權，捨北歸外，尚有什麼方法。其中原因，契丹主是知道的。當其剛來之時，曾說：

契丹主謂群臣曰，自今不修甲兵，不市戰馬，輕賦省役，天下太平矣（資治通鑑卷二百八十六漢高祖天福十二年）。

在其北歸之時，又說：

契丹主歎曰，我有三失，宜天下之叛我也。諸道括錢一失也。令上國人打草穀二失也。不早遣諸節度還鎮三失也（資治通鑑卷二百八十六漢高祖天福十二年）。

最初想輕賦省役，不久就諸道括錢，這個現象是必然的。何以言之，契丹主本「無心南下」，引其入主中原者，乃是晉的官僚軍閥。一個民族受了別一個民族的侵略，其願意為虎作倀者必是無恥之徒。也只唯無恥之徒，征服民族才認為忠實可靠。他們出賣國家，乃欲乘機刮索貨財，欲其撫綏百姓，自所難能。百姓受了過度的剝削，只有退保山谷，或聚為盜賊。順民減少，政府要征收賦稅，以充各種經費之用，只能從少數順民身上，多事搜括。所以順民愈少，搜括愈甚，搜括愈甚，順民又愈少。這就是契丹主雖然知道輕賦省役的必要，而又不能不諸道括錢的原因。

第三節　周世宗的革新與中國統一的曙光

中國歷史乃是一治一亂的歷史。大治之後，常有大亂，大亂之後，又現小康。推原其故，人口問題實為關鍵。農業社會與商工業社會不同，商工業社會可將本國的工業品換取別國的農產物，只要國際沒有戰爭，國內糧食不會發生困難。反之，農業社會則不同了。土地的生產須能供給社會的需要，其一治一亂每受人口法則的支配。人口稀少，土地的生產可以供給社會的需要，雖然穀賤傷農，而國家必是太平。貞觀之治，斗米三錢，開元之治，東郡斗米十錢，青齊斗米五錢。太平既久，人口增加，增加到土地的生產不能供給社會的需要，則穀貴傷民，大亂必隨之發生。代宗年間，米斗千錢，黃巢作亂，米斗三十千。亂事既然發生，丁壯斃於鋒刃，老弱委於溝壑，幸而存者不過十之二三。社會消費力固然減少，但是內亂不但可以減少社會消費力，且可以破壞生產力。倘令生產力的破壞超過於消費力的減少，則亂事必繼續進行，一直到社會的生產可以供給社會的需要，才見停止。這個時候苟有人焉出來收拾殘局，則國家不難由小康而至於至治。

吾國自秦漢以來，南北朝及五代雖均是棼亂之世，而五代之亂又遠過於南北朝。南北朝時，南北分立，南北雙方均有統一的政權。五代之世，北方雖然統一，南方則分為許多國家，而北方的統一又不鞏固，區區七十餘年之中，易朝五次。五朝之中，後唐之祚最長，而後唐前後又有兩次政變，李嗣源由鄴都入承大統，李從珂由鳳翔入登帝位。兩次政變與其說是骨肉相殘，不如說是易姓革命。因為李嗣源為李克用的養子，初無姓氏，李從珂為李嗣源的養子，姓王而非姓李。政局無一刻安定，遂令胡騎乘機南下。後晉末年，契丹入主中原，所過之地無不丘墟。

契丹主見所過城邑丘墟，謂蕃漢群臣曰，至中國如此，皆燕王（趙延壽）之罪也。顧張礪曰爾亦有力焉（資治通鑑卷二百八十六漢高祖天福十二年）。

城邑丘墟，可從兩方面考察之，一是田園荒蕪，這是可以破壞生產力的，二是民人死亡，這是可以減少消費力的。吾國是農業國家，生產力的恢復並不困難，而消費力的增加則有待於人口的繁殖。而人口繁殖又須經過相當期間。最短須在二十年以後。中原受了契丹的蹂躪，官民俱憊，民憊思治，官憊不能再亂，降至後周，世宗即位，就發生了革新運動，茲試簡單述之。

㈠軍事建設　唐自肅代以後，兵驕將悍，陵遲而至五代，驕悍愈甚，不問士卒，也不問將校，均欲出賣帝位，乃至出賣祖國。朝廷懼他們叛變，只有多出金帛，優給將士，府庫既竭，又斂民財，而一般將士竟然不以賞賚為分外的恩惠，而以受賞為固有的權利。受賞稍薄，或賜與稍晚，則流言蠭起，不惜發生兵變，把帝位賣給肯出厚賞的人。周太祖時代，對於驕兵分外希賞者已經繩之以法。

> 正月軍士有流言，郊賞薄於唐明宗時者。帝聞之，壬午召諸將至寢殿，讓之曰朕自即位以來，惡衣菲食，專以贍軍為念。府庫蓄積，四方貢獻，贍軍之外，鮮有贏餘，汝輩豈不知之。今乃縱凶徒騰口，不顧人主之勤儉，察國之貧乏，又不思己有何功而受賞，惟知怨望，於汝輩安乎。皆惶恐謝罪，退索不逞者戮之，流言乃息（資治通鑑卷二百九十一周太祖顯德元年）。

後周太祖崩殂，世宗入嗣。太祖之即帝位，前後不過四年，而世宗又姓柴氏，而為太祖之養子（太祖后兄守禮之子），皇室的權威未曾樹立，而「四方諸侯惟幸京師之有變」（舊五代史卷一百十九周世宗紀顯德六年注引卻掃編）。在這種環境之下，世宗的地位極不安定，必須表示自己的武力，而後群下才肯帖服，各種改革才得進行，而表示武力的機會則為高平之戰。

⑴軍紀的整肅　當世宗即位之時，北漢劉崇聯合契丹入寇，車駕親征，駐蹕於高平。「時帥多持兩端，

而王師不利」（舊五代史卷一百十九周世宗紀顯德六年注引五代史補）。此際世宗的地位可謂危險極了。敗衄則帝位不保，勝利則帝權樹立。於是世宗即冒生命之險，躍馬入陣，引五十人直衝劉崇之牙帳，三軍觀之，均賈勇爭進，遂敗漢師。漢師之敗由於世宗冒險，這是有目共睹的事。政治不過力而已，最能表示政治上之力者莫如戰爭得到勝利。周師既勝，天子的權威樹立了，世宗遂趁此機會施行刑賞。古人云：兵凶器也，戰危事也，人情莫不欲安而惡危。軍隊能夠作戰，完全依靠紀律，而紀律能夠維持，完全依靠刑賞。刑賞失錯，則將無鬥志，士有降心，軍紀蕩然，欲其不敗，已經不易，更何能攘寇讎而靖國難。世宗整肅軍紀，退敗者雖大將必誅，立功者雖小卒必賞，恩威並著，於是「姑息之政不行，朝廷始尊大」。

世宗之征東也，駐蹕於高平，劉崇兼契丹之眾來迎戰。時帥多持兩端，而王師不利，親軍帥樊愛能等各退衂。世宗赫怒，躍馬入陣，引五十人直衝崇之牙帳。崇方張樂飲酒，以示閒暇，及其奄至，莫不驚駭失次。世宗因以奮擊，遂敗之，追奔於城下，凱旋駐驊潞州，且欲出其不意，以誅退衂者。乃置酒高會，指樊愛能等數人，責之曰，汝輩皆累朝宿將，非不能用兵者也。然退衂者無他，誠欲將寡人作物貨，賣與劉崇耳。不然，何寡人親戰，而劉崇始敗耶。如此，則卿等雖萬死，不足以謝天下，宜其曲膝引頸，以待斧誅。言訖，命行刑，壯士擒出，皆斬之❶。於是立功之士以次行賞，自行伍拔於軍廂者甚眾，其恩威並著，皆此類也……論者曰世宗患諸將之難制也久矣，思欲誅之，未有其釁，高平之役可謂天假，故其斬決而無貸焉。自是姑息之政不行，朝廷始尊大，自非英主，其孰能為之哉（舊五代史卷一百十九周世宗紀顯德六年注引五代史補）。

❶ 除樊愛能外，步軍都指揮使何徽等并諸將校七十餘並伏誅。帝至潞州，錄其奔遁者，自軍使以上及監押使臣並斬之，由是驕將墮兵無不知懼（舊五代史卷一百十四周世宗紀顯德元年）。

注引五代史補）。

⑵軍隊的改編　善治軍者只求軍隊之精，不求軍隊之多，以為多徒虛耗國帑。不善治軍者，只求軍隊之多，不求軍隊之精，以為多可以虛張聲勢。其實，兩軍未戰之前，多固然可嚇敵人之膽，到了短兵相接，則羸老者一旦奔敗，強壯者亦必隨之俱逃。肥水之役，苻堅所率軍隊，旌旂千里，投鞭可以斷流，南朝抗戰之師不過數萬，而一聲「北軍敗矣」，未及交戰，秦師就相繼逃亡。由這事實，可知兵貴精不貴多，所以世宗改革軍政，先沙汰隊伍，精銳者升之，羸老者去之。

十月癸亥，帝謂侍臣曰凡兵務精不務多，今以農夫百，未能養甲士一，奈何浚民之膏澤，養此無用之物乎。且健懦不分，眾何所勸。乃命大簡諸軍，精銳者升之上軍，羸者斥去之。又以驍勇之士多為藩鎮所蓄，詔募天下壯士，咸遣詣闕，命太祖皇帝（趙匡胤）選其尤者為殿前諸班，其騎步諸軍各命將帥選之。由是士卒精強，近代無比，征伐四方，所向皆捷，選練之力也（資治通鑑卷二百九十二後周紀太祖顯德元年）。

這種改編軍隊，除了士卒精強之外，尚有兩個好處，其一、戰爭之際，不但需要軍隊，且又需要衣糧，所以軍事雖然第一，而經濟亦不能置之第二。羸弱者送還鄉里，在中原蕭條，缺乏勞動力之際，實有益於農業的生產。其二、方鎮跋扈，所倚恃者私兵之力，中央精選軍隊，天下壯士咸遣詣闕，精銳者升之上軍，羸者斥去之。健懦既分，眾有所勸，當然願意離開軍閥，而受編為國家的軍隊，這是可以減少方鎮的勢力，而有助於集權國家的建設。

㈡政治建設　五代政治腐化極了，選舉猥濫而官僚貪汙。選舉猥濫，則英俊者不得其位，而庸劣者反可以濫竽充數。官僚貪汙，則國家設官，不是用以治國，而是令其漁民。前者可使英俊之士反抗政府，後者可使一般平民嫉惡政府。政府威信掃地，天子地位遂不安定。世宗懲艾前世之失，關於政治方面，就實行了兩種改革。

(1)選舉的改良　隋唐以後，國家舉士，多用考試。唐代考試分為兩種，一由禮部舉士，二由吏部舉官。兩種考試皆尚文詞，固然未必能夠得到英才，然國家既以文詞取士，則英俊之人亦不能不借徑於詞章以發身，惟所重要者考試公平而已。五代考試甚見猥亂，禮部舉士，每次發榜，必有喧嘩。崔梲說：

每駁榜出後，則時有喧張，不自省循，但言屈塞，互相朋扇，各出言詞，或云有司不公，或云試官受賄（舊五代史卷一百四十八選舉志晉天福三年）。

當時試官確曾受賄，而考生亦有倩人代作文字之事，世宗即位，即許人告發，凡查明得實者，監試官及進士永不得仕進❷。

世宗顯德二年五月，禮部侍郎知貢舉竇儀奏，監官試官如受賂，及今後進士如有倩人述作文字應舉者，許人言告，送本處色役，永不得仕進。同保人知者殿四舉，不知者殿兩舉。受倩者如見在官停任，選人殿三選，舉人殿五舉，諸色人量事科罪，從之（文獻通考卷三十舉士）。

並用覆試之法，使有司及舉人無從作弊。這也許是宋代以後殿試的起源。但殿試乃天子親試於廷，覆試只令辭臣看驗，其預防考官舞弊則一。

❷　舊五代史（卷一百四十八）選舉志云：「顯德二年三月禮部侍郎竇儀奏請諸科舉人，若合解不解，不合解而解者，監試官為首罪，勒停見任，舉送長官奏聞取裁。監官（應加試官二字）如受賂，及今後進士如有倩人述作文字應舉者，許人言告，送本處色役，永不進仕。」

顯德二年三月壬辰詔曰，國家設貢舉之司，求英俊之士，務詢文行，方中科名。比聞近年以來，多有濫進，或以年勞而得第，或因媒勢而出身，今歲所放舉人，試令看驗，果見紕繆，須至去留，其李覃……等四人宜放及第，其嚴說……等一十二人藝學未精，並宜勾落，且令苦學，以俟再來。禮部侍郎劉溫叟失於選事，頗屬因循，據其過尤，合行譴謫，尚示寬恕，特與矜容，劉溫叟放罪（舊五代史卷一百十五周世宗紀）。

顯德五年三月庚子詔曰，比者以近來貢舉，頗事因循，頻詔有司，精加試驗，所冀去留無濫，優劣昭然。昨據貢院奏，今年新及第進士等，所試文字，或有否臧，爰命辭臣，再令考覆，庶涇渭之不雜，免玉石之相參。其劉坦……等詩賦稍優，宜放及第。王汾據其文詞亦未精當，念以頃曾剝落，將與成名。熊若谷……皆是遠人，深可嗟念，亦放及第。郭峻……等未甚苦辛，並從退黜，更宜進修，以俟將來。知貢舉右諫議大夫劉濤選士不當，有失用心，責授右贊善大夫，俾令省過，以戒當官。先是濤於東京放榜後，引新及第進士劉坦已下一十五人赴行在，帝命翰林學士李昉覆試，故有是命（舊五代史卷一百十八周世宗紀）。

其次，恢復古代制舉，以救進士科專尚文詞之弊。

顯德四年八月乙卯朔，兵部尚書張昭上疏望準唐朝故事，置制舉以罩英才，帝覽而善之。因命昭具制舉合行事件，條奏以聞。冬十月戊午詔懸制科凡三：其一曰賢良方正能直言極諫科，其二曰經學優深可為師法科，其三曰詳閑吏理達於教化科。不限前資，見任職官、黃衣草澤並許應詔。時兵部尚書張昭條奏請具制舉，故有是命（舊五代史卷一百十七周世宗紀）。

案制舉就是漢代之對策，對策由天子親第其優劣，優者每待以不次之位，劣者亦不罷歸。唐代制舉因應詔而舉之人過多，評閱之事遂歸於朝臣，敢言之士雖有鯁直之言，亦不見知於天子，且有黜落之法，中者得美官，其次與出身，不中者罷歸。有此不同，所以唐之制舉亦和科舉一樣，不過以空言取人。後周所欲舉行的制舉，其法如何，史無資料可供參考，而世宗又於顯德六年六月崩殂，本書只能寫到這裡為止。

又次，五代承唐之制，凡除官者皆賜告身❸，而須繳納手續費於吏部，貧者不能輸錢，但得敕甲，而無告身。

故事，吏部文武官告身，皆輸朱膠紙軸錢然後給，其品高者則賜之。貧者不能輸錢，往往但得敕牒，而無告身。五代之亂，因以為常，官卑者無復給告身，中書但錄其制辭，編為敕甲（新五代史卷五十五劉岳傳）。

唐明宗時，才依吏部尚書劉岳之言，又賜告身。

劉岳建言，以為制辭或任其材能，或褒其功行，或申以訓誡，而受官者既不給告身，皆不知受命之所以然，非王言所以告詔也，請一切賜之。由是百官皆賜告身，自岳始也（新五代史卷五十五劉岳傳）。

告身及敕甲乃證明該人之有任官資格。五代時，搢紳之家或將告敕賣給別人，揩改姓名，以為入仕之資。

時議者以銓注之弊非止一朝，搢紳之家，自無甄別，或有伯叔告赤（即告敕）鬻於同姓之家，隨賂改更，因亂昭穆，至有季父伯舅反拜姪甥者（舊五代史卷一百四十八選舉志唐同光四年條。參閱卷六十七韋說傳，新五代史卷二十八豆盧革傳）。

世宗對此積弊，亦加改革，即各司奏補職員，固然也以身言書判為標準，然須送至吏部，引驗人材，考校筆札。

顯德三年冬十月丙寅詔曰，諸司職員皆係奏補，當執役之際，悉藉公勤，及聽選之時，尤資幹敏。苟非

❸　告身見新唐書卷四十五選舉志，即吏部所發之補官文憑。志云：「視品及流外則判補，皆給以符，謂之告身。」

慎擇，漸致因循。應諸司寺監今後收補役人，並須人材俊利，身言可採，書札堪中，自前行止委無訛濫，勒本司關送吏部，引驗人材，考校筆札。其中選者，連所試書跡及正身，引過中書。餘從前後格敕處分，仍每年祇得一度奏補（舊五代史卷一百十六周世宗紀）。

世宗深知考試制度未必能夠選拔人才，魏仁浦由小吏出身，漢隱帝欲殺周祖，仁浦勸周祖「易詔，以盡誅將士為名，激其怒心」，遂長驅渡河而即帝位。世宗即位，從征高平，周師不利，仁浦又勸世宗出陣，遂敗北漢。仁浦確「有宰相之器」（宋史卷二百四十九魏仁浦傳論），故雖不由科第出身，世宗亦力排眾議，用之為相。

世宗命仁浦為相，議者以其不由科第，世宗曰古人為宰相者豈盡由科第耶，遂決意用之（宋史卷二百四十九魏仁浦傳）。

蓋在大亂之時，若欲掃蕩天下，必須破格用人。史稱：

世宗好拔英俊，有自布衣及下位上書言事者，多不次進用（宋史卷二百六十三張昭傳）。

而一旦發見所用之人並非英才，亦即行罷免。例如：

李知損浪得虛譽……廣順中，拜右諫議大夫，求使於江浙……太祖……可之。知損既受命，大恣其荒誕之意……乃責授棣州司馬。世宗即位，切於求人，素聞知損狂狷，好上封事，謂為可采，且欲聞外事，即命徵還，遽與復資。數月之間，日貢章疏，多斥讜貴近，自謀進取，又上章求為過海使。世宗因發怒，仍以其醜行日彰，故命除名配沙門島（舊五代史卷一百三十一李知損傳）。

復次，隋唐以來，天下一命之官並出於朝廷，州郡無復辟署之事。天寶以後，方鎮跋扈，往往自辟幕府之士，而四方豪傑不能以科目達者，皆爭為之。到了末世，「藩侯倔強者，多偽行墨制」（舊五代史卷六盧汝弼傳），授將吏以官秩。這種自辟僚屬，固如馬端臨所說：不得其人，非特累衡鑑之明，抑且失恃毗之助，故終不敢徇其私心。惟行之不得其道，又有害統治權的統一。五代之世，地方割據，周世宗要中央集權，對於州郡辟署之事，固然不敢恢復秦漢舊制。惟秦漢尚有保舉，公卿百官均得推薦人才，推薦之後，薦者對於被薦者要負完全責任，以杜徇私之心❹，這種保舉制度，世宗曾一度採用。

> 顯德二年正月辛卯詔，在朝文班各舉堪為令錄者一人，雖姻族近親亦無妨嫌。授官之日，各署舉主姓名，若在官貪濁不任，懦弱不理，並量事狀輕重，連坐舉主（舊五代史卷一百十五周世宗紀）。

漢時考試制度乃以濟選舉之窮，隋唐以後，保舉制度又以濟考試之窮。因為考試專尚文辭，則倜儻之士不慣文墨小技者，將無以表現才智。保舉就是用以搜揚這種人才的。舉不避親固然匪難，惟才之舉卻不容易，所以世宗又用連坐之法以戒徇私。孫承澤說：

> 夫以天下之大，人材之廣，而僅取用於銓衡一司，網疎甚矣。欲使官得其人，人盡其才，捨保舉，其奚由焉。夫保舉與薦舉異，薦舉者誠有所知，一舉焉，而臣之心畢矣。保舉者舉其顯，復保其微，舉其始，復保其終。故薦舉者上世之法也，保舉者晚世之法也。明主好賢如渴，而又慎之，以不得已，非薄視天下也，保而舉之，不厭慎也（續文獻通考卷三十六舉官引孫承澤春明夢餘錄）。

(2)考績的施行　考試所以甄別在野人材，考績所以甄別在朝人才，考績與年勞不同，考績是以日月驗其職業的修廢，年勞是以日月計其資格的深淺，自後魏崔亮創設「停年格」，唐代裴光庭創設「循資格」之

---

❹ 宋史卷二百七十劇可久傳，劇可久為太僕卿，顯德三年，所舉官犯贓，可久坐停任。

後，考績與年勞幾無區別。賢者當舉，或反以資淺而抑之，不肖者當黜，或反以年深而升之。「才足以堪其任，小拘歲月而妨之矣，力不足以稱其位，增累考級而得之矣」（日知錄卷八停年格引孫洙資格論）。歷代鼎革之際，朝廷用人，往往不講資格，因為若講資格，則上自天子，下至百僚，個個都沒有資格。到了革命成功，又不惜高談資格，因為不講資格，則後起之秀將起來推翻佐命功臣，而取卿相之位。下列故事便是一個很滑稽的例。

契丹欲以王處直之子威為定州節度使……遣使諭晉高祖云，欲使王威襲先人土地，如我蕃中之制。高祖答以中國將校自刺史團練防禦使序遷，方授旌節，請遣威至此任用，漸令升進，乃合中土舊規。契丹深怒其見拒，使人復報曰，爾自諸侯為天子，有何階級耶。高祖畏其滋蔓，則厚賂，力拒其命，契丹怒稍息（舊五代史卷八十八王庭允傳）。

考績之法行，則庸愚畏之，年勞之法行，則庸愚便之。後魏以後，年勞與考績混為一談，政界之上除易姓革命之外，沒有新陳代謝的現象，職事不修，實此之由。古者考績結果常分三等，一是拔擢以旌其異能，二是序進以謹其守常，三是黜罷以糾其失職。這樣，高第者可以驟升，無庸者必須亟退，至於績非出類，守不敗官，則循以常資，約以定限，故得殊才不滯，庶品有倫。自考績誤為年勞之後，既無拔擢，又無黜罷，全國官吏除有特別背境之外，均膠以格條，據資序進，高位常苦於乏人，下僚又嗟於白首。世宗懲艾其弊，乃勵行考績制度，使當官知所奮發。

顯德二年二月壬戌詔曰，班行職位之中，遷除改轉之際，即當考陳力之輕重，較言事之否臧，奉公切直者當議甄升，臨事蓄縮者須期抑退（舊五代史卷一百十五周世宗紀）。

(3)貪汙的懲戒　五代之世，官以賄成，爵以賂授，全國官吏無不掊斂剝下，以事權門。這個風氣是由梁太祖朱全忠開始的。

初梁祖領四鎮，擁兵十萬，威震天下，關東藩守皆其將吏，方面補授，由其保薦，四方輿金輦璧，駿奔結轍，納賄於其庭，如是者十餘年，寖成風俗，藩侯牧守下逮群吏，罕有廉白者，率皆掊斂剝下，以事權門（舊五代史卷五十九袁象先傳）。

唐莊宗滅梁之後，對此風氣，不能有所改革。

郭崇韜既位極人臣，謀猷獻納，必盡忠規，士族朝倫，頗亦收奬人物，內外翕然稱之。初收汴洛，稍通賂遺，親友或規之。崇韜曰余備位將相，祿賜巨萬。但偽梁之日賂遺成風。今方鎮藩侯多梁之舊將，皆吾君射鉤斬袪之人也。一旦革面化為吾人，堅拒其請，得無懼乎。藏余私室，無異公帑。及郊禋，崇韜悉獻家財，以助賞給（舊五代史卷五十七郭崇韜傳）。

是則朱梁以來，賄賂已成為一種習慣，竟令盡忠的郭崇韜不能有所改革。崇韜「稍通賂遺」，其後「悉獻家財，以助賞給」，這與王翦請田宅，使始皇不疑❺，蕭何賤貰貸以自汙，使高祖大慰❻，不盡相同。

---

❺ 始皇欲攻取荊，王翦將兵六十萬人，始皇自送至灞上，王翦行，請美田宅園池甚眾。始皇曰將軍行矣，何憂貧乎。王翦曰為大王將，有功終不得封侯，故及大王之嚮臣，臣亦及時以請園池，為子孫業耳，始皇大笑。王翦既至關，使使還請善田者五輩，或曰將軍之乞貸亦已甚矣。王翦曰不然，夫秦王怚而不信人，今空秦國甲兵而專委於我，我不多請田宅，為子孫業以自堅，顧令秦王坐而疑我耶（史記卷七十三王翦傳）。

❻ 黥布反，上自將擊之，數使使問相國（蕭何）何為……客又說何曰，君滅族不久矣……君初入關，本得百姓心，十

秦始皇漢高祖都是創業之主，始皇見王翦求田宅而大慰，高祖聞蕭何賤貰貸而大悅。此無他，古來有大志的往往不事家人生產事業，好貨就是沒有大志的表現。何況大臣貪墨，百姓受了剝削，當然不會擁戴其人為天子。政局愈混亂，人主愈喜用貪墨之臣，不是沒有原因的。但是五代貪墨並不以貪墨為手段，韜光養晦，而是以貪墨為目的，蓄積貨財。當時勳爵與官職未曾區別，爵以賞功，官以居才，有功而無才者不能授之以官，有才而無功者不能獎之以爵。梁唐以後，藩侯郡牧多以勳授，他們不明治道，只知割剝蒸民，由是貪墨之風日益加益。

> 自梁唐以來，藩侯郡牧多以勳授，不明治道，例為左右群小惑亂，賣官鬻獄，割剝蒸民，率有貪猥之名，其實賄賂半歸於下（舊五代史卷九十八安重榮傳）。

在政局紛亂，法紀蕩然之際，稅官是最便於貪汙的。吾人觀頡跌氏對世宗之言，即可知之。

> 世宗在民間，嘗與鄴中大商頡跌氏往江陵，販賣茶貨……於逆旅中夜置酒，與頡跌氏半酣戲曰……我為天子……足下要何官，請言之。頡跌氏曰某三十年作估來，未有不由京洛者，每見稅官坐而獲利，一旦所入可以敵商賈數月，私心羨之。若大官作天子，某願得京洛稅院足矣（舊五代史卷一百十九周世宗紀顯德六年注引五代史補）。

而官官相護莫肯告發。

> 天下州府官吏犯贓，皆遞相蒙蔽，不肯發明，縱有申聞，百無一二（五代會要卷二十縣令下晉天福五年六

餘年矣，皆附君，尚復孳孳得民和，上所以數問君，畏君傾動關中。今君胡不多買田地，賤貰貸以自汙，上心必安。於是何從其計，上乃大說（漢書卷三十九蕭何傳）。

月條）。

甚至天子也以賄賂為事，層層剝括，而最後均轉嫁於人民身上。歐陽修說：

嗚呼五代之民，其何以堪之哉，上輸兵賦之急，下困剝斂之苛，自莊宗以來，方鎮進獻之事稍作，至於晉，而不可勝紀矣。其添都助國之物，動以千萬計，至於來朝奉使買宴贖罪，莫不出於進獻。而功臣大將不幸而死，則其子孫率以家資，求刺史，其物多者得大州善地。蓋自天子皆以賄賂為事矣，則為其民者其何以堪之哉（新五代史卷四十六郭延魯傳論）。

這種風氣到了後周，稍加改革。周太祖已經以身作則，不受賂遺。

十二月甲午，前靜難節度使侯章獻買宴絹千匹，銀五百兩，帝不受。曰諸侯入覲天子，宜有宴犒，豈得買耶（胡三省注，五代之時，不特方鎮入朝買宴，唐明宗天成二年三月幸會節園，群臣買宴，則在朝之臣亦買宴矣），自今如此比者，皆不受（資治通鑑卷二百九十一後周紀太祖廣順二年，參閱宋史卷二百七十二侯章傳）。

及至世宗即位，復用嚴刑，以戒貪墨之臣。

顯德元年冬十月甲辰，左羽林大將軍孟漢卿坐納稾稅，場官擾民，多取耗餘，賜死。有司奏漢卿罪不至死，上曰朕知之，欲以懲眾耳（資治通鑑卷二百九十二周太祖顯德元年）。

顯德五年十二月己丑，楚州防禦使張順賜死，坐在任隱落榷稅錢五十萬，官絲綿二千兩也（舊五代史卷一百十八周世宗紀）。

尹文子曾舉孔子攝魯相，七日而誅少正卯之例，謂「治主之興，必有所先誅」（尹文子大道下）。六韜（第二十二篇將威）云：「殺貴大，賞貴小，殺及當路貴重之人，是刑上極也。賞及牛豎馬洗廄養之徒，是賞下通也。刑上極，賞下通，是將威之所行也」。尉繚子（第八篇武議）亦云：「殺一人而三軍震者，殺之；殺一人，而萬人喜者，殺之。殺之貴大，賞之貴小；當殺，則雖貴重必殺之，是刑上究也。賞及牛童馬圉者，是賞下流也。夫能刑上究，賞下流，此將之武也」。為將如此，為天子者亦然，更要如司馬法（第二篇天子之義）所說：「賞不踰時，欲民速得為善之利也。罰不遷列，欲民速覩為不善者之害也」。周世宗殺臨陣退逃的侍衛馬軍都指揮使樊愛能（舊五代史卷一百十四周世宗本紀顯德元年），又殺容縱部下多取耗餘的左羽林大將軍孟漢卿（舊五代史仝上），世宗可謂知「刑亂國，用重典」之理矣。

但是單單懲戒貪汙，倘祿俸菲薄，不能養生送死，官吏為了生存起見，亦必冒險舞弊。周太祖對於牧守曾規定祿俸如次（據五代會要卷二十八諸色料錢下周廣順元年）。

牧守每月祿俸表

官名	料錢	祿粟	食鹽	馬草粟	元隨衣糧
防禦使	二百千	一百石	五石	十匹	三十人
團練使	一百五十千	七十石	五石	十匹	三十人
刺史	一百千	五十石	五石	五匹	二十人

世宗時，對於縣令，又規定祿俸如次（據五代會要卷二十八諸色料錢下顯德五年）。

縣令每月祿俸表

官名	料錢	米麥
一萬戶以上縣令	二十千	五石
七千戶以上縣令	十八千	五石
五千戶以上縣令	十五千	四石
三千戶以上縣令	十二千	四石
不滿三千戶縣令	十千	三石

按五代刺史即漢郡守之職，漢郡守二千石，穀月一百二十斛，五代刺史只有五十石之粟。不過五代權量，必比漢時為多。漢書（卷九十四下）匈奴傳，「計一人三百日食，用穀十八斛」，即人一日食米六升。新唐書（卷五十四）食貨志，「少壯相均，人食米二升」。人類之食量，古今不會變更，所以唐代權衡比之漢世約多三倍。所以刺史每月五十石不比漢之郡守為少。何況尚有料錢一百千，復有食鹽、馬糧及元隨衣糧之給。不滿三千戶縣令在西漢為三百石之長，穀四十斛，而後周只有三石，加上料錢十千，其價值是否抵得四十斛之穀，吾人無法計算。唐開元時，諸州下縣令從七品（唐六典卷三十京縣畿縣天下諸縣官吏），從七品歲米五十二斛（新唐書卷五十五食貨志五），開元二十四年又給月俸四千五百（唐會要卷九十一內外官料錢上），後周粟月三石，一年三十六石，而月俸則有十千。五代喪亂相承，物價必比開元時代為高，所以合兩項（歲粟及月俸）觀之，吾人亦不敢隨便斷定孰多孰少❼。

❼ 顯德五年十一月丙戌詔，凡諸邑課戶及俸戶並勒歸州縣——胡三省注云，唐初諸司置公廨本錢，以貿易取息，計員多少，為月料。其後罷諸司公廨本錢，以天下上戶七千人為胥士，而收其課，計官多少而給之，此所謂課戶也。唐

(三)經濟建設

人類都有生存的慾望，生存沒有保障，老弱者填於溝壑，壯者散而之四方，散而之四方之後，良民變為遊民，再變而為暴民，或為群盜，直接擾亂社會秩序，或投靠於豪族，使軍閥有稱兵作亂的機會，所以善為政者必須講求養民之道。「孔子適衛，冉有僕。子曰庶矣哉。冉有曰既庶矣，又何加焉。曰富之。曰既富矣，又何加焉，曰教之」(論語子路)。孟子亦說：「五畝之宅，樹之以桑，五十者可以衣帛矣，雞豚狗彘之畜無失其時，七十者可以食肉矣，百畝之田勿奪其時，八口之家可以無飢矣。謹庠序之教，申之以孝悌之義，頒白者不負載於道路矣。老者衣帛食肉，黎民不飢不寒，然而不王者未之有也」(孟子梁惠王上)。孔子必先富而後教，孟子必先使民有五畝之宅及百畝之田，而後才謹庠序之教，申之以孝悌之義。為什麼呢？倉廩實而後知禮義，衣食足而後知廉恥。「無衣無褐，何以卒歲」，這個時候欲用道德仁義之言，勸勉人民，必徒勞而無功。世宗既作軍事建設，使政權鞏固，又作政治建設，使百官有所警惕，於是遂著手於經濟建設。

(1)土地的整理

自曹魏施行屯田制度之後，地主分為兩種，一是國家，二是個人。國家與個人均將土地租給佃戶耕種，佃戶對於土地只有使用權，沒有所有權，地主隨時可以收回土地，因之農民不敢多施肥料，也不敢葺屋植木，這都是可以減少土地生產力的。後周有鑑及此，太祖時代先整理國有地，承認佃戶的所有權。

前世屯田皆在邊地，使戍兵佃之。唐末，中原宿兵所在皆置營田，以耕曠土，其後又募高貲戶，使輸課又薄斂一歲稅，以高戶主之，月收息給俸，此所謂俸戶也——其募職州縣官自今並支俸錢及米麥(資治通鑑卷二百九十四周世宗紀)。

佃之，戶部別置官司總領，不隸州縣，或丁多無役，或容庇奸盜，州縣不能詰。梁太祖擊淮南，掠得牛以千萬計，給東南諸州農民，使歲輸租，自是歷數十年，牛死而租不除，民甚苦之。帝素知其弊……敕悉罷戶部營田務，以其民隸州縣，其田廬牛農器並賜見佃者為永業，悉除租牛課。是歲戶部增三萬餘戶，民既得為永業，始敢葺屋植木，獲地利數倍（資治通鑑卷二百九十一後周紀太祖廣順三年）。

五代之世，喪亂相承，地主離開鄉井者為數不少，土業無主，而業主乃漂居異鄉，農民無法承佃，只有聽其荒蕪。世宗時代，對於這種土地，又由政府作主，租給農民耕種。地主在一定期間之內若不還鄉，該地的所有權移屬於佃戶。

顯德二年正月乙未，詔應逃戶莊田，並許人請射承佃，供納租稅。如三周年內，本戶來歸者，其莊田不計荒熟，並交還一半。五周年內歸業者，三分交還一分。如五周年外歸業者，其莊田除本戶墳塋外，不在交付之限。其近北地諸州應有陷蕃人戶，自蕃界來歸業者，五周年內來者，三分交還二分。十周年內來者，交還一半。十五周年來者，三分交還一分。十五周年外來者，不在交還之限（舊五代史卷一百十五周世宗紀）。

隨著土地的整理而改革者則為稅制。周世宗對於稅制，一求納稅時期的確定，晚唐以來，政府往往預徵租稅，以救財政之急。唐陸贄說：

蠶事方興，已輸縑稅，農功未艾，遽斂穀租。上司之繩責既嚴，下吏之威暴愈促。有者急賣而耗其半直，無者求假而費其倍酬（陸宣公全集卷十二論兩稅之弊須有釐革）。

五代財政困難不亞於晚唐，所以往往不俟收穫紡織之畢，而即徵斂穀帛，後唐明宗「雖出夷狄，而為人純質，寬仁愛人」（新五代史卷六唐明宗紀論）。曾於天成四年，規定租稅的徵收日期如次（據五代會要卷二十五租稅）。

天成四年所定的徵稅日期

地區	大小麥麴麥豌豆 起徵期	大小麥麴麥豌豆 納足期	正稅匹帛錢鞵地頭榷麴蠶鹽及諸色析料 起徵期	正稅匹帛錢鞵地頭榷麴蠶鹽及諸色析料 納足期
節候常早處	五月十五日	八月一日	六月五日	八月二十日
節候較晚處	六月一日	八月十五日	六月十日	八月廿五日
節候尤晚處	六月十日	九月	六月二十日	九月

明宗之後，這個制度又復破壞，至周顯德三年，復確定人民納稅的時期❽。

> 上謂侍臣，近朝徵斂穀帛，多不俟收穫紡織之畢，乃詔三司，自今夏稅以六月（一日），秋稅以十月（一日）起徵，民間便之（資治通鑑卷二百九十三後周世宗顯德三年十月，括弧內「一日」據五代會要卷二十五租稅）。

對此，王船山云：「周主立二稅徵限，夏稅以六月，秋稅以八月。兩稅既行，無有便於此矣……以六月徵者，期成於八月；以十月徵者，期盡於一冬。力可供，則必之以速完。貧不可支，則蠲除於限末。嚴豪民玩上之罰，開貧寡自全之路。一歲畢一歲之徵，民習而安焉，王者復起，不能易也」（讀通鑑論卷三十，五代）。所謂徵限，「以六月徵者，期成於八月，以十月徵者，期盡於一冬」。各書所載均無此種「徵限」，王船山必有所本，茲不詳加考證。我們研究社會科學的人所宜知道的，夏稅（六月一日起徵，至八月底止）及秋稅

❽ 舊五代史（卷一百四十六）食貨志：「周顯德三年十月宣三司指揮諸道州府，今後夏稅以六月一日起徵，秋稅至十月一日起徵，永為定制」。

（十月一日起徵，至十二月底止）所得緩徵者各有三個月之久。「六月而蠶織成矣，十月而禾黍登矣」（讀通鑑論仝上）。然而此時人民所有的是貨物，不是錢幣，須俟貨物賣出，換得錢幣之後，才可供納稅之用。緩之，乃所以保護農民不必賤價以賣，而制止富商不能取倍稱之息。

二求人民擔稅的公平，五代為弱肉強食之世，這種強弱鬥爭乃充分表現於租稅之上。唐明宗說：

兼有富戶或投名於勢要，以求影庇，或希假於攝貴，以免丁徭（舊五代史卷三十八唐明宗紀天成二年春正月辛己詔）。

周太祖說：

貧乏者困於供須，豪富者幸於影庇（舊五代史卷一百十一周太祖紀廣順元年三月壬申詔）。

豪富逋稅，而在國家財政困難之際，稅額必須分攤於貧民，所以五代之世稅率極重，吾人只看鹽麴二稅，即可知之。

五代橫征無藝，洪容齋隨筆記朱溫以夷門一鎮，力役而得天下，士雖苦戰，民則樂輸。末帝與唐莊宗對壘於河上，民雖困於輦運，亦未至流亡，由賦斂輕而田園可戀故也。及唐莊宗任吏人孔謙為三司使，峻法以剝下，厚斂以奉上，於是賦斂日重，而歷代因之，今即據鹽麴二事，可見其大概也。凡鹽鐺戶應納鹽利，每斗折納白米一斗五升，晉初始令折錢收納，竈戶所納如此，鹽價之貴可知也。海鹽界分每年收錢一千七萬貫，以區區數十州之地，而收價如此，其價更可知也。每城坊官自賣鹽，鄉村則按戶配食，依田稅輸錢，其私販之禁，十斤以上即處死，刮鹻煎鹽者，不論斤兩皆死，凡告者十斤以上賞錢二十千，五十斤以上三十千，百斤以上五十千，其法令之嚴可知也。晉高祖知鹽貴之病民，乃詔計戶徵稅，每戶自一千至二百文。

分五等，聽商人販鹽，民自買食，一時頗以為便。出帝時，又令諸州郡稅鹽，過稅斤七錢，住稅斤十錢，蓋已按戶徵鹽錢，不便改法，乃又加徵商稅，使利歸於官也。漢乾祐中，青鹽一石抽稅一千文鹽一斗，是又加重於出帝時矣。周廣順中，始詔青鹽一石抽八百文鹽一斗，白鹽一石抽五百文鹽五升，然鹽價既因抽稅增貴，而按戶所徵之鹽稅又不放免，是一鹽二稅，民益苦之，此鹽法之大概也。其酒麴之禁，孔循曾以麴法殺一家於洛陽（私麴五斤以上皆死），明宗乃詔鄉村人戶，於秋田苗上，每畝納錢五文，聽民自造麴釀酒，其城坊亦聽自造，而榷其稅。長興中，又減五文為三文，尋仍詔官自造麴，減舊價之半，賣民釀酒。漢乾祐中，私麴之禁，不論斤兩皆死。周廣順中，仍改為五斤以上，然五斤私麴即處極刑，亦可見法令之酷矣。此麴法之大概也（以上俱見薛史及五代會要）。即此二事，峻法專利，民已不堪命，況賦役繁重，橫征百出，以加藩鎮之私斂，如趙在禮之拔釘錢，每戶一千，劉銖之加派秋苗，每畝率錢三千，夏苗畝二千，民之生於是時者，可勝慨哉（廿二史劄記卷二十二五代鹽麴之禁）。

何況正額之外，尚有加稅省耗❾。

舊制，秋夏苗租，民稅一斛，別輸二升，謂之雀鼠耗。乾祐中，輸一斛者，別令輸二斗，目之為省耗，百姓苦之（舊五代史卷一百七王章傳）。

唐明宗只令人民納正數，而不加稅省耗。世宗更進一步，許人民所輸，每石許其損耗一斗，即稅一石者，只求其入倉庫九斗。這對於人民，不失為仁政之一。

❾ 唐明宗天成元年夏四月壬子曾下詔：「秋夏稅子每斗先有省耗一升，今後祗納正數，其省耗宜停」（舊五代史卷三十六明宗紀）。

> 周顯德二年正月世宗謂侍臣曰，轉輸之物，向來皆給斗耗。自晉漢（北漢）以來，不與支破，倉廩所納新物，尚除省耗，況水路所般，豈無損折。起今後每石宜與耗一斗（舊五代史卷一百四十六食貨志）。

胡寅謂「觀世宗此言，則知晉漢間取耗，未嘗為耗用，直多取以實倉廩耳。世宗予之，善矣」（引自大學衍義補卷三十三漕輓之宜上）。可惜世宗在位只有五年，天下未能盡受其惠。其未受惠者，只有逋負，逋負至宋真宗時代尚課督未已。真宗共放逋負一千餘萬，釋繫囚三百餘人。

> 王欽若判三司理欠憑由司，時毋賓古為度支判官，嘗言曰，天下逋負，自五代迄今，理督未已，民病幾不能勝矣，僕將啟蠲之。欽若一夕命吏勾校成數，翌日上之，真宗大驚……即日放逋負一千餘萬，釋繫囚三百餘人（宋史卷二百八十三王欽若傳）。

前已提到周太祖時，詔有「貧乏者困於供須，豪富者幸於影庇」之言。田賦之不均便是國窮而民貧的根本原因。顯德五年世宗派朝臣，分行各州，均定田租。

> 顯德五年冬十月丁酉詔左散騎常侍須城艾穎等三十四人，分行諸州，均定田租（資治通鑑卷二百九十五後周紀）。

均定田租不是單單限於田賦一項，五代承唐之舊，採用兩稅，而兩稅則以地稅與戶稅為本，所以均定田租乃包括戶稅在內。

> 雷德驤顯德中，入受詔，均定隨州諸縣民田屋稅，稱為平允（宋史卷二百七十八雷德驤傳）。

稅制經世宗改革之後，多數人民受益不淺，於是農村經濟漸次復興，國家財政漸次充足，而苛捐雜稅也漸次隨之撤銷。政府不謀租稅之平，而只謀租稅之輕，結果必如王莽所說：「漢氏減輕田租，三十而稅一，而豪民侵陵，分田劫假，厥名三十，實什稅五也」（前漢書卷二十四上食貨志）。世宗整理稅制，先確定納稅時期，次又均定田租，可以說是知理財之道。

(2)運河的疏浚　漢末大亂，繼之又有五胡亂華，中原士女避難江東者為數甚多，人口的南移引起南方經濟的發達。隋唐以後，經濟中心移至江淮，欲將江淮錢穀運至中原，必須利用運河。唐末，楊行密割據江淮，潰決汴水，自是而後，運河事實上已經不能航運。這對於中央政權乃有很大影響。中原蕭條，朝廷更須仰食江淮，運河湮塞，經濟中心與政治中心不能聯繫，凡遇飢饉，財政便無法籌措，甚至戰士也不能得到衣糧，所以梁唐晉漢無不勢衰力弱。這種情況到了後周世宗時代，開始發生變化。案漕運斷絕乃有兩種原因，一是淮南獨立，運河切為兩段，二是汴水潰決，運河變為汙澤，所以世宗要打通運河，不能不討伐南唐，而要討伐南唐，又不能不先疏導周境的運河。

汴水自唐末潰決，自埇橋東南悉為汙澤。上謀擊唐，先命武寧節度使武行德發民夫因故堤疏導之，東至泗上，議者以為難成，上曰數年之後，必獲其利（資治通鑑卷二百九十二後周紀世宗顯德二年十一月）。

及至南唐降附，淮南平定，世宗復疏汴水，使青齊舟楫能達於大梁。

四月乙酉，詔疏汴水，北入五丈河，由是青齊舟楫皆達於大梁（資治通鑑卷二百九十三後周紀世宗顯德四年）。

翌年又浚汴口，使淮汴二水能夠貫通。自是而後江淮舟楫始得通行。

是月浚汴口，導河流達於淮，於是江淮舟楫始通（資治通鑑卷二百九十四後周紀世宗顯德五年三月）。

其對於汴水，是不斷疏浚，且多方利用。汴水經世宗疏浚之後，既可通陳穎之漕，又可通青鄆之運。

二月丙子朔，命王朴如河陰按行河隄，立斗門於汴口。壬午命侍衛都指揮使韓通，宣徽南院使吳廷祚，發徐宿宋單等州丁夫數萬，浚汴水。甲申命馬軍都指揮使韓令坤，自大梁城東，導汴水入於蔡水，以通陳潁之漕，命步軍都指揮使袁彥，浚五丈渠，東過曹濟梁山泊，以通青鄆之漕，發畿內及滑亳丁夫數千，以供其役（資治通鑑卷二百九十四後周紀世宗顯德六年）。

農業國家最重要者為水利，北方水流雖有黃河，而常氾濫為災，人民不受黃河之利，而受黃河之害。黃河之外，許多水流均在東方，而自魏晉之後，關中鄭白兩渠又復久廢不修，失去灌溉的作用，耕地的面積日益減少，土地生產力也日益耗竭。降至隋唐，東部經濟已經比西部繁榮，而尤以東南一帶為盛。五代定都開封，就是取其地位略偏於東，一方可以仰食東南之粟，同時又可以照顧北方的邊防。世宗疏導汴水，南至江東，東至青齊，均得利用水流，以達大梁，於是東部各地在經濟上遂成為一個有機體，中央政府亦得漕運各地錢穀，以供各種經費之用。這便是北宋立國之基礎，也便是北宋統一中夏的原因。所以五代之後，建設大一統國家者雖然是宋太祖，而周世宗之力更為偉大。

關於經濟建設，應附帶說明者，由南北朝而至唐代，破壞國民經濟的，除內亂外，尚有佛教。人士寄身佛寺，不是由於信仰，而是要規避傜役，影庇資產。故顏氏家訓（第十六篇歸心）云：「罄井田而起塔廟，窮編戶以為僧尼，遂使非法之寺妨民稼穡，無業之僧空國賦算」。那三破論之第一破：「入國而破國」、亦斥「人不蠶而衣，不田而食，國滅人絕，由此為失」（弘明集卷八梁劉勰撰滅惑論）。五代喪亂相承，人士捨身為沙門者甚眾，例如燕帥劉守光盡率部內丁夫為軍伍，而黥其面，民多為僧以避之（舊五代史卷六十七趙鳳傳）。遊食多而務農寡，國安得不窮，民安得不貧。世宗即位，就毀佛寺，禁私度，勒令僧尼還俗。

顯德二年五月勅天下寺院非敕額者悉廢之。禁私度僧尼，凡欲出家者，必俟祖父母、父母、伯叔之命。惟兩京（汴京及洛京）大名府京兆府青州聽設戒壇。禁僧尼捨身，斷手足，煉指（東香於指燃之）掛燈（裸體，以小鐵鉤遍鉤其膚，凡鉤皆掛小燈圈燈等貯油而燃之，俚俗謂之燃肉身燈）帶鉗之類，幻惑流俗者。令兩京及諸州每歲造僧帳，有死亡歸俗，皆隨時開落。是歲，天下寺院存者二千六百九十四，廢者三萬三百三十六，見僧四萬二千四百四十四，尼一萬八千七百五十六。九月敕始立監採銅鑄錢，佛像等五十日內悉令輸官，過期隱匿不輸，五斤以上其罪死，不及者論刑有差。上謂侍臣曰，卿輩勿以毀佛為疑。夫佛以善道化人，苟志於善，斯奉佛矣。彼銅象豈所謂佛耶。且吾聞佛在利人，雖頭目猶捨以布施。若朕身可以濟民，亦非所惜也。臣光曰若周世宗可謂仁矣，不愛其身而愛民。若周世宗可謂明矣，不以無益廢有益（資治通鑑卷二百九十二後周世宗紀）。

關於後周世宗之滅佛，王船山亦有批評。他說：「一日而欲挽數千年之波流，一人而欲拯群天下之陷溺，雖矣哉……周主榮（世宗名榮）廢無額寺院，禁私度僧尼，而存寺尚二千有奇，僧尼猶六萬。說者或病其不力為剷除，乃不知周主之漸而殺其滔天之勢也。為得其理，使有繼起者踵而行之數十年，而其邪必衰止，固非嚴刑酷令，憑一朝之怒所可勝者也……急誅之而激以興，緩圖之而燄以熸，此制勝之善術。禹之所以抑洪水者，惟其漸而已矣。拓拔宇文固不足以及此，唐武之後繼以宣宗，抑流急必逆之勢然也。周主行裁損之法得之矣」（讀通鑑論卷三十，五代）。蓋天下之事有可立致者，有當馴致者，數百年之宿弊，固不能立改。改之之法只有馴致，船山之言乃深知世宗之意，所謂「他人有心，予忖度之」，其斯之謂歟。

各種改革既然成功，於是世宗慨然有削平天下之志，乃依王朴之議，定下平邊之策[10]。

王朴獻平邊策云：攻取之道，從易者始。當今吳國東至海，南至江，可撓之地二千里，從少備處先撓之，備東則撓西，備西則撓東，必奔走以救其弊，奔走之間，可以知彼之虛實，眾之強弱，攻虛擊弱，則所向無前矣。勿大舉，但以輕兵撓之，彼人怯，知我師入其地，必大發以來應，數大發，則必民困而國竭，一不大發，則我獲其利，彼竭我利，則江北諸州乃國家之所有也。既得江北，則用彼之民，揚我之兵，江之南亦不難而平之也。如此則用力少而收功多，得吳則桂廣皆為內臣，岷蜀可飛書而召之，如不至，則四面並進席卷，而蜀平矣。吳蜀平，幽可望風而至。惟并必死之寇，不可以恩信誘，必須以強兵攻之，然其力已喪，不足以為邊患，可為後圖，候其便，則一削以平之（舊五代史卷一百二十八王朴傳）。

王朴之策，簡單言之，即如王船山所說：「先下江南，收嶺南，次巴蜀，次幽燕，而後及於河東」。船山以為「先江南而後蜀，非策也」。「秦滅楚，晉滅吳，隋滅陳，必先舉巴蜀，順流以擊吳之腰脊，兵不勞而迅若疾風之掃葉，得勢故也」。固然從來有取天下之略者，莫不切切於用蜀。宋先滅蜀，然後并江南，收交廣，所以船山謂「此宋之用兵賢於王朴之策也」。「若夫河東之與幽燕，則朴之策善矣……契丹之據幽燕也未久，其主固居朔漠，以廬帳為便安，視幽燕為贅土，未嘗厚食其利而歆之也。而唐之遺民猶有存者，思華風，厭羶俗，如吳巒王權之不忍陷身汙穢者，固吞聲翹首以望王師，則取之也易。遲之又久，而契丹已戀為膏腴，據為世守，故老已亡，人習於夷，且不知身為誰氏之餘民，畫地以為契丹效死。是急攻則易，而緩圖則難也。幽燕舉，則河東失左臂之援，入飛狐天井而夾攻之，師無俟於再舉，又勢之所必然者。王

❿ 資治通鑑卷二百九十二後周紀世宗顯德二年條，胡三省註云，是後，世宗用兵，以至宋朝削平諸國，皆如王朴之言，惟幽燕不可得而取。

朴之謀，理勢均得，平一天下之大略，斯其允矣。宋祖有志焉而不能追惟王朴之偉論，遂絀曹翰之成謀，以力敝於河東，置幽燕於膜外，則趙普之邪說蠱之也。普薊人也，有鄉人為之居間，以受契丹之餌，而偷為其姻亞鄉鄰免兵戈之瞥，席犬豕以齁睡，姦謀進而貽禍無窮。惜哉其不遇周主，使不得試樊愛能之歐刀也」（讀通鑑論卷三十，五代）⓫。船山為明末清初之人，其民族觀念極其強烈，故有此種主張，而其立論實有可取之點。

自古南北交戰，南方常處於不利的地位，宋世以前，南方精華均在沿江一帶，而以江左最為富饒。江流千里，西自巫峽，東至滄海，無險可守，北軍到處可以乘便橫渡。南軍若分防各地，則兵散而力弱，若聚防一地，又守此而失彼。五代時，南方又不統一，既不能合縱以抗周，又互相兼併，自耗國力，當然不能抗拒北軍。隋唐以後，江淮為財富之區，而蜀自古就有天府之號，唐時「諺稱揚一益二，謂天下之盛，揚為一而蜀次之也」（容齋隨筆卷九唐揚州之盛）。當時割據揚州者為南唐，割據益州者為後蜀。南唐屏蔽江東，既專江淮之富，而與後周又止隔一水，其勢足以威脅開封。後周若滅南唐，可用江淮財富，以行平南之策，若滅後蜀，可依長江上流之勢，下臨吳楚。所以後周用兵，不是先攻蜀，就要先伐唐。這個時候蜀主孟昶據險一方，以為北軍不能南下，乃務為奢侈，不恤民事。

孟昶幸晉漢之際，中國多故，而據險一方，君臣務為奢侈以自娛，至於溺器皆以七寶裝之（新五代史卷六十四後蜀世家）。

⓫ 宋史卷二百六十曹翰傳未述此事，船山之宋論（卷一太祖）曾謂「曹翰獻取幽州之策，太祖謀之趙普，普曰云云」。宋史卷二百五十六趙普傳，曾述及太宗雍熙三年春大軍出討幽薊，久未班師，普疏請罷將士伐燕之師。

唐主李景又喜用諂諛之臣，而至政刑紊亂。

> 唐主性和柔，好文章，而喜人佞己，由是諂諛之臣多進用，政事日亂（資治通鑑卷二百九十二周世宗顯德二年）。

以新興之邦臨危亡之國，當然勢如拉朽，無攻不破。顯德二年伐蜀，取秦鳳階成四州，五年伐唐，淮南十四州悉入於周，六年親征契丹，取瀛莫二州，關南悉平。但是世宗又不是專以武力征服四方的。武力之外，又用仁政以引誘敵國人民來降。例如：

> 顯德二年十月乙卯詔曰，其四州（秦鳳階成）之民，二稅徵科之外，凡蜀人所立諸色科徭，悉罷之（資治通鑑卷二百九十二周世宗紀）。
>
> 顯德三年六月壬申詔，先屬江南之時，應有非理科徭，無名配率，一切停罷云（舊五代史卷一百十六周世宗紀）。
>
> 秦鳳平，得降軍數千人，其後帝念其懷上，悉放歸蜀，至是蜀人知感（舊五代史卷一百十七周世宗紀顯德四年八月）。
>
> 顯德五年六月辛未，放先俘獲江南兵士四千七百人歸本國……十二月己卯，楚州兵馬都監武懷恩棄市，坐擅殺降軍四人也（舊五代史卷一百十八周世宗紀）。

其不殺降卒，實足以收羅敵國軍隊之心，而令敵兵不戰而降。孟子說：「不嗜殺人者能一之」，世宗深得此中道理，所以周師討伐北漢之時，北漢人民乃簞食壺漿，以迎王師。

> 周師入境，汾晉吏民望風款接，皆以久罹虐政，願輸軍須，以資兵力，世宗從之，而連下數州（宋史卷

二百五十一符彥卿傳）。

由此可知單以武力平定天下，是不易成功的。武力之外，尚需要政治進攻，才克有濟。此際為中國之患者已經不是各地軍閥，而是契丹，所以世宗得到瀛莫之後，就議攻幽州，不幸途中得疾，竟然晏駕，而遺下了宋代契丹之禍。

> 世宗末年大舉以取幽州，契丹聞其親征，君臣恐懼，沿邊城壘皆望風而下。凡蕃部之在幽州者亦連宵遁去。車駕至瓦橋關……以為大勳必集……是夜聖體不豫，翌日病，亟有詔回戈，未到關而晏駕（舊五代史卷一百十九周世宗紀顯德六年注引五代史補）。

然而統一的曙光已經出現了。世宗崩後，宋太祖入踐帝位，太宗繼之，又次第削平群雄，先取荊（南平高繼沖於建隆三年降）湖（楚周保權於建隆三年降），西滅蜀（蜀孟昶於乾德二年降），南平漢（南漢劉鋹於開寶三年降），遂並江南（後唐李煜於開寶七年降），吳越入朝（吳越錢俶於太平興國三年降），北漢降附（北漢劉繼元於太平興國四年降），於是天下復歸於一。司馬光說：

> 自周室東遷，王政不行，諸侯逐鹿，凡百五十年而合於秦。秦虐用其民，十有一年，而天下亂，又八年而合於漢。漢為天子，二百有六年，而失其柄。王莽盜之，十有七年，而復為漢。更始不能有，光武誅除僭偽，凡一十四年，然後能一之。又一百五十三年，董卓擅朝，州郡更相吞噬，至於魏氏，海內三分，凡九十有一年，而合於晉。晉得天下，才二十年，惠帝昏愚，群夷乘釁，散為六七，聚為二三，凡二百八十有八年，而合於隋。隋得天下，才二十有八年，煬帝無道，九州幅裂，八年而天下合於唐。唐得天下一百三十年，明皇恃其承平，荒於酒色，漁陽竊發，四海橫流，肅代以降，方鎮跋扈。陵遲至於五代，朝成夕

敗，有如逆旅。太祖起而振之，東征西伐，大勳未集，太宗嗣而成之，凡二百二十又五年，然後大禹之迹復混而為一。由是觀之，上下一千七百餘年，天下一統者五百餘年而已。

吾國自周室東遷之後，或合為一統之國，或分為割據之邦，合短分長，合則治，分則亂。而在分亂之際，中華民族卻不斷的南移，挾中原的文化，以同化其土著的人民。分亂之在中國，不使中華民族衰亡，而使中華民族膨大，由黃河流域發展至長江流域，再由長江流域發展至閩粵桂黔，最後竟然殖民於南洋群島，所以分亂對於中華民族的發展，是有間接作用的。此只就閉關時代言之，海禁開通，一個民族不能統一，國力消耗於內亂，結果只有滅亡。何況過去與吾國比鄰者盡是野蠻的民族，現今環吾國而居者則為文明的國家，以古律今，大過樂觀，此又吾人所宜警惕焉。

第四節　五代的政治制度

第一項　中央官制

五代之世，喪亂相承，中央政權極不鞏固，無遑改造政制，其中央制度一方繼承隋唐制度的形式，同時又產生未來制度的模型，舉其要者約有兩種。

第一是樞密院職權的增大，唐初以三省長官為宰相之職，其後稍有變動，同時又以他官參知政事。高宗以後，不問那一稱職官，苟有「同品」、「平章」之號，皆為宰相之職，而三省長官不加「同品」、「平章」

之號者，反不得入政事堂議政，而失去其宰相的地位。唯自開元二十五年以後，同品之號已經絕跡，而侍中及中書令自大曆二年之後，又升為正二品（舊唐書卷四十三職官志二），所以五代除避諱，不用平章，而用「同中書門下二品」之外，均用同中書門下平章事。

後唐長興四年九月勅，馮贇有經邦之茂業，宜進位於公台。但緣平章事字犯其父名，不欲斥其家諱，可改同平章事為同中書門下二品。後至周顯德中，樞密使吳廷祚亦加同中書門下二品，避其諱也（舊五代史卷一百四十九職官志）。

其實宰相之權已經潛移於樞密院。唐自憲宗以後，閹宦當國，政權歸屬於樞密使，軍權歸屬於神策中尉，當時有四貴之稱。

唐樞密使（當係兩名）與兩軍中尉，謂之四貴（舊五代史卷一百四十九職官志注引職官分紀）。

政權與軍權的消長，常依國之治亂而不同。國治，政可御軍，國亂，軍又御政，所以政權實際上也是屬於神策中尉。樞密使與神策中尉鬥爭，結果一定失敗，下列的事可以視為一例。

宣宗愛夔王滋，欲立為皇太子，而鄆王長，故久不決。大中十三年八月宣宗疾大漸，以夔王屬樞密使王歸長馬公儒……而左神策護軍中尉王宗實，副使亓元實矯詔立鄆王為皇太子，癸巳即皇帝位於柩前，王宗實殺王歸長馬公儒（新唐書卷九懿宗紀）。

朱全忠受禪，因鑒唐代宦官之禍，改樞密院為崇政院，更用士人。

梁之崇政使乃樞密之職，蓋出納之任也。唐常以宦者為之，至梁戒其禍，始更用士人（新五代史卷二十四郭崇韜安重誨傳論）。

但是崇政院與樞密院最初乃兩者並置，不久，方合併樞密院於崇政院。

> 開平元年四月辛未，以太府卿敬翔知崇政院事……五月甲午詔樞密院宜改為崇政院，以知院事敬翔為院使（資治通鑑卷二百六十六梁太祖紀）。

敬翔為崇政院使在開平元年四月辛未，到了五月甲午改樞密院為崇政院，由此可知在五月甲午以前，崇政院與樞密院乃同時並置。五月甲午不是改樞密院為崇政院，而是將樞密院合併於崇政院。

> 開平元年四月辛未，以太府卿敬翔知崇政院事，胡三省註云，梁崇政院即唐樞密院之職，後遂廢樞密院入崇政院……五月甲午詔廢樞密院，其職事皆入於崇政院，以知院事敬翔為院使。胡三省註云，考異曰，實錄四月辛未以翔知崇政院事。五月甲午詔樞密院宜改為崇政院，始命翔為院使，蓋崇政院之名先已有之，至是始併樞密院職事，悉歸崇政院耳（資治通鑑卷二百六十六後梁太祖紀）。

梁之崇政院即唐樞密院之職。樞密之任本來屬於宰相，其後唐帝寵任宦官，始以樞密歸於內侍。

> 唐於政事堂後，列五房，有樞密房以主曹務，則樞密之任宰相主之，未始他付。其後寵任宦人，始以樞密歸之內侍（舊五代史卷一百四十九職官志注引項安世家說）。

梁改樞密院為崇政院，亦掌樞密之任。其出納王命有似於漢世的尚書與魏晉的中書。最初不過備顧問，參謀議於中，尚不能專行事於外。

> 敬翔李振為崇政院使，凡承上之旨，宣之宰相而奉行之。宰相有非其見時，而事當上決者，與其被旨而有所復請者，則具記事而入，因崇政使以聞，得旨則得宣而出之……蓋出納之任也……其備顧問，參謀議於中有之，未始專行事於外也（新五代史卷二十四郭崇韜安重誨傳論）。

到了後唐，又恢復原名，即改崇政院為樞密院。

後唐同光元年十月崇政院仍舊為樞密院（舊五代史卷一百四十九職官志）。

樞密使每以武臣為之，而權重將相。

唐制，樞密使常以宦者為之，自梁用敬翔李振，至莊宗，始用武臣，而權重將相（新五代史卷四十七劉處讓傳）。

莊宗時，郭崇韜為樞密使，其權侔於宰相。

梁之崇政使乃唐樞密之職，蓋出納之任也……至崇韜重誨為之，始復唐樞密之名，然權侔於宰相矣（新五代史卷二十四郭崇韜安重誨傳論）。

明宗時，安重誨為樞密使，其勢傾動天下。

唐明宗即位，以安重誨為樞密使……重誨以佐命功臣，處機要之任，事無大小，皆以參決，其勢傾動天下……是時四方奏事，皆先白重誨，然後聞（新五代史卷二十四安重誨傳）。

降至後晉，曾於天福四年，廢樞密院，事無巨細，均歸中書。

梁太祖以來，軍國大政，天子多與崇政樞密使議（胡三省注：梁與崇政使議，唐與樞密使議），宰相受成命，行制敕，講典故，治文書而已。帝懲唐明宗之世安重誨專橫，故即位之初，但命桑維翰兼樞密使。及劉處讓為樞密使，奏對多不稱旨，會處讓遭母憂，四月甲申廢樞密院，以印付中書，院事皆委宰相分判（資治通鑑卷二百八十二後晉高祖天福四年）。

少帝開運元年依舊置樞密院⑫。

開運元年六月，勑依舊置樞密院，以宰臣桑維翰兼樞密使，從中書門下奏請也（舊五代史卷一百四十九職官志）。

自此歷漢至周不改，而漢且以樞密使兼方鎮之任。

乾祐三年夏四月壬午，以樞密使郭威為鄴都留守，依前樞密使，詔河北諸州，應兵甲錢帛糧草，一稟郭威處分（舊五代史卷一百三漢隱帝紀）。

郭威以樞密使出外為鄴都留守，雖云樞密使兼方鎮之任，實是方鎮兼樞密使之職，所以時人才說：「以外制內，豈得便耶」。

周太祖之將鎮鄴也，蘇逢吉奏請落樞密使，隱帝曰有前例否。逢吉奏曰樞密之任方鎮帶之，非便。史宏肇曰兼帶樞密，所冀諸軍凜畏，竟從宏肇之議。宏肇怨逢吉之異己，逢吉曰此國家之事也，且以內制外則順，以外制內豈得便耶。事雖不從，物議多之（舊五代史卷一百八蘇逢吉傳）。

到了這個時候，樞密使不但管理機要，代替了中書的地位，且又權兼內外，比之後梁初年，備顧問，參謀議於中，而不專行事於外，已經不可同日語了。馬端臨論述樞密院，甚得要點，茲錄之如次。

按樞密之名始於唐代宗寵任宦官，故置內樞密使，使之掌機密文書，如漢之中書謁者令是也。若內中處

---

⑫ 舊五代史卷八十一及八十二晉少帝紀，高祖崩，少帝即皇位。宰臣馮道等上表請依舊置樞密使。「初高祖事後唐明宗，覩樞密使安重誨秉政擅權，賞罰由己，常惡之，及登極，故斷意廢罷，一委中書。至是馮道等厭其事繁，故復請置之，庶分其權，表凡三上，不允」。至開運元年六月丙午「詔復置樞密院，丁未以侍中桑維翰為中書令，充樞密使」。

分，則令內樞密使宣付中書門下施行，則其權任已侔宰相。至僖昭間，楊復恭西門季元之徒遂至於視事行文書矣。昭宗天復元年既誅劉季述，乃敕近年宰相延英奏事，樞密院侍側，爭論紛然，既出，又稱上旨未允，復有改易，撓權亂政。自今並依大中舊制，俟宰相奏事畢，方得升殿承受公事。蓋當時所謂樞密使者，專橫如此。朱梁懲唐弊，不用宦者。然徒知宦者之不可用，而不知樞密院之不必存也，乃復改為崇政院，以敬翔為使。至後唐而復樞密院，郭崇韜安重誨相繼領其事，皆腹心大臣，則是宰相之外，復有宰相；三省之外，復有一省矣。宋興，始以中書與樞密對持文武二柄，號稱二府。然後樞密院之設，始專有職掌，不為贅疣（文獻通考卷五十八樞密院）。

第二是三司使機關的產生，唐定都長安，租賦所出以江淮為淵，故常轉漕東南之粟，以供京師之用，而轉運使之職在官制上遂占重要的地位，常以宰相兼之。

開元二十一年裴耀卿以侍中充江南淮南轉運使……天寶以韋堅充勾當轉運使，第五琦充諸色轉運使，劉晏充諸路轉運使，其後韓滉杜悰杜讓能崔昭緯皆以宰相充使，而諸道分置巡院，皆統於此（文獻通考卷六十一職官考十五轉運使）。

轉運使轉運錢穀，唐時國家收入除租賦外，尚有鹽鐵專賣。關於鹽鐵，凡有鹽鐵之處，均設監院，而中央則置鹽鐵使以總海內鹽鐵之課。關於租賦，尚書省戶部尚書之下，有戶部度支郎中侍郎判其事。

唐朝以來，戶部度支掌泉貨，鹽鐵時置使名，戶部度支則尚書省本司郎中侍郎判其事。天寶中，楊慎矜王鉷楊國忠繼以聚貨之術媚上受寵，然皆守戶部度支本官，別帶使額，亦無所改作。下及劉晏第五琦亦如舊制，自後亦以宰臣各判一司，不置使額（舊五代史卷一百四十九職官志）。

> 唐制，戶部度支以本司郎中侍郎判其事，而有鹽鐵轉運使，其後用兵，以國計為重，遂以宰相領其職（新五代史卷二十六張延朗傳）。

所謂三司是指鹽鐵戶部度支三個機關。

> 三司謂鹽鐵戶部度支也（文獻通考卷五十二職官考六戶部尚書）。

在財政困難之際，政府往往增設機關於各地，以搜括天下錢穀，這不但可使地方官制因之複雜，且可使地方稅制因之紛亂。唐在開元以後，有租庸使，建中以後，有兩稅使，乾符以後，天下喪亂，國用愈空，復置租庸使於各地，兵罷則止。

> 乾符後，天下兵興，隨處置租庸使，以主調發，兵罷則停（舊五代史卷一百四十九職官志）。

> 乾符以後，天下喪亂，國用愈空，始置租庸使，用兵無常，隨時調斂，兵罷則止（新五代史卷二十六張延朗傳）。

梁承唐制，也置租庸使，領天下錢穀，其與唐代不同者，唐的租庸使多以節鎮兼之，其性質接近於地方官，且為臨時機構。梁的租庸使「專天下泉貨」，似為一種中央官，且為常設機關。

> 梁時乃置租庸使，專天下泉貨（舊五代史卷一百四十九職官志）。

> 梁興，始置租庸使，領天下錢穀，廢鹽鐵戶部度支之官（新五代史卷二十六張延朗傳）。

後唐滅梁，仍而不改⑬。

> 同光二年正月戊午詔鹽鐵度支戶部並委租庸使管轄（舊五代使卷三十一唐莊宗紀）。

⑬ 資治通鑑卷二百七十三後唐莊宗紀，同光二年正月戊午，敕鹽鐵度支戶部三司並隸租庸使。

> 後唐同光二年正月勅鹽鐵度支戶部三司，凡閱錢物，並委租庸使管轄，踵梁之舊制也（舊五代史卷一百四十九職官志）。

租庸使只以聚斂為事，大失人心。

> 租庸使孔謙酷加賦斂，赦文之所原放，謙復刻剝不行，大失人心，始於此矣（舊五代史卷三十一唐莊宗紀）。
>
> 孔謙為租庸使……謙無他能，直以聚斂為事。莊宗初即位，推恩天下，除百姓田租，放諸場務課利欠負者，謙悉違詔督理。故事，觀察使所治屬州，事皆不得專達，上所賦調，亦下觀察使行之。而謙直以租庸帖調發諸州，不關觀察。觀察使交章論理，以為制勑不下支郡，刺史不專奏事，唐制也。租庸直帖沿偽梁之弊，不可為法。今唐運中興，願還舊例，詔從其請，而謙不奉詔，卒行直帖。又請減百官俸錢，省罷節度觀察判官推官等員數，以至鄣塞天下山谷徑路，禁止行人，以收商旅征算，遣大程官放豬羊柴炭，占庇人戶，更制括田竿尺，盡率州使公廨錢，由是天下皆怨苦之（新五代史卷二十六孔謙傳）。

明宗即位，以租庸使之權太重，流弊甚多，天成元年四月罷租庸使，依舊為鹽鐵戶部度支三司，委宰相一人判其事，號曰判三司。

> 天成元年四月詔廢租庸使，依舊為鹽鐵戶部度支三司，委宰臣一人專判……梁時乃置租庸使，專天下泉貨。莊宗中興，秉政者不嫻典故，踵梁朝故事，復置租庸使，以魏博故吏孔謙專使務，斂怨於下，斵喪王室者，實租庸之弊故也。洎明宗嗣位，思革其弊，未及不車，乃詔削除使名，但命重臣一名判其事，曰判三司（舊五代史卷一百四十九職官志）。

到了長興元年，置三司使，三司使之名自此始。

長興元年八月以許州節度使張延朗行工部尚書，充三司使……三司置使，自延朗始也……延朗自許州入，再掌國計，白於樞密使，請置三司名，宣下中書，議其事，宰臣以舊制覆奏，授延朗特進，行工部尚書，充諸道鹽鐵轉運等使，兼判戶部度支事，從舊制也。明宗不從，竟以三司使為名焉（舊五代史卷一百四十九職官志）。

自是而後，地方財務均歸三司使指揮，三司使得遣取地方財貨，不使方鎮有所積聚。

張延朗充三司使……晉高祖在太原，朝廷猜忌，不欲令有積聚，係官財貨留使之外，延朗悉遣取之，晉高祖深銜其事（舊五代史卷六十九張延朗傳）。

又得指揮地方徵稅，不使外臣任意繁斂。

周顯德三年十月宣三司指揮諸道州府，今後夏稅以六月一日起徵，秋稅至十月一日起徵，永為定制（舊五代史卷一百四十六食貨志）。

秦漢以大司農掌錢穀，而郡國鹽官鐵官亦屬大司農。魏晉以後，尚書發展，錢穀歸戶部管轄，司農所掌者為稼穡之政。至唐，財政由三司分掌。天寶以後，「唐室微弱，諸道常賦多不上供」（舊五代史趙匡凝傳），財權於中央分掌於三司，於地方分化於方鎮，這便是中唐以後，政局不能安定的一個原因。五代置三司使，以掌財賦，地方財政官均直隸於三司，固然戶部失職，而財權卻漸由地方集中於中央。至宋，三司使之權侔於宰相，與中書省掌行政，樞密院掌軍政，成為政軍財三權鼎立之制。

第二項　地方官制

地方政制的變更常不如中央政制的變更那樣激烈，這不但吾國如是，外國也是一樣。何以故呢？地方政制是以社會環境為基礎，社會環境不易變更，所以地方政制也不易變更。中央政制固然也宜顧到社會環境，而其基礎則為勢力關係。勢力關係容易變更，所以中央政制也容易變更。吾國自秦漢以來，採用郡縣之制。縣區是依山川形勢與地土生產而劃分之，其變更最為困難。漢武帝開廣三邊，東至朝鮮，西至榆林，南至交趾，北至沙漠，凡郡國一百三，縣千五百八十七（漢書卷二十八地理志下二）。唐在開元天寶之際，東至安東，西至安西，南至日南，北至單于府，蓋南北如漢之盛，東不及而西過之，凡郡府三百二十有八，縣千五百七十三（新唐書卷三十七地理志一）。唐的版圖與漢相埒，其縣數亦與漢相差不遠，由此可知縣區是不易改變的。而縣的官制，自秦漢以來，也少改造。郡與縣不同，其設置大率由於政治原因。吾國雖然一治一亂，而由分權逐步傾向於集權，則為歷史的趨勢，郡區的縮小便是用以達成集權的目的。漢郡一百有三，唐郡三百二十八，增加了三倍有餘。此無他，區域小者控制易，區域大者控制難。但是區域過小，單位必多；單位過多，中央又不易一一指揮監督，因此行政區之上，往往另設監察區。這個監察區在漢曰州，在唐曰道，而漢代的郡，唐代或改名曰州，或仍稱曰郡。稱州則置刺史，稱郡則置太守，州郡迭置，刺史太守更相為名，其實一也。所以唐代雖有刺史，皆太守的互名，非舊刺史之職，理一郡而已。由此可知唐的刺史即漢的太守，而漢的刺史在唐則為諸道採訪使或觀察使。

武帝元封五年乃置部刺史，掌奉詔六條察州……唐神龍二年二月分天下為十道，置巡察使二十人，一道二人……兼按郡縣，再期而代。至景雲二年改置按察使，道各一人。開元十年省，十七年後置，二十七年省，改置採訪處置使……至德之後，改採訪使為觀察……分天下為四十餘道……大者十餘州，小者二三州，各因其山川區域為制，諸道增減不恆，使名沿革不一，舉其職例，則皆古之刺史云（文獻通考卷六十一州牧刺史）。

但是監察之任往往變為行政之官，漢之刺史變為州牧，唐之觀察變為方鎮，於是前此為了監察利便，設道以統諸州者，現在道又變成行政區，區域過大，又感覺控制艱難了。這便是方鎮之禍所以發生的原因。五代為喪亂之世，地方政制不易改革者如縣，固然未曾改革；地方政制應該改革者如道，亦無遑改革，因之整個地方政制均循唐代之舊，未曾改絃更張。

五代地方政制表

區域		官名	備考
第一級	道	節度使 觀察使	節度使大率兼領觀察使之職，例如晉天福三年十一月辛亥，升相州為彰德軍，置節度觀察使，以澶衛二州為屬郡。升貝州為永清軍，置節度觀察使，以博冀二州為屬郡（舊五代史晉高祖紀）。
第二級	府	尹	五代常以藩鎮創業之地，升州為府，欲異其制，以別於諸州，而諸府升降改置，甚為頻繁，稱府置尹，稱州則置刺史，體制雖殊，職掌則一。
	州	刺史	五代沿唐制，依地望高卑及戶口眾寡，有輔雄望緊上中下之別。
第三級	縣	令	縣亦有赤畿望緊及上中下之別。

五代地方政制均沿唐代之舊，無可足述。其中可以提出討論者，不是制度，而是地方官的人選問題。第一為節度使的人選，五代節度使均用勳臣武將，遍檢薛歐二史，文臣為節度使者惟馮道暫鎮同州，桑維翰鎮相州二者而已。他們恃勳驕恣，荼毒生民，固不必說，而矜功桀傲，蔑視朝廷，又比比皆是。梁祖以梟桀之資，驅策群下，「功臣宿將多以小過被誅」，未嘗稍事含忍。友珪篡逆，懼臣下不附，「多出府庫金帛，賜諸軍及百官以取悅」（資治通鑑卷二百八十六梁太祖乾化二年）。末帝欲誅友珪，又向魏博節度使楊師厚，「深陳欵效」，及其即位，「事無巨細，必先謀於師厚」（舊五代史楊師厚傳），自是而後，唐代方鎮之禍又發生於五代之世，抑且加甚焉。

唐自失河北後，河朔三鎮，朝命不行，已同化外，羈縻至末季，天子益弱，諸侯益強，朝廷尤以姑息為事，卒至尾大不掉，區宇分裂，鼎祚遽移。梁祖以梟桀之資，驅策群下，動以誅戮從事，如氏叔琮朱友恭王重師朱珍鄧季筠胡規黃文靖李重允范居實等皆披堅執銳，為開國功臣，一有疑忌，即斬艾隨之，固未嘗稍事含忍也。及末帝即位，漸不能制其下。楊師厚在魏博，朝廷常有隱憂，而不敢過問。師厚死，乃私賀於宮中（楊師厚傳，庶人友珪篡位，以楊師厚為魏博節度使，末帝將圖友珪，遣使謀於師厚，深陳款效。友珪既誅，末帝即位，首封師厚為鄴王，事無巨細，必先謀於師厚）。華溫琪為定昌節度使，奪人妻，為其夫所告。帝下詔曰，若便行峻典，謂予不念功勳，若全廢舊章，謂予不念黎庶，為人君者不亦難乎，乃召溫琪入為金吾大將軍（華溫琪傳）。此可以見曲事調停，略無威斷矣。莊宗登極，歷年未久，明宗嘗因諸侯邸吏驕恣，杖遣示懲，可謂能整飭紀綱者（盧文紀傳）。然姑息之弊實起於是時。高季興擅竊夔州，帝遣劉訓討之，以霖潦班師（高季興傳）。李彝超據夏州不受代，帝遣安從進討之，以芻糧不繼班師（李彝超傳）。安重誨慮孟知祥據蜀，遣李嚴往監軍，知祥即斬嚴以叛（李嚴傳）。董璋與知祥分據兩川，攻陷遂閬二州，帝遣石敬塘討之，又以饋餉不給引還。帝遣人往諭璋改過，璋不聽（董璋傳）。知祥抗命既久，范延光奏曰，陛下若不屈意招撫，彼亦無由自新。帝曰知祥吾故人也，撫之，何屈意之有，乃以詔賜知祥，知祥始上表謝（孟知祥傳），是明宗之於強藩已多所包容，不能制馭矣。至石晉尤甚，幾有冠屨倒置之勢（安從進傳，晉高祖取天下不順，常以此慙，藩鎮多務過為姑息，而藩鎮之臣或不自安，或心慕高祖所為，謂舉可成事，故在位七年，而反者六起）。楊光遠奉命討范延光，兵柄在手，以為晉祖畏己，輒干預朝政，或抗有所奏，晉祖亦曲意從之（楊光遠傳）。張彥澤為節度使，所為不法，從事張式諫，不聽，出奔，彥澤使人面奏，謂彥澤不得張式，恐致不測，晉祖亦不得已與之（張彥澤傳）。朝廷之尊反為臣下所脅制，然此猶事之小者也。安重榮在鎮州，以晉祖厚事契丹，數加非笑，謂詘中國以事外蕃，上表欲興兵攻契丹，並執契丹使者。馳書各鎮，謂契丹貪傲無厭，將與之決戰，帝諭止之，不從，重榮謂帝無如之何，遂與襄州安從進謀反（安重榮傳）。安從進在襄州，南方貢輸道襄者，輒留之。帝欲徙之青州，使人告以虛青州以待。從進曰，移青州在漢江南，即赴任，帝亦優容之（安從進傳）。威令不行，武夫悍將桀傲至此，固由於兵力不足以相制，然周世宗登極後，諸鎮咸惕息受驅策，則又不繫乎兵力之強弱，而制馭天下，自有道矣（廿二史劄記卷二十二五代姑息藩鎮）。

第二為刺史的人選，隋唐五代的刺史便是秦漢的郡守。漢宣帝常稱曰，庶民所以安其田里，而亡歎息愁恨之心者，政平訟理也，與我共此者，其惟良二千石乎。故二千石有治理效，輒以璽書勉厲，增秩賜金，或爵至關內候，公卿缺，則選諸所表，以次用之（漢書循吏傳序）。唐太宗嘗曰，朕思天下事，丙夜不安枕，永惟治人之本莫重刺史，故錄姓名於屏風，臥興對之，得才否狀，輒疏之下方，以擬廢置（新唐書卷一百九十七循吏傳序）。古代天子怎樣注意地方官的人選，觀這兩事，可以明瞭。而五代刺史則以武夫之有軍功者任之。

當是時，刺史皆以軍功拜，言事者多以為言，以謂方天下多事，民力困疲之時，不宜以刺史任武夫，恃功縱下，為害不細（新五代史卷四十六郭延魯傳）。

他們雖知軍旅，而昧於撫綏，往往容縱部曲，漁蠹公私。

相里金，同光中拜忻州刺史。是時諸州皆用武人，多以部曲主場務，漁蠹公私，以利自入。金獨禁部曲不與事，厚其給養，使掌家事而已（新五代史卷四十七相里金傳）。

功臣大將不幸而死，其子孫又得進獻家資，以求刺史之職。

功臣大將不幸而死，則其子孫率以家資求刺史，其物多者得大州善地（新五代史卷四十六郭延魯傳論）。

石晉時，邊光範曾上書言：

今則刺史或因緣世祿，或貢奉家財，或微立軍功，但循官序，實恐撫民無術，御吏無方，以此牧民，而民受其賜，鮮矣（宋史卷二百六十二邊光範傳）。

刺史人選既是這樣，欲其不侵漁百姓，以償貢奉家財之失，已經不易，更何能望他們勵精圖治，撫集彫殘。五代沒有循吏，所以張全義諂事朱溫，甚至妻妾媳女為其所亂，不以為恨，及唐滅梁，又賄賂唐莊宗之后劉氏及伶人宦官等以保祿位，而當時萬口同聲皆以全義為名臣，為元老，實因五代之世，民眾倒懸，張全義為河南尹，獨能以安輯百姓為念。

張全義為河南尹……初蔡賊孫儒諸葛爽爭據洛陽，迭相攻伐，七八年間，都城灰燼，滿目荊榛。全義初至，惟與部下聚居故市，井邑窮民不滿百戶。全義善於撫納，課部人披榛種藝，且耕且戰，以粟易牛，歲滋墾闢，招復流散，待之如子。每農祥勸耕之始，全義必自立畎畝，餉以酒食，政寬事簡，吏不敢欺。數年之間，京畿無閒田，編戶五六萬，乃築壘於故市，建置府署，以防外寇（舊五代史卷六十三張全義傳）。

第三為縣令的人選，漢法，郡縣秀民推擇為吏，考行察廉，入為郎官，出宰百里。縣令無不妙選賢能，地方行政甚為進步，所以武帝討伐匈奴，師出三十餘年，赤地數千里，而社會秩序尚甚安定。南北朝為混亂之世，縣令多用廝濫，至於士流，恥居百里。五代之亂不亞於南北朝，凡人投身行伍，稍有功勳，就可以任命為刺史乃至節度使。縣令既受刺史的指揮，又受節度使的監督，上司人選猥濫，所以賢士大夫均恥居百里之任。因之為縣令者率是齷齪無能之輩，他們只知誅求，不知安輯。

五代任官，凡齷齪無能者始注為縣令，故天下之邑率皆不治，甚者誅求刻剝，猥瑣萬狀（文獻通考卷六十三職官考十七縣令）。

固然五代政府，例如梁太祖時代，對於縣令人選，也頗注意。

乾化二年三月詔曰，夫隆邦興國，必本於人民，惠養瘦羸，尤資於令長。苟選求之踰濫，固撫理之乖違。如聞吏部擬官，中書降授，或緣親舊所請，或為勢要所干，姑徇私情，靡求才實。念茲蠹弊，宜據條章。今後應中書用人及吏部注擬，並宜省藩身之才業，念為政之臧否，必有可觀，方可任用。如或尚行請說，猶假貨財，其所司人吏必加推窮，重加懲斷（五代會要卷十九縣令上）。

且改革唐末之弊，令州鎮使官，秩無高卑，均在縣令之下。

帝過朝邑，見鎮將位在縣令上，問左右，或對曰宿官秩高。帝曰令長字人也，鎮使捕盜耳。且鎮將多是邑民，奈何得居民父母上，是無禮也。至是敕天下鎮使官秩無高卑，位在邑令下（舊五代史卷五梁太祖開平四年）。

但是刺史節度使既以武夫走卒任之，而只精選縣令，賢士大夫那肯屈身於百里之任。何況縣令不得專縣事，縱令部內黠吏，亦須先咨府，才得罷免。

王審琦為中正軍節度……所部邑令以罪停其錄事吏。幕僚白令不先咨府，論按之。審琦曰，五代以來，諸侯強橫，令宰不得專縣事。今天下治平，我忝守藩維，而部內宰能斥去黠吏，誠可嘉爾，何按之有（宋史卷二百五十三王審琦傳）。

縣令為臨民之官，中央法令必待縣令，而後才得實施於人民。縣令人選不良，則中央法令將供為縣令漁民之具。當時政府所急者有三，一是徵糧，二是徵稅，三是徵兵。此三者均須取之於民，而如晉少帝所說：

干戈尚興，邊陲多事，倉廩不足，則輟人之饌食，帑藏不足，則率人之資財，兵士不足，則取人之丁口，戰騎不足，則假人之乘馬（舊五代史卷八十三晉少帝紀開運元年十月戊午詔）。

取之於民，必須假手於臨民之宰，豪富之家本來有逃避賦役的方法，因之，實際負擔賦役者只有一般貧民。縣令不良，則必因緣為姦，分外擾人。

每官中抽差徭役……刺史縣令……因緣賦斂，分外擾人（舊五代史卷五梁太祖紀開平三年）。

契丹入寇，國用愈竭，復遣使者三十六人分道括索民財……州縣吏復因緣為奸（資治通鑑卷二百八十四後晉紀齊王開運元年）。

總之，五代地方行政極其腐敗，節度使多勳臣武將，刺史皆以軍功拜，而縣令多齷齪無能，他們不能治民，而是漁民，所以歐陽修說：

嗚呼五代之民其何以堪之哉，上輪兵賦之急，下困剝斂之苛……則為其民者其何以堪之哉（新五代史卷四十六郭延魯傳贊）。

此外，應附帶敘述者，五代喪亂相承，閭里雖然不修，而為徵調賦役起見，似亦有鄰保之制。例如：

天成四年五月敕，百姓今年夏苗，委人戶自通供手狀，具頃畝多少，五家為保，委無隱漏攢連狀，本州具狀送省，州縣不得送差人檢括，如人戶隱欺，許令陳告，其田倍令並徵（五代會要卷二十五租稅）。

長興二年六月敕，委諸道觀察使屬縣，於每村擇有力人戶充村長，與村人議，有力人戶出剩田苗，補貧下不迨頃苗者。肯者即具狀徵收，有者即排段檢括，自今年起為定額，有經災旱及逐年逋處，不在此限（五代會要卷二十五租稅）。

其鄰里相保之狀頗為嚴酷，晉時，一家為盜，鄰保處斬。

朝廷患諸處盜賊，遣使捕逐，蘇逢吉自草詔意云，應有賊盜，其本家及四鄰同保人，並仰所在全族處斬。或謂逢吉曰，為盜者族誅，猶非王法，鄰保同罪，不亦甚乎。逢吉堅以為是，僅去全族二字。時有鄆州捕賊使臣張令秀盡殺平陰縣十七村民，良由此也（舊五代史卷一百八蘇逢吉傳）。

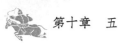

此亦可以證明吾國保甲制度是以監察鄰里姦邪為目的，使政府徵稅捕盜容易進行而已。周顯德中，對於保甲制度稍有釐革。

周顯德五年十月詔，諸道州府團併鄉村，大率以一百戶為一團，選三大戶為耆老，凡民家之有姦盜者，三大戶察之。民田之有耗登者，三大戶均之。仍每及三載，即一如是（五代會要卷二十五團貌）。

然而民田耗登，既由三大戶均擔，則三大戶何能不設法取償於百姓。所以立法之意雖佳，而實行之後，反供為土豪劣紳以魚肉平民的工具而已。

附錄　五代建元表

(一)梁

太祖朱溫　開平四　乾化二

末帝友貞　乾化二　貞明六　龍德三

右梁二主，十七年

(二)唐

莊宗李存勗　同光四

明宗嗣源　天成四　長興四

閔帝從厚　應順一

潞王從珂　清泰三

右唐四主，十四年

(三)晉

高祖石敬瑭　天福七

少帝重貴　開運三（初即位，稱天福八年）

右晉二主，共十一年

㈣漢

高祖劉知遠　乾祐一（初即位，稱天福十二年）

隱帝承祐　乾祐（自二年至三年）

右漢二主，四年

㈤周

太祖郭威　廣順二　顯德一

世宗榮　顯德（自二年至六年）

恭帝訓　顯德

右周三主，共十年

紅樓夢與中國舊家庭

薩孟武／著

《紅樓夢》不只敘述賈府由奢華至衰頹的興衰而已，亦細膩地刻劃出大家庭的生活瑣事。曹雪芹用心用力地在此著墨，你知道其中暗喻了什麼樣的真相嗎？小說是社會意識的表現，家庭是社會現象的縮影，薩孟武先生以研究社會文化的角度來解讀《紅樓夢》，帶領讀者深入賈府的家庭生活，一步步解開隱藏在《紅樓夢》之中的「荒唐癡」與「辛酸味」。

水滸傳與中國社會

薩孟武／著

《水滸傳》中梁山泊一〇八條好漢仗義疏財、劫富濟貧，讓讀者莫不拊掌稱快，大呼過癮。但你知道這些水滸好漢，大多是出身低微、在社會底層討生活的「流氓分子」嗎？秀才出身的王倫何以不配作梁山泊領袖？草料場的火為何燒不死林沖？九天玄女與三卷天書從何而來？且看薩孟武先生從政治、經濟、文化等多個不同的角度，精采地分析、詮釋《水滸傳》故事，及由此中所投射、反映出來的古代中國社會。

西遊記與中國古代政治

薩孟武／著

本書為《水滸傳與中國社會》之姐妹篇，薩孟武先生利用《西遊記》之材料說明政治的原理及中國古代之政治現象。據薩孟武先生之意，政治不過「力」而已，要防止「力」之濫用，必須用「法」。如唐僧之用緊箍兒控制孫行者一樣，但孫行者卻無法控制唐僧之亂念咒語，於是許多問題就由此發生。薩孟武先生依此見解，指出權力制衡的主張，凡研究政治者，本書實為良好參考書籍。

中國歷代政治得失

錢穆／著

本書專就漢、唐、宋、明、清五代治法方面，有關政府組織、百官職權、考試監察、財經賦稅、兵役義務，種種大經大法，敘述其因革演變，指陳其利害得失，要言不煩，將歷史上許多專門知識，簡化為現代國民之普通常識，就國人對自己的傳統政治、傳統文化之誤解處，一一具體而明白地交代，實為現代知識分子必讀之書。